D1690842

WALDZEIT
Wälder für Winterthur

www.waldzeit.ch

NGW
Naturwissenschaftliche
Gesellschaft
Winterthur

MICHAEL WIESNER

Impressum

Herausgeberin	Naturwissenschaftliche Gesellschaft Winterthur (NGW) www.ngw.ch
Autor	Michael Wiesner
Grafisches Konzept	Philipp Graf, bürograf Zürich, und Martin Stillhart, Stillhart Konzepte, Zürich
Layout	Geraldine Stucki und Claude Wiesner, gdz AG
Umschlaggestaltung	Stefan Huber
Korrektorat	Werner Hegner und Markus Scherrer, gdz AG
Druck	gdz AG, Zürich
Ausrüsten	Buchbinderei Burkhardt AG, Mönchaltorf

2., überarbeitete und stark erweiterte Auflage 2014

Vollständig in der Schweiz hergestellt

Gerne nimmt der Autor weitere Informationen über die Wälder in Winterthur wie auch die Berichtigung allfälliger Irrtümer entgegen: www.waldzeit.ch

© 2014 Michael Wiesner, Elsau
Nachdruck nur mit schriftlicher Genehmigung des Autors

ISBN 978-3-033-04450-0

Inhaltsverzeichnis

VORWORT 7

TEIL - GRUNDLAGEN

GEOGRAFIE 12
Eine Grossstadt im Grünen – Waldfläche 12
Der Wald prägt die Landschaft 12
Mehrheitlich im Wald – Stadtgrenze 14
Fast 300 m Differenz – Höhenstufen 18

NATÜRLICHE GRUNDLAGEN 19
Vom Gletscher geformt – Geologie 19
Geologische Sehenswürdigkeit 23
Köhlenflöze bei Sennhof 26
Baumaterial aus Molassesandstein 26
Zwischen Fels und Pflanzenwelt – Boden 27
Sommergrüne Laubwälder – Klima 30
Vielfältige Gesellschaften – Waldstandorte 32

RECHTLICHE GRUNDLAGEN 43
Waldschutz hat Tradition – Verfassung 43
Nachhaltigkeit verankert – Waldgesetz 43
Wildtiere in Schranken halten – Jagdgesetz 47

TEIL 2 - EIGENTÜMER

STADT WINTERTHUR 52
Ursprung des Stadtwaldes – Eschenberg 52
Ein unbekanntes Vermächtnis – Brüelberg 65
Landerwerb und Aufforstungen – Lindberg 66
Ersatzaufforstungen im Tösstal – Kümberg 66
Mitgift der Vororte – Eingemeindungen 66
Rodungen – Waldfläche im 20. Jahrhundert 68
Der städtische Forstbetrieb 71
Stadtwaldreviere und Betriebspläne 75
Vom Qualitätsholz zum Energieholz 84
Moderne Waldpflege auf traditionelle Art 88
Biologische Rationalisierung 89
Holznutzung und Technik 93

KANTON ZÜRICH 93
EIDGENOSSENSCHAFT 94
KORPORATIONEN 94
KIRCHGEMEINDE WÜLFLINGEN 105
PRIVATE 107

TEIL 3 - GESCHICHTE

VOR JAHRMILLIONEN 112
Zwischen Tropenwald und Eiszeit-Tundra 112
Nacheiszeitlicher Föhrenwald im Dättnau 115

STEINZEIT & KELTEN 119
Wald als Landschaftsform der Urzeit 119
Steinzeitmenschen im Totentäli 122
Erste ständige Besiedlung der Region 123
Keltisches Grab im Eschenbergwald 124

RÖMERZEIT 126
Endlose, unwegsame und dunkle Wälder 126
Spektakuläre Holzfunde in Oberwinterthur 128

MITTELALTER & GEGENWART 129
Bäuerlich geprägte Kulturlandschaft 129
Rasch steigender Holzbedarf 132
Schädliche Waldweide 135
Holznot und Holzordnung 136
Erste Forstkommission 138
Niederwald, Mittelwald, Kahlschlag 139
Die moderne Waldwirtschaft beginnt 141
Erster Waldwirtschaftsplan für die Stadt 144
Experten schmieden wegweisenden Plan 146
Exotische Baumarten im Stadtwald 148
Femelschlag ersetzt Kahlschlag 149
Brennholz verliert an Bedeutung 153
Grosse gemeinwirtschaftliche Leistung 154

ZEHN STADTFORSTMEISTER 155
Andreas Weinmann (1814–1861) 155
Kaspar Weinmann (1861–1888) 156
Theodor Felber (1888–1894) 156
Max Siber (1894–1899) 157
Friedrich Arnold (1899–1928) 157
Paul Lang (1928–1959) 158
Kurt Madliger (1960–1974) 158
Diethelm Steiner (1974–1987) 158
Hermann Siegerist (1988–1997) 159
Beat Kunz (seit 1997) 159

TEIL 4 – WALDGEBIETE

LINDBERG 162
Historische Weidgräben sind noch sichtbar 162
Naturkundlich bedeutende Waldstandorte 162
Fremde Strauch- und Krautpflanzen 171
Wichtiges Naherholungsgebiet 171
Mammutbaumallee bei den Walcheweihern 174
Aussergewöhnlicher Eichenbestand 174
Neun neue Weiher 175
Ein Gedenkstein steht im Walde 176

SCHOREN – MÖRSBURG – ELEND 177

SCHÖNHOLZ 178

HULMEN 179
Geheimtipp für Naturfreunde 179
Steinbrüche in der Schartegg 185
Waldlehrpfad im Seemer Tobel 186

HEGIBERG – ETZBERG 187
Lichter Wald am Sädelrain 187

ESCHENBERG 192
Konflikt am Eschenbergsüdhang 195
Eine Burg am Gamser 198
Neue Freiheiten im Leisental 199
Von Waldbrüdern und Wildschweinen 202

ROSSBERG 205
Laubmischwald am Rossberg 205
Burg Rossberg 206

DÄTTNAU 206
Eiben im Dättnau 206
Burgstelle Hoh Wülflingen 208

TOTENTÄLI 209
Ökologisch wertvolle Amphibienweiher 209
Ruine Alt Wülflingen 209

CHOMBERG 213
Rutschende Hänge am Dättnauer Berg 213
Quellhöhle St. Pirminsbrunnen 213

WOLFESBERG 215
Veltemer Sandstein 217
Imposante «Schoellhorneiche» 218
Geheimnisvolle Steine im Rotholz 218

BRÜELBERG 219

BERENBERG 220
Ein Juwel der besonderen Art 220
Naturnah und ornithologisch wertvoll 220
Kloster Mariazell Berenberg 222

HARDHOLZ 223
Renaissance des Mittelwaldes 223
Zunehmende Biodiversität 225

TEIL 5 – NACHHALTIGKEIT

ÖKONOMISCHE DIMENSION 231
Planung im Sinne der Nachhaltigkeit 231
Waldwirtschaft soll rationell sein 233
Femelschlag und Mittelwald 235
Versteigerung der schönsten Stämme 236
FSC-Label für vorbildliche Waldwirtschaft 237

ÖKOLOGISCHE DIMENSION 238
Wasserspeicher und Filter – Waldboden 238
Biologische Vielfalt im Wald erhalten 238
Waldränder ökologisch aufwerten 244
Pilze sind für das Ökosystem Wald zentral 246
Insekten halten den Kreislauf in Schwung 251
Waldweiher als Lebensraum für Amphibien 255
Fledermäuse wechseln ihre Jagdgebiete 258

Viele Vogelarten im Winterthurer Wald	260
Wald und Wild im Gleichgewicht	266

SOZIALE DIMENSION 272

Multifunktional soll der Wald sein	272
Der Wald schützt den Menschen	272
Sauberes Trinkwasser – Wald sei Dank	275
Wald tut der Gesundheit gut	277
Der Wald ist auch eine Freizeitarena	277
Erholsam und entspannend	280
Die Infrastruktur im Wald ist gefragt	280
Gut besuchter Wildpark Bruderhaus	281
In der Waldschule die Natur erkunden	284
Erster öffentlicher Waldkindergarten	284
Berufliche Perspektiven im Wald	285
Wirksame Medizin aus der Natur	288
Die Schönheit des Waldes weckt Gefühle	290

TEIL 6 – GEFAHREN

Jahrhundertstürme fegen durch den Wald	294
Fichtenkulturen werfen lange Schatten	296
Klimaerwärmung: Gewinner und Verlierer	298
Lebensbedingungen verschlechtern sich	300
Die Waldböden werden langsam sauer	300
Parasiten befallen Waldbäume	302
Eingeschleppte Arten gefährden den Wald	306
Böden kommen unter Druck	309

TEIL 7 – WALD DER ZUKUNFT

Naturnäher und biologisch vielfältiger	315
Ansprüche an den Wald steigen	315
Schutz vor zunehmenden Naturgefahren	315
Klimawandel verändert Lebensbedingungen	315
Versauerung belastet die Waldgesundheit	317
Ressource Holz wird wichtiger werden	317
Fremde Schadorganismen breiten sich aus	317
Rodungsverbot steht auf dem Prüfstand	317

TEIL 8 – WALDKNIGGE

Höflichkeitsregeln von A bis Z	322
Veranstaltungen im Wald	323

TEIL 9 – STREIFZÜGE

Walcheweiher	326
Bruderhaus	327
Seemer Tobel	328
Ritplatz	329
Rundweg Winterthur	330
Chomberg	331
Hoh Wülflingen	332
Etzberg	333
Berenberg	334
Wolfesberg	335

ANHANG

Anmerkungen	338
Wildpflanzen in Winterthur	343
Literaturverzeichnis	349
Stichwortverzeichnis	355

DANK

Sponsoren – Gönner – Mitarbeiter	365

PORTRÄTS

Andreas Mullis, Maschinist	44
Bettina Engeli, Jägerin	48
Anissa Kuster, Cevi-Leiterin	60
Beat Kunz, Stadtforstmeister	72
Peter Niederhäuser, Historiker	86
Urs Fahrner, Privatwaldbesitzer	108
Christine Farner Breu, Reiterin	130
Arnold Steiner, Pfarrer	164
Erwin Schatzmann, Holzbildhauer	182
Jürg Schlegel, Biker	196
Jakob Forster, Naturschützer	210
Anita Wehrli, Pilzsammlerin	248
Stefan Wassmer, Ornithologe	262
Sabina Poulsen, Psychologin	278
Sara Lüscher, OL-Läuferin	282
Martina Gerber, Naturkindergärtnerin	286
Matthias Gfeller, Stadtrat	318

Vorwort

Die Erfindung der Nachhaltigkeit

Der Begriff Nachhaltigkeit wird seit einigen Jahrzehnten fast inflationär verwendet. Ob und in welchen Wirtschaftszweigen jedoch Nachhaltigkeit tagtäglich gelebt wird und in welchen politischen Ressorts konsequent nachhaltig entschieden wird, steht auf einem anderen Blatt. Unbestritten ist jedoch, dass der Begriff einer nachhaltigen Nutzung bereits im 18. Jahrhundert von der Forstwirtschaft erfunden und geprägt wurde. Als aktuell wohl ebenso treffende Umschreibung der forstlichen Nutzung in der Schweiz könnte auch von einer weitsichtigen und behutsamen Nutzungsweise gesprochen werden.

Kraft des Forstgesetzes von 1876 gilt für den Wald in der ganzen Schweiz der Grundsatz der Nachhaltigkeit. Das heisst, jede Generation darf immer nur vom nachwachsenden Holz, also von den Zinsen, leben und nicht vom Kapital, dem Holzvorrat. Dies gilt bis heute. International gesehen beneidet man uns darum.

Seit jeher haben die Wälder der Region Winterthur für unsere Stadt eine grosse Bedeutung: als Lieferant von Baumaterial und Brennstoff, aber auch als Schutz vor Hochwasser und Schutz für das Grundwasser – und in jüngerer Zeit als Rückzugsgebiet für viele, teils seltene Tier- und Pflanzenarten und noch ausgeprägter als Ruheoase für die stressgeplagte Stadtbevölkerung. Die Forstfachleute in Winterthur handeln tagtäglich in diesem Bewusstsein, dafür gebührt ihnen der Dank der Stadtbevölkerung.

Auch den Winterthurer Stadtwäldern ging es in früheren Jahrhunderten oft gar nicht gut. Die Zeichen der Zeit wurden aber erkannt. Vor 200 Jahren wurde mit der Anstellung eines Stadtforstmeisters durch die damals noch kleine Gemeinde Winterthur der Grundstein für den heutigen Forstbetrieb Winterthur gelegt. Seither schufen ganze Generationen von Forstleuten durch kluge Voraussicht aus abgeholzten Waldwüsten neue Wälder, auf die wir Winterthurerinnen und Winterthurer stolz sein dürfen.

Damit die Menschen in unserer Stadt aber auch sehen, welches Schmuckstück sie vor ihren Türen haben, braucht es aktuelle und anschauliche Dokumentationen, wie das vorliegende Buch. «Waldzeit – Wälder für Winterthur» ist ein wunderbarer Spiegel der Winterthurer Wälder. Dieses Buch bringt uns Stadtbewohnenden die Wälder in Text und Bild auf hervorragende Art und Weise näher. Dafür bin ich als verantwortlicher Stadtrat, zu dessen Departement auch der Forstbetrieb gehört, dem Autor Michael Wiesner und allen anderen Menschen, die zu diesem Werk beigetragen haben, sehr dankbar.

Dr. Matthias Gfeller
Stadtrat
Winterthur, im Mai 2014

Die Welt besser verstehen

Die Naturwissenschaftliche Gesellschaft Winterthur NGW hat eine lange Tradition der Wissensvermittlung. Seit ihrer Gründung im Dezember 1884 informiert sie bis heute in Vorträgen und Exkursionen – und nicht zuletzt auch in ihren «NGW-Mitteilungen» – über naturwissenschaftliche Erkenntnisse und Phänomene. Die NGW versteht sich als Bindeglied zwischen der naturwissenschaftlichen Fachwelt und Ihnen, sehr geehrte Leserinnen und Leser – ein Bindeglied also zur breiten Öffentlichkeit.

Dieses Buch, geschrieben vom Geobotaniker und NGW-Vorstandsmitglied Michael Wiesner, setzt diese Tradition auf ideale Weise fort. Sein Ziel als Autor war klar: Nur wer die Zusammenhänge kennt, Systeme in ihrer Ganzheit begreift und sich nicht scheut, noch etwas mehr wissen zu wollen, versteht die Welt auch besser – eine Welt, die zwar stets komplexer wird, jedoch immer wieder von Neuem Überraschungen bietet und uns Menschen zum Staunen bringt.

Die Winterthurer Wälder sind ein solches System – unter den Stadtwäldern gar das grösste der Schweiz. Darüber mehr zu erfahren, dazu soll dieses Buch dienen. Bekanntlich sind die Ansprüche, denen ein Wald heute gerecht werden muss, vielfältig. Ökologisch muss er sein, möglichst viel Geld abwerfen und vor allem dem Ruhe und Erholung suchenden Menschen das bieten, was er immer mehr vermisst: intakte Landschaften, natürliche Schönheiten, botanische Überraschungen, reine Luft und ab und zu auch Tiere – von denen es in unseren stadtnahen Wäldern mehr gibt, als man gemeinhin annimmt.

Wer etwas wissen will, der fragt sich auch, was ihn das kostet. Für die Naturwissenschaftliche Gesellschaft war es wichtig, den Buchpreis möglichst tief zu halten. Viele Sponsorinnen und Sponsoren machten es möglich, dass «Waldzeit – Wälder für Winterthur» auch für schmale Budgets erschwinglich ist. Sie unterstützen damit unser Motto «Die Welt besser verstehen» auf nachhaltige Weise. Dafür danke ich allen.

Peter Lippuner
Präsident der NGW
Winterthur, im Mai 2014

Ein Generationenwerk weiterentwickeln

Wer bist du? Woher kommst du? Wohin gehst du? Diese Fragen stellen wir Forstleute uns, wenn wir einen Wald ansprechen, um forstliche Massnahmen zu planen. Bäume, die wir heute ernten, wurden über vier, fünf oder noch mehr Generationen von Förstern gepflegt. Die Jungwälder, die wir heute begründen, werden die mächtigen, alten Baumbestände sein, in denen die Winterthurerinnen und Winterthurer des 22. Jahrhunderts vielleicht spazieren gehen, joggen oder reiten werden. Was wir heute tun, wird noch in einer Zeit, in der wir längst nicht mehr da sind, Auswirkungen haben. Eine grosse Verantwortung, der ich mit Respekt und Ehrfurcht begegne.

Wir Förster verstehen uns als Glied einer Kette im Generationenwerk Wald. Bei unserer Arbeit haben wir immer die langfristige Entwicklung des Waldes vor Augen. Wir versuchen, die heutigen Ansprüche und Wünsche der verschiedenen Waldbenützer auf möglichst konkrete Art und Weise umzusetzen. Sichtbar und erlebbar wird das Ergebnis aber immer erst nach Jahren. Nachhaltigkeit in den Dimensionen «Ökologie», «Ökonomie» und «Gesellschaftliche Bedürfnisse» ist die Richtschnur unseres Handelns. Solches Handeln über viele Förstergenerationen hat die Wälder der Gartenstadt Winterthur zu dem gemacht, was sie heute sind: Ein grünes Juwel, auf das wir stolz sein dürfen.

Michael Wiesner hat in seinem Buch «Waldzeit – Wälder für Winterthur» unsere Stadtwälder analysiert und detailliert beschrieben. In vielen Gesprächen, Waldbesuchen und Sitzungen haben wir miteinander unsere Wälder immer wieder neu betrachtet. Dabei konnte ich die Sichtweise des Försters, der nicht primär den Zustand, sondern die Entwicklungen sieht, einbringen. Denn in der Natur gibt es keine stabilen Zustände, alles ist Entwicklung, alles ist vergänglich. Michael Wiesner hat von mir vieles erfahren und gelernt; ich habe seine journalistisch geprägte Denkweise gespürt und dabei festgestellt, wie seine Aussensicht mich immer wieder dazu gezwungen hat, an sein Zielpublikum zu denken, nämlich den interessierten Menschen von Winterthur, der nicht unbedingt einen forstlichen Hintergrund besitzt.

Ich bin sehr froh um dieses Buch und danke Michael Wiesner, dem Redaktionsteam und der Naturwissenschaftlichen Gesellschaft Winterthur für dieses einmalige, wertvolle Werk. Ich wünsche allen beim Lesen viel Freude und die Einsicht, dass wir im System Wald ein Generationenwerk weiterentwickeln.

Beat Kunz
Stadtforstmeister
Winterthur, im Mai 2014

Waldgebiet Berenberg

TEIL 1

GRUNDLAGEN

GEOGRAFIE

Eine Grossstadt im Grünen – Waldfläche
Winterthur ist die waldreichste Stadt[1] der Schweiz. Mit über 2680 Hektaren oder 26,8 Quadratkilometern ist die Fläche des Winterthurer Waldes grösser als der Walensee[2] und so gross, dass darauf andere Grossstädte wie Genf oder Basel bequem Platz hätten. Als Wald gilt im Kanton Zürich jede Fläche von mindestens 800 Quadratmetern und einer Breite von mehr als 12 Metern, «die mit Waldbäumen oder Waldsträuchern bestockt ist und Waldfunktionen, insbesondere Schutz-, Wohlfahrts- und Nutzungsfunktionen erfüllen kann».[3]

Von der gesamten Waldfläche des Kantons Zürich liegen über 5 Prozent und von der gesamten Waldfläche des Bezirks Winterthur über 30 Prozent auf dem Stadtgebiet von Winterthur. Die Stadt Winterthur trägt damit wesentlich dazu bei, dass der Bezirk Winterthur der waldreichste Bezirk im Kanton Zürich ist. Allein der Wald auf dem Stadtgebiet von Winterthur ist so gross wie die gesamte Waldfläche aller zehn Gemeinden im Bezirk Uster. Keine andere politische Gemeinde im Kanton Zürich verfügt über eine so grosse Waldfläche wie Winterthur.[4]

Statistisch gesehen ist in Winterthur mehr als jeder dritte Quadratmeter Boden mit Wald bedeckt. Genauer: Der Wald beansprucht rund 39,4 Prozent des Winterthurer Stadtgebiets. Dieser Waldanteil ist hoch: Der durchschnittliche Waldanteil im Kanton Zürich liegt bei 29,1 Prozent.[5] Im Schweizer Mittelland liegt er noch tiefer, nämlich bei rund 22,9 Prozent, während der Waldanteil in der ganzen Schweiz rund 30,5 Prozent ausmacht.[6]

Würde man alle Einwohnerinnen und Einwohner von Winterthur im Wald auf dem Stadtgebiet verteilen, so stünde jeder Mensch auf eine Waldfläche von 16 mal 16 m, also auf 256 m². Das ist wesentlich mehr als in jeder anderen Grossstadt der Schweiz: In Genf beispielsweise sind es nur etwa 2 m² Wald pro Einwohner, in Basel 5 m², in Zürich 59 m², in Lausanne 122 m² und in Bern 135 m². Im Schweizer Mittelland kommen durchschnittlich auf jeden Menschen rund 52 m² Wald.[7]

Der Wald prägt die Landschaft
Der Wald nimmt in Winterthur flächenmässig mehr von der Stadt ein als alle Gebäude, Gärten, Plätze und Strassen zusammen – mehr demnach als das, was eine Stadt typischerweise zur Stadt macht. In der Stadt Winterthur leben heute rund zehnmal so viele Waldbäume wie Menschen.

Bodennutzung in der Stadt Winterthur[8]

Nutzung	Fläche in ha	Anteil
Siedlung	**2287**	**33,5 %**
Gebäude, Gärten, Industrie, Gewerbe	1285	18,9 %
Strassen, Parkplätze, Eisenbahn	616	9,0 %
Ver- und Entsorgungsanlagen, Deponien	118	1,7 %
Pärke, Sportplätze, Campingplätze, Schrebergärten, Friedhöfe	268	3,9 %
Landwirtschaft	**1737**	**25,5 %**
Obstbau, Rebbau, Gartenbau	92	1,4 %
Acker- und Futterbau	1645	24,1 %
Wald	**2681**	**39,4 %**
Unproduktiv	**107**	**1,6 %**
Weiher, Bäche und Flüsse	82	1,2 %
Unproduktives Land	25	0,4 %
Total	**6807**	**100 %**

Teil 1 — Grundlagen | Geografie

Der Wald prägt die Winterthurer Landschaft – eine Landschaft, die sich in den letzten zwei Jahrhunderten so schnell und so radikal verändert hat wie nie zuvor. Die Stadtvereinigung 1922 und später der Wirtschaftsaufschwung mit dem damit verbundenen Bevölkerungswachstum führten zu tiefgreifenden Veränderungen der Landschaftsstruktur: Das Siedlungsgebiet breitete sich rasant zwischen den bewaldeten Hügeln aus. Allerdings nicht willkürlich, sondern durchaus planmässig.

Bereits 1926 regelte der Nutzungszonenplan des damaligen Stadtplaners Albert Bodmer die Bebauung des Stadtgebiets von Winterthur. Er ging damals von 150 000 Einwohnern aus und setzte die aus England stammende Idee einer Gartenstadt konsequent um.[9] Entsprechend diesem Plan wuchsen die Siedlungsgebiete zwischen den sieben grünen Hügeln durch die Landschaftsräume hindurch und zusammen.

Die Landwirtschaft wurde auf Produktion getrimmt, um die Nahrungsmittelversorgung sicherzustellen. Bäche wurden begradigt, Feuchtgebiete entwässert und erschlossen und ehemals strukturreiche Landschaften ausgeräumt. In den 1950er- und 1960er-Jahren stieg der Bedarf an Wohnraum rasant an. Ab 1970

Albert Bodmers Nutzungszonenplan von 1926 basiert auf dem 1902 veröffentlichten Gartenstadt-Konzept des Engländers Sir Ebenezer Howard.
▼

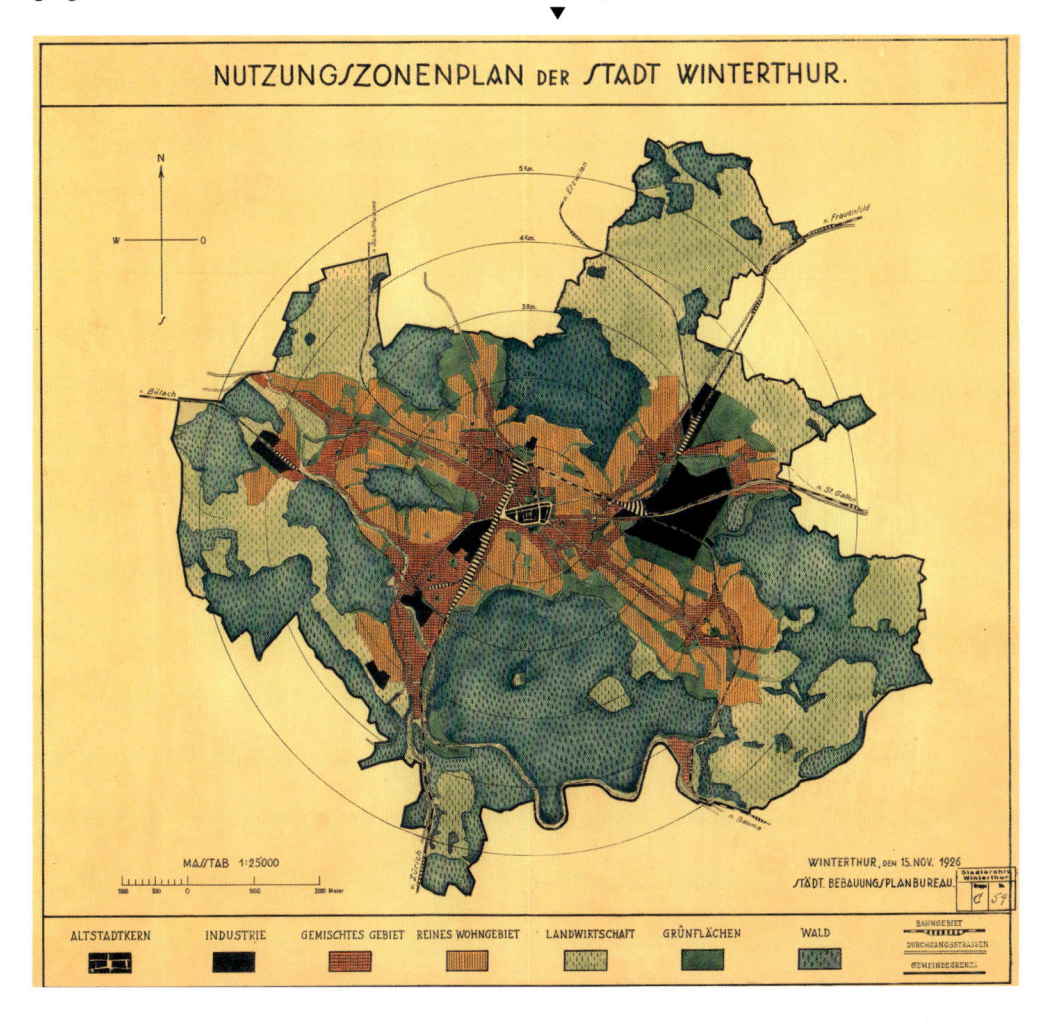

Bevölkerungsentwicklung von Winterthur 1850 – 2014[10]

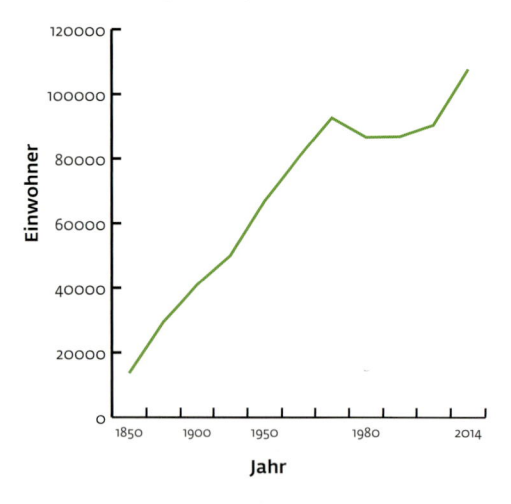

stagnierte das Bevölkerungswachstum, um kurz nach der Jahrtausendwende wiederum stark anzusteigen. 2008 wurde Winterthur endgültig zur Grossstadt, was sich unter anderem in zahlreichen Neuüberbauungen am Siedlungsrand manifestiert. Heute steht nicht mehr Wachstum nach aussen im Vordergrund, sondern Verdichten nach innen: Bestehende Siedlungsgebiete sollen dichter bebaut und die verbleibenden Grünräume geschont werden.

Während sich Winterthur allmählich zur Grossstadt entwickelte, veränderte sich das Freizeitverhalten der Bevölkerung: Öffentliche Räume werden heute viel intensiver genutzt, und die Ansprüche an die verbleibenden Naturräume nehmen zu. Dadurch steigt der Druck auf die umliegenden Waldgebiete deutlich. Ökologie und Landschaftsbild gewinnen zunehmend an Bedeutung.

Seit rund 170 Jahren hat sich an der Fläche und der Verteilung der Winterthurer Wälder wenig geändert. Auf der Wild-Karte aus der Mitte des 19. Jahrhunderts ist aber zu sehen, dass einige bedeutende Waldgebiete erst seit dem Erscheinen dieser Karte entstanden oder verschwunden sind: Vor 170 Jahren dehnten sich zum Beispiel im Leisental oder auf dem Etzberg anstelle der heutigen Wälder noch grössere Äcker und Weideflächen aus. Andererseits war die Tössebene in der Mühlau bei Sennhof damals viel stärker bewaldet als heute. Im Rahmen der Anbauschlacht im Zweiten Weltkrieg fielen ein grösseres Waldgebiet in Wülflingen und ein kleineres in Hegi der Axt zum Opfer.

Heute umgeben sieben grosse Wälder das Winterthurer Siedlungsgebiet und ein Wald ist vollständig von Siedlungen umgeben. So verschieden diese Waldgebiete sind, eines haben sie gemeinsam: Sie liegen auf Hügeln. Nördlich der Altstadt liegt der Lindbergwald. Ihm gegenüber, im Süden zwischen Seen und Töss, dehnt sich der grösste der Winterthurer Wälder aus: der Eschenbergwald. Den Abschluss im Osten bilden der Etzbergwald und der Hulmen mit dem höchsten Punkt von Winterthur. Und ganz im Westen der Stadt liegt der Berenbergwald. Grössere Waldgebiete bedecken zudem die Talflanken des Dättnau sowie den Brüelberg und den Wolfesberg. Daneben finden sich Wälder nördlich von Stadel, an der Grenze zu Kollbrunn und schliesslich nördlich der Wallrüti in Oberwinterthur.

Mehrheitlich im Wald – Stadtgrenze

Die Grenze der Stadtgemeinde Winterthur ist 60,4 km lang.[11] Rund 37,5 km oder 62 Prozent davon liegen im Wald, am Waldrand, in oder entlang von grösseren Gehölzen.[12] Sowohl der nördlichste als auch der südlichste Punkt der Stadt liegen im Wald: Der nördlichste Punkt findet sich im Waldgebiet Eschberg – nicht zu verwechseln mit dem Eschenberg im Süden der Stadt – auf 489 m ü. M. an der Grenze zur Gemeinde Dinhard und der südlichste im Niesenbergholz auf 611 m ü. M. an der Grenze zu Kempthal. Die äussersten Punkte in den Waldgebieten im Osten und im Westen der Stadt sind nur um wenige Meter nicht gleichzeitig auch die

Aronstab-Buchenwald am Berenberg: Der dichte Bärlauchteppich und die langen astfreien Stämme verleihen dieser Waldgesellschaft eine kathedralenartige Erscheinung. ▶

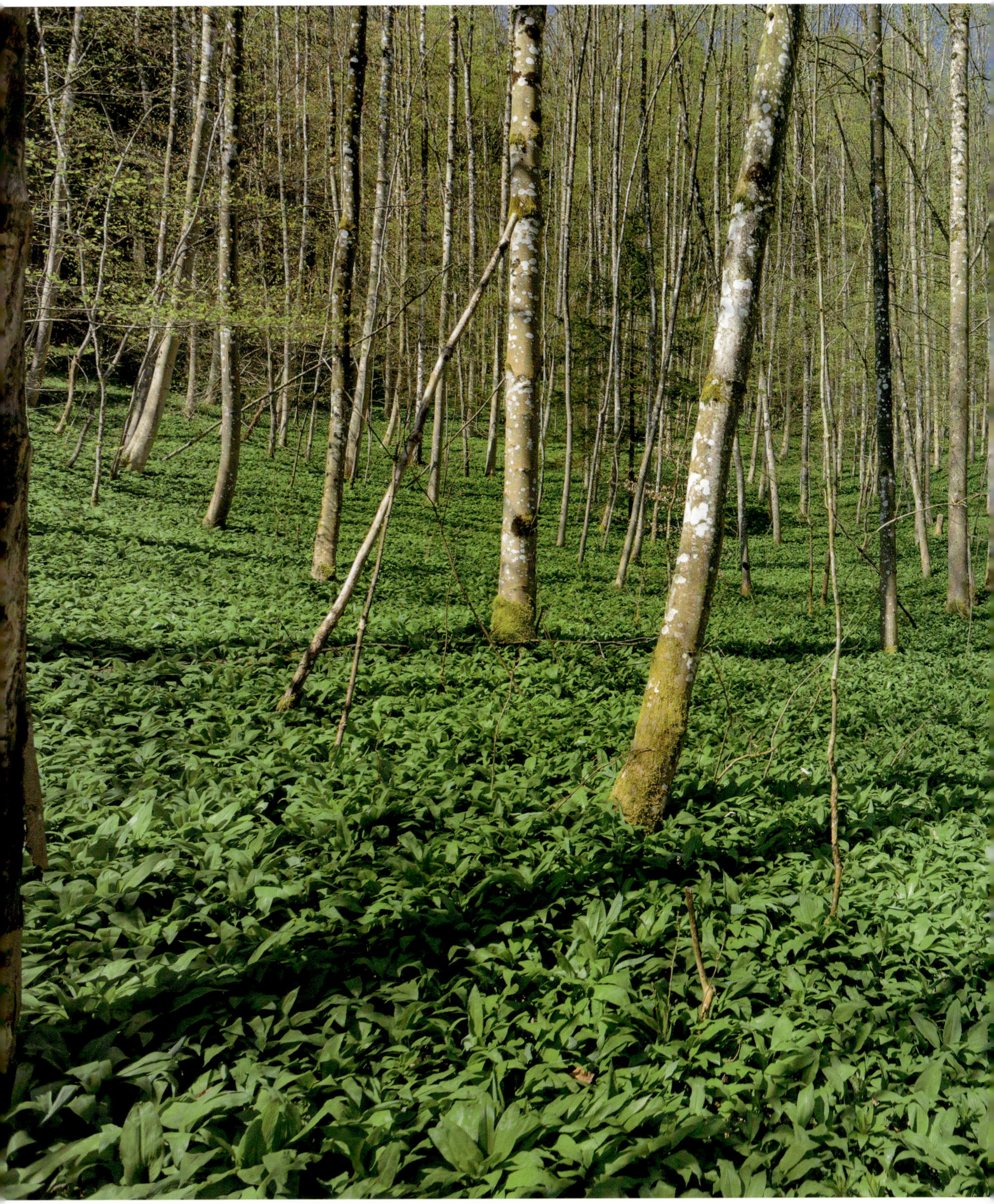

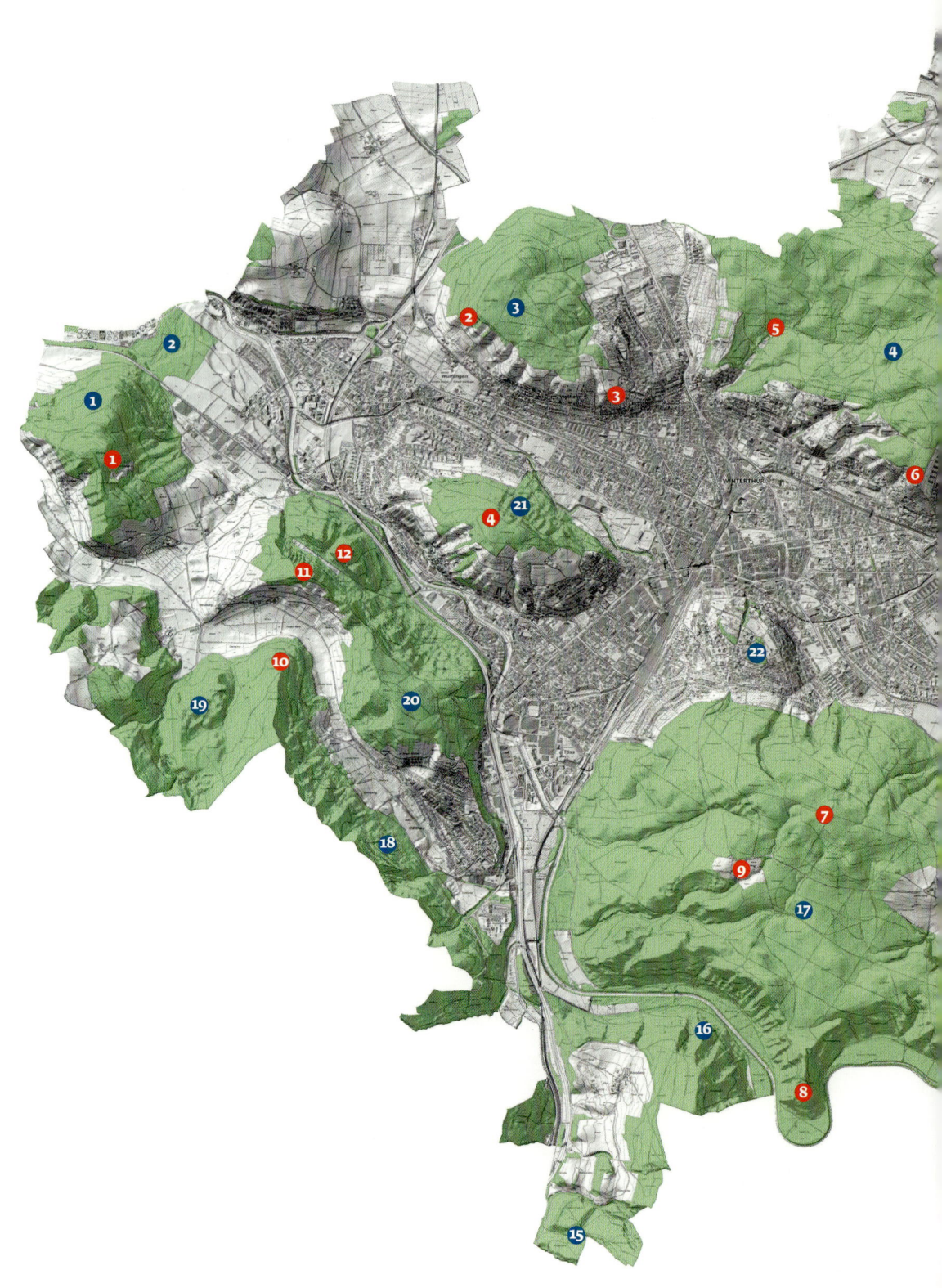

Teil 1 — Grundlagen | Geografie

Teil 1 — Grundlagen | Geografie

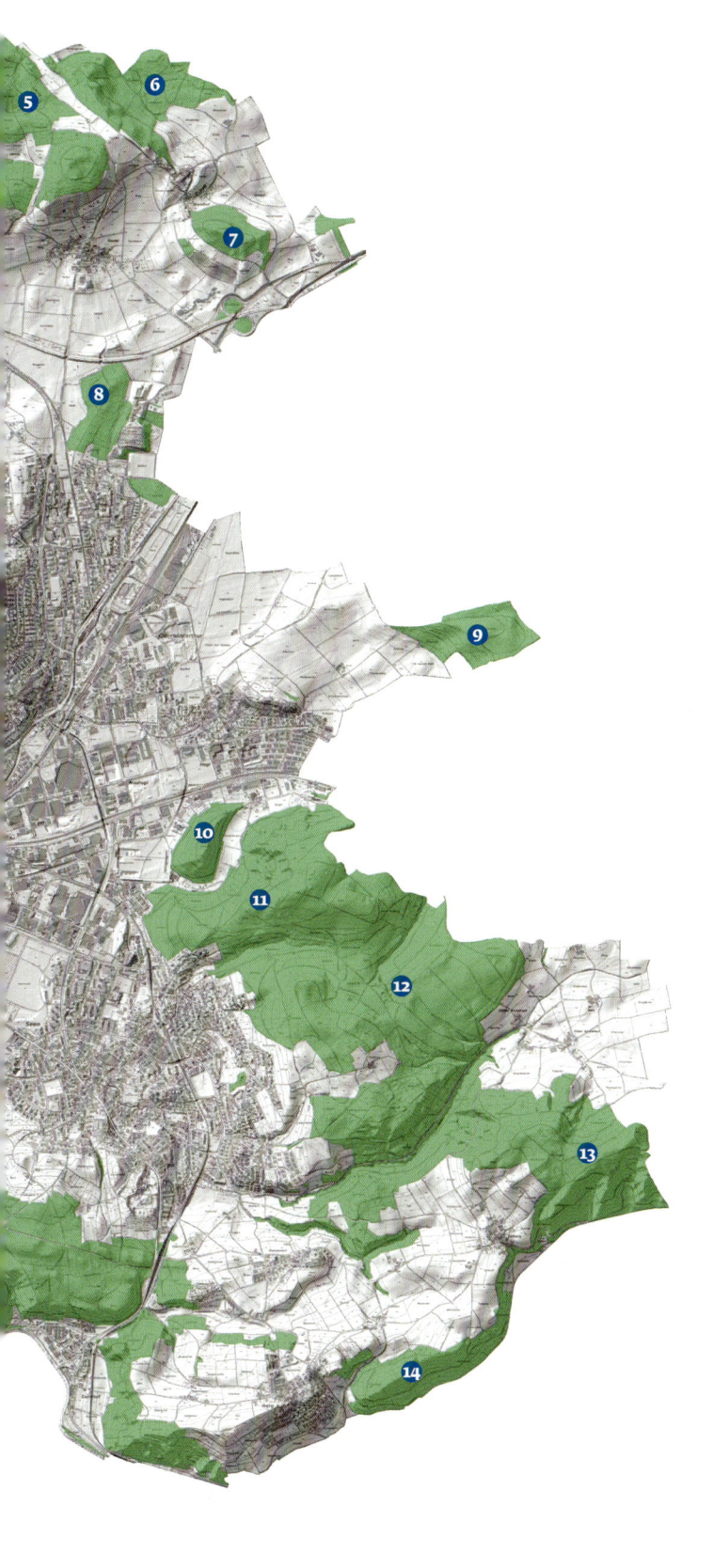

Waldgebiete
1. Berenberg
2. Hardholz
3. Wolfesberg
4. Lindberg
5. Eschberg
6. Elend
7. Schönbüel
8. Schoren
9. Schönholz
10. Orbüel
11. Hegiberg
12. Etzberg/Andelbach
13. Hulmen
14. Schartegg
15. Rossberg
16. Bannhalden
17. Eschenberg
18. Dättnauerberg
19. Chomberg
20. Ebnet
21. Brüelberg
22. Heiligberg

Ausflugsziele
1. Klosterruine Berenberg
2. Chöpfi
3. Gretelberg
4. Brüelbergturm
5. Walcheweiher
6. Bäumli
7. Eschenbergturm
8. Gamser
9. Wildpark Bruderhaus
10. St. Pirminsbrunnen
11. Burgstelle Hoh Wülflingen
12. Burgruine Alt Wülflingen

Frühherbstlicher Fichtenwald auf dem Hulmen: Höchstgelegener Wald auf dem Gebiet der Stadt Winterthur.

äussersten Punkte der Stadt. Mehr als doppelt so lang wie die Gemeindegrenze ist die Länge aller Waldränder. Würde man alle Waldränder in Winterthur aneinanderreihen, käme man auf eine Gesamtlänge von rund 130 km – das entspricht etwa der gesamten Länge der Thur von der Quelle am Fusse des Säntis bis zur Mündung bei Ellikon am Rhein oder der Autodistanz von Winterthur nach Andermatt im Kanton Uri. Und nochmals doppelt so lang ist das Winterthurer Waldstrassennetz: Auf dem ganzen Stadtgebiet erstrecken sich heute rund 260 km Waldstrassen und etwa 40 km Fusswege.[13] Die Länge aller Winterthurer Waldstrassen zusammen entspricht etwa der Autodistanz von Winterthur nach Chiasso, der südlichsten Gemeinde der Schweiz.

Fast 300 m Differenz – Höhenstufen

Genau wie der nördlichste und der südlichste Punkt der Stadt Winterthur liegen auch der höchste und der tiefste Punkt der Stadt in einem Waldgebiet. Dazwischen liegen fast 300 m Höhendifferenz. Der höchste Standort befindet sich im Waldgebiet Hulmen auf 687 m ü. M. Der tiefste im Gebiet Hard bei Wülflingen auf 393 m ü. M.; dort, wo die Töss das Stadtgebiet verlässt und die Gemeindegrenze zu Pfungen überquert.

Die tiefer gelegenen Gebiete der Stadt Winterthur liegen demnach auf der kollinen Höhenstufe oder auch der Hügelstufe. Deren obere Grenze liegt auf der Alpennordseite bei etwa 600 bis 700 m ü. M. Die potenzielle natürliche Vegetation ist hier ein sommergrüner Laubmischwald mit verschiedenen Eichenarten. Vorherrschend auf dieser Stufe ist die Rotbuche, wobei hier auch andere Laubbäume wie Ahorn, Hagebuche, Kirsche, Linde oder Esche gut gedeihen. Nadelwälder kommen auf dieser Höhenstufe von Natur aus nur an Spezialstandorten vor – meistens sind sie angepflanzt. Die Tanne (Weisstanne) und die Fichte (Rottanne) kommen auf der kollinen Stufe natürlicherweise kaum vor.[14] Anders auf der submontanen Stufe, zu der die höher gelegenen Gebiete der Stadt gehören: Hier mischt sich zur Buche zunehmend die Weisstanne und vereinzelt die Rottanne.

Geografisch liegt Winterthur im östlichen Mittelland. Geobotanisch gehört die Stadt zur Region Mittelland, und das gesamte Stadtgebiet befindet sich in der Vegetationslandschaft der Braunerde-Wälder. Der charakteristische Vegetationstyp in der Region Winterthur ist der *Waldmeister-Buchenwald*, wobei hier zahlreiche unterschiedliche Variationen vorkommen – je nach Bodeneigenschaften wie Nährstoffgehalt, Säuregrad oder Feuchtigkeit.

NATÜRLICHE GRUNDLAGEN

Vom Gletscher geformt – Geologie
Die oberste Gesteinsschicht ist in Winterthur vielerorts die *Obere Süsswassermolasse*, das älteste aller hier vorhandenen Oberflächengesteine. Gut zu sehen ist sie zum Beispiel an den Südhängen des Lindbergs und des Eschenbergs, aber auch am Nordhang des Dättnau, am Brüelberg und stellenweise sogar auf dem Hochplateau des Eschenbergs. Weil Molasse aus verschiedenen Ausgangsgesteinen wie Mergel, Sandstein und vereinzelten Nagelfluhbändern besteht, findet sich auf ihr ein breites Spektrum verschiedener Waldgesellschaften. Die obersten geologischen Schichten stammen hier vorwiegend aus der letzten Eiszeit: In den Talböden entstanden sie aus würmeiszeitlichen Schottern und auf den Hügeln überwiegend aus Moränenmaterial. Moränen bestehen aus kiesigem Lehm oder lehmigem Kies.[15]

Das ganze geologische Fundament von Winterthur besteht also aus Molasse von etwa 2 bis 3 km Mächtigkeit. Die Schichten der Oberen Süsswassermolasse sind Ablagerungen alpiner Flüsse und kleiner lokaler Seen. Sie sind mindestens 5,3 Millionen Jahre alt. Verkittungen mit Kalk aus Sickerwasser führte zur «Versteinerung» des Lockermaterials. Daher besteht die Molasse hauptsächlich aus bunten Mergeln und grauem oder braunem Sandstein. In seltenen, dünnen Bänken findet man ferner etwas Nagelfluh, Süsswasserkalk, kohlige und bituminöse Mergel. Alle diese Molassegesteine können unter dem Begriff *Fels* zusammengefasst werden.[16]

Die Oberflächenformen – die Täler und die Hügel – sowie die obersten Gesteinsschichten

---

Molasse
Während der Alpenfaltung, die etwa 65 Millionen Jahre dauerte, bildeten sich im Schweizer Mittelland bis nach Süddeutschland Senken und grosse Seen, die mächtige Ströme mit dem Erosionsschutt der Gebirgsbildung wieder auffüllten. Je nach Ablagerungsbedingungen bildeten sich feine Ton-Silt-Schichten (Mergel), Sande mit verschiedenen Korngrössen (Sandstein) oder bei starker Strömung Sand und Kies (Nagelfluh). Am Rande dieser Seen traten auch Verlandungszonen auf, woraus sich später die Kohleschichten bildeten. Der Sammelbegriff für diese Sedimente und Sedimentgesteine heisst Molasse. Sie enthält auch Versteinerungen der damaligen Tier- und Pflanzenwelt.[17]

sind die Werke der Eiszeit. Die obersten Ablagerungen entstanden in der letzten Phase der jüngsten Eiszeit, also vor 20 000 bis 10 000 Jahren. Seither hat sich – abgesehen von menschlichen Eingriffen – fast nichts mehr verändert.

Vor etwa 24 000 Jahren – also während der letzten Eiszeit – floss der Rheingletscher aus dem Bündnerland gegen Sargans und teilte sich dort in zwei Arme: den Rhein-Bodensee-Gletscher und den Rhein-Linth-Gletscher. Der *Rhein-Bodensee-Gletscher* breitete sich durchs St. Galler Rheintal bis weit nach Süddeutschland aus und – verstärkt vom Säntisgletscher – durch den Bodensee, das Thurtal und das Winterthurer Tal. Der westliche Ausläufer des Gletschers bei Sargans, der *Rhein-Linth-Gletscher*, grub sich einen Weg durch das Walensee-Tal, nahm den Linthgletscher aus dem Glarnerland auf und erstreckte sich über die Täler von Pfäffikersee, Greifensee und Zürichsee.

Im Maximalstand hatte der Rhein-Bodensee-Gletscher um Winterthur seine westliche Flanke etwa auf der Linie Iberg-Gamser-Brüelberg. Die östliche Flanke des Rhein-Linth-Gletschers lag etwa bei Weisslingen-Rossberg-Brütten. Zwischen den beiden Eislappen lag das Tal der Töss als beidseitige Abflussrinne. Solange ihr früherer Weg durchs Schlosstal vom Eis versperrt war, floss die Töss zusammen mit der Kempt durch die Rinne Dättnau-Rumstal nach Pfungen.

Verschiedene Ablagerungen zeugen von der ehemaligen Eisbedeckung. Auf den Hügeloberflächen liegen Grundmoränen, das heisst Lehm mit Steinen in meterdicker Schicht, stellenweise auch dünner. Diese Schichten hat der Gletscher stark verdichtet. Deshalb neigen die

Teil 1 — Grundlagen | Natürliche Grundlagen

▲ Mergelgestein der Oberen Süsswassermolasse am Hulmen.

◀ Molasseaufschluss beim Hirschensprung am Eschenberg.

Molasse mit Knauer-Sandsteinen oberhalb von Ricketwil.
▼

Teil 1 — Grundlagen | Natürliche Grundlagen

Waldböden auf dem Eschenberg oder auf dem Lindberg heute noch zu Vernässung bis hin zu Staunässe.

Während sich die Gletscherzunge langsam aus dem Winterthurer Tal zurückzog, brachten die Schmelzwasserflüsse gewaltige Mengen an Schotter, also Kies und Sand, und füllten die Täler von Töss und Eulach um 20 bis 35 m auf. An den Berghängen blieben die Moränen nur stellenweise liegen. Der Untergrund war viele Meter tief gefroren. Es gab also kaum Vegetation, weder Versickerung noch Quellen oder Grundwasser. Einzig im eiszeitlichen Sommer tauten die obersten Dezimeter dieses Permafrostes auf und wandelten sich in eine breiige Lehmmasse um, die zum Teil langsam bergab floss. Dieser Gehängelehm bedeckt immer noch die meisten Hänge, vor allem im Dättnau oder im Schlosstal. Bei kräftiger Durchnässung kann er heute noch ins Rutschen kommen.

Wo Schmelzwasserbäche hinunterflossen, wurde das langsam auftauende lockere Gesteinsmaterial erodiert und weggeschwemmt, es entstanden die sich langsam eintiefenden Seitentobel. Diese haben dort imposante Ausmasse, wo längere Zeit Schmelzwasser floss, beispielsweise an den linken Tösstalflanken von Kyburg bis Brütten. Kleiner sind sie am Lindberg – im Tössertobel, im Mockentobel oder in der Rinne der Walkeweiher.

Das Schweizer Mittelland mit der Region Winterthur zur Zeit des Maximalstandes der Würm-Vergletscherung vor rund 24 000 Jahren.

Teil 1 — Grundlagen | Natürliche Grundlagen

Die Schotterkörper in den Tälern führen Grundwasser und liefern bis heute Kies als Baumaterial. Fast 40 ehemalige Kiesgruben in der Talebene von Stadel und Seen bis zur Hard zeugen von der intensiven Nutzung dieses Bodenschatzes. Einige Gruben wurden später als Deponien genutzt. Die letzten offenen Kiesgruben sind heute bedeutende Naturschutzobjekte und Nassstandorte, so etwa das Toggenburger-Areal in Seen oder die Toggenburger-Weiher bei Oberwinterthur. Ein weiterer wichtiger Wert dieses Schotters ist seine gleichmässige Tragfähigkeit als Baugrund für den Winterthurer Stadtkern. Der Grundwasserspiegel befindet sich etwa 15 m unter der Oberfläche, also in einem Bereich, der für übliche Bauten kein Hemmnis darstellt und vor Verschmutzung von oben einen gewissen Schutz geniesst. Schliesslich ist der Grundwasserstrom der Töss Hauptlieferant für die Wasserversorgung von Winterthur.

Geologische Sehenswürdigkeit

Ein Zeuge früherer erdgeschichtlicher Epochen und mithin eine geologische Sehenswürdigkeit liegt im südwestlichen Teil des Wolfesbergs, gleich unterhalb des höchsten Punkts auf 526 m ü. M.: die *Chöpfi*, ein Aufschluss von Sandstein aus der Oberen Süsswassermolasse. Der Sandstein besteht einheitlich aus

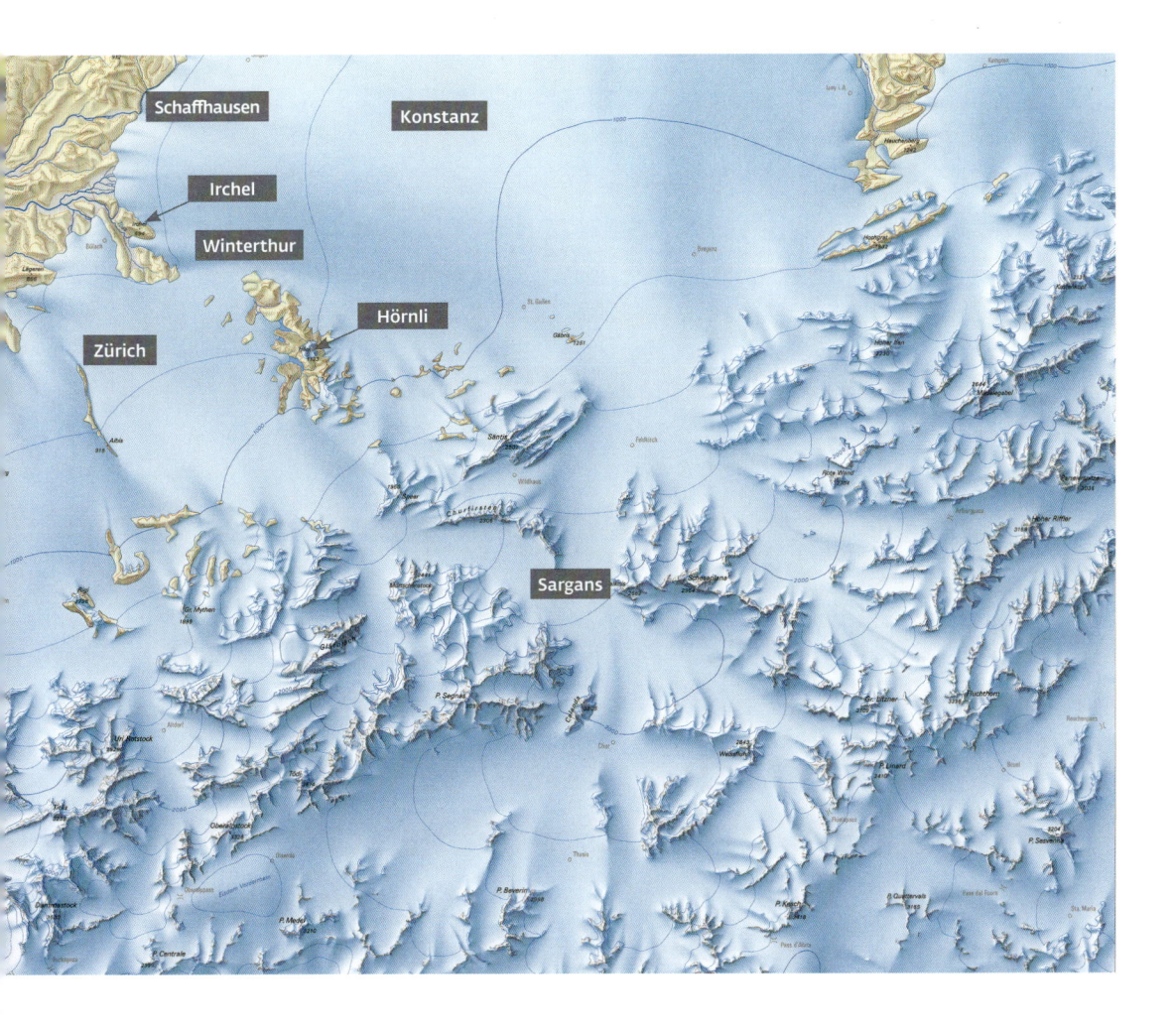

▲ Waldboden auf einer Nagelfluhbank am Hulmen-Nordhang.

Kohlenflöz am Ankenfelsen bei Sennhof: An der Decke sind Reste der kohleführenden Schicht sichtbar. ▼

Teil 1 — Grundlagen | Natürliche Grundlagen

▲
Aufschluss der Oberen Süsswassermolasse am Hulmen-Südhang mit deutlicher Schichtung verschiedener Ablagerungen.

feinen Quarzkörnern und zerfällt durch den Einfluss der Witterung allmählich wiederum zu Sand.

Der Sandstein bei der Chöpfi entstand vor rund 15 Millionen Jahren aus tertiären Molasseablagerungen. Das Besondere an dieser Stelle sind die auffälligen Sandknauer, die wie Köpfe aus dem Boden herausragen. Ihre Entstehungsgeschichte ist faszinierend: Bei der Ablagerung in den Molasseseen wurden die einzelnen Sandkörner mit kalkigem Ton oder mit härterem Kalk zementiert. Im Laufe der Jahrmillionen verwitterte der Sandstein: Die weicheren Stellen erodierten und wurden ausgeschwemmt, die härteren Stellen verwittern weniger schnell, traten in Form von Knauern hervor und bildeten die Köpfe, die dem Ort den Namen gaben.[18] Seit Generationen ist die Chöpfi ein beliebtes Ausflugsziel.

Kohlenflöze bei Sennhof

Die Gesteinsschichten der Oberen Süsswassermolasse enthalten bei uns kaum Fossilien.[19] Mitunter treten zwischen den Mergelschichten bituminöse Ablagerungen und Braunkohle auf; meistens allerdings nur in dünnen Schichten von wenigen Zentimetern. Diese fossilen Rohstoffe entstanden im Verlaufe von Jahrmillionen aus organischen Überresten – unter Druck und Ausschluss von Sauerstoff. Im Waldgebiet Bucklegi bei Sennhof und etwas westlich davon im Waldgebiet Tobel zeugen heute noch zwei Höhlen vom Kohleabbau in der Region Winterthur.

Knapp 400 m südöstlich des Bahnhofs Sennhof-Kyburg am rechten Tösshang – am Ankenfelsen – existierte bereits 1837 ein rund 24 m langer Bergstollen. Dieses Kohleflöz auf etwa 520 m ü. M. war allerdings nirgends dicker als 36 cm und dazu noch sehr unregelmässig, der Abbau hatte sich wirtschaftlich nicht gelohnt. Auch bei Mühlau, etwas westlich von Sennhof, wurde in der Molasseablagerung ein kleines Kohlenflöz gefunden, dessen Abbau sich aber aus wirtschaftlicher Sicht ebenfalls nie gelohnt hatte.[20]

▲
Die härteren Sandsteinknauer bei der Chöpfi verwitterten langsamer als die weicheren Stellen rundherum.

Ganz in der Nähe, etwas tössaufwärts und noch auf Winterthurer Stadtgebiet, befindet sich ein weiteres, allerdings wesentlich bedeutenderes Kohleflöz: das Kohleloch Kollbrunn, nur rund 300 m vom Bahnhof Kollbrunn in nordwestlicher Richtung entfernt. Dieses Kohlevorkommen wurde 1915 entdeckt und mit einem rund 38 m langen, gekrümmten Stollen erschlossen. Auch hier betrug die Mächtigkeit der Kohleschicht höchstens 40 cm. Heute steht am Stolleneingang eine Informationstafel.

Im Herbst 1917, also während des Ersten Weltkriegs, wurden auf etwa 400 m² rund 100 t Braunkohle zu Heizzwecken abgebaut.[21]

Baumaterial aus Molassesandstein

An verschiedenen Orten in Winterthur baute man Sandstein der Oberen Süsswassermolasse ab, um damit Baumaterial herzustellen. Seit Mitte des 19. Jahrhunderts finden sich in den Wäldern Winterthurs verlassene Steinbrüche. Die meisten sind inzwischen zugeschüttet oder zugewachsen: im Eschenberg (Brudertobel und Unteres Loo), auf der Ostseite des

Teil 1 — Grundlagen | Natürliche Grundlagen

▲
Im Volksmund heisst dieser markante Molassefels «Hexenfelsen»: Der ehemalige Sandsteinbruch zwischen Kesselbrunnenstrasse und Gsangrainstrasse auf der Ostseite des Wolfesbergs ist heute ein vielbesuchter Ort für kleine und grosse Abenteurer.

Wolfesbergs, im Tössertobel am Lindberg, am Zinzikerberg, am Hegiberg, am Amelenberg oder beim Schloss Hegi.

In den Steinbrüchen am Wolfesberg kamen gut erhaltene Versteinerungen von Pflanzen und Tieren zum Vorschein: Mastodonten, Geweihlose Hirsche, Antilopen, Schaufelzahnschweine und Rhinozerosse. Berühmt geworden sind die Riesenschildkröte *Testudo Vitodurana Biedermann* und Reste des Raubtiers *Hyaenaelurus sulzeri*. Diese Versteinerungen sammelte und präparierte der Winterthurer Gymnasiallehrer Adolf Biedermann (1829 – 1873). Sie wurden später in den Naturwissenschaftlichen Sammlungen, dem heutigen Naturmuseum Winterthur, eingelagert.

Zwischen Fels und Pflanzenwelt – Boden

Auf dem geologischen Fundament des heutigen Stadtgebiets von Winterthur entstand nach dem Rückzug der Gletscher vor etwa 15 000 Jahren im Laufe der Zeit der Boden, der die Vegetation erst ermöglichte. Zunächst rutschte Moränenmaterial von den Berghängen, wie beispielsweise im Dättnau oder im Leisental, ab und füllte die Talsohlen auf. Dort, wo der Felsen nicht mit Moränenablagerungen überdeckt wurde und an der Oberfläche blieb, etwa an vielen Hängen, verwitterte er nach und nach. Wasser drang in die Poren und Ritzen ein, gefror und sprengte so Teile des Felsgesteins ab. In die Spalten und Ritzen drangen Sauerstoff und Säuren ein und veränderten chemisch die Textur des Molassegesteins. Aus den Mergelschichten bildeten sich allmählich Tonmineralien und Lehm, der teilweise ebenfalls von den Hängen abrutschte.

Auf diesen jungen steppenartigen Rohböden siedelten sich zunächst Algen und Flechten an, später kamen auch Moose und höhere Pflanzen dazu. Bessere Wuchsbedingungen zeigten sich auf dem nährstoffreichen Moränenmaterial: Hier konnten sich bald höhere Krautpflanzen und stressresistente Laub- und Nadelbäume ansiedeln. Zu den Pionierbaumarten, die nach dem Rückzug der Gletscher als Erste das Gebiet von Winterthur besiedelten, gehörten etwa die Birke und die Föhre.

▲
Vor rund 20 000 Jahren floss die Töss zusammen mit der Kempt hier durchs Dättnau und weiter durchs Rumstal, weil der Weg durchs Schlosstal vom Gletschereis versperrt war. Später rutschte im Dättnau Hanglehm ab und füllte den Talboden auf.

Nun drangen Pflanzenwurzeln – vor allem Baumwurzeln – weiter in den Boden ein und lockerten ihn mechanisch auf. Gleichzeitig verkleinerten und zersetzten Bodenorganismen laufend mechanisch und chemisch abgestorbene Pflanzenreste und Bodenlebewesen und bildeteten so den Humus. Zwischen Gesteinsuntergrund und Boden entstand eine chemische Wechselwirkung. Dieser Bodenbildungsprozess ist bis heute nicht abgeschlossen und wird immer weitergehen. Er ist abhängig vom Ausgangsgestein am jeweiligen Standort, von der Topografie, dem Klima, der jeweiligen Lebensgemeinschaft und auch von menschlichen Aktivitäten.[22] Der Boden ist also die Grenzschicht zwischen dem Ursprungsgestein und der obersten Schicht von totem Pflanzenmaterial – und eine Mischung aus beidem.

Humus kann unterschiedliche Erscheinungsformen ausbilden. In Winterthur sind vor allem drei Humusformen relevant: Der *Mullhumus* kennzeichnet fruchtbare, tief-

Typische Humusformen in Winterthur

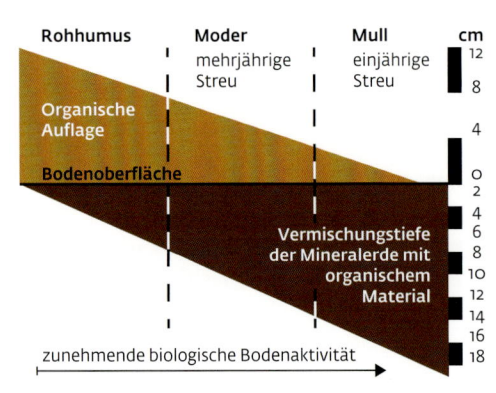

	Rohhumus	Moder	Mull	cm
		mehrjährige Streu	einjährige Streu	12
				8
Organische Auflage				4
Bodenoberfläche				0
				2
				4
		Vermischungstiefe der Mineralerde mit organischem Material		6
				8
				10
				12
				14
				16
zunehmende biologische Bodenaktivität →				18

Quelle: Bafu 2005

gründige, basenreiche, gut durchlüftete und biologisch aktive Böden, in denen die organische Substanz und der Mineralboden intensiv vermischt sind. Der *Moderhumus* ist das Merkmal saurer, oft stickstoffreicher Böden, in denen sowohl die Vermischung der stark zersetzten organischen Substanz mit dem Mineralboden wie auch die biologische Aktivität nur mässig ausgeprägt sind. Der *Rohhumus* besteht im Wesentlichen aus einer kaum zersetzten Auflage von totem Pflanzenmaterial, zum Beispiel Nadelstreu. Er zeichnet sich durch eine nur sehr geringe biologische Aktivität sowie eine gelegentlich vorhandene Moosschicht aus.[23]

Der Boden besteht demnach aus mineralischen Bestandteilen des Untergrunds, aus Humus, Wasser, Luft und Lebewesen. Für das Ökosystem Wald sind die Bodenlebewesen eminent wichtig. Ein Vergleich: In 1 dm³ Waldboden leben mehr Organismen als es Menschen auf der Erde gibt. Solche Bodenlebewesen sind zum Beispiel Schnecken, Regenwürmer, Springschwänze, Asseln, Milben, Amöben, Pilze, Einzeller oder Bakterien. Vor allem in der unmittelbaren Umgebung von Pflanzenwurzeln ist dieses Bodenleben «üppigst entwickelt».[24] Die Bodenlebewesen unterstützen die Mineralisierung von toter Biomasse und stehen in vielfältiger Wechselbeziehung zueinander.

Ein gesunder Waldboden ist ein vielschichtiger Lebensraum und sein Volumen kann bis zur Hälfte aus Poren bestehen.[25] Der Boden speichert, filtert und reinigt Wasser und ist daher für die Gewinnung von qualitativ einwandfreiem Trinkwasser von grosser Bedeutung.

So wie sich unter ähnlichen Bedingungen ähnliche Pflanzengesellschaften einstellen, so entstehen unter ähnlichen Bedingungen ähnliche Böden. Und die sind mitunter wichtige Standortfaktoren für die Waldgesellschaften. Der Boden bildet buchstäblich die Lebensgrundlage des Waldes.

Der häufigste Bodentyp in den Winterthurer Wäldern ist die *Braunerde*. Dieser ton- und meist nährstoffreiche Boden ist typisch für ein ausgeglichenes Klima. In der obersten Bodenschicht ist immer Humus vorhanden. Die dunkle Färbung der Humusstoffe verleiht dem oberen Bereich des Waldbodens das charakteristische Aussehen. In der Braunerde sind Humus und Mineralien gut vermischt, die Fruchtbarkeit ist entsprechend hoch. Je nach Gestein und Hangneigung sind die Winterthurer Braunerde-Böden mehr oder weniger stark kalkhaltig. Saure Braunerden sind hier eher die Ausnahme. Typische Waldgesellschaften auf Braunerden sind die Waldmeister-Buchenwälder, die hier entsprechend häufig vorkommen.

Auf Kuppen und an Steilhängen sind die *Rendzina*-Böden verbreitet. Sie sind weniger tiefgründig als die Braunerden, und das Muttergestein tritt bisweilen an die Oberfläche. Auf Rendzina-Böden kommt zum Beispiel der am Eschenberg-Südhang relativ häufige Lungenkraut-Buchenwald vor. In Mulden und Hangfusslagen stehen viele Böden ständig unter dem Einfluss von Grund-, Hang- oder Stauwasser und sind deshalb dauernd feucht. Das sind die typischen Standorte der Eschenmischwälder. Solche Standorte finden sich zum Beispiel in den Bachtobeln des Leisentals und an feuchten Stellen auf dem Eschenbergplateau.

Die grösste Gefahr für die Waldböden in Winterthur kommt aus der Luft: Aus Schadstoffen werden Säuren, die der Regen einträgt. Sie könnten dereinst die Pufferkapazität des Waldbodens überfordern. Er würde versauern und die Bodenfruchtbarkeit abnehmen – damit würde sich auch die Lebensqualität für Pflanzen verschlechtern. Um diese Zusammenhänge besser zu verstehen und rechtzeitig gezielte Massnahmen ergreifen zu können, werden in Winterthur Waldboden und Pflanzendecke seit Mitte der 1980er-Jahre dauernd beobachtet und wissenschaftlich untersucht.

Der Schutz des gesunden Waldbodens ist auch für den Waldbesitzer und den Förster eine Hauptaufgabe – und eine stetige Herausforderung. Die Hauptgefahr, die von der Forstwirtschaft ausgeht, ist heute hauptsächlich die Verdichtung durch schwere Forstmaschinen. Auf Spaziergängen durch den Winterthurer Wald sieht man alle 30 bis 50 m so genannte Rückegassen, also Fahrtwege für die Forstmaschinen. Von diesen Rückegassen aus ernten die Forstleute das Holz und transportieren es ab. So können sie den Waldboden bei der Holzernte grösstenteils schonen. Jede Verdichtung schadet nämlich dem gesunden Waldboden und damit dem Wald.

Sommergrüne Laubwälder – Klima

Wie die Topografie und die Bodenbeschaffenheit prägt auch das Klima in der Region Winterthur ganz wesentlich die Wuchsbedingungen für den Wald. Unter Klima versteht man «die Gesamtheit der meteorologischen Erscheinungen, welche den mittleren Zustand der Atmosphäre an irgendeiner Stelle der Erdoberfläche charakterisieren».[26]

Klimazonen sind «grossräumige Gebiete der Erde, in denen die Klimabedingungen

▲
Typischer Waldhirsen-Buchenwald mit Nebenbestand und relativ üppiger Krautschicht am Hulmen-Nordhang.

ungefähr gleichartig sind. (...) Die natürliche Vegetation reflektiert die Klimazonen der Erde, und so zeigen Klimazonen und Vegetationszonen eine weitgehende Parallelität».[27]

Die Stadt Winterthur liegt wie das ganze Schweizer Mittelland je nach Definition in einer Zone des warmgemässigten Regenklimas[28] oder des subozeanischen kühlgemässigten Klimas.[29] Die Durchschnittstemperatur des kältesten Monats liegt in dieser Klimazone zwischen −3 °C und 18 °C und die Durchschnittstemperatur des wärmsten Monats liegt bei über 10 °C. Zudem gibt es hier normalerweise keinen Monat, in dem nicht Regen oder Schnee fällt. Schliesslich liegt die monatliche Durchschnittstemperatur immer unter 22 °C, und während mindestens vier Monaten liegt die Durchschnittstemperatur über 10 °C. Das Klima in Winterthur ist demnach ein *feuchtgemässigtes Klima*.

Für die Waldökologie und die Forstwirtschaft sind allerdings noch andere als die genannten Klimamerkmale entscheidend: Die Winter sind hier mild bis mässig kalt, das heisst, die Durchschnittstemperatur des kältesten Monats liegt zwischen −3 °C und 2 °C, das Niederschlagsmaximum ist im Sommer oder im Herbst, und die Vegetationszeit dauert mehr als 200 Tage. Winterthur liegt daher in der Vegetationszone der subozeanischen Falllaub- und Mischwälder oder der *sommergrünen Laubwälder*.

Das Bundesamt für Meteorologie und Klimatologie unterhält insgesamt 91 Messstationen in allen Landesteilen der Schweiz. Leider steht in Winterthur keine solche Messstation. Oder besser: keine mehr. Ab 1863 wurden in Winterthur für einige Jahrzehnte regelmässig Klimadaten erfasst und diese «Jahr für Jahr in den Annalen der meteorologischen Centralanstalt in Zürich publiziert».[30] Immerhin stehen in der weiteren Umgebung Winterthurs heute noch zwei Messstationen des Bundes, deren Ergebnisse für das nordöstliche Mittelland repräsentativ sind und die für die Beschreibung des Klimas in Winterthur herangezogen werden können: in Tänikon bei Aadorf auf 539 m ü. M. und in Kloten auf 426 m ü. M.

Die Messstation Tänikon liegt also etwa auf der Höhe des Bruderhauses, des Brüelbergs oder des Bäumli (Lindberg) und die Messstation in Kloten etwa auf der Höhe des Tössrains beim Aufstieg ins Totentäli. Die Messstation bei Aadorf liegt in Luftdistanz etwa 13,4 km vom Stadtzentrum Winterthur und etwa 7,2 km vom nächstgelegenen Winterthurer Waldgebiet entfernt. Die Messstation Kloten ist etwas weiter weg: Sie liegt etwa 14,7 km vom Stadtzentrum Winterthur und etwa 10,0 km vom nächstgelegenen Winterthurer Waldgebiet entfernt. Die Messwerte in Tänikon und in Kloten gelten also durchaus auch für die auf gleicher Meereshöhe gelegenen Gebiete der Stadt Winterthur.

Die Messstation Kloten ist mit Blick auf den Winterthurer Wald deshalb interessant, weil einzelne Waldgebiete wie das Hardholz in Wülflingen auf dieser Meereshöhe oder sogar noch darunter liegen. Die durchschnittliche Jahrestemperatur ist hier etwas höher als in den anderen Waldgebieten in Winterthur. Bemerkenswert sind auf dieser Höhe aber besonders die Temperaturextreme: Sommertage mit Temperaturen über 25 °C und die Hitzetage mit Temperaturen über 30 °C sind hier deutlich häufiger als in den höher gelegenen Gebieten der Stadt. Weil die meisten Wälder auf dem Stadtgebiet Winterthur aber höher liegen als die Messstation in Kloten, beschränken sich die nachfolgenden Betrachtungen auf die Messstation Tänikon bei Aadorf.

Von 1981 bis 2010 betrug die jährliche Durchschnittstemperatur in Tänikon 8,7 °C. Zwanzig Jahre früher, das heisst von 1961 bis 1990, lag sie noch um 0,8 °C tiefer bei 7,9 °C. Im langjährigen Mittel gibt es in der Region Winterthur im Durchschnitt über 30 Tage im Jahr mit Höchsttemperaturen von über 25 °C und etwa 3 Tage mit Höchsttemperaturen von über 30 °C. An rund 114 Tagen pro Jahr fällt die Mindesttemperatur auf unter 0 °C und an knapp 26 Tagen steigt die Höchsttemperatur nicht

Klimanormwerte Aadorf/Tänikon (Normperiode 1981–2010)

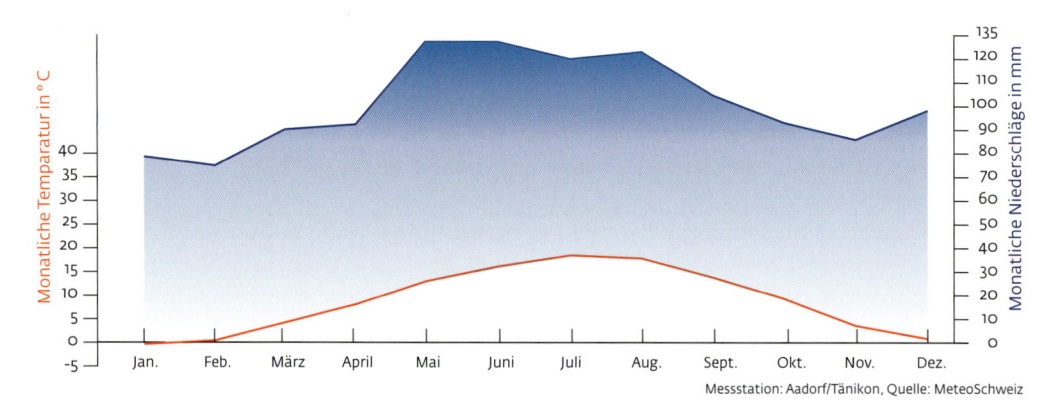

Messstation: Aadorf/Tänikon, Quelle: MeteoSchweiz

Monat	Monatliche Temperatur in °C	Monatliche Niederschläge in mm
Jan.	−0,3	76
Febr.	0,4	73
März	4,5	88
April	7,9	90
Mai	12,7	124
Juni	15,9	124
Juli	18,0	117
Aug.	17,4	120
Sept.	13,5	102
Okt.	9,2	91
Nov.	3,7	84
Dez.	0,9	96

über 0°C. Den durchschnittlich rund 50 heiteren Tagen pro Jahr mit einer Sonnenscheindauer von mindestens 80 Prozent stehen hier rund 175 trübe Tage mit einer Sonnenscheindauer von höchstens 20 Prozent gegenüber. Die restlichen 140 Tage sind wechselhaft mit einer Sonnenscheindauer von 20 bis 80 Prozent. An durchschnittlich 111 Tagen im Jahr regnet es und an 24 Tagen schneit es. Die relative Feuchte beträgt etwa 75 bis 87 Prozent, im Durchschnitt 81 Prozent.

Die Werte der beiden Klimastationen in Kloten und in Tänikon geben relativ zuverlässig Aufschluss über das Landschaftsklima in Winterthur. Interessant für die Ökologie und die Forstwirtschaft ist aber vor allem auch das Mikroklima an einem konkreten Standort. Dieses kann sehr stark variieren und vom Landschaftsklima deutlich abweichen.[31]

Vielfältige Gesellschaften – Waldstandorte

Die klimatischen Bedingungen beeinflussen ganz wesentlich das Ökosystem Wald. Natürliche Einflüsse wie Temperatur, Niederschläge, Luftfeuchtigkeit und Sonneneinstrahlung prägen diese Lebensgemeinschaft. Auch andere Umweltbedingungen wie Hangneigung oder Bodenbeschaffenheit beeinflussen das Waldbild. Die Gesamtheit der natürlichen Umweltfaktoren, die auf Pflanzen an einem bestimmten Wuchsort einwirken, fasst man unter dem Begriff *Standort* zusammen. Unter ähnlichen Umwelteinflüssen gedeihen von Natur aus ähnliche Pflanzengemeinschaften. Solche für einen Standort typische Gemeinschaften nennt man Pflanzen- oder *Waldgesellschaften*.

Waldgesellschaften sind also gewissermassen idealisierte Waldtypen und beschreiben die potenzielle natürliche Vegetation an einem bestimmten Standort. Sie kommen in der Natur nicht genau so vor, sie ermöglichen es aber, die unterschiedlichen Erscheinungsformen des Waldes zu ähnlichen Einheiten zusammenzufassen und systematisch zu ordnen. Waldgesellschaften sind in diesem Sinne Idealbilder, «gewissermassen Ausschnitte aus einem breiten Band von Übergängen und Komplexen, wie sie die Natur in Wirklichkeit bietet. Diese Idealbilder helfen, uns in der verwirrenden Komplexität der natürlichen Waldbilder zurechtzufinden und gewisse, immer wiederkehrende Erscheinungen und Beziehungen verständlich zu machen».[32] Ein charakteristisches Merkmal jeder Waldgesellschaft ist die Kombination bestimmter Pflanzenarten. Die Reduktion eines Waldes auf die Hauptbaumarten hilft allerdings nicht viel für die Bestimmung einer Waldgesellschaft, denn zu einer Waldgesellschaft gehören neben den Bäumen auch die Sträucher und natürlich die Krautpflanzen mitsamt den Farnen und den Moosen.

Anhand der Bodenpflanzen und der Bodenbeschaffenheit an einem Standort kann man voraussagen, welche Baumarten von Natur aus hier wachsen würden. Eine Waldgesellschaft beschreibt also wie erwähnt die potenzielle natürliche Vegetation, nicht aber den tatsächlich vorhandenen Baumbestand. Dieser ist in fast ganz Europa mehr oder weniger stark durch Menschenhand geformt.

Eine Waldgesellschaft wird durch zahlreiche Faktoren der belebten und unbelebten Umwelt beeinflusst. Zu den klimatischen Einflüssen gehören wie erwähnt neben Temperatur und Niederschläge auch die Sonneneinstrahlung, der Wind und die Luftfeuchtigkeit. Zu den Bodenfaktoren zählen etwa die Bodenstruktur und die Mineralstoffe, der Wasserhaushalt sowie der Säure- und Basengehalt. Entscheidend sind auch biologische Faktoren wie Bodenorganismen und Bestäuber, aber auch Schmarotzer und Konkurrenten.

In der Natur wachsen Pflanzen fast immer unter Konkurrenz von Pflanzen der gleichen Art und von anderen Arten. Das natürliche Vorkommen einer Art an einem bestimmten Standort hängt also nicht nur davon ab,

Typischer Waldmeister-Buchenwald an der Oberen Eichholterstrasse im Lindbergwald mit starken Stämmen und einer artenreichen und gut ausgebildeten Krautschicht. ▶

▲
Zweiblatt-Eschenmischwald mit Weisser Segge auf dem ehemaligen Auenboden im Leisental: Wüchsiger Laubmischwald mit gut entwickelter Schicht von Kalksträuchern, Traubenkirsche und Nährstoffzeigern. Der Buche ist es hier zu feucht.

Teil 1 — **Grundlagen** | Natürliche Grundlagen

ob die Pflanze an diesem Standort überhaupt wachsen kann, sondern vielmehr, ob sie unter den gegebenen Standortsverhältnissen gegenüber anderen Arten im Wettbewerb um Licht, Wasser und Nährstoffe konkurrenzfähig ist. Ändern sich die Standortsverhältnisse, so ändern sich auch die Konkurrenzverhältnisse, andere Arten beginnen zu dominieren. Mit diesem Phänomen beschäftigt sich die Pflanzensoziologie, ein wissenschaftliches Teilgebiet der Geobotanik. Sie fasst Arten, die unter bestimmten Standortsverhältnissen gemeinsam vorkommen – also über eine ähnliche Konkurrenzkraft verfügen –, mit statistischen Methoden zu *Zeigerarten* zusammen. Jede Waldgesellschaft besteht aus einer typischen Kombination von Zeigerarten. Die Kenntnis von 50 bis 100 häufigen Waldpflanzenarten macht es somit möglich, an jedem Waldstandort sehr zuverlässige Aussagen über die jeweiligen Verhältnisse, insbesondere über den Säuregrad des Bodens, die Nährstoff- und Wasserversorgung, sowie die potenziell vorkommenden Pflanzen- und insbesondere Baumarten zu machen.

Für die Ökologie, den Naturschutz und vor allem für die Forstwirtschaft ist die Kenntnis der Waldgesellschaften von grosser Bedeutung. Geht es für den Förster um Fragen der Verjüngung mit standortgerechten Baumarten oder der naturnahen Waldpflege, so ist die Kenntnis der potenziellen natürlichen Vegetation unerlässlich. Und für den Naturschützer stehen in diesem Zusammenhang der Erhalt von bedrohten Lebensräumen und seltenen Tier- und Pflanzenarten im Vordergrund. Vor allem im praktischen Naturschutz spielen Waldgesellschaften eine wichtige Rolle – etwa bei Schutz-, Pflege- und Entwicklungsmassnahmen.

Auf dem Gebiet der Stadt Winterthur kommen über 40 verschiedene Waldgesellschaften vor; die meisten gehören zu den Buchenwäldern. Auf den hier sehr verbreiteten, gut nährstoff- und wasserversorgten, fruchtbaren Braunerde-Böden ist die Buche anderen Baumarten deutlich überlegen. Sie erträgt viel mehr Schatten als alle anderen einheimischen

Typischer Waldmeister-Buchenwald im Gebiet Elend. ▶

Waldbildende Baumarten in Winterthur

Nach Ellenberg

Teil 1 — Grundlagen | Natürliche Grundlagen

Laubbaumarten, wird höher und mächtiger als diese und kann mit ihrer dichten Krone selber sehr viel Schatten werfen. Dadurch ist sie in der Lage, im Schutze anderer Bäume aufzuwachsen, diese schliesslich zu überwachsen, ihnen mit ihrer mächtigen Krone das Licht zu nehmen und diese schliesslich zum Absterben zu bringen. Auf den meisten Standorten in Winterthur würde die Buche von Natur aus Reinbestände bilden. Nur auf sehr nassen Standorten, etwa in Bachtobeln, Hangrieten oder Flussauen, verliert sie an Konkurrenzkraft, denn «die Buche hat nicht gerne nasse Füsse», wie der Förster sagt. Hier übernehmen, je nach Standort, Esche, Ahorn, Erlen, Eichen oder Föhren das Zepter.

Auf sehr trockenen und wechseltrockenen Standorten ist es der Buche nicht mehr wohl. Hier übernehmen Eiche, Mehlbeerbaum, Elsbeerbaum und Föhre in lichten Waldformationen die Herrschaft. Beispiele solcher trockenen Waldgesellschaften finden sich etwa bei Hoh Wülflingen ob Neuburg oder bei der Chöpfi am Wolfesberg.

Die *Waldmeister-Buchenwälder* nehmen die grösste Fläche auf dem Stadtgebiet von Winterthur ein. Kräftige Buchen mit starken, geraden Stämmen prägen hier das Waldbild. Auf den tiefgründigen, nährstoffreichen Mullböden gedeihen prächtige Hallen-Buchenwälder mit einer stellenweise üppig entwickelten Krautschicht. Hier trifft man auf die Vierblättrige Einbeere, das Vielblütige Salomonssiegel, den Waldmeister oder den Sauerklee. Und im Frühling blüht hier das Buschwindröschen. Die Buche dominiert die Baumschicht, die da und dort mit Stileiche, Hagebuche, Kirsche, Esche und Bergahorn bereichert ist.

Die *Waldhirsen-Buchenwälder* findet man hauptsächlich östlich der Bahnlinie Zürich–St. Gallen: in höheren Lagen, vor allem auf dem Eschenberg, auf dem Etzberg und auf dem Hulmen. Auf dieser Stufe nehmen die Niederschlagsmengen zu und entsprechend höher ist auch die Luftfeuchtigkeit. Das fördert die Farne und die Moose. Typische Baumart ist neben der Buche die Weisstanne. Aber auch Bergahorn, Esche und Fichte kommen hier natür-

Waldgesellschaften auf der kollinen Höhenstufe

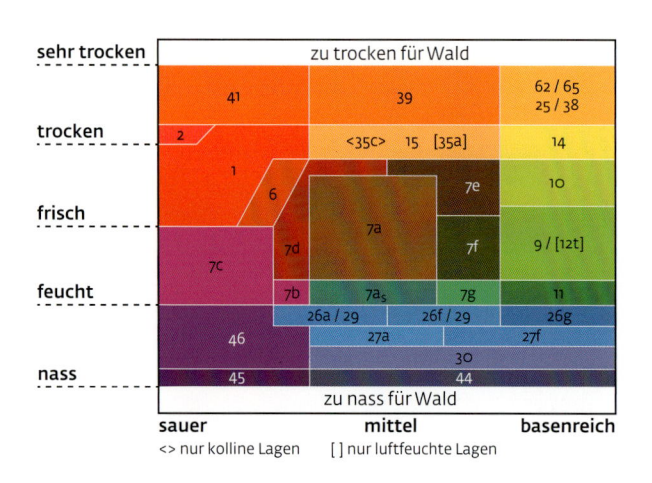

Quelle: Thurgauische Naturforschende Gesellschaft

licherweise vor. In der Strauchschicht findet sich häufig auch die Rote Heckenkirsche, im Waldhirsen-Buchenwald der Schwarze Holunder, die Ährige Rapunzel, die Goldnessel, die Schlüsselblume und verschiedene Farne.

Die *Lungenkraut-Buchenwälder* wachsen auf den flachgründigen, fruchtbaren und gut durchlüfteten kalkhaltigen Böden am Berenberg und am Etzberg, aber auch an vielen anderen Standorten auf Stadtgebiet wie etwa im Hardholz oder am Sädelrain. Auch hier dominiert die Buche den Hallenwald und bildet gerade und kräftige Stämme aus. Beigemischt sind die Esche, der Bergahorn, die Traubeneiche und die Kirsche. Der Wollige Schneeball, der Weissdorn, der Gewöhnliche Seidelbast oder der Liguster prägen die Strauchschicht. In der Krautschicht gedeihen zahlreiche Frühblüher: das Lungenkraut, das Buschwindröschen, der Waldmeister, die Goldnessel, die Mandelblättrige Wolfsmilch, der Aronstab, das Bingelkraut, die Türkenbund-Lilie, die Frühlingsplatterbse oder die Gewöhnliche Akelei.

Die *Erlen-Eschenwälder* dehnen sich in Winterthur vor allem im Leisental, auf dem Eschenberg zwischen Eschenberghof und Bruderhaus, beim Bäumli und im Gebiet Schoren bei Oberwinterthur aus. Daneben findet man sie auch an anderen Stellen in Hangfusslagen. Die feuchten und kalkhaltigen Gebiete entlang der Töss sind ideale Standorte für die sehr wüchsigen, hochstämmigen Laubmischwälder. Die Krautpflanzen auf dem stellenweise durchnässten, aber zeitweise gut durchlüfteten Mullboden gedeihen hier üppig: unter ihnen die Kohldistel, das Grosse Springkraut oder der Waldziest. Auch die Moose wachsen in der hohen Luftfeuchtigkeit ausgezeichnet.

Die Winterthurer Wälder wachsen hauptsächlich auf Buchenwaldstandorten. Buchenwälder sind von Natur aus ziemlich dunkel und relativ artenarm. Erst die intensive Bewirtschaftung durch den Menschen – vor allem die Übernutzung der Wälder in früheren Jahrhunderten – hat Licht und Artenreichtum in die Wälder unserer Region gebracht.

Waldgesellschaften auf der submontanen Höhenstufe

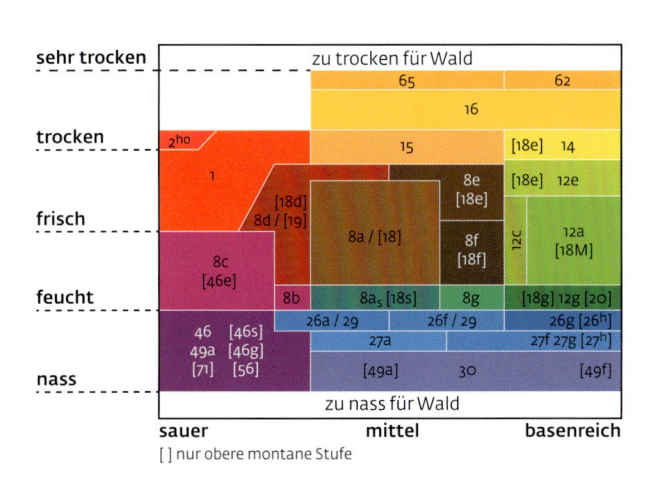

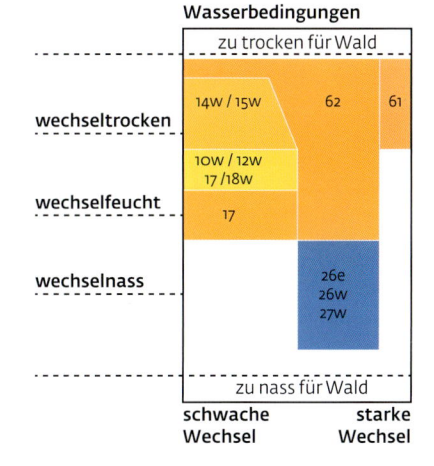

Quelle: Thurgauische Naturforschende Gesellschaft

▲
Die Türkenbund-Lilie kommt im typischen Lungenkraut-Buchenwald auf Kalkböden verbreitet vor.

▲
Lungenkraut im Hardholz: Auf frischen und basenreichen Böden relativ häufig.

▲
Riesen-Schachtelhalm am Hulmen: Im Seggen-Bacheschenwald recht häufig.

▲
Aronstab am Berenberg: Oft mit dem Lungenkraut in gleicher Gesellschaft.

▲
Hängende Segge am Berenberg: Ziemlich häufig auf feuchten und nährstoffreichen Böden und an Wegrändern.

▲
Wald-Bingelkraut im Hardholz: Häufiger Stickstoffzeiger an schattigen Lagen auf lockeren und nährstoffreichen Böden.

Kohldistel am Hulmen: Häufiger Feuchtezeiger in Auenwäldern, an Hangfusslagen oder auf vernässten Standorten.
▼

Teil 1 — Grundlagen | Natürliche Grundlagen

Waldgesellschaften in Winterthur und ihre Anteile an der gesamten Waldfläche

Nr.	Bezeichnung	Fläche in ha	Anteil
1	Typischer Waldhainsimsen-Buchenwald	10,00	0,40%
2	Waldhainsimsen-Buchenwald mit Weissmoos	0,70	0,03%
6	Waldmeister-Buchenwald mit Hainsimse	54,75	2,20%
7a	**Typischer Waldmeister-Buchenwald**	**312,50**	**12,57%**
7aS	Typischer Waldmeister-Buchenwald, Ausbildung mit Waldziest	66,75	2,68%
7d	Typischer Waldmeister-Buchenwald, Ausbildung mit Hainsimse	141,50	5,69%
7e	Waldmeister-Buchenwald mit Hornstrauch	142,50	5,73%
7f	Waldmeister-Buchenwald mit Lungenkraut	292,50	11,76%
7g	Waldmeister-Buchenwald mit Lungenkraut, mit Waldziest	76,00	3,06%
8a	**Typischer Waldhirsen-Buchenwald**	**91,00**	**3,66%**
8aS	Typischer Waldhirsen-Buchenwald, Ausbildung mit Waldziest	196,75	7,91%
8d	Waldhirsen-Buchenwald mit Hainsimse	88,50	3,56%
8e	Waldhirsen-Buchenwald mit Hornstrauch	12,00	0,48%
8f	Waldhirsen-Buchenwald mit Lungenkraut	139,50	5,61%
8g	Waldhirsen-Buchenwald mit Lungenkraut, mit Waldziest	155,50	6,25%
9	Typischer Lungenkraut-Buchenwald	132,25	5,32%
10	**Lungenkraut-Buchenwald mit Immenblatt**	**74,25**	**2,99%**
10w	Lungenkraut-Buchenwald mit Immenblatt, kriech. Liguster	51,00	2,05%
11	Aronstab-Buchenwald	55,25	2,22%
12e	Zahnwurz-Buchenwald mit Weisser Segge	1,75	0,07%
12g	Zahnwurz-Buchenwald mit Bärlauch	6,75	0,27%
12t	Typischer Zahnwurz-Buchenwald, artenarme Ausbildung	44,35	1,78%
12w	Zahnwurz-Buchenwald mit kriechendem Liguster	3,75	0,15%
13e	Linden-Zahnwurz-Buchenwald, Ausbildung mit Weisser Segge	0,25	0,01%
14	Typischer Weissseggen-Buchenwald	37,75	1,52%
14w	Weissseggen-Buchenwald, Ausb. mit kriech. Liguster	8,75	0,35%
15	Bergseggen-Buchenwald	22,00	0,88%
17	Eiben-Buchenwald	36,25	1,46%
26a	**Typischer Ahorn-Eschenwald**	**21,75**	**0,87%**
26e	Ahorn-Eschenwald mit Weisser Segge	4,75	0,19%
26f	Ahorn-Eschenwald mit Bingelkraut	48,25	1,94%
26g	Ahorn-Eschenwald mit Bärlauch	4,25	0,17%
27a	Typischer Seggen-Bacheschenwald	1,50	0,06%
27e	Seggen-Bacheschenwald mit Hornstrauch	2,75	0,11%
27f	Seggen-Bacheschenwald mit Riesenschachtelhalm	20,00	0,80%
28	Typischer Ulmen-Eschen-Auenwald	1,00	0,04%
29	Zweiblatt-Eschenmischwald (auf staunassen Böden)	54,50	2,19%
29a	Zweiblatt-Eschenmischwald (auf Auenböden)	18,00	0,72%
29e	Zweiblatt-Eschenmischwald mit Weisser Segge	45,50	1,83%
30	Traubenkirschen-Eschenwald	4,75	0,19%
39	Kronwicken-Eichenmischwald	0,25	0,01%
61	Pfeifengras-Föhrenwald	2,50	0,10%
62	Orchideen-Föhrenwald	2,00	0,08%
64	Geissklee-Föhrenwald	0,25	0,01%

RECHTLICHE GRUNDLAGEN

Waldschutz hat Tradition – Bundesverfassung
Obwohl die Wälder in der Schweiz über Jahrhunderte stark genutzt und teilweise auch übernutzt wurden, hat hierzulande der Schutz des Waldareals eine lange Tradition – bereits im Mittelalter wurden im Gebirge Bannbriefe und im Flachland Schutz- und Nutzungsverordnungen erlassen. Zwar enthielt die erste Bundesverfassung von 1848 noch keine Bestimmungen über den Wald und die Waldnutzung. Aber ab Mitte des 19. Jahrhunderts wurde immer offensichtlicher, dass zwischen den Abholzungen von Gebirgswäldern und den zunehmend als bedrohlich empfundenen Überschwemmungen ein Zusammenhang bestehen musste.

Die Furcht der Bevölkerung und zwei wissenschaftliche Berichte über die Gebirgswälder und die Gebirgsbäche führten schliesslich dazu, dass der Bund die Oberaufsicht über die Wasserbau- und Forstpolizei erhielt.[33] Verfasser des Berichts über die Gebirgswälder war übrigens der ETH-Professor Elias Landolt, der auch an einem Gutachten über den Winterthurer Wald mitgearbeitet hatte.

Im Forstpolizeigesetz von 1876 standen die Erhaltung und Vermehrung der Schutzwälder sowie die nachhaltige Waldnutzung im Vordergrund. Die Bestimmungen galten zunächst nur für das Hochgebirge, ab 1897 dann für die ganze Schweiz.[34] 1902 trat ein neues Forstpolizeigesetz in Kraft; es bildete bis 1992 die Basis für die Schweizer Waldwirtschaft. In jenem Jahr lösten das heute noch gültige Waldgesetz und ein Jahr später die Waldverordnung das alte Forstpolizeigesetz ab. Das aktuelle Waldgesetz bezweckt weiterhin den strengen Schutz der Fläche und der räumlichen Verteilung des bestehenden Waldareals und darüber hinaus
- den Schutz des Waldes als naturnahe Lebensgemeinschaft,
- die Erfüllung der Waldfunktionen, insbesondere der Schutz-, Wohlfahrts- und Nutzfunktion, sowie
- die Förderung und Erhaltung der Waldwirtschaft.[35]

Die Grundlage für diese Bestimmungen findet sich im Artikel 77 der Bundesverfassung von 1999, wo es heisst:
1. Der Bund sorgt dafür, dass der Wald seine Schutz-, Nutz- und Wohlfahrtsfunktionen erfüllen kann.
2. Er legt Grundsätze über den Schutz des Waldes fest.
3. Er fördert Massnahmen zur Erhaltung des Waldes.

Für den Naturschutz sind laut Bundesverfassung die Kantone zuständig.

Nachhaltigkeit verankert – Waldgesetz
Zu den zentralen Grundsätzen des schweizerischen Waldgesetzes, das Anfang 1993 in Kraft trat, gehört die Erhaltung der bestehenden Waldfläche. Deshalb sind Rodungen, das heisst die «dauernde oder vorübergehende Zweckentfremdung von Waldboden», grundsätzlich verboten. Ausnahmen können Bund und Kantone bewilligen, wenn dafür triftige Gründe vorliegen, die Umwelt dadurch nicht gefährdet und dem Naturschutz Rechnung getragen wird. Und für jede Rodung muss in der gleichen Gegend «mit vorwiegend standortgerechten Arten Realersatz geleistet werden». Ebenso verboten sind Kahlschläge und Formen der Holznutzung mit ähnlichen Auswirkungen wie Kahlschläge. Ein Kahlschlag ist – im Sinne der Waldverordnung – «die vollständige oder weitgehende Räumung eines Bestandes, durch die auf der Schlagfläche freilandähnliche ökologische Bedingungen entstehen oder erhebliche nachteilige Wirkungen für den Standort oder die Nachbarbestände verursacht werden». Wenn allerdings nur ein alter Bestand gefällt wird und die Verjüngung ausreichend und gesichert ist, liegt kein Kahlschlag vor.

Auch andere Waldnutzungen, die zwar weder Rodungen noch Kahlschläge sind, aber die Waldfunktionen dennoch beeinträchtigen, sind verboten. Überhaupt braucht nach dem Waldgesetz jeder, der im Wald einen Baum fällen will, eine Bewilligung des zuständigen Forstdienstes. Und falls zum Beispiel ein Hang

«Der Wald ist mir noch nie verleidet. Im Gegenteil: Obwohl ich im Wald arbeite, gehe ich auch in der Freizeit oft dorthin – manchmal auch mit unseren Kindern. Gerade der Herbst mit dem vielen Laub ist für sie eine tolle Zeit. Oder wenn es mal wieder frisch geschneit hat. Der Wald gehört heute zu meinem Leben, er ist ein Teil davon.

Schon als Bub wollte ich Forstwart werden. Wahrscheinlich hat mich mein Vater geprägt. Auch er ist Forstwart. Meine Entscheidung habe ich nie bereut. Ich liebe die körperliche Arbeit an der frischen Luft und die Arbeit mit Maschinen und Motoren.

Am meisten Freude macht mir die Holzerei: das Fällen, das Schleppen mit der Maschine, das Asten. Ich erledige jetzt hauptsächlich Rückearbeiten mit dem Knickschlepper. Aber das Fällen mit der Motorsäge fehlt mir manchmal schon.

Im Herbst kann ich es meist kaum erwarten, bis es losgeht. Dann bin ich immer etwas aufgeregt. Einen Baum zu fällen, ist für mich ein unbeschreibliches Gefühl. Der besondere Augenblick naht, wenn der Baum umfällt – der Lärm, wenn der tonnenschwere Baum auf den Boden kracht. Und wenn man nachher seine Arbeit liegen sieht, den Stock, den geschroteten Stamm.

Es gibt bei uns viele interessante und abwechslungsreiche Wälder, aber ich bevorzuge Nadelholzbestände. Ich schaue den Wald halt oft mit den Augen eines Forstwartes an. Am liebsten mag ich den Eschenberg. Er unterscheidet sich von anderen Wäldern durch sein Holz; langes, schweres Holz, schönes Holz. Das fasziniert mich.

Früher habe ich nur im Eschenberg gearbeitet. Da ist mir gar nicht aufgefallen, dass sich dieser Wald laufend verändert und entwickelt. Heute arbeite ich in verschiedenen Wäldern und sehe den Eschenberg mit anderen Augen.

Ich arbeite eigentlich nie alleine. Trotzdem bin ich häufig nur mit meiner Arbeit und meiner Maschine beschäftigt. Da wechsle ich kaum ein Wort mit anderen, oftmals nur beim Znüni und beim Mittagessen. Ich denke, man muss der Typ dafür sein.

Wie in jedem anderen Beruf gibt es auch bei uns schöne Arbeit und weniger schöne. Aber gemacht werden müssen beide. Regen ist mir egal. Aber Sturmholz rüsten bei Nassschnee finde ich widerlich. Zehn Minuten und man ist triefend nass. Pfui Teufel!

Bis jetzt hatte ich noch keine schlimmen Unfälle. Holz anfassen! Einmal eine Verletzung mit den Steigeisen, ein anderes Mal mit dem Gertel. Beides war harmlos. Wahnsinniges Glück hatte ich in der Lehre, als der Wipfel einer Weisstanne zehn Meter neben mir auf den Boden knallte.

Der Wald hat sich verändert und er wird es weiter tun. Aber um ihn mache ich mir keine Sorgen. Hier hat es Platz für alle. Nur manchmal wünschte ich mir etwas mehr Verständnis für unsere Arbeit, zum Beispiel wenn wir eine Strasse sperren oder einen grossen Baum fällen. An den Reaktionen der Leute spüre ich, dass sich ihr Bild vom Wald auch verändert hat.»

Andreas Mullis
Forstwart und Maschinist
beim Forstbetrieb Winterthur,
im Lindbergwald.

«Der Wald ist ein Teil meines Lebens»

Andreas Mullis
Maschinist

abrutscht und den dortigen Wald zerstört oder falls ein Wald abbrennt, muss diese Fläche wieder zum Wald aufgeforstet werden.

Das Schweizer Waldgesetz schreibt zudem vor, dass der Wald der Allgemeinheit zugänglich sein muss und dass es für grosse Veranstaltungen im Wald eine Bewilligung des Kantons braucht. Grundsätzlich verbietet das Gesetz das Befahren des Waldes – dazu gehören auch Waldstrassen – mit Motorfahrzeugen, ausser für forstliche Zwecke. Ausnahmen kann der zuständige Kanton zulassen.

Im Waldgesetz sind bereits die *Grundsätze der Waldbewirtschaftung* geregelt, wie sie im ganzen Land zu erfolgen haben:
- Der Wald ist so zu bewirtschaften, dass er seine Funktionen dauernd und uneingeschränkt erfüllen kann (Nachhaltigkeit).
- Die Kantone erlassen Planungs- und Bewirtschaftungsvorschriften; sie tragen dabei den Erfordernissen der Holzversorgung, des naturnahen Waldbaus und des Natur- und Heimatschutzes Rechnung.
- Lassen es der Zustand des Waldes und die Walderhaltung zu, so kann namentlich aus ökologischen und landschaftlichen Gründen auf die Pflege und Nutzung des Waldes ganz oder teilweise verzichtet werden.
- Die Kantone können zur Erhaltung der Artenvielfalt von Fauna und Flora angemessene Flächen als Waldreservate ausscheiden.
- Wo es die Schutzfunktion erfordert, stellen die Kantone eine minimale Pflege sicher.

Diese Grundsätze werden in der *Eidgenössischen Waldverordnung* konkretisiert. Demnach muss die Waldbewirtschaftung in der Schweiz planmässig erfolgen. Dafür sind entsprechende Pläne mit Planungsgrundlagen und Planungszielen vorgeschrieben. In diesen forstlichen Plänen müssen mindestens die Standortverhältnisse, die Waldfunktionen und deren Gewichtung aufgeführt werden. Die Details dazu regeln die Kantone in ihren kantonalen Waldgesetzen und -verordnungen.

Um die nachhaltige Bewirtschaftung des Schweizer Waldes sicherzustellen, hat der Bundesrat eine entsprechende Strategie verfasst. Diese Strategie unter dem Titel «Waldpolitik 2020» soll die ökologischen, ökonomischen und gesellschaftlichen Ansprüche an den Wald im Sinne der Nachhaltigkeit aufeinander abstimmen. Die Waldpolitik 2020 konzentriert sich vorwiegend auf Massnahmen des Bundes, definiert aber auch die Rolle der Kantone und der Waldeigentümer. Sie nennt insgesamt elf Ziele mit den entsprechenden Massnahmen, die eine nachhaltige Bewirtschaftung sicherstellen und günstige Rahmenbedingungen für die Holz- und Waldwirtschaft schaffen soll:[36]

1. Das nachhaltig nutzbare Holznutzungspotenzial wird ausgeschöpft.
2. Klimawandel: Der Wald und die Holzverwendung tragen zur Minderung bei und die Auswirkungen auf seine Leistungen bleiben minimal.
3. Die Schutzwaldleistung ist sichergestellt.
4. Die Biodiversität bleibt erhalten und ist gezielt verbessert.
5. Die Waldfläche bleibt erhalten.
6. Die wirtschaftliche Leistungsfähigkeit der Waldwirtschaft ist verbessert.
7. Die Waldböden, das Trinkwasser und die Vitalität der Bäume sind nicht gefährdet.
8. Der Boden wird vor Schadorganismen geschützt.
9. Das Gleichgewicht Wald-Wild ist gewährleistet.
10. Die Freizeit- und Erholungsnutzung erfolgt schonend.
11. Bildung, Forschung und Wissenstransfer sind gewährleistet.

Das kantonale Waldgesetz und die dazugehörige Waldverordnung regeln die Details im Kanton Zürich und ergänzen in diesem Sinne das Bundesgesetz. So heisst es im kantonalen Recht etwa, dass zur Schonung von Boden, Flora und Fauna für die Waldbewirtschaftung in der Regel nur auf Strassen, Maschinenwegen und Rückegassen gefahren werden darf. Gemäss kantonaler Waldverordnung ist das Reiten und Radfahren nur auf Waldstrassen erlaubt, wobei Rückegassen und Trampelpfade nicht als Strassen oder Wege gelten. Ebenso ist im kantonalen Gesetz die Minimalfläche für einen Wald angegeben: Demnach umfasst eine Waldfläche im Kanton Zürich mindestens 800 m². Nachteilige Nutzungen wie Waldweide, Laub- und Mähnutzung, Niederhalten von Bäumen sowie das Kompostieren und Verbrennen von Feld- und Gartenabfällen sind im Kanton Zürich verboten.

Grundsätzlich ist die Erhaltung und Bewirtschaftung des Waldes im Kanton Zürich Sache der Waldeigentümer, wobei das kantonale Gesetz gewisse Grundsätze der Waldbewirtschaftung vorschreibt. Eigentümer mit mehr als 50 ha Waldfläche müssen einen Betriebsplan vorlegen, der die Bewirtschaftungsabsichten sowie die waldbaulichen Massnahmen und die voraussichtlichen Nutzungsmengen nennt. Sie müssen sich laut Gesetz an die Ausführungsplanung halten, den naturnahen Waldbau berücksichtigen und Boden, Flora und Fauna schonen. Die forstliche Planung erfolgt hier unter der Leitung des kantonalen Forstdienstes. Dieser hat die Aufsicht über die Walderhaltung und -entwicklung im ganzen Kanton. Aus diesem Grund hat er einen öffentlichen *Waldentwicklungsplan* mit den langfristigen Entwicklungszielen festgesetzt.

Kein Waldeigentümer darf wahllos Bäume fällen; diese müssen vorgängig vom Forstdienst angezeichnet werden. Für Privatwaldeigentümer in Winterthur übernimmt der städtische Forstbetrieb diese Aufgabe. Er zeichnet hier die Holzschläge an, berät die Waldeigentümer und Waldbenützer, informiert über den Zustand des Waldes sowie über die Wald- und Holzwirtschaft auf Stadtgebiet. Schliesslich hat er die Aufgabe einer Forstpolizei.

Wildtiere in Schranken halten – Jagdgesetz
Die nachhaltige Bewirtschaftung der Wälder und die natürliche Verjüngung mit standortgerechten Baumarten sollen sichergestellt werden: Dieser Grundsatz aus dem schweizerischen Waldgesetz hat auch im schweizerischen Jagdgesetz Niederschlag gefunden. Um die Feg- und Bissschäden am Wald – insbesondere am Jungwuchs – durch Rehe und Hirsche auf ein tragbares Mass zu beschränken, regulieren Jäger die Wildbestände, das heisst, sie dezimieren einen Bestand durch den Abschuss einzelner Tiere. Die entsprechenden Vorschriften finden sich im Jagdgesetz und in der Jagdverordnung. Hier sind auch die Schonzeiten festgelegt, in denen die entsprechenden Tierarten nicht gejagt werden dürfen.

Wer jagen will, braucht eine Jagdberechtigung. Im kantonalen Jagdrecht sind die detaillierten Bestimmungen über Jagdbetrieb, Jagdaufsicht und den Vogelschutz enthalten. Alle Vogelarten im Kanton Zürich, die nicht ausdrücklich jagdbar sind, stehen unter öffentlichem Schutz. Sie dürfen weder gefangen noch getötet werden und wer ihr Nest zerstört, macht sich strafbar. Der Wald darf auch in der Jagdzeit besucht und wildwachsende Beeren und Pilze dürfen gepflückt werden.

Winterthur gehört zum Jagdbezirk Weinland. Auf Stadtgebiet sind fünf Jagdreviere ausgeschieden: Eschenberg, Berenberg, Lindberg, Mörsburg und Hegiberg, wobei diese Reviere teilweise über die Stadtgrenzen hinausragen. So reichen beispielsweise das Jagdrevier Winterthur-Hegiberg bis nach Räterschen und das Jagdrevier Winterthur-Lindberg bis nach Seuzach. Das Stadtzentrum von Winterthur ist ein Wildschonrevier.

Schonzeiten in Winterthur

Tierart	Schonzeit
Rothirsch	1. Febr.–31. Juli
Wildschwein	1. Febr.–30. Juni
Rehbock	1. Jan.–1. Mai
Schmalreh (2. Lebensjahr)	16. Juni–1. Mai
Rehgeiss	1. Jan.–31. Aug.
Gämse	1. Jan.–31. Juli
Hase	1. Jan.–30. Sept.
Fuchs	1. März–15. Juni
Dachs	16. Jan.–15. Juni
Baummarder	16. Febr.–31. Aug.

«Meine ersten Jagderlebnisse hatte ich im Waldgebiet Andelbach. Dort schoss ich auch den ersten Rehbock. Und vor etwa vier Jahren sah ich auf einer Treibjagd zum ersten Mal in diesem Gebiet ein Wildschwein. Das war irgendwie verrückt, wir hatten es dort gar nicht erwartet: Plötzlich knackte und rumpelte es, dann rannte eine Wildsau vorbei. Einmal, auf einer Jagd in Polen, rammte mich ein Wildschwein. Ich blieb zum Glück unverletzt.

Den Andelbach kenne ich sehr gut. Überhaupt kenne ich unser Revier recht gut. Die Orientierung im Wald fällt mir leicht, im Gelände kenne ich mich rasch aus. Ich war schon immer gerne draussen in der Natur. Tierbeobachtung fasziniert mich: Was man von einem Hochsitz aus alles sieht – zu jeder Jahreszeit, auch wenn's regnet und schneit. Oder an einem schönen Sommerabend. Unbeschreiblich. Im letzten Sommer konnte ich einen Falken beobachten, dann kam ein Mäusebussard und schliesslich hoppelte zur gleichen Zeit noch ein Hase übers Feld. Spannend! Und manchmal kommt noch der Fuchs. Unmittelbar bei einem unserer Hochsitze liegt ein Fuchsbau. Wenn ich stundenlang auf dem Hochsitz warte, denke ich an alles Mögliche. Dann habe ich Zeit – keine Hektik, niemand ruft mich an. Das hat auch etwas Meditatives, da kann ich mich richtig entspannen. Manchmal schlafe ich fast ein.

Als Jugendliche war ich Reiterin – auch mit Leidenschaft. Ich sagte den Jägern immer, ich sähe viel mehr Rehe als sie. Rösseler vertreiben Rehe nämlich nicht. Rehe achten nicht auf den Menschen, der auf dem Pferd sitzt. Ich verstehe darum nicht, wenn sich Jäger über Rösseler aufregen, weil sie angeblich die Rehe vertreiben. Viele Jäger steigen auf den Hochsitz und nehmen sich etwas vor, haben ein Ziel. Da stört jede Unruhe im Wald: Reiter, Jogger, Biker, Bauer, Spaziergänger… Einfach alle. Dieses Problem habe ich nicht. Im Wald soll es Platz für alle haben. Wenn heute kein Reh vorbeikommt, dann gehe ich eben morgen wieder hin. Und wenn ich gar nichts schiesse, geht die Welt deswegen auch nicht unter. Ich sehe das nicht so eng. Frauen sind in dieser Hinsicht vielleicht etwas anders. Als Frau war ich bei der Jagdprüfung 1982 noch eine Exotin. Frauen, sagte man mir, könne man auf der Jagd nicht brauchen. Das hat sich schon verändert.

Ich habe auch meinen eigenen Weg gemacht: Ich habe mit unserem Deutschen Wachtelhund gearbeitet und die Hundeprüfung gemacht. Später habe ich dann alle Prüfungen gemacht, auch die Schweissprüfung. Dann wurde ich Richterin im Wachtelhundeclub und nehme heute selber Prüfungen ab, im ganzen Kanton Zürich, im Thurgau und in anderen Kantonen. Das macht mir sehr viel Spass.

Am meisten Freude macht mir das Unterwegssein mit dem Hund und das Beobachten. Früher schoss ich lieber als heute. Das tönt vielleicht komisch, denn das Schiessen gehört zur Jagd. Aber manchmal fällt es mir etwas schwer – zunehmend. Eigenartig, vielleicht liegt es am Älterwerden, vielleicht wird man auch etwas besonnener.»

Bettina Engeli
Jägerin im Revier Hegiberg, auf einem Hochsitz im Waldgebiet Hulmen.

«Wenn ich nichts schiesse, geht die Welt nicht unter»

Bettina Engeli
Jägerin

Waldgebiet Hardholz

TEIL 2

EIGENTÜMER

STADT WINTERTHUR

Für Spaziergänger oder Jogger sind die Eigentumsverhältnisse im Wald unerheblich. Wem auch immer ein Stück Wald gehört: Alle dürfen es besuchen und darin wild wachsende Beeren pflücken und Pilze sammeln.[37] Einzig Gebiete, die zum Schutz des Jungwaldes respektive aus Sicherheits- oder aus Naturschutzgründen abgesperrt sind, dürfen nicht betreten werden.

Neben der Stadt, dem Kanton, dem Bund, den Korporationen und der Kirchgemeinde Wülflingen nennen noch einige hundert Privatpersonen ein mehr oder weniger grosses Stück Winterthurer Wald ihr Eigen.

Von den 2681 ha Winterthurer Waldfläche gehören rund 1690 ha – also mehr als drei Fünftel – der Stadt Winterthur. Neben den zahlreichen Wäldern auf dem Stadtgebiet besitzt sie auch zwei Waldgebiete im Tösstal: 180 ha am Kümberg in Turbenthal, 36 ha im Gebiet Hornsäge südlich der Rämismühle und die Tüfelschilen in der Gemeinde Zell.

Über Jahrhunderte hinweg erwarb die Stadt Winterthur kontinuierlich Höfe und Waldgebiete in der Umgebung. Seit dem Mittelalter nutzte sie jede günstige Gelegenheit, gut gelegene Waldparzellen aufzukaufen, um so den eigenen Besitz zu vergrössern und zweckmässig abzugrenzen. Triebfeder für diese offensive Landpolitik war zunächst ihr Bedürfnis nach Bau- und Brennholz. Und wahrscheinlich sah man im Wald einfach auch eine rentable Kapitalanlage. Die beiden grossen Holzreserven der Stadt waren bis vor etwa 90 Jahren der Eschenberg- und der Lindbergwald.[40]

Ursprung des Stadtwaldes – Eschenberg

Der Eschenberg ist das grösste zusammenhängende Waldgebiet in der Stadt Winterthur. Seine Ausdehnung beträgt heute rund 840 ha[41] oder 8,4 km². Das sind fast 29 Prozent der gesamten Winterthurer Waldfläche und entspricht etwa der Fläche von rund 1180 Fussballfeldern. Über 97 Prozent davon gehören der Stadt Winterthur, etwa 2,4 Prozent dem Kanton Zürich und nur 0,6 Prozent des Eschenbergwaldes sind Eigentum von Korporationen und Privaten.

Vor bald 200 Jahren nahm im Eschenbergwald die nachhaltige Bewirtschaftung der Winterthurer Stadtwälder ihren Anfang. Historisch gesehen bildet der Eschenbergwald das Fundament der Stadtwaldungen.

Nutzen, aber nicht besitzen

Zur Römerzeit bildete der Eschenbergwald die Südgrenze des Kastellbezirks Vitodurum. Die Herkunft des Namens Eschenberg ist bis heute nicht klar. Naheliegend ist die Ableitung aus dem Namen der hier relativ häufig vorkommenden Baumart Esche. Die althochdeutsche Bezeichnung *asc* (Esche) könnte tatsächlich namengebend gewesen sein. Ebenso könnten aber auch die althochdeutschen Begriffe *ezzisc* (Saatfeld; Ort des Ackerbaus) oder *asca* (Asche; Rodung durch Feuer) zum Namen Eschenberg geführt haben. Alle drei Erklärungen ergäben durchaus einen Sinn. Ausserdem gab es schon im 13. Jahrhundert gleichzeitig Schreibweisen mit ä und e. Im Jahr 1246 wurde der Ort als *Aeschaberk* bezeichnet, im Jahr 1264 dann als *Escheberc* oder auch *Eschaberch*.

Bereits 1246 wurde der Eschenberg also urkundlich erwähnt.[42] Unter dem Gesichtspunkt der Besitzverhältnisse liegen die Wurzeln der Winterthurer Stadtwälder im 13. Jahrhundert. Damals kam die Stadt zwar noch nicht in den Besitz dieses Waldgebiets, doch immerhin zum wichtigen Nutzungsrecht.

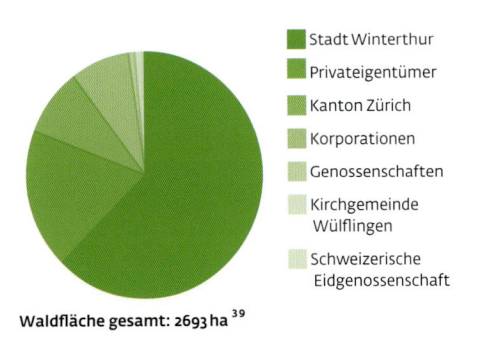

Eigentumsverhältnisse im Winterthurer Wald [38]

- Stadt Winterthur
- Privateigentümer
- Kanton Zürich
- Korporationen
- Genossenschaften
- Kirchgemeinde Wülflingen
- Schweizerische Eidgenossenschaft

Waldfläche gesamt: 2693 ha [39]

◄ Die Karte von Hans Conrad Gyger von 1660 zeigt die grossen waldfreien Gebiete auf dem Eschenberg.

Die Kyburger, eines der grossen Herrschergeschlechter des 13. Jahrhunderts, dominierten damals unsere Region. Ihnen gehörten als Stadtherren von Winterthur unter anderen auch die Wälder Eschenberg und Lindberg.

Im Jahr 1264 wurde der Eschenberg für die Bürger Winterthurs von entscheidender Bedeutung. Damals kam die Stadt wie erwähnt nicht in den Besitz dieses weit ausgedehnten Waldgebietes, sondern nur in dessen endgültige und unbestrittene Nutzniessung.

Wenige Monate vor dem Tod von Graf Hartmann dem Älteren von Kyburg am 28. Juli 1264 gingen der Hof Ober-Iberg, die Höfe Eschenberg und Birch sowie der Hof Höngg an das Chorherrenstift Heiligenberg bei Winterthur. Allerdings umfasste die Schenkung nur den grossen Herrenhof. Die alte kyburgische Grundherrschaft wurde also um diese und einige weitere Güter verkleinert, bevor sie an Rudolf von Habsburg gehen sollte.[43]

Eschenbergwald im Stadtrechtsbrief

Als Graf Hartmann, der letzte Kyburger Graf, ohne Nachkommen starb, fiel wie erwähnt das ganze Erbe an Rudolf von Habsburg. Bereits einige Monate vorher, am 22. Juni 1264, verlieh Graf Rudolf von Habsburg, ein Neffe des ver-

Teil 2 — Eigentümer | Stadt Winterthur

Teil 2 — Eigentümer | Stadt Winterthur

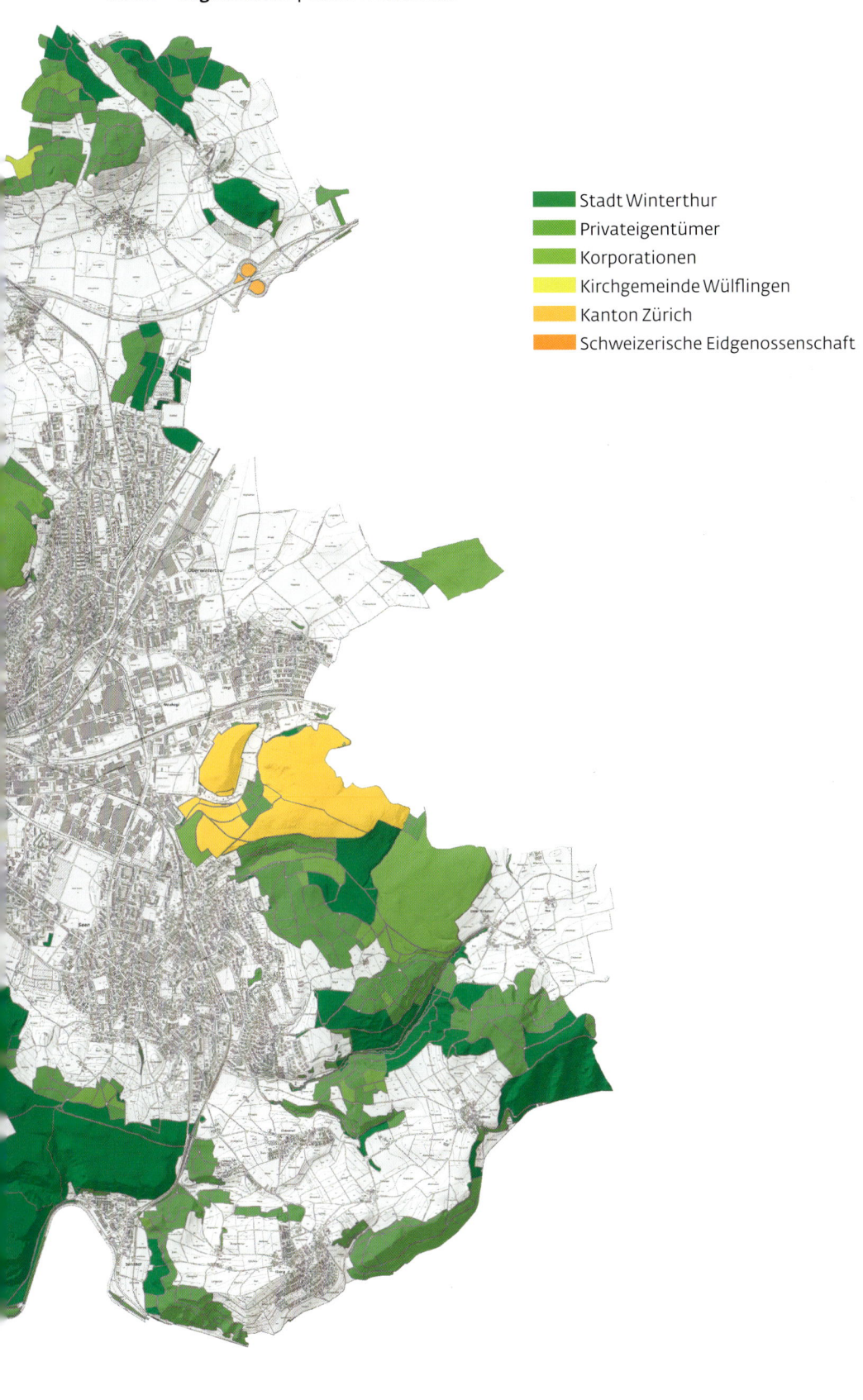

- Stadt Winterthur
- Privateigentümer
- Korporationen
- Kirchgemeinde Wülflingen
- Kanton Zürich
- Schweizerische Eidgenossenschaft

storbenen Kyburger Grafen, Winterthur das Stadtrecht. Mit dem Stadtrechtsbrief bekamen die Winterthurer auch das endgültige Nutzungsrecht für den Eschenbergwald. Sie durften diesen Wald zwar früher schon nutzen, doch bis zur Erneuerung des Stadtrechts schuldeten sie der Obrigkeit dafür eine Abgabe. Nur die Bauern konnten seit je ihren Eigenbedarf unentgeltlich aus den Wäldern der Herrschaft decken. Der Stadtrechtsbrief räumte nun dieses Recht allen Bürgern der Gemeinde Niederwinterthur ein. Sie durften sich ab sofort nach Belieben aus dem Eschenbergwald bedienen: Holz schlagen, das Vieh weiden lassen oder Streue und Futter sammeln – alles ganz umsonst. Einzig das Jagdrecht behielt Rudolf von Habsburg – ab 1273 römisch-deutscher König – für sich. Im Stadtrechtsbrief von 1264 heisst es:

«Item der wald genant Eschaberg sol mit dem gemeinen rëchte, daz ze tütsch genëmt wirt gemeinmerch, von nun an fürbass hin in den brûch der genanten stat vallen; in zîlen und marchen, gerëchtigkeiten und burdinen, wie die bishin von altem hër kunt sint.»

In der Übersetzung von Hans Kläui heisst es entsprechend:

«Ebenso soll der Wald genannt Eschenberg kraft des allgemeinen Rechtes, welches im Volke ‹Gemeinmerche› genannt wird, von nun an hinfort in den Niessbrauch der erwähnten Stadt übergehen, so wie es festgestelltermassen von alters her bis jetzt gewesen ist.»

Diese Bestimmung war klar: Der Eschenberg soll in alle Zukunft *gemeinmerch* – gemeine Mark oder im weiteren Sinne Allmend – der Stadt Winterthur sein, das heisst, gemeines, unverteiltes Gut, das den Gesamtinteressen dient. Zu deren Schutz erliess die Stadt Verordnungen; wer dagegen verstiess, wurde bestraft. Allerdings war die Stadt nicht alleinige Nutzniesserin des Eschenbergwaldes. Zahlreiche Mitnutzer, darunter der Veltheimer Weingarten und

Langholz im Gebiet Burgstal auf dem Eschenberg.
▼

Teil 2 — Eigentümer | Stadt Winterthur

▲

Sitz eines der grossen Herrschergeschlechter des
13. Jahrhunderts: Die Kyburg vom Eschenberg aus gesehen.

natürlich das Haus Kyburg selbst sowie die ihm gehörenden Höfe auf dem Eschenberg, bedienten sich vorerst weiterhin nach Belieben aus diesem Waldgebiet.

Knapp 170 Jahre später, im Jahr 1433, bestätigte der römisch-deutsche Kaiser Sigismund ausdrücklich die Rechte, die Winterthur im Eschenberg hatte, und alles «was sie (am Walde) redlich hergebracht», nicht aber dessen Besitz. Das Recht der Stadt zur Holzausbeute und zum Weidegang war hingegen unbestritten.

Die hohe und niedere Gerichtsbarkeit und das Jagdrecht blieben zunächst beim Grundbesitzer, den Habsburgern, und ab 1467 bei der Stadt Zürich. Hingegen besass Winterthur das Bussenrecht denjenigen Bürgern gegenüber, die den städtischen Verordnungen nicht nachkamen oder sie gar verletzten.[44]

Wegen des Jagdrechts, das Teil der landesherrlichen Hoheit war und wie erwähnt bei Kyburg, dann bei Zürich blieb, kam es immer wieder zu Konflikten. So sorgte die Falkenjagd im Eschenberg für einige Brisanz. Ihretwegen gerieten sich Zürich und Winterthur im Jahr 1502 in die Haare. Winterthur bat Habsburg um Hilfe – doch vergeblich. Zürich stellte klar, dass das Federspiel im Eschenbergwald Sache der Bürger und Einwohner von Zürich sei. Später verpachtete die Hauptstadt die Falkenjagd, die bis ins 18. Jahrhundert gepflegt wurde, vor allem an Winterthur. Das war den Winterthurern indes nicht genug: Sie hatten mit Zürich ein Abkommen getroffen, in dem ihnen innerhalb der Landvogtei Kyburg bestimmte Jagdreviere zuerkannt wurden. Zu diesen gehörte ab 1715 auch der Eschenberg. Weitere, von Zürich zugewiesene Jagdgebiete hatte Winterthur im 18. Jahrhundert auch im Lindberg und auf dem Hulmen.[45]

Kauf der Höfe auf dem Eschenberg

Der Eschenberg wurde der Stadt also nicht geschenkt, sondern blieb zunächst bei Habsburg. 1424 übernahm die Stadt Zürich von Habsburg die Grafschaft Kyburg und damit die Hoheit über den Eschenberg – mit der Hofgemeinschaft Eschenberg und einigen anderen nahe gelegenen Höfen. Nach und nach verwischten sich die Rechtsverhältnisse um den Eschenbergwald; das wirtschaftlich bedeutende Nutzungsrecht verfestigte sich zum Eigentum. Gleichzeitig verschwand das wirtschaftlich unbedeutende Jagdrecht der Obrigkeit. Nur die Höfe blieben vorerst Eigentum fremder Vögte.

Der heutige Hof Eschenberg ist von mehreren Siedlungen die einzig übriggebliebene. Am Mittleren Chrebsbach stand der Hof Höngg, an der Töss die Höfe Leisental und Häsental und südöstlich des Eschenberghofs stand der Hof Birch. Diese Höfe bildeten ein grosses waldfreies Gebiet von Sennhof, über Nübrechten, Eschenberghof, Gatter und Loo bis nach Seen. Eine Karte von 1758 zeigt, dass nur an den Hängen gegen die Töss hinunter und am Gamser ein Hochwald stand. Dieser war gegen den Weidegang abgezäunt. Die restliche Fläche war entweder Acker- und Wiesland oder für den Weidegang offener Wald.

Nach und nach kaufte die Stadt Winterthur Parzellen und Liegenschaften im und um den Eschenbergwald herum auf. Den Bauern stand bis dahin noch immer das Recht zu, im Eschenbergwald zu holzen und ihre Tiere weiden zu lassen. Von diesen Einschränkungen wollten sich die Winterthurer befreien: Zwischen 1520 und 1756 erwarb die Stadt deshalb die Höfe Höngg (1520) und Brunnenwinkel (1526) im Westen des Eschenbergs sowie die Höfe im Leisental (1520) und im Häsental (1756). Die Hofgemeinschaft Eschenberg schliesslich kam nach und nach ebenfalls in den Besitz Winterthurs (1598, 1699 und 1725). Die Stadt verkleinerte die Fläche des Eschenberghofs und forstete alle anderen Höfe zwischen 1830 und 1850 auf. Von den meisten Höfen blieb nichts mehr übrig ausser den heute noch gebräuchlichen Flurnamen. Einzig einen Teil der ehemaligen Hofgemeinschaft Eschenberg hat die Stadt erhalten, zur Wirtschaft umgebaut und 1989 mit einem neuen Landwirtschaftsbetrieb ergänzt. So wie die Höfe auf dem Eschenberg verschwand auch die Mühle am Hinteren Chrebsbach. Insgesamt hatte die Stadt Winterthur in der ersten Hälfte des 19. Jahrhunderts rund 140 ha Kulturland im Gebiet Eschenberg aufgeforstet. Der heutige Eschenberghof als Waldlichtung entstand also erst nach dem Abgang der Randhöfe und der Aufforstung vieler Wiesen und Felder.[46]

Für die Stadt Winterthur hat die Hofgemeinschaft Eschenberg historisch eine grosse Bedeutung. Ursprünglich im Besitz der Grafschaft Kyburg ging sie 1264 zusammen mit den Höfen Birch, Loo und Ernisgüetli an das Chorherrenstift Heiligberg über. Durch die Säkularisation der geistlichen Besitztümer fielen die Höfe 1525 der Stadt Zürich zu.

Bereits fünf Jahre vorher, im Jahr 1520, hatte die Stadt den Hof Höngg im Westen des Eschenbergs erworben und im gleichen Jahr zuhanden des Spitals den Hof Leisental – einen bedeutenden Hof an der Töss mit verschiedenen Häusern, Äcker, Gärten, Wiesen, Weingär-

Die Fläche der Äcker und Wiesen auf dem Eschenberg ist heute nur noch etwa halb so gross wie im 16. Jahrhundert.
▼

Teil 2 — Eigentümer | Stadt Winterthur

▲

Bereit für den Abtransport: Weisstannen-Stämme an der Unteren Hangentobelstrasse im Eschenbergwald.

ten, Riete, Halden, Hölzer und Wasserrechten – gekauft. Der Hof umfasste etwa 25 Jucharten Ackerland, 22,5 Jucharten Wiesen, 68 Jucharten offenen Wald, der dem Weidgang diente, und 15 Jucharten eigentlichen Wald. Die im Kaufbrief erwähnten Reben befanden sich vermutlich am Eschenberg-Südhang.

Mitte des 16. Jahrhunderts umfasste der Hof Eschenberg mehr als 50 ha Ackerland und Wiesen – mehr als das Doppelte der heutigen 21,55 ha umfassenden Waldlichtung. Die Siedlung Eschenberg bestand damals aus vier Häusern. Zum Hof selber gehörte fast kein Wald. Die Hofbewohner hatten wie die Bürger von Winterthur im Eschenbergwald das Nutzungsrecht für Bau- und Brennholz.[47]

Am 15. März 1598 erwarb Winterthur zuhanden des Hinwiler Amts die Höfe Birch und Eschenberg mitsamt dem angrenzenden Ernisgüetli. Die Stadt Winterthur wurde nun zum Lehensherrn mit allen Rechten. Sie bezahlte der Stadt Zürich alle Schulden des bisherigen Pächters sowie einen Jahreszins, der etwa dem bis anhin an Zürich bezahlten Zins entsprach. Dieser war allerdings höher, als die Stadt Winterthur selber von den Bauern auf dem Eschenberg erhielt. Obwohl dieses Geschäft für die Stadt Winterthur finanziell vorerst nicht vorteilhaft war, schloss sie es trotzdem ab, um auch die Weid- und Holzgerechtigkeiten der Eschenbergbauern in die Hände zu bekommen.[48]

Aufgrund der damaligen Rechtsverhältnisse wurde nur die eine Hälfte des Eschenbergs Handlehen. Der andere Teil mit dem Hinterhaus oder Galeere und das Ernisgüetli blieben Erblehen.[49]

Dass die Beziehung zwischen den vier Besitzern und Bewohnern der Hofgüter auf dem Eschenberg einerseits und der Stadt Winterthur andererseits nicht immer harmonisch

«Jeden zweiten Samstag bin ich mit der Cevi im Wald unterwegs. Das finde ich toll! Als ich zur Cevi kam, war ich noch ein kleines Mädchen. Dass ich mich damals für die Cevi entschied, hatte zwei Gründe: Erstens war meine Schwester schon dabei – klar, man eifert immer etwas den grösseren Geschwistern nach. Und zweitens hatte mein Entscheid auch mit dem Wald zu tun. Im Wald zu sein, finde ich wunderschön.

Die Übungen in der Cevi haben manchmal etwas Raues. Dann gehen auch mal ein Paar Hosen kaputt! Na und? Das ist im Wald eben so. Das ist ja auch der Reiz daran: Hier kann man neue Dinge ausprobieren. Faszinierend, wie viele Möglichkeiten es im Wald gibt. Nur schon ein Versteckspiel. Man kann sich an so vielen Orten verstecken: hinter einem Baum, in einem kleinen Graben. Oder man kann im Wald spielen, mit Naturmaterialien basteln, Feuer machen. Es ist einfach so vielseitig.

Manchmal lernen wir etwas Pioniertechnik, schauen Dinge an, die man einfach wissen muss: Woher kommt der Wind? Woher der Regen? Woran sieht man das im Wald? Was bedeutet Moos am Baum? Eine Art Überlebenstechnik. Klar, das braucht man heute nicht mehr. Aber es sind die Grundlagen der Naturbeobachtung. Ich kenne die Waldgebiete, in denen wir mit der Cevi unterwegs sind, mittlerweile sehr gut – jedes Strässchen und jedes schöne Plätzchen. Ganz besonders mag ich den Herbst. Ich finde es toll, wenn die Blätter so bunt werden. Und dann das Rascheln der Blätter auf dem Boden, alles ist so farbenfroh und im Hintergrund plätschert ein Bächlein. Das finde ich megaschön.

Der Wald bedeutet für mich ein Ausatmen. Im Herbst vor allem. Nach einem heissen und stickigen Sommer, wenn die Luft wieder kühler und angenehmer wird. Im Wald fühle ich mich unbeobachtet. Hier kann ich einfach so sein, wie ich sein möchte und wie ich auch bin. Nicht ständig beobachtet zu werden. Im Wald bewertet mich niemand. Hier ist es einfach ungezwungen.

Schade nur, dass der Wald immer mehr mit Abfall übersät wird. Ich wünsche mir, dass die Kinder begreifen, dass man den Wald so zurücklassen sollte, wie man ihn angetroffen hat und zum Beispiel den Abfall nach dem Zvieri einsammelt. Dass sie Respekt haben vor dem Wald und dass sie ein besonderes Bewusstsein entwickeln. Wir versuchen, unseren Kindern diesen Respekt vor der Natur mitzugeben. Wer weiss, vielleicht machen sie auch ihre Eltern beim nächsten Waldspaziergang darauf aufmerksam, dass sie dieses oder jenes nicht wegwerfen dürfen. Wäre natürlich toll. Ich mache mir nämlich schon etwas Sorgen um den Wald. Weltweit natürlich wegen der Abholzung, aber auch hier. Ich finde, unsere heutige Gesellschaft hat die Achtung vor der Natur etwas verloren und nimmt alles als selbstverständlich hin. Ich fände es aber wichtig, das der Wald erhalten bleibt. Dass auch künftige Generationen so viel Freude am Wald haben können, wie wir das heute haben. Der Wald gibt uns die Chance, uns selber zu sein, Abstand zum Alltag zu nehmen und mit der Natur verbunden zu bleiben.»

Anissa Kuster
Cevi-Leiterin und Studentin,
im Eschenbergwald.

«Im Wald können wir mit der Natur verbunden bleiben»

Anissa Kuster
Cevi-Leiterin

▲
Der Hof Leisental um 1810, im Hintergrund die Kyburg.
Ölbild von Salomon Brunner, 1778–1848.

war, machte das Jahr 1664 deutlich. Damals klagten die Leute vom Eschenberg vor dem Grafschaftsgericht gegen die Herren von Winterthur, weil diese den Hof «ynschranken» wollten. Sie befürchteten nämlich, dass sie ihr Brenn- und Bauholz künftig aus weit abgelegenen Parzellen holen müssten. Der Landvogt sprach sich in seinem Urteil für die Bauern aus: Die Holzgerechtigkeiten sollen ihnen verbleiben. Falls in den vereinbarten Gebieten kein Holz vorhanden war, mussten die Bauern die Winterthurer um Erlaubnis fragen, bevor sie an anderen Orten Holz schlagen durften. Doch nicht immer hielten sie sich an dieses Urteil: 1691 sprach der Winterthurer Rat eine Busse gegen die Bauern im Ernsigüetli aus, weil sie «ohne befragen ander holtz als zu ihrem bauw angezeichnet gewesen, hauwen lassen».[50]

Im Jahr 1699 kaufte die Stadt das erste und 1725 das zweite der Erblehen zurück. 1725 erwarb Winterthur die letzten zürcherischen Lehen, namentlich das Silberhaus, wo heute der Gasthof Eschenberg steht. Seither ist der ganze Eschenberg im Besitz der Stadt.[51]

Mit dem Ankauf der Höfe Höngg und Leisental sowie derjenigen auf dem Eschenberg, hatte Winterthur 1748 auf dem Eschenberg einen Grundbesitz von insgesamt 2663 Jucharten erworben. Rückblickend zeigt sich damit, dass der Eschenberg der Stadt Winterthur nicht von Rudolf von Habsburg geschenkt, sondern von dieser mit einer offensiven Bodenpolitik nach und nach erworben wurde.[52]

Eindrücklich ist die Aufforstung des alten Bauernguts im Leisental. Der Hof blieb bis 1849 ein städtisches Lehen. 1850 wurden die Gebäude abgebrochen und das ganze Areal allmählich aufgeforstet.[53] Nach 350 Jahren bäuerlicher Nutzung wurde aus diesem Landwirtschaftsgebiet eine für Winterthur einmalige Waldlandschaft.

Im letzten Viertel des 19. Jahrhunderts erlebte die Winterthurer Industrie einen rasan-

Teil 2 — Eigentümer | Stadt Winterthur

▲
Das Bruderhaus Mitte des 19. Jahrhunderts:
Vom städtischen Forsthaus zum Waldwirtshaus.

ten Aufschwung. In jene Zeit fielen auch die Gründungen von Banken und Handelshäusern und der Schweizerischen Unfallversicherungsgesellschaft. Sie dokumentieren den Beginn einer florierenden Wirtschaft. Die Winterthurer Bevölkerung wuchs rasch an – und mit ihr auch der Bedarf an Bau- und Industrieland. Doch genau daran fehlte es allenthalben.

Deshalb wollte die Stadt die damaligen Waldgebiete Vogelsang und das südlich davon gelegene Gulimoos roden. Zwar verlangte das zürcherische Forstgesetz für Rodungen schon damals gleich grosse Ersatzaufforstungen. Ob allerdings auch die Stadt für die geplanten Rodungen im Vogelsang und Gulimoos solche Aufforstungen hätte vornehmen müssen, ist nicht ganz klar. Denn seit 1838 hatte die Stadt einen grossen Teil des Kulturlandes der Eschenberghöfe und der früheren Höfe Häsental und Leisental freiwillig aufgeforstet – insgesamt mehr als 1,4 km². Ausserdem verlangte auf eidgenössischer Ebene erst das Forstgesetz von 1902 für jede Rodung zwingend eine Ersatzaufforstung. Und Paul Lang – Stadtforstmeister von 1928 bis 1959 – folgerte daraus, dass die Stadt auch ohne Ersatzaufforstungen grössere Flächen hätte roden dürfen.

Wie auch immer: Der Stadt war damals viel daran gelegen, ihren Waldbesitz – immerhin eine wichtige Einnahmequelle – nicht zu verkleinern. Sie sah sich deshalb nach zusätzlichen Waldgebieten ausserhalb ihrer Grenzen um und fand solche auch – im Tösstal, oberhalb von Turbenthal.

Die Gemeindeversammlung von Winterthur bewilligte 1873 den Kauf der betreffenden Parzellen am Kümberg in Turbenthal. Die Stadt erwarb hier vier Höfe – mitsamt umliegendem Acker und Wiesland und grösseren, allerdings heruntergewirtschafteten Waldparzellen: insgesamt rund 93 ha. Der Kauf der Kümberghöfe als Ersatz für die zur Rodung vorgesehenen Waldgebiete Vogelsang und Gulimoos

▲
Brüelbergwald mit Brüelbergturm vom Berenberg aus gesehen. In der Bildmitte das Gebiet Vorder Brüel.

wurde vom damaligen Stadtforstmeister Kaspar Weinmann stark gefördert.

Der Wald im Vogelsang wurde schliesslich auf einer Fläche von 20 ha gerodet, im Gulimoos hingegen blieb er stehen. Die Höfe am Kümberg wurden abgerissen und das dortige Gebiet aufgeforstet. Die Rendite allerdings liess auf sich warten. Weil das Gebiet während 25 Jahren unverändert klein blieb und die Last des Nationalbahndebakels schwer drückte, wurden gegen Ende des 19. Jahrhunderts immer häufiger Stimmen laut, die einen Verkauf des Kümbergwaldes an den Kanton forderten. Der kaufte damals ohnehin Gebiete in der Region des Tössstocks, um durch Aufforstungen die wilde Töss zu bändigen. Doch aus diesem Geschäft wurde nichts: Der damalige Stadtforstmeister wehrte sich erfolgreich gegen den Verkauf des Kümbergwaldes. Dieses Waldrevier hat die Stadt seither durch weitere Ankäufe und Aufforstungen ständig vergrössert. So auch damals, als für den Friedhof Rosenberg und die Kläranlage Hard Wald gerodet wurde. Bei der Stadtvereinigung 1922 war das Revier Kümberg etwa 150 ha gross, heute umfasst es rund 180 ha.

Um für die wachsende Bevölkerung genügend Trinkwasserfassungen bereitstellen zu können, begann die Stadt noch im letzten Jahrhundert, grundwasserreiche Gebiete im Tösstal zwischen Rämismühle und Rikon aufzukaufen. So entstand das Stadtwaldrevier Hornsäge, das heute rund 28 ha umfasst.

Und das Bruderhaus? Es stellte selber einen kleinen Hof für sich dar. Dieser umfasste etwa 4 Jucharten und war vollständig eingezäunt. Er blieb in seiner Ausdehnung bis 1798 unverändert. 1523 ging das Bruderhaus an die Stadt über. Auf welcher rechtlichen Grundlage Winterthur in der Reformationszeit das Bruderhaus einzog, ist nicht bekannt.[54]

Von 1818 bis 1830 diente das Bruderhaus als Forsthaus und Wohnstätte des ersten Stadtforstmeisters Andreas Weinmann.

Aus diesem ursprünglichen Waldbesitz der Stadt Winterthur – rund 760 ha – und dem ehemaligen Dorfwald von Seen im Ostteil des Eschenbergs (Gebiet Nübrechten), der mit der Eingemeindung der Vororte im Jahr 1922 zur Stadt Winterthur kam, ging der heutige Stadtwald auf dem Eschenberg hervor.

Ein unbekanntes Vermächtnis – Brüelberg

Über den Kauf des Brüelbergwaldes durch die Stadt Winterthur ist wenig bekannt. Vermutungen zufolge soll er zur Herrschaft Wülflingen gehört haben und schliesslich vom damaligen Besitzer an die Stadt verkauft worden sein. Andere Mutmassungen besagen, dass er als Weide oder Waldboden von jeher der Stadt gehörte.

Diese Hypothese erhält Unterstützung durch den Namen Brüelberg. Er soll sich aus dem althochdeutschen *broil* oder *bruil* herleiten, womit eine wasserreiche, buschige Wiese, Aue oder ein Rasenplatz gemeint ist. Zumindest der untere Teil gegen die Eulach war früher eine Viehweide.

Die Waldpartie im Westen des Brüelbergs gehörte ursprünglich zum Gemeindewald Wülflingen. Sie kam mit der Eingemeindung der Vororte 1922 zur Stadt.

Die Wälder um Alt Wülflingen kaufte die Stadt im Jahr 1760 Oberst Salomon Hirzel ab.[55]

Fichtenmonokultur auf dem Lindberg: Solche Wälder sind arm an Strukturen und an Tier- und Pflanzenarten.
▼

Landerwerb und Aufforstungen – Lindberg

Wie der vordere, dem Stadtzentrum zugewandte Teil des Lindbergwaldes ursprünglich in städtischen Besitz kam, ist nicht bekannt. Zumindest ein Teil des Lindbergs nutzten die Stadtbewohner sicher seit dem 13. Jahrhundert. Der Lindbergwald war wahrscheinlich schon zur Zeit Rudolfs von Habsburg grösstenteils in der Waldung Eschenberg inbegriffen. Entsprechend kamen die Winterthurer ebenfalls per Stadtrechtsbrief zum endgültigen Nutzungsrecht. Und wie beim Eschenberg blieben Jagdrecht und Gerichtsbarkeit beim Eigentümer, zuerst bei Kyburg, dann bei Habsburg und schliesslich bei Zürich. Hingegen durfte Winterthur die Holzfrevler bestrafen.

Im Zusammenhang mit den Eigentumsverhältnissen auf dem Lindberg tauchte der Name Winterthur erstmals 1478 auf, insbesondere das Spital am heutigen Neumarkt. Schultheiss und Rat schlossen damals mit Weltin Ackerer von Seuzach einen neuen Erb- und Zinslehensbrief über die Spitalgüter mit dem Hof Lindberg und dem Hof Ackern ab. Zwei früher selbständige Höfe wurden damit offenbar zu einem zusammengeschlossen. Als im Jahr 1487 der Lehenspächter wechselte, kam noch der Hof Altenburg dazu, der dem Siechenhaus St. Georgen gehörte. Gegen eine Entschädigung an den Erbpächter fiel das Ganze fünf Jahre später an Winterthur zurück. Dann begann die Aufforstung des Kulturlandes.

Im Jahr 1527 kaufte die Stadtkirche die Badestube Lörlibad, das damals aus drei Gebäuden[56] bestand, und 1593 erwarb das Seckelamt den Hof Süsenberg. Bereits 1502 war dort schon Wald erworben worden. Wo genau alle diese Höfe lagen, lässt sich heute nicht mehr genau feststellen. Im Jahr 1560 belief sich der gesamte Besitz der Stadt Winterthur auf dem Lindberg auf etwa 450 Jucharten, wobei das ganze Areal aufgeforstet war und keinen Hof mehr enthielt. Der Wald war fast vollständig umzäunt und gegen Oberwinterthur zum Teil mit einem Graben abgegrenzt.[57] Dieser Graben ist heute noch zu sehen.

In den Waldgebieten Schönbühl, Egg, Elend und Brudergarten nördlich von Stadel übernahm die Stadt zahlreiche Parzellen, als sie 1598 das Schloss Mörsburg erwarb. Zwischen 1903 und 1912 vergrösserte sie ihren Waldbesitz durch den Ankauf von 6 ha Wald im Wirtschaftsbereich Lindberg-Mörsburg, insbesondere in der Umgebung des Schlosses.[58]

Ebenfalls zum Revier Lindberg gehörten zwei Waldparzellen in der Gemeinde Rheinau mit total 181 a. Die Stadt hatte diese Parzellen mit Blick auf eine künftige Trinkwasserversorgung erworben. Die Parzellen wurden im Jahr 2005 aus dem Revier Lindberg verkauft.[59]

Ersatzaufforstungen im Tösstal – Kümberg

Im Jahr 1873 kaufte die Stadt Winterthur 93,14 ha Land am Kümberg bei Turbenthal. Der damalige Stadtforstmeister Kaspar Weinmann förderte diesen Kauf sehr. Auf dem Land sollten Ersatzaufforstungen für die Rodungen im Vogelsang vorgenommen werden. So wurde das Kulturland der ehemaligen, zunehmend unwirtschaftlich gewordenen Bauernhöfe aufgeforstet.

Weil sich der forstwirtschaftliche Erfolg aber nicht sofort einstellte, spielte die Stadt 1890 mit dem Gedanken, das ganze Areal an den Kanton zu verkaufen. Zehn Jahre später besann sie sich indes eines anderen. Sie wollte das Land durch Zukäufe vermehren. In der Folge kaufte sie mehrere kleinere Parzellen auf. Somit umfasste das Revier Kümberg 1922 bereits 150,59 ha.[60] Elf Jahre später wuchs die Waldfläche auf 158 ha an und nach dem Zweiten Weltkrieg betrug sie bereits 166 ha.[61]

Mitgift der Vororte – Eingemeindungen

Bis zu Beginn der 1920er-Jahre vergrösserte die Stadt Winterthur ihren Waldbesitz auf rund 1043 ha.[62] Mit der Eingemeindung der Vororte im Jahr 1922 erfolgte die bedeutendste Erweiterung des Stadtwaldes in jüngerer Zeit: Die Stadt vergrösserte ihren Besitz auf 1787 ha.

Wie die ehemaligen Vorortsgemeinden vor der Eingemeindung zu ihren Wäldern gekom-

Teil 2 — Eigentümer | Stadt Winterthur

▲
Waldgebiet Eichholtern vom Brüelberg aus gesehen: Als der Platz auf dem Friedhof Rosenberg langsam knapp wurde, rodete die Stadt hier rund 4100 m² Hochwald. Die ältesten Bäume im damaligen Waldgebiet wurden um 1800 gepflanzt.

men waren, ist nur teilweise dokumentiert. Immerhin wissen wir genau, welche Wälder die Vororte in die Stadtvereinigung quasi als Mitgift mitbrachten: So gehörten zum damaligen Gemeindewald Wülflingen die Waldgebiete Hard, Berenberg, Brüelberg und Chomberg.

Die Gemeinde Veltheim besass das beachtliche Waldgebiet auf dem Wolfesberg und die Gemeinde Seen die Waldgebiete Nübrechten im Ostteil des Eschenbergwaldes und Etzberg. Der Gemeinde Töss schliesslich gehörten verschiedene kleinere Waldparzellen aus dem früheren Klosterbesitz. Erwähnenswert bleiben schliesslich noch die Waldgebiete Bestlet und Hulmen: Sie gehörten den ehemaligen Zivilgemeinden Oberseen und Eidberg.

Rodungen – Waldfläche im 20. Jahrhundert
Die ausgedehnten Wälder um die Stadt herum konnten dem Druck der Landwirtschaft und der Siedlungsgebiete bis heute weitgehend widerstehen – dank fortschrittlicher Forstgesetze und einer weitsichtigen Bodenpolitik der Stadt. Trotzdem liess diese auf ihrem Gebiet gelegentlich Waldflächen roden, wenn es die Umstände erforderten. So etwa Anfang der 1920er-Jahre, als in Winterthur bereits etwa 50 000 Menschen lebten. Der Platz auf dem Friedhof Rosenberg wurde langsam knapp. Deshalb bewilligte der Gemeinderat im Juni 1924 einen Kredit von 80 000 Franken für die «Verwirklichung des Projekts eines Urnenhains».[63] Nachdem die Stadt verschiedene Varianten geprüft hatte, «ergab sich als zweckmässigste und idealste Lösung die Erstellung eines solchen im Stadtwaldgebiet Lindberg, anschliessend an den bisherigen Friedhof Rosenberg». Die entsprechenden Arbeiten sollten im nachfolgenden Winter «zum Teil als Notstandswerk zur Ausführung kommen».

Zur damaligen Zeit stand am Ort des künftigen Urnenhains im Gebiet Eichholtern ein gemischter Hochwald, dessen älteste Bäume etwa um 1800 gepflanzt wurden. Zwar konstatierte das kantonale Oberforstamt, dass «grundsätzlich Waldrodungen in einem geschlossenen Hochwaldkomplex unerwünscht» seien. Aber aufgrund des öffentlichen Zwecks, der mit dem Projekt in «idealster Weise» erreicht werden konnte, sprach sich das Oberforstamt für eine Rodung des Gebiets westlich der Walcheweiher aus.

Weil auch nach Ansicht des Stadtforstamts weder forstwirtschaftliche noch forstästhetische Gründe gegen das Projekt sprachen, bewilligte der Regierungsrat Mitte November 1924 für die Erstellung des Urnenhains die Rodung von 41 a. Er tat dies, obwohl die Stadt zu diesem Zeitpunkt kein Angebot für die gesetzlich notwendigen Ersatzaufforstungen unterbreiten konnte. Aber aufgrund der Zusicherung des Stadtforstamts, «künftig jede Gelegenheit zur Vergrösserung des Waldareals, namentlich durch Aufforstung offenen Landes, benutzen zu wollen», sah er diesmal – ausdrücklich ausnahmsweise – von Ersatzverpflichtung ab. Immerhin verwies auch das Oberforstamt auf die «grosszügige Forstpolitik Winterthurs, die bisher stets auf die Mehrung des städtischen Waldbesitzes Bedacht» habe. Es sei nach der erwähnten «Zusicherung des Stadtforstamts nicht daran zu zweifeln, dass diese Politik auch künftig zur Auswirkung gelangen werde». Und schliesslich: «So dürfe, für diesmal noch, von einer formellen Ersatzauflage billigerweise Umgang genommen werden.»

Landwirtschaft statt minderwertigem Wald
Als die Schweizerischen Bundesbahnen in den 1920er-Jahren den Güterbahnhof Winterthur erweiterten, erlaubte der Stadtrat den 1902 gegründeten SBB, das Aushubmaterial auf städtischem Boden abzulagern. Das entsprechende Gebiet befand sich etwas südlich der Altstadt, zwischen der Bannhaldenstrasse, der Eisenbahnlinie und der Töss. Auf dem knapp 1,9 ha grossen Grundstück stand damals ein Wald. Das Gebiet war «zur Hauptsache aber nur mit geringwüchsigen Föhren, Erlen und Weiden bestockt».[64] Durch die Ablagerung des Aushubmaterials war nun fruchtbares Landwirtschaftsland entstanden.

Das städtische Forst- und Landwirtschaftsamt bat deshalb den Regierungsrat um Bewilligung, künftig das Gebiet landwirtschaftlich nutzen zu dürfen. Durch die grossen Wohnbauaktionen sei der Landwirtschaft viel Kulturland entzogen worden und es gelte als «volkswirtschaftlich dringendes Gebot, hierfür Ersatz zu schaffen». Die Stadt habe für Meliorationen bedeutende Mittel aufgewendet und dürfe nun «wohl erwarten, von den Oberbehörden unterstützt zu werden, um so mehr, als keine Gefahr vorliege, dass die Nachhaltigkeit der Wirtschaft in den Stadtwaldungen durch diesen Arealabgang wirklich beeinträchtigt werde».

Dies bestätigte auch das kantonale Oberforstamt: Das Gebiet sei als Wald geringwertig gewesen, während es als Landwirtschaftsland «ein öffentliches Bedürfnis befriedigen hilft». In Anbetracht der hier «obwaltenden besonderen Verhältnisse» könne hier ausnahmsweise von einer Ersatzaufforstung abgesehen werden. Deshalb bewilligte der Zürcher Regierungsrat am 24. Dezember 1924 der Stadt Winterthur, das ehemalige Waldgebiet dauerhaft als Kulturland verwenden zu dürfen.

Zigeunerhölzli musste Kiesgrube weichen
Anfang März 1933 erhielt die Genossenschaft für die Verbesserung der Flureinteilung in Wülflingen vom Regierungsrat die Bewilligung, das 38 a kleine Zigeunerhölzli zu roden. Das Waldstück gehörte bis dahin zwar noch der Stadt Winterthur, aber diese überliess das Grundstück nach der Waldrodung der Genossenschaft, um dort Kies auszubeuten. Aus forstlicher Sicht sprach nichts gegen die Rodung dieses vollkommen isolierten Waldstücks. Denn, so hiess es damals seitens Regierungsrat, die Fläche sei «mit kümmerlichen Föhren, Birken, Pappeln und einigen kurzschaftigen Überständern bestockt und es hatten bisherige Versuche, durch Einpflanzung verschiedener Laub- und Nadelhölzer eine befriedigende Bestockung zu erhalten, wenig Erfolg, da es sich hier hauptsächlich um kaum mit Humus bedeckten trockenen Kiesboden handelt, auf welchem die eingebrachten Pflanzen nach einigen Jahren kümmerlichen Vegetierens meist wieder eingingen».[65] Als Ersatz forstete die Stadt bis 1934 zwei Wiesengrundstücke mit der gleichen Fläche bei Furt und im Gebiet Holen beim Dättnau auf.

Rodungen im Hardwald für die Kläranlage
Aus «gesundheitspolizeilichen Gründen» hat der Kanton Zürich die Stadt Winterthur kurz vor Ausbruch des Zweiten Weltkriegs verpflichtet, eine Kläranlage zu bauen. Für die Projektierung dieser Anlage hatte der Stadtrat den Standort «Im Bruni» ausgesucht; unmittelbar beim tiefsten Punkt auf Stadtgebiet auf rund 400 m ü. M. Bloss: Dort stand damals der nordwestliche Teil des Hardwaldes. Weil das eingereichte Projekt von der kantonalen Baudirektion bereits bewilligt wurde, blieb dem Regierungsrat an seiner Sitzung vom 5. Januar 1939 «aus Rücksicht auf das grosse öffentliche Interesse an dieser Anlage» nichts anderes übrig, als auch die Rodung des Waldstücks zu bewilligen. Für die Kläranlage, die Zufahrtsstrasse und die Hauptleitung wurden rund 11,3 ha Wald geopfert.

Im Gegenzug hat sich die Stadt verpflichtet, unterhalb der Kläranlage ein Gebiet von etwa 1,8 ha aufzuforsten. Dieses Gebiet war bis dahin nur mit «lückigem, niederem und geringwertigem Gebüsch bestockt». Die Stadt musste vorgängig zahlreiche Wasserlöcher auffüllen und das Gebiet im Laufe der nachfolgenden Jahre «in geeigneter Weise mit Waldpflanzen übersetzen und so mit der Zeit einen geordneten und gepflegten, ertragreichen Waldbestand heranziehen».

Vertreter des kantonalen Oberforstamts hatten das Rodungs- und das Ersatzaufforstungsgebiet besichtigt und «sich von der Zweckmässigkeit der städtischen Vorlage überzeugt». Der Regierungsrat kam deshalb Anfang 1939 zum Schluss: «Die vorgesehene Anpflanzung und Aufziehung eines pfleglichen Waldbestandes an Stelle des heute vorhandenen niederen, ertragslosen Gebüsches kann nur begrüsst werden.» Die Ersatzaufforstungen mussten bis Anfang 1945 abgeschlossen sein.

Kartoffeln und Karotten im Hardholz
Im Zweiten Weltkrieg fielen insgesamt 26 ha Wald der Axt zum Opfer. Der grösste Anteil entfiel auf den städtischen Wald im Gebiet Hard in Wülflingen. Hier rodete man 16 ha, um Ackerland zu gewinnen. 1941 lief die von Bundesrat Friedrich Traugott Wahlen konzipierte Anbauschlacht an. Private Gärten und Rasenflächen, aber auch städtische Spielwiesen, Turnplätze und einzelne Waldgebiete wurden zu Gemüse- und Kartoffeläckern. Im Jahr 1943 betrug die offene Ackerfläche der Gemeinde 1276 ha gegenüber 500 ha drei Jahre zuvor. Insgesamt produzierten die Winterthurer Gärtner 38,5 t Kartoffeln, 13,5 t Karotten, 330 kg Suppenbohnen und 402 kg Mohnsamen. Die lohnintensive Winterthurer Anbauschlacht schloss dennoch mit einem Defizit ab.[66]

Das Stahlholz in Hegi wurde 1943 gerodet. Im Zuge des Plans «Wahlen» musste die Anbaufläche vergrössert werden – zur Sicherstellung der Ernährung des Volkes während des Zweiten Weltkriegs und zur Erfüllung des Gemeindekontingents. Die mächtige, heute freistehende Eiche im Gebiet Birch ist der einzige noch übrig gebliebene Baum vom damaligen Stahlholz und stand damals etwa in der Mitte des westlichen Waldrands des Stahlhölzli, das sich langgezogen von der Kartenbühlstrasse bis an die Gemeindegrenze nach Elsau hinzog. Sie steht heute unter Naturschutz. Einst schossen hier die Hegemer Schützen von ihrem Schiessplatz beim südlichen Zipfel des Stahlhölzli, im Mährenwinkel, in nordöstlicher Richtung gegen das Bord vor dem Birchwald.[66]

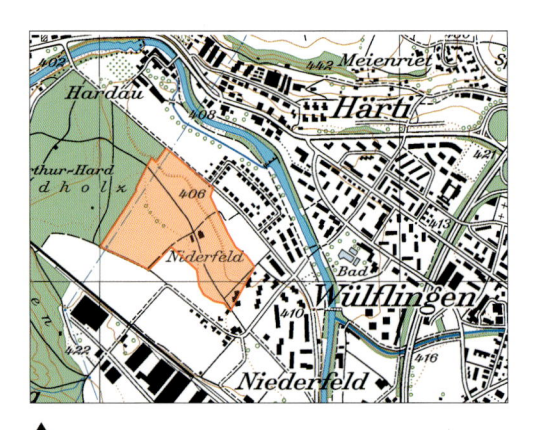

▲
Die rote Fläche entspricht dem Waldgebiet, das im Zweiten Weltkrieg für die Anbauschlacht gerodet wurde.

Teil 2 — Eigentümer | Stadt Winterthur

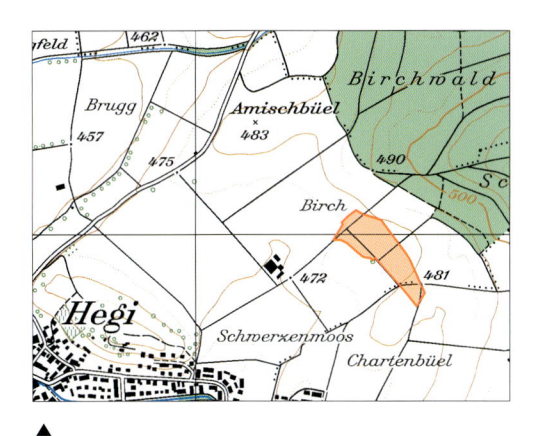

▲
Vom Stahlhölzli, das im Zweiten Weltkrieg der Axt zum Opfer fiel, steht heute nur noch eine mächtige Eiche (grüner Kreis).

Neues Tiergehege im Bruderhaus
Schliesslich liess die Stadt 2011 im Eschenbergwald beim Wildpark Bruderhaus rund 1,9 ha Wald roden, um das 1991 erbaute Gehege der Przewalski-Pferde zu erweitern. Im Gegenzug hatte sie sich verpflichtet, im Tösstal – genauer: im Gebiet Büel am Kümberg bei Turbenthal – eine Ersatzaufforstung vorzunehmen.

An der Hardgutstrasse hinter diesem Maisfeld stand bis in die 1930er-Jahre das Zigeunerhölzli.
▼

Im Dienste des Winterthurer Waldes – Der städtische Forstbetrieb
Der Stadtwald wird heute vom Forstbetrieb Winterthur bewirtschaftet. Dieser ist eine organisatorische Einheit des Departements Technische Betriebe innerhalb der Stadtverwaltung. Unter der Leitung von Stadtforstmeister Beat Kunz pflegen und bewirtschaften heute die drei Förster Gregor Fiechter, Peter Häusler und Hans-Ulrich Menzi sowie ein Leiter Technik, ein Leiter Wildpark und 17 Forstwarte, Tierpfleger und Verwaltungsangestellte den stadteigenen Wald. betreuen die Privatwaldgebiete und betreiben den Wildpark Bruderhaus.

Seit September 2004 erfüllt der Forstbetrieb im Gebiet des Privatwaldverbands Oberwinterthur und seit Anfang 2006 von Gesetzes wegen auf dem gesamten Gemeindegebiet hoheitliche Aufgaben.[67] Dazu gehören die forstpolizeiliche Aufsicht, das Anzeichnen der Holzschläge, die Information über den Zustand des Waldes und der Wald- und Holzwirtschaft sowie die Beratung der Waldeigentümer und Waldbenützer. Aus diesem Grund trifft sich der Forstbetrieb periodisch mit allen Holzkorporationen und Privatwaldverbänden. Ausserdem führt er regelmässig Weiterbildungstage für

«Der Forstbetrieb ist eine Art KMU innerhalb der Stadtverwaltung. Das gefällt mir ganz besonders an meiner Arbeit. Wir sind klein und flexibel, können Ideen entwickeln und sie bis zum Abschluss selber umsetzen. Und wir sind ein tolles Team. Alle identifizieren sich extrem mit ihrer Arbeit, sind Forstleute mit Leib und Seele. So zu arbeiten macht Freude. Mein persönliches Ziel bei der Arbeit ist, meinen Nachfolgern den Wald und den Forstbetrieb mindestens so gut zu hinterlassen, wie ich ihn antreten durfte. Oder natürlich lieber noch etwas besser. Das ist eine grosse Verpflichtung, die Respekt und Demut verlangt. Ich durfte ein Erbe antreten, das viele Förstergenerationen vor mir aufgebaut haben. Und meines wird Konsequenzen für drei, vier Förstergenerationen nach mir haben.

Ich bin den Wünschen und Bedürfnissen der Bevölkerung von Winterthur verpflichtet, versuche, den Wald so zu pflegen, dass er den heutigen Bedürfnissen der Grossstadt nach Natur und Erholung entspricht. Und ich versuche gleichzeitig, den Traditionen früherer Generationen, die den Wald so aufgebaut haben, wie er ist und vor allem den Anforderungen künftiger Generationen an ihren Stadtwald gerecht zu werden.

Das Aufgabengebiet des Forstbetriebs hat sich stark ausgeweitet. Als ich 1997 mein Amt antrat, waren wir ein Holzproduktionsbetrieb. Winterthur ist seither stark gewachsen und die Ansprüche an den Wald als Natur- und Erholungsraum sind gestiegen. Die bewaldeten Hügel und die Waldrandzonen sind wichtige Elemente der Gartenstadt Winterthur. Wir planen und realisieren Naherholungsgebiete wie zum Beispiel auf dem Güetli, am Reitplatz oder bei den Walcheweihern. Wir unterstützen andere Bereiche der Stadtverwaltung mit unserem Fachwissen in Naturschutz und in grünen Bautechniken. So haben wir uns von einem Holzproduktionsbetrieb zu einem Bau- und Dienstleistungsbetrieb entwickelt.

Erholungswald und Naturschutz werden wohl weiter an Bedeutung gewinnen. Je dichter bevölkert die Siedlung, desto wichtiger sind die grünen Rückzugsräume um sie herum. Wie wird sich die Stadt weiter entwickeln? Wo sind Naherholungsgebiete nötig? Hier liegt eine Stärke von uns Forstleuten: Wir planen langfristig und haben Visionen; wir sehen zwar den Zustand, aber eben auch den Prozess.

Zunehmend wichtiger wird auch die Umweltbildung, das Heranführen der Einwohnerinnen und Einwohner an die Natur. Naturschutz in der Grossstadt bedeutet für mich, die Menschen an die Natur heranführen, Naturerlebnisse ermöglichen, Wissen über die Natur vermitteln und damit den Respekt für die Natur fördern. An den Walcheweihern zum Beispiel, an der Töss oder beim Reitplatz tummeln sich zeitweise hunderte oder tausende von Leuten. Dort wird es nie eine heile, ungestörte Natur geben. Und trotzdem finde ich es wichtig, dass dort Menschen sind. Dass sie die Natur beobachten und eine Beziehung zur Natur aufbauen.»

Beat Kunz
Stadtforstmeister und Forstingenieur ETH, beim Gamser im Eschenbergwald.

«Erholung und Naturschutz werden immer wichtiger»

Beat Kunz
Stadtforstmeister

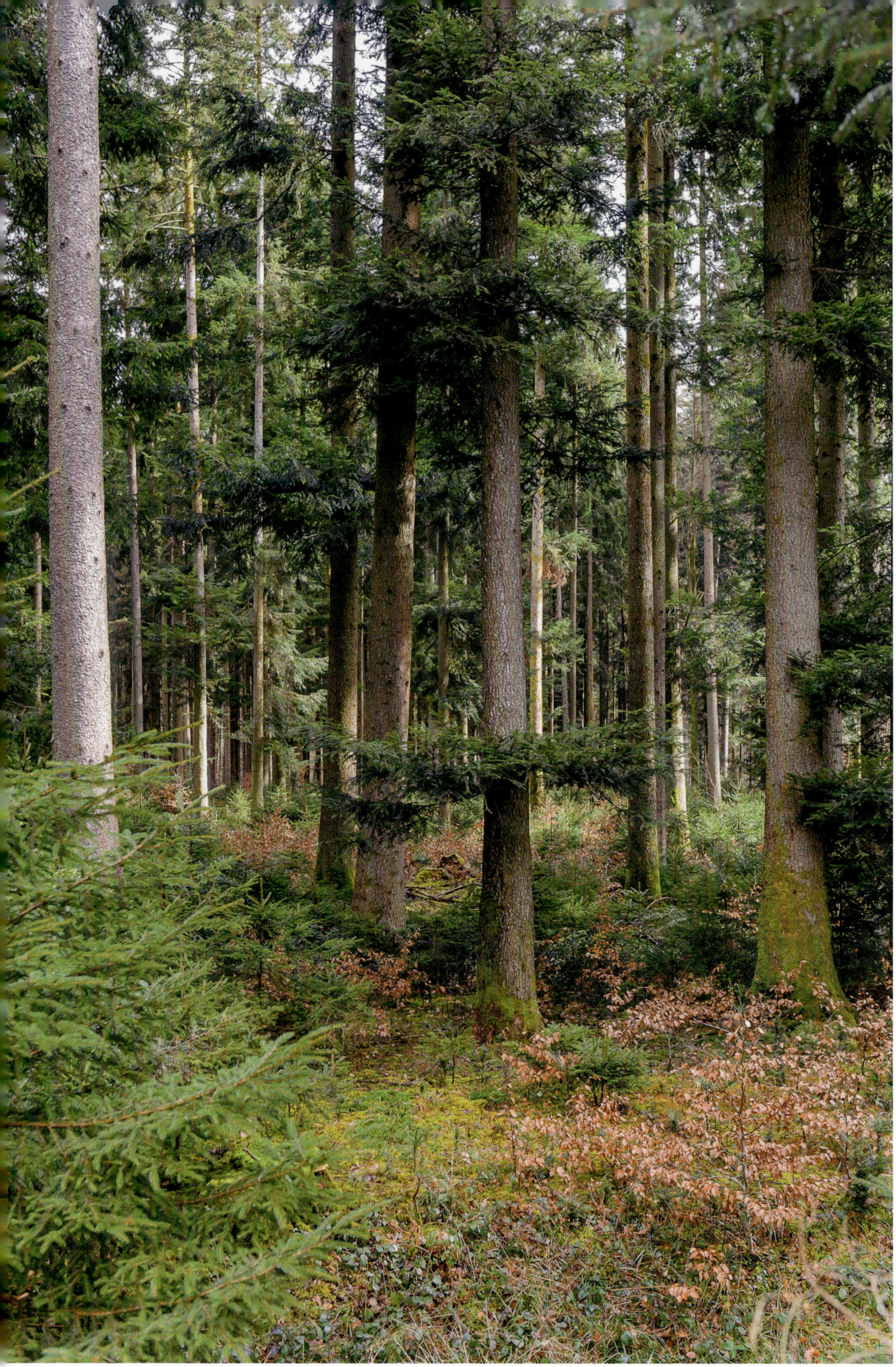

Privatwaldeigentümer durch und unterstützt diese bei der Organisation von Waldpflege und Holzschlägen und bei der Holzvermarktung.

Die Verwaltungsaufgaben des Forstbetriebs sind vielfältig: Neben der forstlichen Planung, der Bewilligung von Veranstaltungen und die Regelung des Verkehrs im Wald sowie die Durchsetzung von Vorschriften in den Bereichen Jagd, Natur- und Umweltschutz,[68] gehört auch der Unterhalt der gesamten Infrastruktur im Wald dazu wie Waldwege, Sitzbänke, Feuerstellen und Grillplätze, Waldhütten und Brunnen. In die Zuständigkeit des Forstbetriebs gehören auch der Wildpark Bruderhaus, der Eschenberg- und der Brüelbergturm sowie die Ruinen Mariazell und Alt Wülflingen. Seit 2012 ist der Forstbetrieb ausserdem zuständig für die Verpachtung der Jagdreviere und für die Fischerei auf Stadtgebiet.

Schliesslich leiten Forstmeister, Förster und Forstwarte während mehreren hundert Stunden pro Jahr Exkursionen und Waldführungen für Schulklassen, Vereine und Privatpersonen oder halten Referate.

Zusammenarbeit mit der Gemeinde Pfungen
Zum ersten Mal in seiner Geschichte stand der Forstbetrieb Winterthur 2013 davor, seine Zuständigkeiten und Tätigkeiten auf Waldgebiete Dritter ausserhalb der Stadtgrenzen auszuweiten. Der Gemeinderat von Pfungen beabsichtigte nämlich, die Beförsterung und Bewirtschaftung der Wälder auf Gemeindegebiet mit der Pensionierung des Gemeindeförsters vollständig auszulagern und den eigenen Forstbetrieb aufzulösen. Dafür hatte er verschiedene Varianten geprüft und schliesslich eine Zusammenarbeit mit dem Forstbetrieb Winterthur für die zukunftsfähigste und kostengünstigste Lösung befunden.

Auf Gemeindegebiet von Pfungen erstrecken sich insgesamt 143 ha Gemeindewald und 50 ha Privatwald. Durch eine Zusammenarbeit

◀ Femelschlag und Naturverjüngung in einem Weisstannen-Bestand an der Burgstallstrasse im Stadtwaldrevier Eschenberg.

mit dem Forstbetrieb Winterthur hätte Pfungen massive Kosteneinsparungen erzielt und der Forstbetrieb hätte Personal und Maschinen besser auslasten können.

Die Pfungemer Stimmbürger lehnten die Auslagerung ihres Forstbetriebs in der Volksabstimmung vom 24. November 2013 aber mit 78 Prozent Nein-Stimmen deutlich ab.

Stadtwaldreviere und Betriebspläne
Der Forstbetrieb Winterthur teilt die Waldgebiete, die er betreut, in Reviere ein: in Forstreviere einerseits und in Einrichtungsreviere andererseits. Forstreviere sind geografische Zuständigkeitsgebiete von Förstern, Einrichtungsreviere hingegen sind Planungseinheiten des Stadtwaldes. Wenn im Folgenden von Revieren oder Stadtwaldrevieren die Rede ist, sind jeweils die Einrichtungsreviere gemeint.

Bis in die 1990er-Jahre gab es im Stadtwald fünf *Forstreviere*,[70] in früheren Jahren sogar deren sechs. Heute sind es noch drei. In jedem dieser Forstreviere ist jeweils ein Förster für die praktische Bewirtschaftung und Pflege des Waldes sowie den Unterhalt der Wege und der Infrastrukturen verantwortlich.

Der Winterthurer Stadtwald ist heute in neun *Einrichtungsreviere* eingeteilt. Sieben dieser Reviere liegen auf Stadtgebiet, zwei befinden sich ausserhalb der Stadtgrenzen im Tösstal; eines bei Turbenthal und Wila, das andere bei Rämismühle in der Gemeinde Zell. Für jedes Revier wird alle zehn Jahre ein neuer Betriebsplan erarbeitet, der von der kantonalen Volkswirtschaftsdirektion genehmigt werden muss. In diesen Betriebsplänen sind alle Angaben über den Holzvorrat, Zuwachs, Nutzungen und die künftige Behandlung der Wälder enthalten.

Mit den Begriffen *Einrichtung* oder Forsteinrichtung meinen Forstleute die Erfassung des Waldzustands durch Inventuren und die Planung zur nachhaltigen Nutzung des Waldes. Zu den wichtigsten Kennzahlen der Forstwirtschaft gehören der Holzvorrat, der Hiebsatz und der Zuwachs.[71] Die zentrale Grösse im Be-

▲
Holzernte im Stadtwaldrevier Eschenberg: Hier nutzt der städtische Forstbetrieb jährlich rund 7500 m³ Holz.

triebsplan ist der *Hiebsatz*, also die Holzmenge, die über die gesamte Planungsperiode genutzt werden darf. Der Hiebsatz orientiert sich am Holzzuwachs und am Waldaufbau, das heisst an der Alters- und Baumartenstruktur des Waldes.

Im Stadtwald beträgt der Hiebsatz derzeit rund 18 000 m³ pro Jahr, der jährliche Zuwachs hingegen rund 20 700 m³. Deshalb nimmt der Holzvorrat zu.

Der *Holzvorrat* und der *Holzzuwachs* werden mit Inventuren ermittelt. Bis in die 1990er-Jahre wurden Vollkluppierungen durchgeführt, das heisst, von sämtlichen Bäumen mit einem Durchmesser von mindestens 16 cm auf einer Höhe von 1,3 m über Boden wurden die Durchmesser erfasst. Mit einer Volumenfunktion, dem so genannten *Tarif*, kann man von diesem Durchmesser auf das Holzvolumen des stehenden Baums schliessen. Die Summe sämtlicher Volumina ergibt den stehenden Holzvorrat eines Waldbestands. Der Förster spricht vom Derbholzvolumen, welches in *Tariffestmetern* oder Silven ausgedrückt wird. Sämtliche Holznutzungen werden ebenfalls stehend erfasst. Das heisst, beim Anzeichnen eines Holzschlags werden ebenfalls sämtliche zu fällenden Bäume, die auf 1,3 m Höhe dicker als 16 cm sind, kluppiert und auf diese Weise das mutmasslich

Holzvorrat, Hiebsatz und Zuwachs in den neun Stadtwaldrevieren

Revier	Holzvorrat		Hiebsatz		Zuwachs	
	Tfm	Tfm/ha	Tfm pro Jahr	Tfm pro ha/Jahr	Tfm pro Jahr	Tfm pro ha/Jahr
Eschenberg	266 204	355	7 500	10,0	8 721	11,6
Lindberg-Mörsburg	54 796	277	1 100	6,0	1 582	8,0
Brüelberg-Schlosshof	41 624	317	1 200	9,8	1 048	8,0
Kümberg[72]	72 000	400	1 800	10,0	2 286	12,7
Töss	30 634	375	850	10,4	961	11,8
Wülflingen	83 201	323	2 100	8,1	2 480	9,6
Wolfesberg	30 342	367	1 100	13,3	997	12,0
Seen[73]	68 657	371	2 000	10,7	2 245	12,0
Hornsäge	12 400	350	350	12,5	389	11,0
Total	**659 858**		**18 000**		**20 709**	

anfallende Holzvolumen erfasst. Diesen Vorgang bezeichnen die Förster als *Stehendkontrolle*.

Aus den Vorratsinventuren und der Stehendkontrolle lässt sich auf einfache Weise der Holzzuwachs errechnen. Er entspricht nämlich dem Holzvorrat zum gegenwärtigen Zeitpunkt plus der Holznutzung seit der letzten Inventur minus dem Holzvorrat zum Zeitpunkt der letzten Inventur. Der Hiebsatz, das heisst, die geplante Holznutzung für die Folgeperiode, entspricht in der Regel dem Holzzuwachs. Damit ist sichergestellt, dass der stehende Holzvorrat konstant bleibt. In der forstlichen Praxis ist der Vorgang etwas komplizierter. Der stehende Holzvorrat sagt nämlich einiges aus über die Dichte des Waldes und die vorkommenden Baumarten. Ein hoher Durchschnittsvorrat über rund 400 Tfm pro ha deutet auf einen hohen Anteil älterer Bäume und auf einen hohen Anteil schattenertragender Baumarten wie Buche, Tanne oder Fichte hin – ein tiefer Vorrat unter 300 Tfm pro ha auf viel Jungwald und viele lichtbedürftige Baumarten. Die Baumartenzusammensetzung und die Waldstruktur lässt sich also über den Vorrat und den Hiebsatz steuern. Will der Förster beispielsweise den Wald verjüngen und den Anteil lichtbedürftiger Laubbaumarten erhöhen, so wird der Hiebsatz über dem Zuwachs festgesetzt, der Vorrat sinkt, es entsteht mehr Licht im Wald, bis das gewünschte Gleichgewicht erreicht ist.

Eine zweite wichtige Grösse in der Forsteinrichtung ist der *Altersaufbau* des Waldes. Angestrebt wird, dass alle Altersklassen von Bäumen mit einem gleich grossen Flächenanteil vertreten sind. Der Förster spricht vom *Normalwaldmodell*. Ein stark vereinfachtes Rechenbeispiel mag dies verdeutlichen. Man stelle sich einen quadratisch angelegten Wald von 100 ha vor, welcher mit Bäumen einer Baumart bestockt ist, die ein Alter von 100 Jahren erreicht. Damit es in diesem Normalwald immer einen konstanten Anteil aller Altersklassen gibt, somit auch einen konstanten Anteil 100-jähriger Bäume, muss pro Jahr 100 ha geteilt durch 100 Jahre ergibt 1 ha Wald verjüngt werden. Man denke sich also unseren Normalwald eingeteilt in ein Schachbrett mit 100 Feldern zu 1 ha. Pro Jahr wird ein solches Feld geerntet und damit der kontinuierliche Nachwuchs sichergestellt. Die Realität in der forstlichen Planung ist allerdings deutlich komplizierter, weil in Mischwäldern Baumarten vorkommen, die ein sehr unterschiedliches Alter erreichen können. Während Eichen erst mit 180 Jahren geerntet werden, erreichen Fichte, Buche oder Tanne ihr Nutzungsalter mit etwa 120 Jahren. Edellaubhölzer wie Esche,

Ahorn oder Kirschbaum werden mit 80 Jahren oder sogar jünger geerntet. Mittels Luftbildern werden die Vorkommen und Altersklassen der Baumarten in so genannten Bestandeskarten erfasst. Computermodelle errechnen aufgrund der aktuellen und der angestrebten Flächenanteile der Baumarten ein Normalwaldmodell und ermitteln die nachhaltige Verjüngungsfläche, die nötig ist, um ein Altersklassengleichgewicht zu erreichen und zu erhalten. Holzernte und Waldverjüngung heute bedeuten also, die Voraussetzung dafür zu schaffen, dass auch die nächste und übernächste Generation alte und mächtige Bäume geniessen darf.

Die regelmässigen Revisionen der Wirtschaftspläne bedingen einerseits, dass der Waldzustand permanent überwacht wird, sie ermöglichen andererseits aber auch, dass der Bewirtschafter allfällige Fehler rechtzeitig korrigieren kann.

Revier Eschenberg
Das Revier Eschenberg ist mit 757 ha das grösste aller Stadtwaldreviere. Auf dieser Waldfläche stehen heute rund eine Viertel Million Bäume.[74] Seit über hundert Jahren wird der Eschenberg grösstenteils nach dem Femelschlagprinzip bewirtschaftet.

Etwa 20 ha im Revier Eschenberg werden indes gar nicht mehr bewirtschaftet, sondern ganz der Natur überlassen. Dazu gehören einige Altholzinseln und vor allem das über 16 ha grosse Waldreservat am Gamser, am Südhang des Eschenbergs. Dieses Reservat überschneidet sich allerdings mit einem Schutzwaldgebiet, was zu Konflikten zwischen Durchführen oder Unterlassen von menschlichen Eingriffen führen kann. In einem solchen Fall hat die Schutzfunktion immer Vorrang.

Der Holzvorrat in diesem Revier liegt bei rund 270 000 Tfm oder 355 Tfm pro ha. Dies entspricht dem Durchschnitt aller Stadtwaldreviere und etwa dem Durchschnitt im Schweizer Mittelland. Der Holzvorrat hat in den vergangenen hundert Jahren deutlich zugenommen, zeitweilig bis zu 30 Prozent.

Die geplante jährliche Nutzung, der so genannte Hiebsatz, beträgt rund 10 Tfm pro ha, der Zuwachs rund 11 Tfm pro ha. Im Eschenbergwald wird demnach weniger Holz geschlagen, als nachwächst. Dies ist im Sinne der waldbaulichen Ziele, die langfristig eine Zunahme des Holzvorrats auf 380 Tfm pro ha anvisieren.

Der Wald im Revier Eschenberg besteht heute flächenmässig zu fast 53 Prozent aus Nadelbäumen und zu fast 47 Prozent aus Laubbäumen. Am stärksten verbreitet ist die Fichte (35,5 Prozent), gefolgt von der Buche (27,2) und der Esche (11,1). Unter 10 Prozent Flächenanteil haben Weisstanne (8), Bergahorn (4,9), Lärche (4,8), Föhre (3), übrige Laubbäume wie Kirsche, Birke oder Elsbeere (2,7) und übrige Nadelbäume wie Douglasien oder Mammutbäume (1,5). Im Revier Eschenberg bedecken die Eichen nur gerade 0,8 Prozent der Waldfläche. Gemessen am Holzvorrat machen die Nadelhölzer 69 Prozent dieses Reviers aus, vor allem aufgrund der vielen Fichten (45 Prozent), die Laubbäume 31 Prozent. Vor 80 Jahren war das Verhältnis von Nadelhölzern zu Laubhölzern noch 81 zu 19 Prozent. Das langfristige Ziel ist ein Nadelbaumanteil von rund 50 Prozent und eine stufige Zusammensetzung einer möglichst breiten Palette natürlich vorkommender Baumarten.

Heute findet man fast überall in den Laubbaumbeständen auf dem Eschenberg eine üppige Naturverjüngung, die noch vor zehn Jahren nur sehr schlecht gelang. Immer wieder wurde der Nachwuchs von Laubbäumen und Weisstannen von den zahlreichen Hirschen in diesem Gebiet verbissen. Seither haben hier die Rotwildschäden deutlich abgenommen, hingegen bleibt der Verbiss durch Rehe noch immer ein grosses Problem, unter dem vor allem der Nachwuchs der Weisstanne massiv leidet. Zum Beispiel in den Waldgebieten am Langriemen und Burgstal lässt sich leicht beobachten, wie die Weisstanne erst im Schutze der üppigen Naturverjüngung der Fichte eine Chance hat, dem Verbiss durch das Rehwild zu entwachsen.

Teil 2 — Eigentümer | Stadt Winterthur

Buchenmischwald im Gebiet Süsenberg auf dem Lindberg: Hier hat der Wald eine wichtige Funktion als Naherholungsgebiet.

Teilgebiete nach Funktionen[75]

	Charakteristik	Baumarten
Intensiv-erholungswald	Intensiv genutzter Wald um Freizeit- und Sportanlagen.	Stabile, unempfindliche Baumarten.
Erholungswald	Ästhetischer Wald, gut erreichbar für Waldspaziergänge, stille Erholung, Sportanlagen (Laufträff, VitaParcours u. ä.), ansprechende Waldbilder mit mächtigen Bäumen, gut erschlossen mit Fusswegen und Pfaden.	Standortheimische «ästhetische» (blühende, mächtige ...) Baumarten inklusive Exoten (Bsp. Mammutbaum, Roteiche). Sinnvoller Anteil Nadelholz (Wintergrün).
Multifunktions-wald	Multifunktionaler Holzproduktionswald unter Berücksichtigung von Naturschutz und Erholung, naturnahe Baumartenzusammensetzung mit Gastbaumarten und maximalem Nadelbaumanteil nach Baumartenempfehlung, Umtriebszeit, Waldform und Betriebsart wirtschaftlich optimiert.	Standortsgerechte Baumarten, maximaler empfohlener Nadelbaumanteil inklusive Gäste und Exoten (Douglasie, Lärche, Roteiche, Fichte, Tanne).
Naturvorrangwald	Naturgemässer «wilder» Wald ohne Gastbaumarten, strukturreicher Aufbau mit Zielsetzung Artenvielfalt, Totholz, Biotopbäume, wenig Störung, keine Erholungswaldinfrastruktur.	Standortsheimische Baumarten ohne Gastbaumarten und Exoten. Förderung spezieller Baumarten (Sorbus, Eibe) und Strukturen.

Der Eschenbergwald ist heute auch ein Zeuge vergangener Tage. Selbst Ereignisse, die Jahrzehnte zurückliegen, haben hier bis heute ihre Spuren hinterlassen. Die sparsame Zeit der Nachkriegsjahre, der Orkan Lothar 1999 und die Käfer- und Trockenjahre 2003 und 2004 haben die Verteilung der Altersklassen gehörig durcheinandergebracht. Heute dominieren die ganz jungen Baumbestände und die ganz alten. Der Mittelstand der 30- bis 70-jährigen Bäume ist im Eschenbergwald deutlich untervertreten.

Während vieler Jahrhunderte war der Eschenbergwald vor allem Lieferant von Bau- und Brennholz. Diese Funktion hat er im Grundsatz bis heute behalten. Obwohl der Eschenbergwald fast überall mehrere Funktionen erfüllt, hat die Holznutzung vielerorts Vorrang vor anderen Waldfunktionen oder zumindest einen hohen Stellenwert. In den beiden Gebieten Gamser und Hinterwald gegen die Töss hinunter hat allerdings die Schutzfunktion Vorrang. Sie sind denn auch als Schutzwald ausgeschieden. Zudem hat die biologische Vielfalt an den Hängen gegen die Töss hinunter zwischen Reitplatz und Mühlau und im Gebiet Isler nördlich des Eschenberghofs Vorrang gegenüber anderen Waldfunktionen.[76] Das Gebiet Isler nördlich des Eschenberghofs ist ein Standort des sehr seltenen Traubenkirschen-Eschenwaldes und ein Waldstandort von naturkundlicher Bedeutung.[77]

Diese vorrangigen Funktionen überlagernd hat die Erholungsfunktion im stadtnahen Eschenbergwald einen hohen Stellenwert, insbesondere nördlich der Verbindungslinie Eschenberghof–Bruderhaus.

Revier Lindberg-Mörsburg

Zum Stadtwaldrevier Lindberg-Mörsburg gehören der südwestliche Teil des Lindbergs sowie Teile der Waldgebiete Elend, Stadlerberg und Esch nordwestlich und das Schönbüel südöstlich der Mörsburg sowie die kleinen Waldgebiete Schoren bei der Deponie Riet und Eichholz. Dieses Revier besteht heute aus über einem Dutzend nicht zusammenhängender Gebiete und umfasst insgesamt eine Waldfläche von rund 203 ha. Auf dieser Fläche stehen derzeit rund 50 000 Bäume[78] oder etwa 250 Bäume pro Hektare. Der Holzvorrat liegt hier bei knapp 280 Tfm pro ha und damit deutlich tiefer als der Durchschnitt aller Stadtwaldreviere. In den 1960er-Jahren lag er noch bei 475 Tfm. Der Grund für diesen Rückgang sind einerseits eine sehr starke Nutzung – vor allem der Nadelbäume – und Zwangsnutzungen nach Orkanschäden. Gemäss waldbaulicher Planung soll der Holzvorrat mittelfristig wieder auf 300 Tfm pro ha und langfristig auf über 350 Tfm pro ha steigen.

Vor etwa hundert Jahren bestand der Holzvorrat in diesen Waldungen nahezu zu 90 Prozent aus Nadelbäumen – vor allem aus Fichten. Dieser Anteil ist seither sukzessive zurückgegangen und liegt derzeit bei 50 Prozent. Am

▲
Holztransport mit einem Forwarder an der Schneisenstrasse im Eschenbergwald: Jedes Jahr wachsen im Stadtwaldrevier Eschenberg über 8700 m³ Holz nach.

▲

Schloss Mörsburg: Hier erwarb die Stadt im 16. Jahrhundert zusammen mit dem Schloss zahlreiche Waldparzellen.

stärksten vertreten ist – heute wie damals – die Fichte. Ihren Anteil verdreifachen konnte hingegen die Buche, sie macht heute ungefähr einen Viertel des gesamten Holzvorrats aus.

Im Gebiet zwischen Goldenberg und Römerholz hat der Wald mit seinen markanten Einzelbäumen eine wichtige Erholungsfunktion. Eindrücklich ist auch die Allee mit den Mammutbäumen an der Unteren Weiherstrasse, unmittelbar bei den Walcheweihern.

Revier Brüelberg-Schlosshof

Die beiden Waldgebiete Brüelberg auf der Nordseite der Töss und Schlosstal auf der Südseite gehören zum rund 132 ha grossen Einrichtungsrevier Brüelberg-Schlosshof. Hier dominieren die Laubbäume gegenüber den Nadelbäumen etwa im Verhältnis zwei zu eins.[79] In den 1930er-Jahren machten die Fichten und Föhren hier etwa 70 Prozent aus. Heute bilden sie zusammen noch 29 Prozent des Holzvorrats. In diesem Revier liegen drei attraktive Ausflugsziele: die Burgruine Alt Wülflingen, der Burghügel Hoh Wülflingen sowie der Aussichtsturm mit Rastplatz. Auch unter dem Blickwinkel des Naturschutzes ist dieses Gebiet einen Spaziergang wert: Die Amphibienweiher im Totentäli beherbergen einige seltenere Tierarten. Am Südhang unterhalb von Hoh Wülflingen steht ein lichter Wald mit seltenen Pflanzenarten, und am Nordhang, beim *Schuppentännli*, findet sich ein Waldreservat mit Eiben und viel Altholz. Daneben hat der Forstbetrieb sechs weitere Altholzinseln mit einer Fläche von insgesamt 2,7 ha ausgeschieden. Gegen die Töss und die Eulach hinunter stehen zudem einige Schutzwälder.

Revier Kümberg

Das Revier Kümberg liegt ausserhalb der Stadtgrenzen in der Gemeinde Turbenthal. Die ersten Parzellen dieses Reviers kamen Mitte 1873 in den Besitz der Stadt Winterthur. Damals bestand es aus 51 ha Kulturland und aus 42 ha *meist ausgeplündertem Wald*. Schon im folgenden Jahr wandelte der damalige Stadtforstmeister Kaspar Weinmann 8 ha früheres Ackerland durch «Einbringen von Rottannen-, Föhren- und Lärchensamen» in Wald um.[80] Auch in späteren Jahren kaufte die Stadt weitere Gebiete hinzu und forstete sie auf. Noch zwischen 1967 und 1977 pflanzte der Forstbetrieb über 107 000 Pflanzen in den Kümbergwald, 81 Prozent davon waren Nadelbäume. Später erfolgte die Umstellung auf Naturverjüngung. Heute umfasst dieses Revier etwa 180 ha, ist fast durchgehend bestockt und besteht etwa je zur Hälfte aus Nadel- und Laubbäumen[81], wobei das Nadelholz zum grossen Teil überaltert ist. In den 1990er-Jahren waren die über 90-jährigen Bäume klar übervertreten und etwa jeder zwölfte Fichtenstamm hatte die Rotfäule.

Revier Töss

Die Wälder im Revier Töss kamen erst mit der Eingemeindung der Vororte 1922 in den Besitz der Stadt Winterthur. Das Revier dehnt sich auf einer Fläche von rund 83 ha aus, wovon knapp 82 ha bewaldet sind. Es umfasst im Wesentlichen die Gebiete Riet und Bannhalden östlich der Autobahn sowie Hellholz, Steigholz, Horntobel und Auenrain westlich davon. Auf den vielen wüchsigen Standorten gedeihen Buchen und Fichten am besten. Der Holzvorrat ist mit 375 Tfm pro ha denn auch höher als in den meisten anderen Revieren; die Hälfte des gesamten Holzvorrats entfällt auf die Fichte und etwa ein Viertel auf die Buche. Diese nimmt aber rund 30 Prozent der Fläche ein, die Fichte 27 Prozent, die Esche 25 Prozent und die Föhre 3 Prozent. Am Auenrain, zwischen Dättnau und der Autobahn, steht der zweitgrösste Schutzwald auf Stadtgebiet. Das Revier Töss blieb vom Orkan Lothar weitgehend verschont. Auch nachfolgende Borkenkäferinvasionen gab es kaum. Einzig im Gebiet Hell entlang der Töss entstanden so genannte *Käfernester*.[82]

Revier Wülflingen

Das Revier Wülflingen kam ebenfalls mit der Eingemeindung zum Stadtwald. Zu diesem rund 262 ha grossen Revier gehören die Wälder auf dem Chomberg und dem Berenberg sowie das Jungholz südlich des Weilers Weiertal und das Hardholz bei der Kläranlage. Mehr als 16 ha im Jungholz und am Dättnauerberg sind als Totalreservat ausgeschieden. Die Anteile von Nadelholz und Laubholz am gesamten Holzvorrat sind recht ausgeglichen. Die Fichte besetzt etwa einen Viertel der Fläche, was bereits dem langfristigen Ziel entspricht. Die Esche ist hier mit einem Flächenanteil von 28 Prozent übervertreten, während Buche, Lärche und Tanne untervertreten sind. Am Nordhang des Berenbergs kommen noch Reste ehemaliger Mittelwälder vor. Hier hat der Forstbetrieb 3 ha für die Erhaltung dieser Mittelwälder ausgeschieden. Vor allem will er das Hardholz bis ins Jahr 2033 vollständig in einen Mittelwald überführen. Im Revier Wülflingen kommen häufig Stiel- und Traubeneichen vor. Am Dättnauer Berg finden sich auch grössere Eibenflächen.[83]

Revier Wolfesberg

Der Wald im rund 82 ha grossen Revier Wolfesberg gehörte zur ehemaligen Gemeinde Veltheim. Eine Besonderheit in diesem Waldgebiet sind die starken Zürcher Föhren der Provenienz Wolfesberg. Sie zeichnen sich durch einen grossen Kern aus, denjenigen Teil des Stammes also, den man als Holz nutzen kann.[84] In keinem anderen Waldgebiet Winterthurs kommt die Föhre so häufig vor wie hier. In den 1930er-Jahren machten die Föhren im Stadtwald Wolfesberg rund 60 Prozent des Baumbestands aus; heute sind es noch rund 20 Prozent.[85] Langfristig will der Forstbetrieb das Vorkommen der qualitativ sehr guten Föhren auf dem Wolfesberg durch geeignete Waldbauverfahren sichern. Von der Abnahme der Föhre profitierte übrigens die Fichte, die heute den Wolfesbergwald dominiert. Der Anteil der Nadelbäume ist hier mit insgesamt über 70 Prozent[86] höher als in jedem anderen Teil des

Winterthurer Stadtwaldes. 1922 betrug dieser Anteil unglaubliche 97 Prozent, 1988 immer noch hohe 88 Prozent.[87] Heute wird der Stadtwald hier zu über 90 Prozent natürlich verjüngt. Nur stellenweise kommen bei Neupflanzungen Lärchen oder Douglasien zum Zug.

Revier Seen
Das Revier Seen umfasst die Stadtwaldgebiete auf dem Etzberg und auf dem Hulmen, die Gebiete Chamb und Sädelrain bei Oberseen sowie Bestlet, Sal und einige weitere Gebiete bei Eidberg. Der Holzvorrat ist mit 371 Tfm pro ha der zweithöchste im Stadtwald innerhalb der Stadtgrenzen. Nur im Revier Töss und – ausserhalb der Stadt – im Revier Kümberg in der Gemeinde Turbenthal ist er noch etwas höher. Dieses Revier beherbergt keinen Waldstandort von naturkundlicher Bedeutung; immerhin finden sich am Hulmen-Südhang einige seltene Waldgesellschaften. Die Gebiete Bestlet, Sal und Hulmen südwestlich der Ricketwilerstrasse gehören gemäss kantonalem Richtplan zum ausgedehnten Landschaftsförderungsgebiet Tösstal-Nord. Naturkundlich interessant ist der dauernd lichte Wald am Sädelrain. Hier, wie auch am Hulmen-Südhang liegen grössere Eibenförderungsgebiete. Und schliesslich steht an der Eichlerstrasse zwischen Ricketwil und Eidberg beidseits der Strasse ein rund 18 000 m² grosser Schutzwald.

Revier Hornsäge
Das Revier Hornsäge umfasst nur gerade 36 ha Wald bei Rämismühle, zwischen Turbenthal und Rikon, und besteht aus einer kleineren Fläche nördlich der Töss und einer grösseren südlich davon. Es gehört zur Gemeinde Zell und ist weder waldbaulich noch naturkundlich besonders bedeutend. Trotzdem ist dieses Waldgebiet für die Stadt Winterthur von überragender Bedeutung, denn hier fasst die Stadt einen Grossteil ihres Trinkwassers. Der Ausbau der Trinkwasserversorgung war auch der Grund, weshalb die Stadt Winterthur noch im 19. Jahrhundert begann, grundwasserreiche Gebiete im Tösstal aufzukaufen. Der Anteil an Laub- und Nadelholz am gesamten Holzvorrat ist hier etwa ausgeglichen. Die wichtigsten Baumarten sind Fichte und Buche. Gemessen am Flächenanteil ist die Fichte stark übervertreten. Standortgerechter wären hier die Tanne, der Bergahorn und auf den Auenstandorten die Esche. Ein wichtiges waldbauliches Ziel ist es, mit einem gesunden Wald den Grundwasserschutz zu erhalten.[88]

Vom Qualitätsholz zum Energieholz
Die Orkane Vivian 1990 und Lothar 1999 sowie die nachfolgenden Schäden durch Borkenkäfer prägen die Waldwirtschaft um die Jahrtausendwende herum massgeblich. In der ganzen Schweiz richtete Lothar immense Schäden von insgesamt 12,5 Mio. m³ Sturmholz an.[89] Dieses Jahrhundertereignis hatte sofort massive Einbrüche der Holzpreise zur Folge. Die Preise für Sägerundholz zum Beispiel waren im Jahr 2000 aufgrund des gesättigten Markts nach dem Sturm Lothar gegenüber den Vorjahren um rund 30 Prozent eingebrochen. Und die Durchschnittspreise für die Hauptsortimente, Fichtenlangholz und Fichtenträmel, brachen gar um 35 und 44 Prozent ein.[90] Der Preiszerfall hielt auch in den nachfolgenden Jahren bei vielen Holzsortimenten an. Der Markt für einzelne Holzarten lag praktisch am Boden. Ab 2008 schnellte er im Zeichen der globalen Hochkonjunktur und Rohstoffverknappung kurzfristig in die Höhe. Die Finanzkrise 2011 und nachfolgende Frankenstärke setzten dem Höhenflug allerdings ein rasches Ende. Buchenstammholz zum Beispiel kostete 2012 nur noch wenig mehr als Brennholz.[91]

Erste Holzschnitzelfeuerung in Winterthur
Bereits 1985 hatte die Stadt im Schulhaus Hegifeld in Oberwinterthur die erste Holzschnitzelheizung realisiert. Mit einem Verbrauch von 500 m³ Trockenschnitzeln pro Jahr erbrachte sie eine Leistung von 370 Kilowatt. Im Hinblick auf die künftige Förderung der Holzenergie ging der Forstbetrieb Winterthur

▲ Frühling auf dem Wolfesberg: Die Zürcher Föhren der Provenienz Wolfesberg sind eine Besonderheit dieses Stadtwaldreviers.

«Der Rohstoff Holz wird wieder wichtiger werden»

Peter Niederhäuser
Historiker

«Wer sich mit der Geschichte der Stadt Winterthur befasst, kommt früher oder später auf den Wald – oder noch eher aufs Holz. Es war ja lange Zeit der Rohstoff und Energieträger schlechthin. Die historische, aber auch die gegenwärtige Bedeutung des Waldes für Winterthur liegt auf der Hand. Ganz zentral ist der Eschenberg. Es ist kein Zufall, dass er schon im Stadtrechtsbrief von 1264 erwähnt wurde. Kaum eine andere Stadt hat ein so grosses Waldgebiet zur freien Nutzung bekommen. Eine Stadt wie Winterthur konnte ohne Holz nicht funktionieren.

Ich selber habe die Geschichte unseres Waldes nie systematisch untersucht. Sie ist für meine Arbeit eher ein neueres Gebiet. Aber eigentlich ist dessen Potenzial wirklich riesig. Darüber könnte man mehr forschen. Aus historischer Sicht finde ich persönliche Geschichten und Schicksale am spannendsten. Wie etwa die Geschichte des Stadtrats Pfau, der 1849 auf der Jagd einen Schlaganfall erlitt. Oder jenes Ereignis von 1502, als es im Eschenberg wegen der Falkenjagd eine Schlägerei gab. Es gibt viele solche Geschichten – bis hin zu den Einsiedlern im Bruderhaus, die nicht ganz so einsiedlerisch lebten. Ich mag solche Erzählungen. Geschichte soll schliesslich auch unterhaltsam sein.

Zum Wald habe ich keinen professionellen Zugang. Er ist für mich eine Oase, ein Ort, wo ich abstellen kann, Luft schöpfen und Energie tanken. Ein Erholungsgebiet eben, das ich etwa zweimal pro Woche besuche – vor allem joggend. Das ist im Moment mein Zugang zum Wald. Am besten gefallen mir der Gamser und das Linsental, obwohl ich fast nicht mehr dorthin komme. Früher suchte ich diese Orte häufiger auf. Zum Teil auch in der Nacht, einfach so, zum Abstellen. Der Blick vom Gamser hinunter ins Linsental ist für mich immer noch etwas vom Schönsten. Man sieht nur Wald, so weit das Auge reicht. Auf dem Hügel liegt die Kyburg und darunter ist nur Wald. Man hat fast den Eindruck eines Urwaldgebiets. Das macht für mich auch den Reiz eines Waldes aus. Wenn er ein bisschen urwaldmässig ist, ein bisschen wild. Nicht allzu gepflegt. Ich liebe den Herbst, wenn das Laub auf dem Boden liegt und unter den Füssen raschelt.

Die grössten Probleme für den Wald im heutigen städtischen Umfeld sind sicher die unterschiedlichen Nutzungsansprüche der Bürgerinnen und Bürger. Angefangen von den Bikern, die mit ihrem Velo quer durch den Wald fahren, über die Orientierungsläufer oder die Spaziergänger bis hin zu den Jägern. Dafür ist unsere Gegend trotz allem doch relativ kleinräumig.

Ich bin überzeugt, dass der Wald und vor allem der Rohstoff Holz wirtschaftlich wieder wichtiger werden. Im Moment ist Waldwirtschaft kaum lukrativ. Deshalb hat auch eine gewisse Garten- und Erholungspark-Mentalität ihren Platz. Aber die wirtschaftliche Bedeutung des Waldes kann sich wieder ändern. Dann könnten die unterschiedlichen Ansprüche stärker kollidieren. Jedenfalls mache ich mir um den Wald und seine grosse Bedeutung für Winterthur keine Sorgen. »

Peter Niederhäuser
Historiker, beim
Gedenkstein für Jacob Pfau
im Lindbergwald

Entwicklung reale Rohholzpreise und Stundenlöhne Schweiz Mittelland

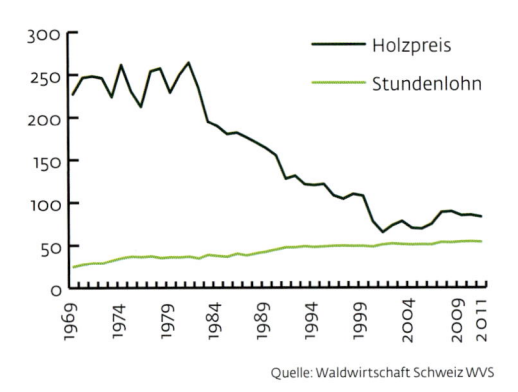

Quelle: Waldwirtschaft Schweiz WVS

1991 von einem Energieholzpotenzial von rund 9500 m³ pro Jahr aus.[92]

Aus heutiger Sicht fiel diese Prognose viel zu tief aus. Neue Erfahrungszahlen zeigen, dass sich pro Hektar und Jahr bis gegen 10 Schüttkubikmeter Schnitzel produzieren lassen. Das Energieholzpotenzial der Winterthurer Wälder dürfte also bei über 25 000 m³ Holzschnitzel pro Jahr liegen.

Der Einstieg von Stadtwerk Winterthur ins Energiecontracting im Jahr 2000 verhalf der Energie aus Holzschnitzeln in Winterthur endgültig zum Durchbruch. Im Gern in Hegi installierte Stadtwerk Winterthur eine erste grosse Holzschnitzel-Heizzentrale, die ein Einkaufszentrum, mehrere Geschäftsliegenschaften, grosse Wohnüberbauungen und 55 Reihen-Einfamilienhäuser ganzjährig mit Wärme versorgt. Die notwendige Energie stammt von rund 10 000 m³ Holzschnitzeln aus dem nahen Winterthurer Stadtwald. Weitere Nahwärmeverbünde folgten im Sennhof, im Wyden in Wülflingen und in Zinzikon bei Oberwinterthur. Geplant ist ausserdem eine grosse Anlage im Waser in Seen. Im Jahr 2013 lieferte der Forstbetrieb bereits 15 000 m³ Holzschnitzel. In den kommenden Jahren wird der städtische Bedarf gegen 30 000 m³ steigen. Um diesen Bedarf decken zu können, wird der Forstbetrieb Winterthur auf eine Zusammenarbeit mit anderen Waldeigentümern in der Region angewiesen sein.

Mit der Produktion von Holzschnitzeln kann der Forstbetrieb die Holzerei wirksamer und sicherer durchführen: Baumkronen müssen nicht mehr aufwändig in gefährlicher Handarbeit mit der Motorsäge aufgerüstet werden. Heute müssen nur noch die wertvollen Stammteile abgeschnitten werden. Der ganze Rest mit Baumkronen und Ästen können die Forstarbeiter maschinell und sicher zu Schnitzeln hacken.

Moderne Waldpflege auf traditionelle Art
Im Stadtwald stehen heute rund eine halbe Million Waldbäume mit einem Stammdurchmesser von mehr als 12 cm. Pro Jahr fällt der Forstbetrieb durchschnittlich rund 6000 Bäume. Der Stadtwald wird nach dem Grundsatz der Nachhaltigkeit bewirtschaftet: Nur so viel Holz wird genutzt, wie auch wieder nachwachsen kann.[93]

Die hauptsächliche Betriebsart im Winterthurer Stadtwald ist der *Femelschlag*. Dieses Prinzip der Waldwirtschaft, das sich streng an einer räumlichen Ordnung orientiert, wurde in der Schweiz entwickelt und hat in Winterthur eine sehr lange Tradition. Entscheidend beim Femelschlag ist, dass die Abfolge der Holzschläge so geplant wird, dass die Bäume nie in den Jungwald, der auf den vorangegangenen Holzschlagflächen entstanden ist, hinein fällt und diesen wieder zerstört.

Soll ein Waldbestand zwischen zwei Waldstrassen verjüngt werden, so wird der erste Holzschlag, das so genannte Verjüngungszentrum, stets auf die Transportgrenze, also in die Mitte zwischen den Strassen gelegt. Bei der Form des Holzschlags wird darauf geachtet, dass keine grossen, gegen Westen offenen Fronten entstehen, welche dem Westwind Angriffsfläche für Sturmschäden bieten. Die Bäume werden in Richtung der Strassen gefällt und abtransportiert. In der Regel wird der Waldsaum um den Holzschlag in der Tiefe von etwa einer Baumlänge vorgelichtet, das heisst, einzelne Bäume werden gefällt, um ein günstiges Lichtklima zu schaffen, damit Jungbäume unter dem Schirm der Altbäume keimen und gedeihen können. Mit der Stärke der Vorlichtung steuert der Waldbewirtschafter, wie viel Licht auf den Boden kommt und damit, welche Baumarten sich entwickeln können. Bei wenig Licht werden dies schattenertragende Tannen, Buchen oder Fichten sein. Bei stärkeren Eingriffen wachsen Ahorne und Eschen, bei noch mehr Licht Kirschbäume, Eichen oder Lärchen. Nach einigen Jahren, wenn sich die Verjüngung eingestellt hat, erfolgen um den ersten Holzschlag herum weitere Holzschläge. Dieser Prozess schreitet fort, bis der ganze Bestand bis zur Waldstrasse systematisch verjüngt ist. Die Dauer vom ersten Verjüngungshieb bis der gesamte Bestand verjüngt ist, bezeichnet der Förster als allgemeinen Verjüngungszeitraum des Bestands. Er kann ohne Weiteres 20 bis 30 Jahre dauern.

Biologische Rationalisierung
Beim Forstbetrieb Winterthur, wie in der Forstwirtschaft generell, galt bis vor wenigen Jahren das Konzept, auf fast allen Standorten mit einer möglichst breiten Palette von Baumarten mittels intensiver Pflege Wertholz zu erzeugen. Solche Konzepte waren vielversprechend, solange die Löhne tief und die Holzerlöse hoch waren. Seit den 1960er-Jahren öffnete sich die Schere zunehmend. Die realen Holzerlöse sanken, die Löhne stiegen kontinuierlich.

Auf den in Winterthur verbreiteten Standorten des Waldmeister-Buchenwaldes sind fast alle Baumarten physiologisch in der Lage, zu gedeihen. Unter Konkurrenzbedingungen aber ist die Buche auf diesen mittleren, sehr gut wasser- und nährstoffversorgten Böden allen anderen Baumarten weit überlegen und wird diese ohne menschliches Zutun über kurz oder

Femelschlagbetrieb im Eschenbergwald: Seit rund 100 Jahren das übliche Waldbauverfahren im Stadtwald.
▼

▲
Laubmischwald im Seemer Tobel: Die natürlichen Entwicklungen in der Natur möglichst weitgehend ausnutzen und so das waldbauliche Ziel erreichen. Die biologische Rationalisierung geht neue Wege bei der Jungwaldpflege.

lang verdrängen. Der Prozess kann fast überall im Wald beobachtet werden. Ob unter Eichen, Eschen, Ahornen, Kirschbäumen, Föhren oder Lärchen. Überall spriessen Buchen, wachsen im Schutze und am Schatten der andern Bäume auf und verdrängen diese schliesslich mit ihren ausladenden Kronen. Selbst in Naturverjüngungen der schattenertragenden Tannen und Fichten sind Buchen anzutreffen, die sich gegen die Nadelbäume durchsetzen. Förderung der Baumartenvielfalt bedeutet darum auf vielen Standorten in Winterthur den Kampf gegen die Übermacht der Buche.

In traditionellen Waldbau- und Jungwaldpflegekonzepten ist die flächige Pflanzung anderer Baumarten als Buche vorgesehen. In der Naturverjüngung wurden breite Baumartenmischungen bevorzugt und herausgepflegt. Erreicht wurde dies durch frühe und häufige, aufwändige Pflegeeingriffe. Die Forstleute kämpften mit grossem Aufwand gegen die natürlichen Prozesse der Konkurrenz und Differenzierung in den Waldbeständen. Die Resultate sind zwar durchaus sehenswert, aus wirtschaftlicher Sicht aber kaum mehr zu rechtfertigen.

Die biologische Rationalisierung hingegen geht vom Grundsatz aus, natürliche Abläufe so gut wie möglich auszunutzen und so das waldbauliche Ziel rationell zu erreichen.[94] Sie beginnt bereits bei der forstlichen Planung und der Waldverjüngung. Das Verjüngungsziel, das heisst die Baumarten, die nach dem Holzschlag auf einem bestimmten Standort keimen und wachsen sollen, wird möglichst nahe an der potenziellen natürlichen Vegetation gewählt. Das bedingt genaue Kenntnisse der lokalen Standortbedingungen, der Wuchsformen des Altbestands, der vorhandenen Samenbäume und der bereits vorhandenen Verjüngung.

Die Verjüngungstechnik und die Hiebführung wird so gewählt, dass am Boden das richtige Lichtklima und das geeignete Keimbeet für die angestrebte Baumartenmischung entsteht. Sehr schwache Eingriffe mit langen Verjüngungszeiträumen fördern schattenertragende Nadelbaumarten und Buche. Starke Eingriffe und Räumungen fördern lichtbedürftigere Baumarten, bergen aber auch die Gefahr der Verunkrautung, die über viele Jahre das Einwachsen von Bäumen verhindern kann. Sehr schön beobachtet werden kann die Verjüngung von schattenertragenden Nadelbäumen mit beigemischten Buchen unter dem Schirm der Altbestände im Gebiet Hangentobel auf dem Eschenberg. Ohne einen einzigen Franken Investition in die Pflanzung von Bäumen wächst hier im Schutz des Altbestands eine hochwertige Verjüngung heran.

Auf nassen oder trockenen Standorten lässt die Konkurrenzkraft der Buche etwas nach, andere Baumarten können mit geringem Pflegeaufwand gefördert werden. In feuchten Bachtobeln wachsen Eschen, Ahorne, Kirschbäume und Ulmen, an trockenen Kreten oder in den oberen Hanglagen Eichen, Föhren, Elsbeer- oder Mehlbeerbaum. In jedem Fall werden bei der Waldpflege nicht mehr Einzelmischungen

---

In 150 Jahren im Gleichgewicht

Der Winterthurer Wald ist heute überaltert. Dies zeigt ein Simulationsprojekt der ETH, an dem sich der Forstbetrieb Winterthur als Pilotbetrieb beteiligt. Der Grund für diese nachteilige Altersstruktur liegt in der Kahlschlagwirtschaft, die noch bis zu Beginn des 20. Jahrhunderts betrieben wurde. Das Projekt erlaubt auch einen Blick in die Zukunft: Es simuliert auf der Basis des heutigen Bestands, wie sich der Wald über die nächsten Jahrzehnte entwickeln wird und wann er wie genutzt werden kann, bis der Wald bezüglich Altersstruktur im Gleichgewicht ist. Fazit: Der Winterthurer Wald wird im Jahr 2164 – also in 150 Jahren – dieses Gleichgewicht erreicht haben. Es würde sich zwar in einigen Jahrhunderten auch von Natur aus selber einstellen. Die Vielfalt allerdings nähme rasch und deutlich ab.[95]

▲
Moderner Forwarder an der Schneisenstrasse im Eschenbergwald: Geländegängige Forstschlepper lösten die Traktoren ab, die für den Einsatz im Wald nur bedingt geeignet sind. Diese wiederum lösten die Pferde ab, weil diese unrentabel wurden.

von möglichst vielen Baumarten angestrebt, sondern grösserflächige Gemeinschaften von Baumarten mit ähnlichen Standorts- und Lichtbedürfnissen, ähnlicher Wuchscharakteristik und ähnlicher Umtriebszeit. Beispiele sind Mischbestände von Buche, Fichte und Tanne auf dem Eschenberg-Plateau. Oder Edellaubholzbestände mit Bergahorn, Esche, Kirschbaum und Ulme im Bereich Steglitobel am Nordrand des Eschenbergs. Oder Reinbestände von Stiel- oder Traubeneiche auf geeigneten Standorten, wie zum Beispiel dem Eichhölzli in Oberwinterthur.

Die Pflege der Jungbäume erfolgt nicht mehr flächig an allen Bäumen, sondern gezielt an den so genannten Auslesebäumen im Endabstand. Auslesebäume sind dabei diejenigen Bäume, die das wertvollste Holz bilden und ganz zum Schluss im Altbestand noch stehen, bevor dieser wieder verjüngt wird. Der Abstand zwischen den Auslesebäumen richtet sich nach ihrem Kronendurchmesser im ausgewachsenen Zustand. Denn es haben auf einer Fläche nur so viele Bäume Platz, wie es ihr Kronenvolumen und insbesondere ihr Kronendurchmesser zulässt. Bei Fichten beträgt der Kronendurchmesser und somit der Endabstand rund 6 bis 7 m, bei Eichen 12 bis 14 m. Entsprechend braucht es bei Fichte rund 200 Auslesebäume pro Hektare, bei Eiche rund 70.

Bei der Jungwaldpflege nach dem Prinzip der biologischen Rationalisierung ist zunächst Geduld gefragt. Auf einer Naturverjüngungsfläche keimen bis zu 50 000 oder mehr Bäumchen pro Hektare. Diese wachsen, die Konkurrenz beginnt zu spielen und die gesündesten und wuchsfreudigsten Bäume werden sich durchsetzen. So findet eine natürliche Differenzierung statt. Anstatt von Anfang an die Konkurrenz durch Pflegeeingriffe zu steuern, schaut der Förster zunächst nur zu, bis sich die besten Individuen in einem Bestand herausgebildet haben. Erste Eingriffe sind bei Eschen und Ahornen erst im Alter von 15 bis 20 Jahren, bei Buche gar erst im Alter von 30 bis 60 Jahren nötig. Nun werden im Endabstand die stabilsten, qualitativ besten und wuchskräftigsten Bäume gesucht und gezielt gepflegt, indem ihre schärfsten Konkurrenten gefällt werden. Das Konzept der biologischen Rationalisierung zielt also darauf ab, die Natur mit wesentlich geringerem Aufwand in eine gewünschte Richtung zu lenken, anstatt gegen sie zu arbeiten.

Holznutzung und Technik

In die Winterthurer Waldwirtschaft hat im Laufe der Zeit natürlich auch die Technik Einzug gehalten: Ende der fünfziger Jahre wichen die bis dahin gebräuchliche Axt, die Waldsäge und das Schäleisen der Einmann-Motorsäge und der Hand-Entrindungsmaschine – und diese wiederum der fahrbaren Entrindungsmaschine. Die Mechanisierung und Rationalisierung der Forstwirtschaft ermöglichte zunehmend, Holzernten und Räumungen nach Stürmen schnell, effizient und kostengünstig zu erledigen.

Der Transport dünner Stämme vom Schlag zum Wegrand geschah noch bis in die fünfziger Jahre auf den Schultern der Waldarbeiter. Das schwere Holz hingegen wurde mit Pferden aus Landwirtschaft und Fuhrhaltereien an die Strassen geschleift.

Die Pferdehaltung wurde aber unrentabel und schon bald setzte man Traktoren ein. Weil diese jedoch für den Einsatz im Wald nur bedingt geeignet sind, hat man sie durch geländegängige Forstschlepper ersetzt.

KANTON ZÜRICH

In der Stadt Winterthur gehören sechs grössere und einige kleine Waldgebiete dem Kanton Zürich. Sie umfassen eine Fläche von insgesamt 240 ha und sind vorwiegend Teil des Staatswaldes. Zu diesem gehören ganz oder teilweise die Waldgebiete Orbüel sowie Höhwald, Holzhuser und Hinter-Etzberg auf dem Hegiberg, das Gebiet Ebnet in Töss, das Niesenbergholz gegen Kempthal, das Meisholz gegen Winterberg sowie das Gebiet Bannhalden zwischen Rossberg und Eschenberg.

Kleinere Waldpartien im kantonalen Besitz liegen im Rüteli westlich des Chombergs, am Südwesthang des Berenbergs oder an einigen anderen Stellen auf Stadtgebiet. Der Staatswald ist direkt der Kantonsverwaltung unterstellt.

Ursprünglich gehörte das Waldgebiet Ebnet dem Kloster Töss und ging nach dessen Säkularisierung an den Kanton über. Die Wälder Orbüel und Hegiberg andererseits gehörten bis zum Ende des 16. Jahrhunderts zur Herrschaft Hegi. Dann erwarb sie der Kanton Zürich. Seit 1848 hat sich die Fläche des Staatswaldes in Winterthur kaum mehr verändert. Lediglich einige Arrondierungen in den vergangenen Jahrzehnten führten zu einer leichten Ausdehnung.

Die beiden Staatswaldreviere Kyburg und Hegi-Töss liegen teilweise oder überwiegend auf dem Stadtgebiet von Winterthur: Vom Staatswaldrevier Kyburg liegen rund 60 ha und vom Staatswaldrevier Hegi-Töss 176,3 ha auf Stadtgebiet. Letzteres umfasst eine bestockte Fläche von insgesamt 237,3 ha. Zu diesem Revier, das seit 1976 Förster Ruedi Weilenmann führt, gehören auch einige Gebiete in den Gemeinden Elsau und Lindau.

Das waldbauliche Ziel ist hier ein Dauerwald, «der auf kleinstem Raum standortgerechte Baumarten aller Altersstufen enthält.»[96] Der Wald ist bereits rege durchmischt: Der Nadelholzanteil mit 51 und der Laubholzanteil mit 49 Prozent sind recht ausgeglichen; ideal wäre hier allerdings ein Laubholzanteil von 65 Prozent. Dominierende Baumart in diesem Revier ist die Fichte, knapp dahinter folgt die Buche und mit deutlichem Abstand die Esche und die Lärche, dann der Ahorn, die Tanne und die Föhre.[97]

SCHWEIZERISCHE EIDGENOSSENSCHAFT

Schliesslich besitzt auch die Schweizerische Eidgenossenschaft 1 ha Wald auf Winterthurer Stadtgebiet. Die Bundeswälder beschränken sich allerdings auf Gebiete entlang der Bahnlinie oder entlang der Autobahn. Dazu gehören zum Beispiel die Gebiete im vorderen Nägelseeholz, bei der Autobahnein- und -ausfahrt Wülflingen unmittelbar beim Strassenverkehrsamt oder die Gebiete Pfaffenstuden und Neuwingert bei der Autobahnein- und -ausfahrt Ohringen. Offizielle Waldeigentümerinnen sind denn auch die Schweizerischen Bundesbahnen und das Bundesamt für Strassen (Astra), die grösste Landbesitzerin der Schweiz.

KORPORATIONEN

Wie die öffentlichen Gemeindewälder entsprangen auch die privaten Korporationswälder dem Gemeinschaftswald der traditionellen bäuerlichen Nutzungsgemeinde.[98] Die Holzkorporationen müssen von Förstern betreut werden und Wirtschaftspläne erarbeiten, wenn die Fläche des Korporationswaldes mindestens 50 ha umfasst. Zudem müssen sie dem zuständigen Kreisforstmeister des Kantons regelmässig Bericht erstatten. Aufsichtsrechtlich unterstehen die Holzkorporationen in Winterthur dem Stadtforstmeister, der seinerseits dem Kreisforstmeister untersteht.

Die Korporationen Oberwinterthur, Hegi und Seen beschäftigen auf eigene Rechnung einen Förster. Dieser übernimmt die betrieblichen Aufgaben, während die hoheitlichen Aufgaben beim städtischen Forstbetrieb liegen.[99] Bei der Holzkorporation Reutlingen-Stadel hingegen übernimmt der Forstbetrieb der Stadt Winterthur zusätzlich zu den hoheitlichen auch die betrieblichen Aufgaben.

Holzkorporation Oberwinterthur

Die grösste und älteste dieser vier Korporationen ist die Holzkorporation Oberwinterthur. Sie besitzt heute rund 160 ha Wald im Lindberg und im Gebiet Andelbach zwischen Ricketwil und Räterschen. Dieser Besitz verteilt sich derzeit auf 91 Teilrechtsinhaberinnen und -inhaber mit insgesamt 174,5 Teilrechten.[100]

Die privatrechtlich organisierte Holzkorporation Oberwinterthur wurde am 13. November 1832 gegründet.[101] Sie ist eine der ältesten und grössten Holzkorporationen im Kanton Zürich. Ihrer Gründung ging ein über Jahrhunderte dauerndes Ringen zwischen Nutzniessern und Obrigkeit voraus, wobei sich die Oberwinterthurer häufig den Anordnungen der Grundherren widersetzten. Die Dorfbewohner von Oberwinterthur und Wiesendangen hatten im Lindberg und im Andelbach schon gewisse Nutzungsrechte, lange bevor diese Gebiete 1580 vom Kloster Petershausen bei Konstanz an die Stadt Zürich übergingen.

Die Oberwinterthurer versuchten ihre Ansprüche an den Wald laufend auszudehnen und bezogen aber immer wieder viel zu viel Holz aus den beiden Gebieten, frevelten, liessen die Tiere weiden und rodeten. Ihr wachsender Holzbedarf hinterliess Spuren in den zunehmend ausgeplünderten Wäldern. Daran änderten auch verschärfte Holzordnungen nichts.

Bereits die Dorfoffnung von 1472 versuchte, die Holzbezüge zu regeln: «*Ein vorster sol alle tag zweimal in den Limperg gân und zusähen, dass nit Schaden beschähe...*», hiess es in der Urkunde, die die Rechte und Pflichten des Dorfes festhielt.

Teil 2 — **Eigentümer** | Korporationen

▲
Ehemaliger Weidegraben zwischen Korporationswald und Stadtwald.

Waldgebiet Andelbach: «Grundriss eine Stauden Holtzes» von 1773 ▶

Wer Holz beziehen wollte, musste dem Vogt Hafer abgeben. Und wer den zugewiesenen Hau nicht rechtzeitig nutzte, kriegte nichts mehr, bis er sein Versäumnis nachgeholt hatte. Und wer schliesslich zu viel Holz schlug, wurde gebüsst. Für den Bau eines Hauses wurde angemessen Holz zur Verfügung gestellt, das aber innerhalb Jahresfrist verbaut werden musste.

Bei Sonnenuntergang durften die Bauern von Oberwinterthur, nicht aber die von Reutlingen, ihre Pferde in den Lindberg treiben, mussten sie aber am anderen Tag bei Sonnenaufgang wieder aus dem Wald holen. Für die Schweine wurde die Eichelmast im Wald bereits 1490 untersagt. Das Sammeln von Laub, Gras und Moos waren weitere Nebennutzungen, die dem Wald schadeten.

Obwohl die Oberwinterthurer gar nicht Eigentümer des Lindbergs waren, wehrten sie

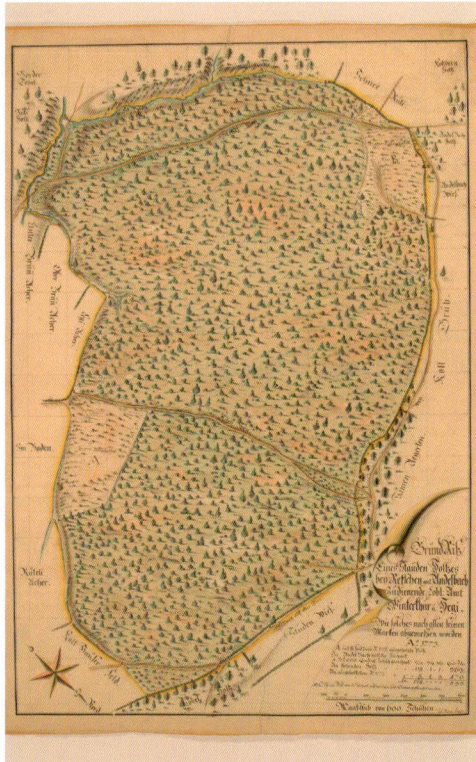

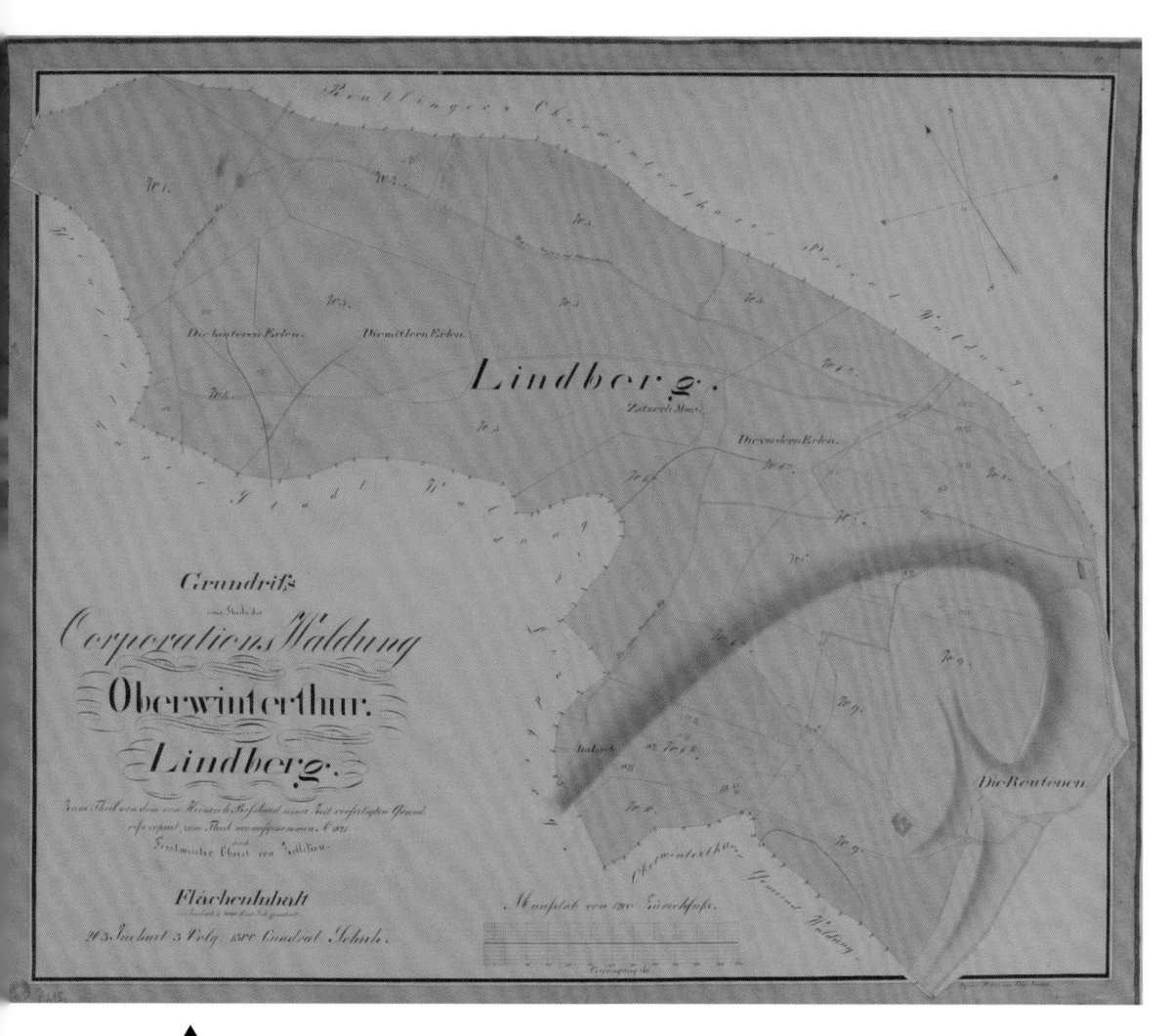

Grundriss des Korporationswaldes auf dem Lindberg aus dem Jahr 1821.

sich immer wieder gegen Nutzungsansprüche Dritter. Sie befürchteten nämlich, dass ihre eigenen Rechte geschmälert würden.

Nachdem die Stadt Zürich die beiden Waldgebiete Lindberg und Andelbach erworben hatte, erliess sie 1589 eine Holzordnung, in der unter anderem eine starke Verwüstung dieser Wälder beklagt wurde. In dieser Ordnung wurde jegliche Holznutzung untersagt, die über den vom Vogt von Hegi jährlich zugewiesenen Hau hinausging.

Anders als der Lindberg wurde das Waldgebiet Andelbach zunächst von den Oberwinterthurern selber beaufsichtigt. Doch führte das dazu, dass *«gemeinlich die so hüten, selbsten den grössten schaden thun»*, wie es 1668 hiess. Selbst Frevler wurden nicht angezeigt, wenn sie Dorfgenossen waren. Deshalb hatte zur Aufsicht des Andelbachs ein Förster zum Rechten zu schauen. Entlöhnt wurde dieser von der Obervogtei Hegi.

Ebenfalls 1668 beklagte man die «Verderbnis» der Waldungen Lindberg und Andelbach. So wurde damals konstatiert, dass der Weidgang stark missbraucht und durch *«Aushauwung allerley Holtzes grosser Schaden und Verwüstung»* angerichtet worden sei.[102] Die Stadt Zürich betonte damals ihre Besitzansprüche am *Limperg* und Andelbach und bediente sich weiterhin nach Belieben aus diesen Waldungen. Im Jahr 1672 beauftragte Zürich den Amtmann in Winter-

Teil 2 — Eigentümer | Korporationen

▲
Eigentum der Holzkorporation Oberwinterthur: Fichtenwald im Andelbach.

Hütte im Waldgebiet Andelbach. Im Hintergrund Baumschäden durch Schneedruck. ▶

thur mit der Bestrafung der Frevler im Lindberg. 1681 wurde verordnet, dass der Bau von neuen Häusern und Scheunen vom Amt Winterthur bewilligt werden müsse und die Gemeinde Oberwinterthur aus ihren eigenen Waldungen auf dem Lindberg, im 25 Jucharten grossen Inschluss und im Eichwäldli, ebenfalls etwas Holz beizusteuern habe. Drei Jahre später durfte der Amtmann keine neuen Häuser mehr bewilligen. Holzgerechtigkeiten durften nicht oder nur unter strengen Auflagen verkauft werden. Für die Wasserleitungen vom Lindberg zu den beiden Brunnen in Oberwinterthur wurden 1685 rund 2,5 km Teuchelholz benötigt. Zu Beginn des 18. Jahrhunderts beschwerten sich die Oberwinterthurer immer wieder über die ständig verschärften Vorschriften im Lindbergwald. Umgekehrt klagte Zürich über den Missbrauch dieses Waldes. Deshalb wurde dem Förster erlaubt, allfällige Holzfrevler bis ins Dorf hinein zu verfolgen, um den Fall aufzuklären.

Die Plünderung der beiden Waldgebiete ging unvermindert weiter: 1698 wurde festgehalten, dass die Verordnungen von 1668, 1681 und 1684 von der Gemeinde Oberwinterthur nicht berücksichtigt würden. 1718 war der Andelbach nur noch «ein Studen Holtz». Und auf dem Lindberg war nur noch wenig Bauholz, vor allem aber nur noch ein *«gar geringer meistenteils särbelnder Aufwuchs»* vorhanden.

Ein Graben trennte damals auf dem Lindberg die beiden Waldgebiete der Stadt Winterthur und der Stadt Zürich. Dieser Grenzgraben ist heute noch deutlich erkennbar. Im zürcherischen Teil des Lindbergs befanden sich 1722 etwa fünfzig gerodete Flächen. Zudem weideten damals in diesem Gebiet 60 Kühe, Pferde und Ziegen. Fünf Jahre später stellte man fest, dass der Lindberg kaum mehr aus robustem, über 30-jährigem Stammholz bestand. 1750 berichtete der Amtmann über den Limperg sogar, dass durch Missbrauch der Weiderechte und durch ausgedehnten Frevel dieses Holz in einem derart schlechten Zustand sei, dass kein Sagbaum anzutreffen und gar grosse Weiten unbewachsen seien und das junge Holz nicht aufkommen könne: «*Das Verdriesslichste bey disser Inspection ist, dass man mit ungeschickten und ungereimten lüthen ze thun hat, welche sich den bestgemeinten Verordnungen widersetzten.*»[103]

Die beiden Waldgebiete Lindberg und Andelbach waren also über Jahrhunderte mit Nutzungsrechten der Oberwinterthurer belastet. Aus den ständig ausgeweiteten Nutzungen und Nutzungsrechten entwickelten sich zunehmend Eigentumsansprüche. Schliesslich verkaufte der Kanton Zürich im Jahr 1832 den nordöstlichen Teil des Lindbergwaldes und etwa 60 ha Wald in Ricketwil (Andelbach), insgesamt rund 145 ha Wald, an die damalige Holzgenossenschaft, die im Februar 1833 zur Holzkorporation Oberwinterthur mutierte.[104] Bis 1839 kaufte sich diese von allen Servituten frei, und in den über 180 Jahren ihres Bestehens vergrösserte sie ihren Waldbesitz durch verschiedene Ankäufe auf die heutige Fläche.[105]

Im Jahr 2005 richtete die Korporation in ihrem Betriebsgebäude, dem Forsthaus an der Lindbergwaldstrasse, ein Waldschulzimmer für Kindergarten- und Schulunterricht sowie Anlässe aller Art ein. Zusätzlich legte sie in der Nähe einen Waldlehrpfad an. Seit 2013 hat hier ein Waldkindergarten des Schulkreises Oberwinterthur seinen Standort. Die 2010 veröffentlichte Idee eines 36 m hohen und rund 600 000 Franken teuren «HKOW»-Turms in der Nähe des Bäumli konnte nie verwirklicht werden. Den Teilrechtsinhabern war das Projekt zu riskant.

Holzkorporation Hegi

Die Holzkorporation Hegi ist vier Jahre jünger als diejenige von Oberwinterthur und nur etwa ein Viertel so gross. Ihr gehören heute das 19 ha grosse Waldstück im Schönholz sowie der Birchwald in der Gemeinde Wiesendangen. Die beiden Waldgebiete umfassen zusammen rund 43,3 ha. Dieser Besitz teilt sich in 12 Teilrechte von 14 Teilrechtsinhabern auf. Das Ziel der Korporation besteht darin, ihren Wald so zu bewirtschaften, dass er seine Schutz-, Nutz- und Wohlfahrtsfunktion langfristig erfüllen kann. Sie fördert Naturverjüngung und stufige Mischbestände, um die Stabilität ihres Waldes zu verbessern. Zu dem will sie mit naturnahem Waldbau günstig Wertholz produzieren.[106]

Zwar wurde die Holzkorporation Hegi erst am 16. Februar 1836 gegründet,[107] ihre historischen Wurzeln reichen aber bis weit ins 15. Jahrhundert zurück. Hegi und seine Güter gehörten spätestens ab dem 14. Jahrhundert zum Besitz des Chorherrenstifts St. Peter Embrach. Bereits 1446 tauchte in einer Urkunde das Recht von sechs Bauern aus Hegi auf, im Hegiberg und im Orbüel Holz zu nutzen, wobei das Chorherrenstift das Eigentum an diesen Waldungen ausdrücklich für sich behielt. Trotz Verbot trieben die Bauern ihre Schweine zur Eichelmast in den Birchwald.[108] Während der Reformationszeit wurde das Stift 1524 aufgelöst. Nach und nach erbten und erwarben die Herren von Hallwyl die verschiedenen Teile dieser Herrschaft.

Im Jahre 1587 kaufte die Stadt Zürich vom Adligen Wolf Dietrich von Hallwyl die Herrschaft Hegi mit allen Gütern, dem Schloss und den zugehörigen Landwirtschafts- und Waldgebieten. Zur Herrschaft Hegi gehörten neben dem Waldgebiet Schönholz auch die Waldbiete Hegiberg bis hinauf in den Etzberg sowie das Orbüel. In der Holzordnung von 1589 erneuerten Bürgermeister und Rat von Zürich die Nutzniessungen von 1446. Gemäss Holzordnung von 1605 hafteten auf den beiden Waldungen Orbüel und Hegiberg verschiedene Lasten: Brennholz, Kompetenzholz, Bau- und

Tüchelholz, Stöcke und Kleindürrholz. Die damalige Holzgenossenschaft von Hegi musste für diese Holznutzungen und Erblehensgüter in den beiden Waldungen Hegiberg und Orbüel alljährlich Grundzinsen entrichten. Die Holzordnung von 1605 wurde 1717 um eine zusätzliche Last, 2 Klafter Kompetenzholz jährlich für das Schulhaus, ergänzt und am 15. Juli 1814 erneuert. Darin hiess es ausdrücklich, dass Hegiberg und Orbüel das «*wahre Eigenthum der Regierung des Cantons Zürich seien, welches mit dem Ankauf der Herrschaft an sich gebracht worden.*»[109]

Für Kanton und Holzgenossenschaft waren die gegenseitigen Pflichten und Rechte beschwerlich. Deshalb kam am 16. Februar 1836 nach einem Beschluss des Zürcher Regierungsrats ein Ablösungsvertrag zustande. Darin wurden unter anderem folgende vier Punkte vereinbart: Die Genossenschaft und die Gemeinde Hegi verzichten erstens auf alle ihnen in der Holzordnung von 1814 zuerkannten Berechtigungen und Rechte im Hegiberg und Orbüel und befreien den Staat von jeder Verpflichtung. Zweitens übergeben die Genossenschaft und die Gemeinde die entsprechenden Urkunden über diese Berechtigungen dem Oberforstamt. Der Kanton seinerseits übergibt drittens der Genossenschaft und der Gemeinde Hegi als Ablösung für alle Berechtigungen und alle im Vertrag von 1814 angeführten Holzabgaben das Birch und Schönholz bei Wiesendangen zum vollen, freien Eigentum. Und viertens sichern sowohl der Staat als auch die Genossenschaft und die Gemeinde Hegi einander gegenseitig alle bisher von beiden Teilen im Birch und Schönholz und dem Hegiberg und Orbüel benutzten Abfuhrwege zum Gebrauch zu.

In den Statuten, welche die Erblehenskommission im Jahr 1836 verfasst hatte, waren noch einige Servitute von 1605 und 1717 enthalten: zwei Klafter Kompetenzholz für das Schulhaus, Bau- und Tüchelholzbeiträge für den Unterhalt der Brunnenleitungen und den Stegen in der Gemeinde und schliesslich Nutzniessung von Stöcken, Kleindürrholz und Bauholzbeiträge für die Tauner[110] und solche Dorfbewohner, welche keinen Anteil an Holzgerechtigkeiten hatten.

Blick vom Gemeindegebiet Elsau auf das Waldgebiet Schönholz, das seit 1836 der Holzkorporation Hegi gehört.
▼

▲
Korporationswald Schönholz: Naturverjüngung und stufige Mischbestände.

Im ersten Jahr ihres Bestehens sah sich die 1836 gegründete Holzkorporation Hegi mit zahlreichen Gesuchen konfrontiert: Holzbegehren von Bauholz für die Schule, Tüchelholz für die Gemeinde, Balken und Flecklinge – dicke Bretter – für Brücken und Stege, Schindeln- und Lattenholz zur Reparatur von Wohngebäuden, Stöcke und Dürrholz für die Armen. Die Holzkorporation Hegi beabsichtigte, diese Servituten loszuwerden. So kaufte sie sich im Jahr 1842 vom Servitut der Schulgemeinde los. Und fünf Jahre später kaufte sich die Korporation auch von ihrer statutarischen Verpflichtung frei, der Gemeinde jährlich Bau- und Tüchelholz sowie Holz für die Brücken und Stege zur Verfügung stellen zu müssen.

Im Mai 1863 unterzeichneten Gemeinde und Korporation einen Ablösungsvertrag, wonach die Gemeinde auf das Nutzungsrecht von Stöcken und Kleindürrholz verzichtete. Demnach war die Holzkorporation Hegi erst vom Jahr 1863 an frei von jedem Servitut.[111]

Nach ihrer Gründung kaufte die Holzkorporation Hegi sukzessive Land auf und vergrösserte so schrittweise ihren Korporationswald. Im Jahr 1873 erteilte sie gar den Auftrag zu Verhandlungen mit dem Kanton über einen Kauf des Waldes Orbüel. Dieser Kauf kam indes nie zustande.

Ab 1898 verkaufte die Holzkorporation Hegi das Nutzholz aus ihren Wäldern nach jeweils ziemlich heftigen Auseinandersetzungen auf einer öffentlichen Gant, und den Erlös verteilte sie unter den Korporationsmitgliedern.[112]

Waldkorporation Reutlingen-Stadel

Die Waldkorporation Reutlingen-Stadel wurde erst am 12. Januar 1984 gegründet. Auslöser war die damals laufende Gesamtmelioration Reutlingen-Stadel-Hegi.[113] Heute teilen sich 23 Mitglieder insgesamt 235 Rechte am Korporationswald.[114]

Die Waldkorporation Reutlingen-Stadel will ihren Wald naturnah und gewinnbringend bewirtschaften. Dafür hat sie 1985 einen Betriebsplan erarbeitet und diesen bereits zweimal revidiert, obwohl sie aufgrund ihrer Grösse nicht dazu verpflichtet gewesen wäre.[115]

Bereits fünf Jahre nach ihrer Gründung erwarb die Korporation eine zusätzliche Parzelle, im Jahr 1999 eine weitere im Hinderrain und 2006 brachte eine Erbengemeinschaft ihren Wald durch Tausch gegen Teilrechte in die Korporation ein. Dadurch vergrösserte diese ihre Waldungen in den ersten rund 20 Jahren ihres Bestehens um mehr als 1 ha.

Die Waldgebiete der Korporation umfassen heute knapp 11,4 ha und bestehen aus zwei Abteilungen: Eine liegt nördlich von Stadel im Eschberg in den Gebieten Grosser Weiher und Bild, ganz im Norden der Stadt Winterthur. Mit dem Kauf einer Waldung von 3 Jucharten (108 a) in diesem Gebiet hatte sich übrigens bereits im November 1911 die Holzgenossenschaft Stadel-Oberwinterthur gebildet. Diese Genossenschaft existiert heute nicht mehr. Die zweite Abteilung der heutigen Korporation befindet sich südlich von Reutlingen auf dem Lindberg in den Gebieten Weid, Hinderrain und Vorderrain.

Beide Abteilungen des Korporationswaldes sind wüchsige Buchenwaldstandorte, wobei die Buche hier kaum mehr vorkommt. Sie macht heute flächenmässig nur gerade knapp 3 Prozent des Waldes aus. Dieser besteht hingegen zu rund 70 Prozent aus Nadelbäumen, vor allem aus Rottannen. Diese nehmen etwa die Hälfte der gesamten Waldfläche ein, die Weisstanne etwa 17 Prozent. Die Laubbäume machen rund 30 Prozent aus. Am stärksten vertreten sind Esche und Ahorn mit insgesamt 27 Prozent.

In Zukunft will die Korporation den Anteil der standortgerechten Baumarten auf 50 bis 60 Prozent steigern und die Holznutzung gegenüber früher um etwa einen Drittel senken.

Privatwaldkorporation Seen

Die Privatwaldkorporation Seen entstand am 3. November 1973 aus der damaligen Waldzusammenlegungs-Genossenschaft Seen. Alle Parzellen, die im Zuge der Melioration keinem Waldeigentümer zugeteilt wurden, bildeten fortan den gemeinsamen Grundbesitz der Korporation. Diese besteht aus den jeweiligen Eigentümern der Teilrechte am gemeinsamen Grundbesitz. Bei der Gründung der Korporation umfasste dieser nur gerade 4 ha Wald, heute sind es knapp 24,9 ha.[117] Gründungspräsident war Diethelm Steiner, der 1974 zum Stadtforstmeister von Winterthur gewählt wurde. Die Korporation hat heute 50 Mitglieder, also Teilrechtinhaber, mit insgesamt 707 Teilrechten.

Die Korporation bezweckt die gemeinsame und möglichst vorteilhafte Bewirtschaftung des Korporationswaldes. Die zahlreichen Parzellen der Korporation liegen verstreut um Seen herum: am Hegiberg, am Etzberg, beim Chölberg, am Sädelrain, auf dem Hulmen, im Gebiet Burghalden und am Fuss des Eschenberg im Gebiet Betlingen. Diese scheinbar umständliche Situation hat offenbar auch Vorteile: Vom Sturm Lothar und den nachfolgenden Borkenkäferschäden blieben die Parzellen des

---

Holzkorporation verstiess gegen kriegswirtschaftliche Vorschriften

Die Holzkorporation Hegi wurde bei Ausbruch des Zweiten Weltkriegs verpflichtet, vermehrt Holzwolle-, Rohgas-, Kontingent- und Brennholz zu liefern. Trotzdem besass noch jeder Teilhaber über ziemlich viel kontingentfreies Brennholz, was deren Neider auf den Plan rief: Die Zürcher Kantonspolizei berief den Präsidenten auf den 14. Februar 1944 zu einer Rechtfertigung. In einem eingeschriebenen Brief vom 2. Juni 1944 beschuldigte das Kriegswirtschaftsamt den Präsidenten der Holzkorporation Hegi der Widerhandlung kriegswirtschaftlicher Vorschriften. Dieser wurde ein letztes Mal gewarnt, in Zukunft jede Brennholzabgabe an die Anteilhaber anzumelden. Von einer Verurteilung wurde vorerst abgesehen.[116]

Teil 2 — Eigentümer | Korporationen

▲
Eigentum der Waldkorporation Reutlingen-Stadel:
Waldgebiet Grosser Weier auf dem Eschberg, im Norden der Stadt Winterthur.

Teil 2 — Eigentümer | Korporationen

Waldeigentum der Kirchgemeinde Wülflingen: Tiefstehende Sonne im Frühling an der Oberen Köpfistrasse im Chilenholz.

Korporationswaldes weitestgehend verschont. Entsprechend hoch ist heute der Holzvorrat mit 480 bis 500 Tfm pro ha. Genutzt werden derzeit etwa 16,1 Tfm pro ha und Jahr. Obwohl sie aufgrund ihrer Grösse nicht dazu verpflichtet wäre, führt die Privatwaldkorporation Seen einen Betriebsplan, den sie regelmässig revidiert.

Hauptbaumart im Korporationswald ist die Fichte, sie macht rund drei Viertel der Waldfläche aus. Der Laubholzanteil erreicht demgegenüber nur gerade 23 Prozent der Fläche, wobei die Korporation diesen Anteil in den nächsten Jahren auf mindestens 28 Prozent steigern will. Gemäss vegetationskundlicher Kartierung wären 61 Prozent empfohlen.

Bis Mitte 1996 wurde die Privatwaldkorporation Seen von Förster Ruedi Rykenmann betreut. Der Vater des aktuell amtierenden gleichnamigen Präsidenten und Forstwarts im Staatswald hatte während fast drei Jahrzehnten auch die Holzkorporation Hegi betreut. Sein Nachfolger Michael Vogel betreut heute neben der Waldung der Privatwaldkorporation Seen auch diejenige der Holzkorporationen Oberwinterthur und Hegi.

KIRCHGEMEINDE WÜLFLINGEN

Am Westhang des Wolfesbergs liegt das 19,8 ha grosse Waldgebiet Chilenholz. Vollrechtliche Eigentümerin dieser Waldung ist seit 1844 die reformierte Kirchgemeinde Wülflingen. Sie gehört heute mit Dürnten, Ellikon, Kyburg und Weiach zu den fünf Kirchgemeinden im Kanton Zürich, die noch eigenen Wald besitzen. Weitaus den grössten Wald besitzt die Kirchgemeinde Wülflingen. Deshalb wird sie als eigener Betrieb geführt – als einzige Kirchgemeinde im Kanton. Alle anderen Kirchgemeinden werden wegen ihres geringen Besitzes – zwischen 0,36 und 5 ha – dem Privatwald zugeschlagen.[118]

Die Wülflinger Kirchgenossen besassen das Kirchenholz schon vor der Reformation. Im Mittelalter allerdings waren die Wälder um Wülflingen habsburgisches Lehen und im Besitz zuerst der Herren von Seen, dann Landenberg-Greifensee und schliesslich Rümlang. Als die letzten Schlossherren von Rümlang Güter verkaufen mussten, gingen einzelne Waldungen in den Besitz der Dorfgemeinde, des Klosters Berenberg, Privater und der Kirche über.

Nach der Reformation gaben die verschiedenen Nutzungsrechte am Chilenholz immer wieder Anlass zu Streitigkeiten zwischen der Kirche und der Gemeinde Wülflingen. So konnte der Wülflinger Pfarrer zum Beispiel sein Vieh im Wald weiden lassen und drei Eichen für die Schweinemast nutzen. Aber auch die Wülflinger Bürger hatten während Jahrhunderten Rechte am Chilenholz. Sie durften beispielsweise noch 1783 14 Tage vor und 14 Tage nach der Ernte ihr Vieh dort weiden lassen. Die Bürger und Hirten hielten sich aber nicht immer an solche Vorschriften. Kein Wunder also, dass einige Wülflinger Pfarrer zeitweilig versuchten, den Bürgern sämtliche Nutzungsrechte abzusprechen.

Mit dem kantonalen Forstgesetz von 1839 verlangten Waldeigentümer die Befreiung ihrer Waldungen von darauf lastenden Berechtigungen. Die Kirchgenossen kauften sich 1844 von allen Dienstbarkeiten frei. Ein Schritt, den übrigens zwei Jahre zuvor schon die Zivilgemeinde Wülflingen gemacht hatte.[119]

Im ersten Wirtschaftsplan von 1848 wurde die Fläche des Chilenholz mit rund 16,5 ha angegeben. In diesem Jahr hatte der spätere Bundesrat Wilhelm Friedrich Hertenstein das Gebiet mittels Messtisch vermessen. Er war damals 23-jährig und stand noch in Ausbildung zum staatlichen Forstmeister.

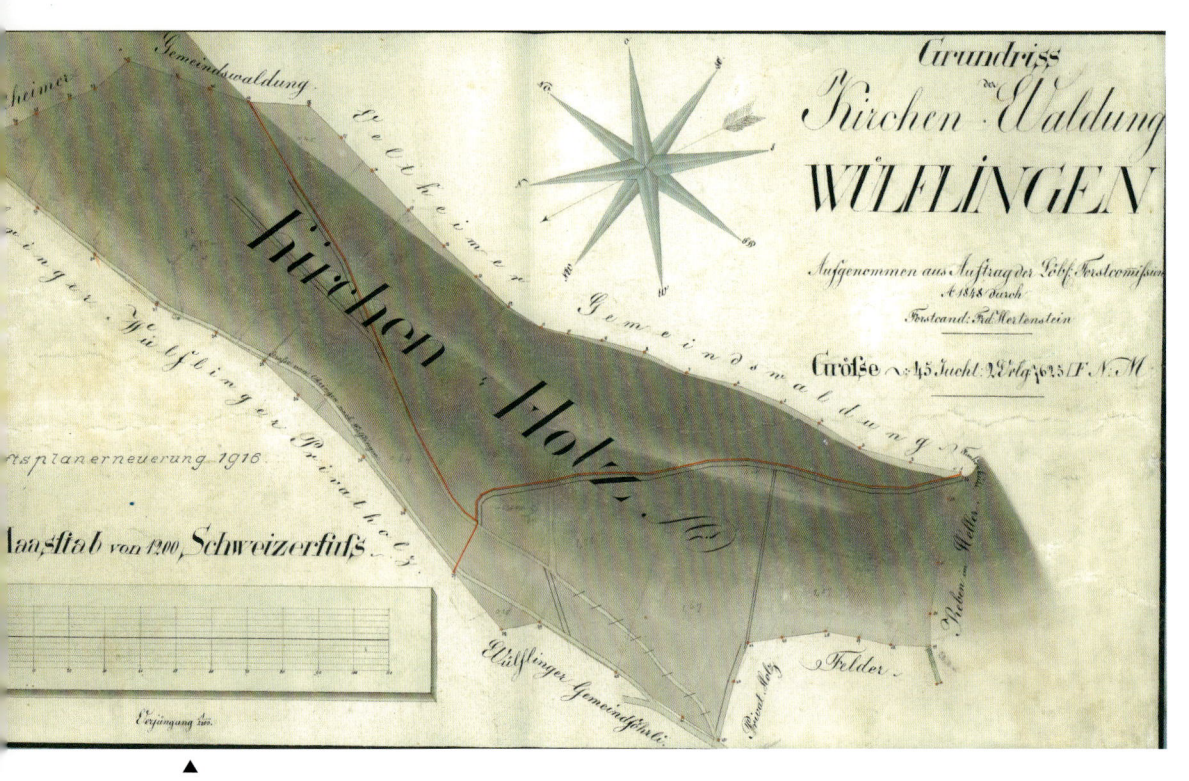

1848 vom späteren Bundespräsidenten Wilhelm Friedrich Hertenstein aufgenommener Grundriss der Kirchenwaldung.

70 Jahre später kaufte die Kirchgemeinde von der politischen Gemeinde Wülflingen das 1,98 ha grosse Waldgebiet Gemeindeföhrli. Der Kauf wurde später durch den Zürcher Regierungsrat genehmigt. Der öffentliche Charakter dieser Parzelle werde durch die Handänderung nicht angetastet, hielt der Zürcher Regierungsrat im April 1919 fest. Mit diesem Kauf habe das Chilenholz eine zweckmässige Vergrösserung erfahren, war doch das Gemeindeföhrli unmittelbar angrenzend. Die politische Gemeinde ihrerseits hatte in den Jahren zuvor ihre Waldungen bereits durch Ankäufe vergrössert. Sie konnte nun die Waldbewirtschaftung vereinfachen, weil ihre übrigen Wälder in einem anderen Gemeindeteil lagen.[120]

Im Wirtschaftsplan von 1935 umfasste das Chilenholz bereits 20,5 ha und 1952 betrug die grösste Ausdehnung des Chilenholz gar 21 ha Waldfläche und 0,4 ha Wiesland. In rund hundert Jahren hatte also die Kirchgemeinde ihren Besitz durch verschiedene Ankäufe um 4,5 ha vergrössert. Mit dem Bau der Autobahn 1965 verkleinerte sich die Waldfläche um knapp 1,6 ha. Seit 1986 umfasst das Chilenholz 19,8 ha.[121] Heute wird das Gebiet vom ehemaligen Gemeindeförster von Brütten und heutigen Gemeindeförster von Ossingen im Auftrag des Privatwaldverbands Wülflingen beförstert und bewirtschaftet.[122]

Unterhaltsgenossenschaften
In allen Gebieten der Stadt gibt es öffentlich-rechtliche Genossenschaften, die für den regelmässigen Unterhalt der Wald- oder Flurstrassen, Wege und Drainageleitungen sorgen. Sie sind in der Regel Rechtsnachfolgerinnen von früheren Waldzusammenlegungs-Genossenschaften oder Meliorations- und Entwässerungs-Genossenschaften und nennen sich Unterhalts-, Flur- oder Waldweg-Genossenschaft. Solche Genossenschaften gibt es in den Gebieten Hegi-Reutlingen-Stadel, Töss-Wülflingen, Seen und Ricketwil.

PRIVATE

Die zahlreichen Privatwaldeigentümer auf Stadtgebiet sind heute mehrheitlich in einem der vier Privatwaldverbände zusammengeschlossen. Die Privatwaldverbände sind in der Rechtsform eines Vereins oder einer privatrechtlichen Körperschaft des kantonalen Rechts organisiert. Mitglied kann jede natürliche oder juristische Person werden, die ein Waldgrundstück auf Stadtgebiet oder auf dem jeweiligen Gebiet der früheren Vorortsgemeinde besitzt. Das oberste Organ der Privatwaldverbände ist die ehemalige Mitgliederversammlung. Die Mitgliedschaft ist freiwillig, die Zwangsmitgliedschaft wurde mit Inkraftsetzung des neuen kantonalen Waldgesetzes hinfällig. Seit 1998 müssen die Privatwaldverbände keinen eigenen Förster mehr bestellen, weil das damals revidierte kantonale Waldgesetz die forstpolizeilichen Aufgaben, das Anzeichnen von Holzschlägen, Beratungen und die Aufklärung bei forstrechtlichen Fragen neu dem kommunalen Forstdienst zugewiesen hat.

Privatwaldverband Seen

Der Privatwaldverband Seen ist ein Verein. Er wurde anlässlich der Eingemeindung der Vororte 1922 gegründet. Heute hat er rund 135 Mitglieder, die zusammen etwa 300 ha Wald besitzen. Der Verband bezweckt die Förderung einer fachgerechten Waldbewirtschaftung seiner Mitglieder und vertritt die Interessen der angeschlossenen Waldeigentümer gegenüber den Behörden, dem Forstbetrieb Winterthur und dessen Förster.

Privatwaldverband Wülflingen

Der Privatwaldverband Wülflingen ist eine privatrechtliche Körperschaft und wurde 1925 gegründet. Ihm sind 54 Waldeigentümer mit 82 Parzellen auf insgesamt 76,42 ha zusammengeschlossen. Am Brüelberg besitzen sieben Eigentümer insgesamt 5 ha und 17 a, am Berenberg 47 Eigentümer 71 ha. Der Verband bezweckt die Förderung einer fachgerechten und rationellen Pflege und Bewirtschaftung des Privatwaldes im Rahmen eines naturnahen Waldbaus. Der Verband hat auch die Beförsterung und Bewirtschaftung des Gebiets Chilenholz der Kirchgemeinde Wülflingen übernommen.

Privatwaldverband Oberwinterthur

Der Privatwaldverband Oberwinterthur ist ebenfalls eine privatrechtliche Körperschaft und wurde 1931 gegründet. Er hat 86 Mitglieder, die zusammen 11,2 ha Wald besitzen. Der Verband bezweckt die Förderung einer fachgerechten und rationellen Pflege und Bewirtschaftung des Privatwaldes im Rahmen der forstgesetzlichen Möglichkeiten. Dafür stellte der Verband bis 2004 einen Förster an. Bezahlt wurde er bis 1998 aus Mitgliederbeiträgen («Waldsteuern»), anschliessend aus Revierbeiträgen der Stadt Winterthur. Als dieser in Pension ging, wurde der Privatwald Oberwinterthur ab 1. September 2004 als erster Privatwald auf Stadtgebiet und als Teil des Stadtwaldreviers West durch den Forstbetrieb Winterthur beförstert.

Im November 2013 haben die Mitglieder beschlossen, den Verband auf Ende 2014 aufzulösen. Der ursprüngliche Verbandszweck sei mit dem neuen kantonalen Waldgesetz hinfällig geworden.

Privatwaldverband Töss

Der Privatwald-Verband Töss wurde 1920 gegründet. Ihm gehören die Privatwaldbesitzer auf dem ehemaligen Gemeindegebiet von Töss an. Der Verband zählt heute 40 Mitglieder, die rund 70 ha besitzen. Der Verband bezweckt gemäss Statuten die gemeinsame Beförsterung und Pflege des Waldes sowie das Anlegen und Pflegen von Waldstrassen.

«Durch die Erbschaft meines Vaters bin ich zum Waldeigentümer geworden. Meine beiden Brüder und ich besitzen zusammen vier Parzellen, insgesamt 1,6 ha. Als Kind ging ich oft mit meinem Vater in den Wald, obwohl mich Wald damals kaum interessierte – so, wie er heute unsere Kinder kaum interessiert. In den letzten 20 Jahren vor seinem Tod ging ich leider nicht mehr häufig mit. Eigentlich schade. Als er starb, übernahmen wir die Parzellen. Und dann habe ich sie gewissermassen erst richtig entdeckt.

Heute liebe ich unseren Wald – auch weil er eine Geschichte hat. Schon mein Grossvater hat hier geholzt. Reizvoll sind die Ruhe, die verschiedenen Laub- und Nadelbäume und das Bächlein, das mitten hindurch fliesst. Es führt immer Wasser – selbst im Sommer, wenn es heiss und trocken ist. Erstaunlich. Und dem Bach entlang stehen schöne, mächtige Eschen. Das ist eben typisch für die Natur: Sie bestimmt, wo was wie gut wächst.

Etwa zweimal pro Monat arbeite ich im Wald. Hier kann ich arbeiten, muss aber nicht. Letztes Jahr zum Beispiel habe ich eine Wertastung gemacht. Ein anderes Mal habe ich das Bächlein herausgeputzt. Die Arbeit im Wald ist ein schönes Hobby für mich, körperliche Belastung, aber keine Last, sondern Spass. Die Sicherheit ist für mich absolut zentral. Unfälle sind schnell passiert. Mein Onkel wurde beim Baumfällen von einem Ast getroffen. Von diesem Unfall hat er sich nie mehr richtig erholt. Um Unfälle zu vermeiden, haben mein Bruder und ich in den vergangenen Jahren Holzerkurse besucht. Die Arbeiten mit der Motorsäge führen wir nur zu zweit aus.

Ich tausche mich oft mit unserem Förster Hansueli Menzi aus und bin Mitglied des Privatwaldverbands Seen. An der Generalversammlung nimmt auch Stadtforstmeister Beat Kunz teil. Er spricht dort etwa über Holzpreise, über den optimalen Zeitpunkt und die gefragtesten Hölzer. Auch aktuelle Themen besprechen wir – wie zum Beispiel die Freizeitgesellschaft, die sich ganz selbstverständlich im Privatwald ausbreitet, obwohl dieser eben privates und nicht öffentliches Eigentum ist.

Die Stadt organisiert jedes Jahr Veranstaltungen für Privatwaldbesitzer. Sie kauft uns auch unser Holz ab und verkauft es dann weiter. Finanziell lohnt sich die Bewirtschaftung für mich nicht. Aber das ist auch nicht wichtig. Für mich ist es wichtiger, im Wald zu sein. Das Holz brauche ich vor allem für den Eigenbedarf.

Vielleicht kann ich dereinst ernten, was mein Vater vor etwa 30 Jahren gepflanzt hat. Und was ich heute pflege, werden morgen meine Kinder ernten. Oder übermorgen unsere Enkel. Ich selber setze keine Bäume mehr. Sie wachsen von selber: Tannen, Ahorn, Buchen – alles Naturverjüngung.

Einmal in meinem Leben würde ich gerne einen riesigen Baum fällen, mit mindestens 1 m Durchmesser. Wir haben grosse Buchen und Fichten. Am Schönsten wäre es allerdings, eine Eiche zu fällen. Aber das werde ich wohl nicht mehr erleben.»

Urs Fahrner
Privatwaldeigentümer und Finanzanalytiker, in seinem Wald im Gebiet Schartegg.

«Was ich heute pflege, werden morgen meine Kinder ernten»

Urs Fahrner
Privatwaldeigentümer

Waldgebiet Wolfesberg

TEIL 3

GESCHICHTE

VOR JAHRMILLIONEN

Zwischen Tropenwald und Eiszeit-Tundra

Die Geschichte der Winterthurer Wälder, wie wir sie heute kennen, nahm ihren Anfang längst bevor Menschen hier auftauchten. Noch während der letzten Eiszeit, die vor etwa 20 000 Jahren ihren Höhepunkt hatte, lag das heutige Stadtgebiet von Winterthur vollständig unter dem Rheingletscher und war damit waldfrei. Aber die ersten Wälder gab es hier schon viele Millionen Jahre vorher. Besonders eindrücklich ist die Entwicklung einer tropischen Vegetation zu Beginn der Erdneuzeit, also nach dem Untergang der Dinosaurier vor rund 65 Millionen Jahren. Damals und in den nachfolgenden Jahrmillionen lag die Winterthurer Gegend am Rande einer üppig bewaldeten tropischen Flachlandschaft mit eingelagerten Seen und Sumpfgebieten. Die durchschnittliche Jahrestemperatur dürfte damals bei etwa 20 °C gelegen haben.[123] Vor etwa 22 bis 20 Millionen Jahren stiess aus Südwesten von Lyon über Genf ein Meeresarm vor und überschwemmte das ganze Winterthurer Gebiet. 3 bis 4 Millionen Jahre später drängte dann die Alpenfaltung das Meer definitiv aus der Region Winterthur zurück. Anschliessend herrschten wieder Festlandbedingungen.[124] Die Vielfalt an Arten und Formen der Blütenpflanzen nahm in dieser Zeit ständig zu. In unseren Breitengraden herrschte ein tropisch-feuchtes Wechselklima, und die klimatischen Bedingungen veränderten sich viele Millionen Jahre lang nur unwesentlich; allerdings sanken die Temperaturen allmählich.[125]

In jener Zeit, der Molassezeit, die bis vor etwa 2,6 Millionen Jahre dauerte, entwickelten sich viele Pflanzen, von denen man gerade in Mitteleuropa zahlreiche Überreste fand. Ausgedehnte Moore, dynamische Überschwemmungsgebiete und immergrüne Urwälder mit Kiefer, Palme, Mammut-, Zimt- und Lorbeerbaum prägten dieses Zeitalter. Es bildeten sich Kohlelagerstätten wie der Braunkohle und andere Sedimente – die Schichten der Molasse, eines Kalksteines, der sich am Grund des Meeres und der Süsswasserseen absetzte.[126] In diesen Schichten fanden Paläontologen zahlreiche Fossilien. Spektakulär sind die Funde eines versteinerten hyänenartigen Grossraubtiers von 1863 und eines Schweineartigen von 1873 in Veltheim oder die zahlreichen Versteinerungen von über 40 Säugetierarten, die zwischen 1914 und 1916 am Hegiberg gefunden wurden. Für Aufsehen sorgten auch die Fossilienfunde in Elgg: Hier lagerten in den Sedimentschichten Versteinerungen von Elefantenartigen, Affenartigen oder eines Fischotters.

In früheren Phasen dieses Zeitabschnitts gediehen in unserer Region die Vorfahren der heutigen Laubbäume wie Eiche, Walnuss, Ahorn und Stechpalme. Hunderte von verschiedenen Gehölzarten kamen damals in Mitteleuropa vor. Viele hatten Blätter mit Träufelspitzen, einem typischen Merkmal von Pflanzen in tropischen Regenwäldern. Die geologischen Schichten enthielten auch Überreste von Palmen, also Pflanzen, die sich nicht auf unterschiedliche Jahreszeiten einstellen können und gleichmässig warme, tropische Bedingungen brauchen. So kamen hier damals Gewächse vor, die auch heute noch in den Tropen und Subtropen gedeihen: Lorbeergewächse, darunter der Zimtbaum, oder Zitruspflanzen wie Orangen- und Zitronenbäume. In den Braunkohleschichten lagerten Überreste von Kiefern, Sumpfzypressen, Mammutbäumen, Lebensbäumen und Scheinzypressen.[127]

Später wuchsen in unserer Region Pappeln, Weiden, Ahorn, Schneeball, Amberbaum, Rosskastanie, Spindelbaum, Tulpenbaum, Magnolie, Ginkgobaum, Sumpfzypresse, Linden, Erdbeerbäume, Götterbaum, Feigenbaum, Buchen, Eichen, Ulmen oder Hainbuchen. Die Jahresmitteltemperaturen lagen bei 17 °C und die jährlichen Niederschläge erreichten 130 bis 150 cm; Frost gab es nur selten. Es herrschten hier Verhältnisse, wie sie heute noch in den Subtropen Asiens vorkommen.[128] Die Pflanzenformen waren schon damals weitgehend identisch mit den heutigen. Die Buchen zum Beispiel, die vor einigen Millionen Jahren hier lebten, gelten als unmittelbare Vorfahren unserer heutigen

Teil 3 — Geschichte | Vor Jahrmillionen

▲
Die Landschaft um Winterthur zur Zeit der Oberen Süsswassermolasse. Flussarme mit Kiesbänken werden begleitet von üppigen Auenwäldern und einer artenreichen Fauna. (Zeichnung: Beat Scheffold, Winterthur; Paläontologisches Institut und Museum Universität Zürich, 1996)

❶ Dreizehiges Waldpferd (*Anchitherium*)
❷ Hornloses Nashorn (*Plesiaceratherium*)
❸ Pfeifhase (*Prolagus*)
❹ Kurzbeiniges hornloses Nashorn (*Brachypotherium*)
❺ Duckerantilope (*Eotragus*)
❻ Biber (*Steneofiber*)
❼ Pferdeartiges Krallentier (*Chalicotherium*)
❽ Zitzenzahnelefant (*Gomphotherium*)
❾ Schwein (*Bunolistriodon*)
❿ Kranich (*Palaeogrus*)
⓫ Riesenschildkröte (*Geochelone*)
⓬ Bärenhund (*Amphicyon*)
⓭ Hasenhirsch (*Lagomeryx*)
⓮ Gabelhirsch (*Heteroprox*)
⓯ Wassermoschustier (*Dorcatherium*)
⓰ Hauerelefant (*Deinotherium*)
⓱ Fächerpalme
⓲ Kampferbaum (*Cinnamomum camphora*)
⓳ Avocado (*Persea americana*)
⓴ Nussbaum

▲
Erstbesiedlung nach einem Hangrutsch beim Hirschensprung am Südhang des Eschenbergs: Föhren sind genügsam und auf extremen Standorten anderen Arten überlegen.

Buchen. Dann wurde das Klima zusehends schlechter und die Jahresmitteltemperatur sank allmählich auf den Gefrierpunkt. Die tropischen Pflanzen wie Palmen und Zimtbaum verschwanden.[129]

Der jüngste Abschnitt der Erdgeschichte, das Eiszeitalter, umfasst den Zeitraum der letzten 2,6 Millionen Jahre. In dieser Zeit erfuhr die Vegetation hier wie in ganz Mitteleuropa starke Veränderungen, beeinflusst vor allem durch zahlreiche extreme Klimaschwankungen. In den letzten 800 000 Jahren kam es zu einem mehrfachen Auf und Ab des Klimas. Auf die etwa 100 000 bis 120 000 Jahre dauernden Kaltzeiten folgten die Warmzeiten. Etwa drei Viertel des gesamten Eiszeitalters waren kalt und nur ein Viertel warm. Wie viele Kaltzeiten es gab, ist nicht sicher, es waren mindestens sechs, möglicherweise auch 13 oder 19. Immerhin lassen sich aber vier grosse Eiszeiten rekonstruieren: Die Günzeiszeit dauerte von 600 000 bis 500 000 Jahre v. Chr., die Mindeleiszeit von 480 000 bis 420 000 Jahre v. Chr., die Risseiszeit von 230 000 bis 180 000 Jahre v. Chr. und die Würmeiszeit schliesslich von 120 000 bis 12 000 Jahre v. Chr. In der Risseiszeit, der mächtigsten dieser Eiszeiten, dehnte sich der Rheingletscher bis weit nach Süddeutschland aus. Das Eis war stellenweise bis zu 1,4 km dick und bedeckte die Region Winterthur vollständig. In der Würmeiszeit hingegen waren einige Gebiete in der Umgebung Winterthurs eisfrei – selbst während der maximalen Ausdehnung des Rheingletschers. Vor etwa 100 000 Jahren zogen die ersten Menschen – die Neandertaler – durch unsere Region. Sie waren einfache Jäger, Fischer und Sammler, die die Landschaft durchstreiften, deren äussere Form aber nicht beeinflussten.[130]

Alpen verhinderten Ausweichen nach Süden
In den Kaltzeiten konnten Bäume nur in wenigen Refugien überleben. Die raue Landschaft war – sofern sie überhaupt eisfrei blieb – beherrscht von einer Tundravegetation mit Zwergweiden und Zwergbirken. In solchen Zeiten lebten in unserer Region zunächst Wollnashorn, Riesenhirsch, Höhlenlöwe, Panther, Höhlenbär, Schneehase, Murmeltier, Gämse oder Steinbock und später dann Mammut, Wisent, Wildpferd oder Ren.[131] In den Warm-

zeiten hingegen bildeten sich geschlossene Wälder. Dann dehnte sich die Vegetationsdecke über fast ganz Mitteleuropa aus, und in den tiefsten Lagen lebten Waldelefanten, Waldnashörner, Flusspferde oder Wasserbüffel.

Der ständige Wechsel zwischen Kalt- und Warmzeiten zwang Tiere und Pflanzen, sich anzupassen oder sich in lebensfreundlichere Gebiete zurückzuziehen. Allerdings konnten viele Pflanzenarten dem raschen Klimawandel nicht folgen. Zusätzlich verhinderten die Alpen als natürliche, in Ost-West-Richtung verlaufende Barriere bei Kaltphasen ein Ausweichen nach Süden. Schliesslich starben hier zahlreiche Baumarten wie zum Beispiel Douglasien, Mammutbaum, Thuja- oder Eichenarten aus. An einigen entfernteren Stellen «überwinterten» frostharte Baumarten wie Föhren und Birken. Ansonsten aber war die Winterthurer Gegend während der letzten Eiszeit bis etwa 12 000 v. Chr. weitgehend baumfrei.[132]

Dann wurde das Klima allmählich milder, und die letzten Gletscher zogen sich nach und nach in die Alpen zurück. Das Schmelzwasser füllte das vom Gletscher ausgeschliffene Winterthurer Becken mit Schotter. Diese Schotterdecke beträgt heute stellenweise bis zu 25 m. Darin eingelagert fanden sich Skelette von Mammuts, den typischsten Vertretern der eiszeitlichen Tierwelt. So kamen aus einer Kiesgrube zwischen der Tösstalstrasse und der Breite in 10 m Tiefe Backenzähne eines Mammuts zum Vorschein und beim Hauptbahnhof ein Fragment eines Stosszahns. Mit dem Beginn dieses jüngsten Zeitabschnitts der Erdgeschichte eroberte der Wald die einstigen baumlosen Kältesteppen und Tundren nach und nach zurück; zunächst kamen allerdings erst Birken, Föhren, Pappeln, Hasel sowie Zwergbäume und Zwergsträucher.

Das Ren, das beliebteste Jagdtier, wich nach Norden aus; später starben das Mammut, der Riesenhirsch und das Wollnashorn aus. In der Nacheiszeit, um etwa 9000 bis 7000 v. Chr., kamen im trocken-kühlen Klima der Vorwärmezeit die ersten Birken- und Föhrenwälder auf.

Nacheiszeitlicher Föhrenwald im Dättnau
Wie sah die Landschaft um Winterthur vor rund 10 000 Jahren aus? Die Natur hat zahlreiche Zeugen hinterlassen, die uns eine Rekonstruktion der Klima- und Landschaftsveränderung ermöglichen. Solche Zeugen wurden auch in Winterthur gefunden, zum Beispiel im Dättnau. Hier, im Talboden zwischen den Hängen von Chomberg und Ebnet, wurden schon im vorletzten Jahrhundert erstmals urzeitliche Bäume entdeckt. Es handelte sich überwiegend um Föhren, die tausende von Jahren im Boden überdauert hatten und bei ihrer Ausgrabung vor rund 40 Jahren erstaunlich gut erhalten waren – so gut, dass sie noch nach Harz rochen. Diese Föhren waren zusammen mit Birken Teil eines Waldes, der nach dem Rückzug der Gletscher den Talboden des Dättnaus bedeckte.

Die Geschichte dieses Waldes gibt einen Einblick in einen winzigen Ausschnitt aus einer Zeit, in der die Winterthurer Landschaft und damit die Grundlage der Wälder geformt wurde. Sie zeichnet ein Bild von der Entwicklung der damaligen Pflanzendecke und des damaligen Klimas.[133]

Die entscheidende Phase in der landschaftlichen Entwicklung des Dättnaus nahm vor etwa 20 000 Jahren ihren Anfang – mitten in der Würmeiszeit. Damals erreichten die Gletscher ihre maximale Ausdehnung. Das Gebiet der heutigen Stadt Winterthur lag unter den mächtigen Eismassen des Rhein-Bodensee-Gletschers. Von Süden und Südwesten her war gleichzeitig der Rhein-Linth-Gletscher bis gegen die Region Winterthur vorgestossen. Bei Brütten oder bei Rossberg mussten sich diese beiden Gletscher berührt haben.

Als dann die Temperaturen stiegen und sich die Gletscher langsam zurückzuziehen begannen, wälzten sich ihre Schmelzwasserströme dem Eisrand entlang, flossen einstweilen zusammen und schürften tiefe Kerben in die Landschaft. Damals zog sich der Eisrand des Rhein-Bodensee-Gletschers von Eidberg-Iberg nach Sennhof und von dort aus dem Eschenberg entlang zur Steigmühle und schliesslich durchs Dättnau und Rumstal nach Pfungen ins untere Tösstal. Zu jener Zeit entstanden neue Schmelzwasser-Abflussrinnen: das Leisental und das Dättnau, wo das Wasser eine 170 m tiefe Abflussrinne in die Obere Süsswassermolasse grub.

Erst als sich die Gletscher noch weiter zurückzogen, flossen die Schmelzwasserströme von der Steigmühle durchs Schlosstal über Wülflingen ins untere Tösstal. So entstand das heutige Flussbett der Töss, während das Dättnau und das Rumstal zu Trockentälern wurden.

Als Überbleibsel der Gletscher blieb an den Hängen des Dättnaus vorerst Moränenmaterial liegen. Nach und nach rutschte es in den Talgrund ab, genauso wie Sandsteinstücke und Mergel aus der Molasse. Dadurch wurde das Dättnau wieder um 60 m aufgefüllt. In den obersten Schichten dieser Auffüllung reicherten sich grosse Mengen Lehm an. Die oberste, etwa 10 m dicke Schicht des Dättnauer Talbodens besteht heute praktisch nur aus Lehm.

Zwischen 1968 und 1988 hatte die Firma Keller Ziegeleien in Pfungen diese Lehmvorkommen im grossen Stil abgebaut. Der Lehmabbau in einer Grube nördlich von Dättnau förderte denn auch die fossilen Föhren zutage, die vor etwa 10 000 Jahren im Dättnau wuchsen. Und bei genauerem Hinschauen tauchten noch weitere Urzeit-Relikte auf: Die Lehmschichten enthielten zum Beispiel auch Reste von Birken, die ebenfalls aus jener Zeit stammten. Diese Birken waren allerdings deutlich schlechter erhalten als die Föhren.

Neben Birken- und Föhrenstümpfen entdeckten Forscher in den Lehmschichten auch Astreste, Rindenstücke, Föhrenzapfen, Blütenstaub, Schneckenschalen und sogar Knochenteile von Wirbeltieren. Die Betrachtung dieser Fundstücke ergibt ein recht genaues Bild dessen, was in jener Zeit geschah.

Vor etwa 15 000 Jahren verliessen die Gletscher endgültig die Region Winterthur. Es dauerte noch mehr als 2000 Jahre, bis eine deutliche Erwärmung einsetzte. Dann aber breitete sich auf dem Talboden des Dättnaus – wie im ganzen Schweizer Mittelland – für eine kurze Zeit eine Kältesteppe mit Sträuchern wie Wacholder, Sanddorn und Wermut aus.

In dieser frühesten nacheiszeitlichen Wärmephase vor etwa 12 400 Jahren wanderten auch die ersten Baumarten ein. Der erste Pionierbaum, der das Dättnau besiedelte, war die Birke. Kein Wunder, denn die Birke ist zwar lichthungrig, ansonsten aber sehr bescheiden in ihren Ansprüchen. Sie ist der Laubbaum, der Frost am besten erträgt. Deshalb sieht man in Skandinavien heute noch reine Birkenwälder. Anders bei uns: Hier erscheint die schnellwachsende, silberweiss berindete Birke nur als Pionierart in Laubmischwäldern auf sauren, nährstoffarmen Böden, als Pionierbaum in subalpinen Nadelwäldern oder in nass-sauren Hochmoorrandwäldern. Ihre weisse Rinde macht die Birke praktisch resistent gegen Überhitzung ihres Stammes, weshalb sie auch auf sehr sonnigen Standorten überleben kann.

Im Dättnau konnten sich die Birken als vorherrschende Baumart nicht lange halten, sie wurden bald von den Föhren ins Unterholz verdrängt. Innerhalb eines Vierteljahrhunderts entwickelte die Föhre einen lichten Bestand – mit der Birke im Unterholz. Auch die Föhre ist extrem genügsam und besiedelt noch heute zahlreiche extreme und gegensätzliche Standorte, wo sie anderen Baumarten überlegen ist. So taucht die Föhre zum Beispiel sowohl auf trockenheissen Felskämmen als auch auf nass-sauren Frostmulden von Hochmooren auf. Sie ist sehr anpassungsfähig und heute die am Weitesten verbreitete Baumart Eurasiens.

Im späteiszeitlichen Wald im Dättnau tauchten neben Föhren und Birken vereinzelt auch Weiden auf. Der Wald wuchs wahrscheinlich nur auf dem geschützten, ökologisch günstigen Talboden, denn über die felsigen Hänge und Kuppen fegte stets ein eisiger, waldfeindlicher Wind. Der Birken-Föhrenwald im Dättnau starb schon bald wieder ab, denn vor etwa 10 800 Jahren wurde es erneut kalt – nicht

Etwa so könnte der nacheiszeitliche Wald im Dättnau ausgesehen haben: Föhren-Birken-Bruchwald im Wildert (Illnau).

mehr so kalt allerdings, dass sich die Gletscher nochmals bis Winterthur hätten ausbreiten können. In dieser Phase entwickelte sich wiederum eine kältesteppenartige Vegetation, wie sie bei uns noch heute über der Waldgrenze vorkommt.

Diese letzte Kaltphase dauerte nur etwa 800 Jahre, dann – vor etwa 10 000 Jahren – wurde das Klima zusehends waldfreundlicher. Wiederum wanderten Bäume ins Dättnau ein – zuerst Birken, dann Föhren. Auch diesmal konnte sich der Föhren-Birkenwald im Dättnau nicht lange halten, denn das Klima wurde bald so mild, dass weitere Baumarten wie Ulmen, Eichen, Linden und Eschen sowie Sträucher wie Hasel und Erle einwanderten und sich Laubmischwälder ausbreiten konnten. Die Vorherrschaft der heute noch verbreiteten Buchenmischwälder begann dann vor etwa 4000 Jahren. Vorerst noch als Eichenmischwälder mit zunehmendem Buchenanteil, dann aber als Buchenwälder und buchenreiche Mischwälder.[134]

In den rund 2000 Jahren, in denen die Föhren und Birken zeitweilig das Dättnau besiedelten, wurden die Bäume durch Überschwemmungen und den bereits erwähnten Hanglehm teilweise einsedimentiert – also luftdicht in Lehm verpackt und damit für die Nachwelt konserviert. Dank dieser Relikte aus der Spätzeit konnten das damalige Klima und seine Veränderungen rekonstruiert werden. Die Fundstelle im Dättnau hat übrigens in Fachkreisen weltweit Beachtung gefunden.

Nachdem in den 1970er-Jahren der Lehmabbau abgeschlossen und die fossilen Bäume ausgegraben waren, entstand in der inzwischen wassergefüllten Grube allmählich ein Refugium für Amphibien, Vögel und Insekten. Deshalb wurde für die Lehmgrube Dättnau Ende der 70er-Jahre ein Naturschutzinventar erstellt; seit Anfang der 80er-Jahre gilt sie als Naturschutzobjekt von überregionaler Bedeutung.

Durch einen Landabtausch Ende der 1980er-Jahre kam die ehemalige Lehmgrube in den Besitz der Stadt Winterthur. Diese liess das Gebiet 1992 für fast eine halbe Million Franken umgestalten, um hier bessere Lebensbedingungen für bedrohte Tier- und Pflanzenarten zu schaffen. Diese Investition zahlte sich für die Natur rasch aus: Innerhalb kurzer Zeit wanderten zahlreiche Tier- und Pflanzenarten ein – unter ihnen sogar einige, die auf den Roten Listen der bedrohten Arten stehen.

Teil 3 — Geschichte | Von der Steinzeit bis zu den Kelten

▲
Wald-Föhre mit rötlichem Stamm und Hänge-Birke mit weissem Stamm im Föhren-Birken-Bruchwald im Naturschutzgebiet Wildert in Illnau: Ein ähnliches Bild wie in dieser sehr seltenen Waldgesellschaft zeigte sich vor 10 000 Jahren im Dättnau.

VON DER STEINZEIT BIS ZU DEN KELTEN

Wald als Landschaftsform der Urzeit
In der prähistorischen Zeit war der Wald in der Winterthurer Gegend keine Landschaftsform unter vielen, sondern er bildete die Landschaft schlechthin. Der Mensch beeinflusste ihn kaum. Bis etwa 4500 v. Chr. war der Wald denn auch weitestgehend ein naturbelassener Urwald, in dem sich eine erste eigentliche Waldfauna mit Edelhirsch, Wildschwein, Braunbär, Dachs, Marder, Luchs, Elch, Reh und Urrind entwickeln konnte.[135]

Erst zu Beginn der Jungsteinzeit im 5. Jahrtausend v. Chr., als die nomadisierenden Sammler, Jäger und Fischer sesshaft wurden und zur bäuerlichen Wirtschaftsweise mit Ackerbau und Viehzucht übergingen und dadurch nachhaltig in die Ökosysteme eingriffen, begann sich das Landschaftsbild zu verändern. Dank nunmehr weitgehend geregelter Ernährung breiteten sich hier die Menschen aus und dehnten ihre Ackerflächen durch Brandrodung stetig aus. Fortan unterteilten sie die Landschaft in Siedlungen, die sie meist am Wasser, auf Anhöhen und Terrassenlagen errichteten, in Ackerflächen und in Wald, aus dem sie Bäume verschiedener Arten und unterschiedlichen Alters entnahmen. Der Wald wurde bereits damals für zahlreiche Zwecke genutzt: Ackerrodungen, Waldweiden, junge Triebe und Blätter für Viehfutter, Baumrinden für Isolationsmaterial und Bast, Bauholz, Holz als Werkstoff für Geräte, Feuerholz, Haselnussernten und Eichelmast. Die Landschaft, wie wir sie heute kennen, als Muster unterschiedlicher Landschaftsformen und -ausprägungen, nahm allmählich Gestalt an. Die Nutzung und Rodung von Wäldern in Siedlungsnähe führten zur Entstehung neuer Landschafts- und Vegetationsformen, so zum Beispiel zu Wiesenpflanzen und Waldrandfluren.[136]

Trotz der vielfältigen Nutzung in früheren Zeiten war unsere Region noch bis zum Beginn der Römerzeit zu einem grossen Teil mit Wald bedeckt. Die Römer nutzten den Wald intensiver – für Gebäude, Schiffe, Ziegeleien, Köhlerei, Eisengewinnung und Heizungen. In einzelnen Gebieten wurden damals grosse Bestände von Buchen und Eichen abgeholzt. Gleichzeitig führten die Römer aber auch neue Baumarten wie Nussbaum und Kastanien ein.[137]

Zur ältesten Geschichte des Waldes und der menschlichen Kulturen in der Region Winterthur gibt es keine schriftlichen Überlieferungen, lediglich zufällige Bodenfunde als «materielle Hinterlassenschaften anonymer Menschengruppen».[138]

Das Gebiet der heutigen Stadt Winterthur war schon in prähistorischer Zeit ein Mosaik von waldigen Anhöhen und dazwischen liegenden Schotterebenen. Diese Schotterebenen standen bei grossen Überschwemmungen von Eulach, Mattenbach und Töss stellenweise unter Wasser. Dass aber die Niederungen zwischen Lindberg, Wolfesberg, Eschenberg und Brüel eine ständige Sumpflandschaft gewesen sein sollen, ist eher unwahrscheinlich. Denn sowohl in römischer Zeit wie auch im Frühmittelalter haben hier immer wieder Menschen gesiedelt. Neben den Hügeln war wohl auch die Winterthurer Ebene mehr oder weniger stark bewaldet. Hingegen dehnten sich zwischen Oberwinterthur und Wiesendangen sowie bei Ohringen und Seuzach grössere, weitgehend waldfreie Sumpfgebiete und Moorlandschaften aus.

Bereits in der jüngeren Steinzeit besiedelten die ersten Menschen das heutige Stadtgebiet von Winterthur. Siedlungsfunde aus frühester Zeit sind hier extrem selten, weshalb derzeit nicht von einer ständigen Besiedlung des Winterthurer Tals ausgegangen werden kann. Möglicherweise konnten die frühesten Siedler mit den schotterreichen, schwer zu bewirtschaftenden Böden noch wenig anfangen.

Teil 3 — **Geschichte** | Von der Steinzeit bis zu den Kelten

▲
Wirtschaftswald auf dem Eschenberg: Bis vor etwa 4500 Jahren war der Wald in der Region Winterthur ein natürlicher Urwald und die Landschaftsform schlechthin – der Mensch beeinflusste ihn kaum.

Teil 3 — Geschichte | Von der Steinzeit bis zu den Kelten

Teil 3 — **Geschichte** | Von der Steinzeit bis zu den Kelten

▲
Aus der Zeit um 3000 v. Chr.: Reste eines jungsteinzeitlichen Grubenhauses an der Römerstrasse in Oberwinterthur.

◀ Jungsteinzeitliche, 12,5 cm lange Beilklinge aus dem Totentäli (links) und 26 cm langes Steinbeil aus Oberwinterthur.

Doch Einzelfunde aus der Steinzeit, der Bronzezeit und der Eisenzeit belegen, dass diese Gegend seit der Jüngeren Steinzeit – also seit 4500 v. Chr. – mindestens regelmässig begangen wurde. Die Niederung bei Winterthur lag schon damals verkehrsgeografisch ideal zwischen Thurtal einerseits und Glatt- und Limmattal andererseits.

Steinzeitmenschen im Totentäli

Schon im 3. Jahrtausend v. Chr. waren im Winterthurer Tal häufig Menschen anzutreffen. Das zeigen Einzelfunde von Werkzeugen aus der Jüngeren Steinzeit und die Spuren einer Siedlung aus der Zeit um 3000 v. Chr. an der Römerstrasse 229 in Oberwinterthur, wo Archäologen 1992 die Reste eines Grubenhauses freilegten. Wahrscheinlich diente dieses kühle Grubenhaus zur Aufbewahrung von Lebensmitteln.[139] Viele Werkzeuge und Waffen waren allerdings aus Holz und überdauerten die Zeit nicht bis heute. Immerhin gab es an den

Teil 3 — Geschichte | Von der Steinzeit bis zu den Kelten

▲ Fund im Weiertal: Beilklinge aus der Frühbronzezeit.

▲ Bronze-Schwertklinge aus dem Eschenbergwald.

▲ Etwa 4600 Jahre alte Streitaxt aus Veltheim.

▲ Waffenbeigaben eines Kriegergrabes in Wülflingen.

Seen im Kanton Zürich aus jener Zeit Pfahlbauersiedlungen, bei denen man gut erhaltenes Holz fand. Für die Herstellung von Pfeilbögen und Jagdspeeren kam damals Eibenholz – ein besonders zähes Holz – zum Einsatz. Für die Steinzeitmenschen stellten die Winterthurer Wälder wahrscheinlich keine verkehrsfeindlichen Hindernisse mehr dar. Sie drangen zeitweise sogar in abgelegene Waldgebiete vor. Beleg dafür ist beispielsweise ein im Totentäli gefundenes, etwa 12,5 cm langes Steinbeil. Und 1934 kam beim Bau des Lindbergschulhauses in Oberwinterthur ein grosses, über 26 cm langes und hervorragend bearbeitetes Steinbeil ans Tageslicht. Es zählt heute zu den schönsten jungsteinzeitlichen Geräten in der Schweiz. Schliesslich stammt eine am Fusse des Wolfesbergs gefundene Streitaxt aus der späteren Jungsteinzeit. Sie ist zwar aus Stein gefertigt, aber zweifellos eine Imitation einer Metallwaffe. Damit symbolisiert sie auch den Übergang zu einer neuen Epoche, der Bronzezeit.[140]

Erste ständige Besiedlung der Region

Mit dem Aufschwung des Handels nach 2200 v.Chr. stieg die Bedeutung verkehrstechnisch günstiger Lagen wie der Region Winterthur. Sie zog vermehrt Menschen an, die vorbeiwanderten oder sich hier für eine kurze oder längere Zeit niederliessen. Die Bevölkerung wuchs und erschloss unberührte Naturlandschaften. Werkzeuge aus Metall erleichterten nun den Vorstoss in entferntere Gegenden und überdauerten schliesslich in Bodenschichten als stumme Zeugen jener Epoche der Menschheitsgeschichte. Im Weiertal bei Wülflingen zum Beispiel fand man eine Axt aus der frühen Phase der Bronzezeit. Und ebenfalls aus der Gegend um Wülflingen stammen mehrere Äxte aus späteren Phasen. Auch eine 1910 aufgetauchte Dolchklinge aus der mittleren Bronzezeit könnte aus dem Stadtgebiet von Winterthur kommen. Spätestens in dieser Zeit lassen sich wohl die ersten ständigen Besiedlungen der Region Winterthur lokalisieren. Entsprechende Belege liefern die unter einer mittelalterlichen Burg auf dem Grat des Multbergs bei Pfungen nachgewiesene Höhensiedlung, Funde in der Altstadt oder bronzezeitliche Landsiedlungen in Oberwinterthur oder an der Tösstalstrasse in Seen. Weitere Siedlungen jener Zeit fanden sich ausserhalb der Stadtgrenzen in Neftenbach, in Räterschen und in Elgg.

In Siedlungsnähe mussten Wälder dem Kulturland weichen. Das Holz war schon damals ein universeller Bau- und Brennstoff. Für die Herstellung von Bronze und später Eisen war viel Holz nötig: Das Schmelzen der Metalle erforderte hohe Temperaturen, die sich damals am ehesten durch das Verbrennen von Buchen-Holzkohle erzielen liess. Holzkohle von Eichen und Kiefern waren weniger effizient.

Weil die Menschen diese Hölzer selektiv aus dem Wald holten, veränderten sie schon damals die Zusammensetzung der Baumarten und das Waldbild. Nach der Aufgabe von Siedlungen wurden die Wälder sich selbst überlassen, was die Verbreitung der Buche förderte.

Schwertklinge aus Bronze im Falkentobel

Ab dem 15. Jahrhundert v.Chr. kamen in der Region Winterthur neben Streitaxt und Dolch im Kampf auch Schwerter zum Einsatz. So stammen zwei im Gebiet Chalberweid-Falkentobel im Eschenbergwald gefundene Klingen von Bronzeschwertern möglicherweise aus einem damaligen Hügelgrab, einer durchaus typischen Grabform der Bronzezeit.

Auch in späteren Jahrhunderten bis hin zur Römerzeit besuchten Menschen immer wieder die ausgedehnte Waldlandschaft auf dem Eschenberg und hinterliessen hier ihre Spuren. Ausserhalb der Stadtgrenzen Winterthurs kamen bedeutende Grabfunde aus der mittleren bis späten Bronzezeit ans Tageslicht.

Ab dem 10. Jahrhundert v.Chr. war die Holzverarbeitung bereits recht weit entwickelt, wie ausgegrabene kunstvolle Blockbauten aus der Innerschweiz oder Funde in Greifensee-Böschen, wo man gut erhaltene Reste von Holzhäusern entdeckt hat, zeigen. Die Sägetechnik allerdings war damals noch unbekannt, geschlagen wurde mit Axt und Keilen. Die Bauhölzer für die damalige Bevölkerung stammten aus den Wäldern in der näheren Umgebung.

Keltisches Grab im Eschenbergwald

Nach Bronze, das heisst Kupfer und Zinn, trat nun erstmals Eisen in Erscheinung, weshalb die nachfolgende Epoche als Eisenzeit bezeichnet wird.[141] Die Eisenzeit lässt sich grob in zwei typische Abschnitte unterteilen: Die ältere Eisenzeit – die Hallstattzeit – dauerte von 800 bis etwa 450 v.Chr. und die jüngere – die Latènezeit – anschliessend bis zur Besetzung durch die Römer um 15 v.Chr.

Mit dem Beginn der Hallstattzeit, also im Verlaufe des 8. Jahrhunderts v.Chr., verschlechterte sich das Klima in der Region plötzlich. Anbauflächen und Siedlungsdichte nahmen in dieser Zeit ab, wobei Siedlungsreste im Allgemeinen bis heute fehlen. Deshalb stammen fast alle Eisenzeit-Funde der Region Winterthur aus Gräbern, und nahezu alle heute bekannten Grabhügel aus der Hallstatt-Zeit liegen in Waldgebieten, so auch der Grabhügel im Eschenbergwald, der als einziger auf Stadtgebiet diese Zeit repräsentiert. Seine Grösse lässt auf eine Errichtung in der älteren Eisenzeit schliessen.[142] Das Grab wurde 1857 geöffnet; zutage kamen «eine Masse Kiesel von 1 bis 2 Schuh Länge unregelmässig hingeworfen» und «ein paar Scherben».[143] Die Funde sind inzwischen verschollen, die Reste des Hügels hingegen sind heute noch gut sichtbar.

Erste Sägen für die Holzbearbeitung

Zu den weiteren Funden aus der Eisenzeit gehört die reiche Ausstattung eines Kriegergrabes aus dem 3. Jahrhundert v.Chr., das man 1955 zufällig in einer Wülflinger Kiesgrube entdeckt hatte, oder ein um 1870 gefundenes Eisenschwert aus der Mittleren Latènezeit zwischen 250 und 50 v.Chr. «Über die Volkszugehörigkeit der hier beigesetzten Menschen kann heute kein Zweifel mehr bestehen: es sind Kelten, deren ausgeprägte soziale Gliederung nicht nur in den Grabbeigaben zum Ausdruck kommt, sondern auch durch die antiken Geschichtsschreiber bestätigt wird.»[144]

Die keltische Kultur der nachfolgenden Latènezeit brachte neben den bereits bekannten Äxten und Hacken erstmals auch Sägen hervor. Der Wald diente damals nicht nur zur Gewinnung von Bau- und Brennholz, sondern – wie schon früher – auch als Lieferant von Laubfutter von Birken, Ulmen und Eichen. Noch eine Zeit lang überdauerte die keltische

Teil 3 — Geschichte | Von der Steinzeit bis zu den Kelten

▲
Keltischer Grabhügel im Eschenbergwald: Aufgrund der Dimensionen muss er aus der älteren Eisenzeit stammen.

Kultur – selbst unter römischer Herrschaft. Um etwa 10 v. Chr. errichteten die Römer im heutigen Oberwinterthur eine Siedlung. Der kulturelle Einfluss der Römer nahm zwar laufend zu, was sich auch in einem beachtenswerten Fund von Bronzestatuetten und Votivbeilchen im Gebiet Eichbühl im Lindbergwald zeigte. Aber der 1709 ausgegrabene Versteckfund, ein Sakralhort, zeigte neben zwei typisch römischen Merkurbildnissen auch Statuetten, die keltische Gottheiten wie Eber, Stier und Pferd verkörperten.

Der Fund im Lindbergwald bedeutete «ein bemerkenswertes Denkmal keltischer Religiosität und ihres Fortlebens in römischer Zeit.»[145]

▲
Beachtenswerter Fund im Lindbergwald: Bronzene Statuetten und Votivbeile aus der Römerzeit.

RÖMERZEIT

Endlose, unwegsame und dunkle Wälder
Mehrere römische Quellen berichten, dass das Gebiet des heutigen Schweizer Mittellands damals noch stark bewaldet war. Wahrscheinlich galt das für alle siedlungsfreien Zonen unterhalb der Waldgrenze. So heisst es in einer Quelle beispielsweise, dass das ganze Bodenseegebiet noch im 4. Jahrhundert n. Chr. ein von riesigen Sümpfen durchzogenes Waldgebiet gewesen sei. Die ausgedehnten Wälder nördlich der Alpen flössten den Römern offenbar Angst ein, denn sie waren für sie «unaufhörlich, unwegsam, dunkel und schrecklich». Die Gebiete um St. Gallen, das Toggenburg und das Appenzellerland nannten römische Autoren gar eine einzige «Wildnis».[146] Inwieweit das tatsächlich zutraf oder allenfalls aus der Sicht eines Römers übertrieben war, muss offen bleiben. Archäologische Funde deuten auf eine eher dichte Besiedlung hin.

Die Technik und die Kultur der Römer hatten zunehmend Einfluss auf das Landschaftsbild unserer Region. Sie bauten nicht nur ein relativ dichtes Strassennetz, sondern auch geschlossene Siedlungen wie in Oberwinterthur, kleine Städte und grössere Dörfer. Doch die Landschaft jener Zeit war massgeblich von den römischen Einzelhöfen – vom Bauernhof bis zum stattlichen Landhaus – geprägt.[147]

Häuser und Ställe der Urbevölkerung bestanden bis etwa Christi Geburt aus Holz und waren mit Schindeln oder Stroh gedeckt. Ganz anders die römischen Kastelle und Villen: Sie waren in der Regel aus Stein gebaut, hatten Glasfenster, Ziegeldächer und Warmluftheizungen. Die Ställe und Nebenbauten hingegen waren vorwiegend aus Holz.[148] Dann nahm der Steinbau allmählich zu.

Zwar gibt die römische Agrarliteratur Auskunft über die «richtige Betriebsführung» von Gutshöfen mitsamt der Waldwirtschaft, etwa über die Saatgewinnung, Waldpflanzennachzucht oder Niederwaldbetrieb, aber keine dieser schriftlichen Quelle bezieht sich auf unsere Region. Bekannt ist immerhin, dass die römischen Höfe hier sehr unterschiedlich gross waren – von 10 bis 400 ha – und Viehzucht, Ackerbau, Waldwirtschaft, Obstkultur und Gartenbau vereinten. Begnügten sich die Kelten noch mit dem Anbau von Hafer, Roggen und Gerste, so pflanzten die Römer hier Weizen an, dehnten den Getreideanbau aus und importierten den Weinbau.[150] Im Lindbergwald fand man 1896 bei der Chuestelli ein Bruchstück eines römischen Mühlesteins.[151]

Die Römer betrieben auch regen Import- und Exporthandel mit Wald- und Landwirtschaftsprodukten[152] und unterschieden bereits drei Arten von Wäldern – gemäss ihrem Nutzungszweck:[153]

1. den Nieder- oder Mittelwald, in dem sie regelmässig Brennholz und kleine Sortimente für bestimmte Zwecke, zum Beispiel Pfähle, schlugen,
2. die Wälder, die sich innerhalb von Gutsgrenzen befanden und die sie teils zur Weide, teils zur Gewinnung von Nutzholz verwendeten

---

Waldgott Silvanus
Für die Römer spielte der Waldgott Silvanus eine wichtige Rolle. Er war offenbar der eigentliche Schutzpatron des Waldes und sorgte für die Walderhaltung. Er bekämpfte jede Schädigung und vorzeitige Fällung des Waldbaumes und verfolgte die Übeltäter. Silvanus war auch der Herr über die Waldgrenzen sowie Grab- und Grenzsteine. Im damaligen Helvetien warben insbesondere die Flossschiffer um die Gunst Silvanus'.[149]

Teil 3 — Geschichte | Römerzeit

▲
Holzbearbeitung im römischen Vitudurum: Als universeller Rohstoff war das Holz für die Bevölkerung unersetzlich.

3. und schliesslich die nicht oder nur selten genutzten grossen Waldgebiete ausserhalb der Siedlungsgrenzen, die dem Fiskus gehörten.

Import und Export von Hölzern

Aufgrund von Pollenanalysen, Jahrringchronologie und Radiokarbonmessungen an ausgegrabenen Hölzern, Holzgegenständen und -werkzeugen sowie an Inschriften lässt sich das Waldbild der römischen Zeit und die Holznutzung summarisch darstellen. So zeigt sich, dass die Römer ihren Bedarf an Bauholz vorwiegend aus den umliegenden Wäldern deckten, dass sie aber auch erstmals regen Import und Export von Hölzern betrieben und dass sie hier die Edelkastanie und den Nussbaum einführten. Birken, Ulmen und Eichen dienten als Lieferanten von Laubfutter. Eichen, Buchen, Tannen und Erlen verwendeten die Römer als Baumaterial und die Esche schliesslich für Pfähle.[154]

Eichen-Buchen-Wald auf dem Lindberg

Im Alltag der Römer hatte Holz eine hohe Bedeutung. Die römischen Siedler in unserer Region benötigten grosse Mengen Holz für Bauten und Geräte, aber auch als Brennholz für die Öfen der Handwerker, wie Töpfer und Schmiede, für Badeanlagen und natürlich im Haushalt. Häuser, Dachschindeln, Latrinen, Kanalbauten, Teuchelleitungen, Fässer, Schrifttafeln, Haarbürsten, Flaschenstöpsel oder Sandalen sind nur einige Beispiele für den damaligen Einsatz von Holz. Schöne Belege für Holzgegenstände aus der Römerzeit lieferten die Ausgrabungen in den 1970er- und 1980-Jahren im Unteren Bühl sowie von 2006 bis 2009 am Kastellweg in Oberwinterthur.[155]

Die kleinstädtische römische Siedlung im heutigen Oberwinterthur, der Vicus Vitudu-

Fund aus dem römischen Vitudurum: Flaschenstöpsel, gedrechselt aus dem harten Holz des Buchsbaums.

rum, lag verkehrsgünstig auf beiden Seiten der Strasse von Gallien über das Legionslager Vindonissa durchs schweizerische Mittelland an den Bodensee. Sie war für die Römer einer der wichtigsten Strassenknotenpunkte

Erster Holzhandel

Wohl erst die Römer führten den Holzhandel über weite Strecken ein – dank Holzflösserei und ausgebautem Strassennetz. So verbauten sie beispielsweise Lärchenholz aus Rätien in Gebäuden und Brücken der Hauptstadt Rom. Holzfäller und Holzhändler organisierten sich in eigenen Bruderschaften.[156]

auf dieser Route.[157] Als 2009 die Autobahn A1 bei Rickenbach instandgestellt wurde, entdeckten Archäologen eine etwa 4 bis 4,5 m breite und etwa 2000 Jahre alte Strasse aus der Zeit der Römer. Sie war Teil der wichtigen Ost-West-Verbindung und führte von der Römersiedlung in Oberwinterthur über Pfyn an den Bodensee.[158] Diese Siedlung befand sich auf einer Terrasse zwischen der Schwemmebene der Eulach und mehreren kleinen Wasserläufen und dem Lindbergwald. Der Lindberg war schon damals bewaldet. Allerdings war der Lindbergwald im Gegensatz zu heute ein artenreicher Eichen-Buchen-Mischwald, und an schattigeren, feuchteren Stellen wuchsen auch Tannen. Hingegen dürfte die Fichte hier zur Römerzeit selten gewesen sein.

Spektakuläre Holzfunde in Oberwinterthur

Die römische Besiedlung begann in den Jahren vor der Zeitenwende. Die Archäologen des Kantons Zürich entdeckten bei ihren Ausgrabungen in Oberwinterthur mehrere tausend Hölzer. Die meisten Hölzer sind dank hoher Bodenfeuchtigkeit und Luftabschluss ausgezeichnet konserviert geblieben. So gut erhaltene römische Holzfunde sind äusserst selten. Zwar gab es beim Kirchhügel, dem eigentlichen Ortskern, ab etwa 75 n. Chr. die ersten reinen Steinbauten. Hier standen eine Tempelanlage und ein Bad, und hier war auch der Marktplatz. Aber an den meisten Orten bauten die Römer ausschliesslich aus Holz. Die ältesten Häuser waren reine Pfostenbauten aus Eichenstämmen und hatten eine Lebensdauer von etwa 20 bis 45 Jahren. Die ersten dieser Bauten stammen aus der Zeit um 4 v. Chr. Und für den Unterbau der Strasse beim Unteren Bühl verwendeten die Siedler Bäume aus dem Jahr 7 n. Chr.

Von den über 1200 bestimmten Hölzern aus den Grabungen am Kastellweg stammten über 1000 von Holzbauten jeglicher Art. Dafür verwendeten die Römer am häufigsten Eiche, Buche und Tanne. In nassen Bereichen wie Kanälen und Latrinen verbauten sie die Erle. Diese vier Arten machen 90 Prozent der ge-

Teil 3 — Geschichte | Vom Mittelalter zur Gegenwart

fundenen Konstruktionshölzer aus, was zeigt, dass die Römer für bestimmte Verwendungszwecke den Wald durch die gezielte Entnahme bestimmter Baumarten bereits stark beeinflussten. Die restlichen Bauhölzer stammen von Fichte, Ahorn, Weide, Esche, Ulme, Pappel, Kernobst, Hasel, Linde und Kirsche. Viele von ihnen dürften die Römer aus der Schwemmebene unterhalb der Siedlung geholt haben. Die meisten dieser Holzarten verwendeten sie auch für andere Gegenstände des täglichen Gebrauchs, wie Möbel und Geräte.

Eine Sensation sind das am Kastellweg gefundene Paar Schuhleisten aus Ahornholz. Die Leisten der Grösse 41 lagen in einem Holzkasten, der den Bewohnern als Latrinengrube diente. Es ist das einzige erhaltene Schuhleistenpaar aus römischer Zeit. Schliesslich fanden die Archäologen auch Gegenstände aus dem harten, fein polierbaren Holz des Buchsbaums wie etwa einen gedrechselten Flaschenstöpsel. Diese importierten die Siedler in Oberwinterthur wahrscheinlich aus dem Süden.

Forstwirtschaftliches Wissen der Römer
Zahlreiche Elemente der römischen Kultur, der Sitten und Bräuche, blieben auch im Frühmittelalter erhalten. Zweifellos bestand das land- und forstwirtschaftliche Wissen der Römer weiter. Auch die Klöster des frühen Mittelalters griffen auf antike forstwirtschaftliche Erfahrung zurück. So entstand im 9. Jahrhundert im Kloster St. Gallen ein für die Forstgeschich-

Einzigartig und eine Sensation: ein Paar Schuhleisten (Grösse 41) aus Ahornholz aus einer Latrine in Oberwinterthur.

te bedeutendes Formelbuch, das wie die Antike zwischen *künstlicher* und *natürlicher* Verjüngung unterschied: Es unterteilte die Wälder in solche, die von Hand angepflanzt werden, in solche, die man ansät, und schliesslich in solche, die weder gesät noch gepflanzt werden, das heisst solche, die sich natürlich verjüngen.[159]

VOM MITTELALTER ZUR GEGENWART

Bäuerlich geprägte Kulturlandschaft
Vom 8. bis zum 13. Jahrhundert war das Klima bei uns relativ mild, die Ernten waren gut und damit auch die Ernährungssituation für die Bevölkerung, die in dieser Zeit rasch wuchs.[160] Deshalb mussten in unserer Region grosse Waldgebiete in der Umgebung von Siedlungen und Höfen den Getreideäckern, Rebbergen und Viehweiden weichen. Wald war Wildnis und Roden zum Überleben eine Selbstverständlichkeit. Den Bauern stand es deshalb weitgehend frei, den Wald nach Bedarf zu roden. Die Rodungsflächen waren bereits im 13. Jahrhundert nicht mehr isoliert, sondern durch Rodungs-

« Der Berenbergwald ist ein bisschen mein zweites Zuhause. Seit über zwölf Jahren reite ich nach der Arbeit und am Wochenende mit meinem Isländer-Wallach Askur durch diesen Wald. Obwohl ich jeden Weg kenne, wird es mir nie langweilig. Jede Jahreszeit und jedes Wetter zeigt den Wald in einem neuen Licht. Die meisten Waldbewohner fliehen nicht, wenn sie mein Pferd wittern. Deshalb begegnen wir häufig Rehen, Füchsen, Eichhörnchen, Hasen, Wildschweinen, Mardern und dem Dachs. Natürlich sehe ich auch viele Vögel. Schade, dass ich nur wenige Arten kenne.

Der Wald und das Reiten gehören zu meinem Leben; ich bin auf einem Bauernhof im Zürcher Weinland aufgewachsen. Mit meinem Vater ging ich oft und gerne in den Wald zum Holzen. Als ich noch klein war, wurden die Holzstämme mit dem Pferd auf den Weg gezogen. Man holzte nur bei gefrorenem Boden, um den Waldboden zu schonen. Am Anfang hatten wir nebst den Reitpferden auch Arbeitspferde, die später durch den Traktor ersetzt wurden. Bereits als Zweijährige sass ich auf dem Pferderücken und konnte vermutlich schon reiten, bevor ich gehen konnte.

Bei schönem Wetter begegne ich vielen Spaziergängern, Bikern, Reitern. Ich finde es wichtig, dass man sich gegenseitig respektiert und aufeinander Rücksicht nimmt – auch als Reiterin und Reiter, indem wir Fussgänger im Schritttempo überholen und nicht im gestreckten Galopp. Biker können mithelfen, Unfälle zu vermeiden, indem sie sich vor dem Überholen anmelden, damit das Pferd nicht scheut. Am liebsten ist mir der Winterthurer Wald aber bei schlechterem Wetter, dann nämlich gehört der Wald meist nur mir, meinem Askur und meinem Trüffelhund Ciuffo.

Als Mitglied der Reiterwegskommission weiss ich, dass es nicht selbstverständlich ist, dass wir rund um Winterthur kaum Reitverbote haben. Mit einem bescheidenen jährlichen Beitrag, dem Sattelgeld, helfen wir, den Unterhalt der Waldwege zu finanzieren. Das einbezahlte Geld wird vom städtischen Forstbetrieb verwaltet und an die Waldweggenossenschaften ausbezahlt.

Rund um die Stadt haben wir viel Mischwald. Wir haben zwar keinen See, dafür wunderbare Wälder. Wie wichtig mir der Wald ist, spüre ich, wenn ich in den Ferien bin, dann vermisse ich ihn nämlich. Die Pflicht, für Waldgebiete, die man rodet, andernorts aufzuforsten, finde ich sinnvoll. Auch auf unserem Friedhof Rosenberg, wo ich arbeite, musste man Wald aufforsten, als man vor einigen Jahren ein Gebiet für einen Waldfriedhof roden musste. Für Menschen, die kein herkömmliches Grab wünschen, ist ein Baumgrab eine schöne Alternative. Die Friedhofgärtner haben dafür verschiedene Jungbäume gesetzt, die zu einem Mischwald heranwachsen werden. Mein Wunsch, dereinst auch unter einem Baum bestattet zu werden, ist ein Ausdruck meiner Verbundenheit mit dem Wald. Mir gefällt der Gedanke, dass dort unter den Bäumen Urnen ruhen, die Asche des Verstorbenen zum Baum geht und daraus Neues wächst. »

Christine Farner Breu
Reiterin und Sozialarbeiterin,
mit Wallach Askur bei
der Klosterruine Berenberg.

«Ich möchte dereinst unter einem Baum bestattet werden»

Christine Farner Breu
Reiterin

gassen verbunden. Die Landschaft um Winterthur wurde zusehends zu einer von Bauern geprägten Kulturlandschaft. Damals bestand der Winterthurer Wald vorwiegend aus Buchen, Eichen, Hagebuchen, Eschen, Ahorn und eingestreuten Weisstannen. An trockenen Standorten gedieh die Föhre; die Fichte hingegen war hier auch im Mittelalter viel weniger häufig als heute.[161]

Spätestens Ende des 13. Jahrhunderts war die Zeit der grossen Rodungen vorbei. Die Landschaft ausserhalb des Siedlungsgebiets entwickelte sich nach und nach zu unserer heutigen Kulturlandschaft. Allerdings gab es damals noch mehr Sumpfgebiete und Kleinseen als heute: entweder flache Wasser in undurchlässigen Grundmoränenmulden oder der Toteislöcher aus dem ehemaligen Vorgelände der abschmelzenden Gletscher.

Die Murer-Karte von 1566 zeigt im Weiertal zwischen Dättnau und Pfungen vier, die Gyger-Karte 1667 drei Seen, die «Weier». Möglicherweise handelte es sich aber um die Fischweiher, die im 15. Jahrhundert dort angelegt wurden. Die Gyger-Karte zeigt auch, dass die Töss zwischen Neftenbach und Pfungen breit mäandrierte. Dort gediehen Auenwälder, die vor allem aus Erlen und Weiden bestanden.[162]

Die Baumarten-Zusammensetzung bei den Römern war noch weitgehend natürlich, im ausgehenden Mittelalter hingegen bereits stark kulturell geprägt. Die Hügel um Winterthur waren alle bewaldet, wenn auch nicht so stark wie heute. Hier schützte der Wald die Reben an den Südwesthängen gegen den kalten Ostwind. Sogar dort, wo ohne Weiteres Landwirtschaft möglich gewesen wäre, wuchs Wald – etwa an den sanften Hängen des Eschenbergs oder im Hardholz bei Wülflingen. Andererseits weidete an unwirtlichen Steilhängen im Wald das Vieh, wie beispielsweise im Gebiet Chalberweid am Eschenberg.[163]

Die Stadt Winterthur und die umliegenden Höfe bezogen ihr Bau- und Brennholz aus den nächstgelegenen Wäldern. Lange Zeit herrschte die Ansicht, der Wald sei Teil der Allmend und dürfe von allen genutzt werden. Holzfrevel war also in den Augen des Volkes noch im Spätmittelalter kein schweres Delikt. Erlaubt war insbesondere auch der freie Weidgang im Wald, was die Verjüngung, vor allem der Laubbaumarten, massiv erschwerte und im Laufe der Jahrhunderte stark zum langsamen Zerfall der Wälder beitrug. Insbesondere die Ziegen gingen gründlich ans Werk und fügten dem Wald enormen Schaden zu.[164]

Schon in früheren Jahrhunderten nutzten also die Winterthurer die Ressource Wald – der Zeit entsprechend auf verschiedene Weise. Der Wald als Naturraum hat sich dadurch verändert. Sein Erscheinungsbild war seit dem Mittelalter stets ein Spiegel der Stadt und des Lebensstils ihrer Bewohner.

Rasch steigender Holzbedarf
Schon früh hatte die Stadt Winterthur einen grossen Bedarf an Bau- und Brennholz: Archäologische Grabungen – unter anderem an der Marktgasse 44 – förderten Überreste von Holzbauten aus dem 10. bis 13. Jahrhundert zutage. Für den Bau und Unterhalt ihrer öffentlichen Gebäude bediente sich die Stadt seit je aus den umliegenden Wäldern. Der Bau der mittelalterlichen Gebäude und Anlagen – beispielsweise Kirchen – brauchte riesige Mengen Holz.

Als Rudolf von Habsburg 1264 in der Stadtrechtsurkunde das Nutzungsrecht für den Eschenbergwald verbriefte, war dieser wohl bereits gezeichnet von einer starken Übernutzung. Die ausgeplünderten Wälder vermochten den zunehmenden Holzverbrauch kaum mehr zu decken. Deshalb erwarb die Stadt nach und nach zahlreiche Landwirtschaftsgebiete und forstete sie auf.

Gratis-Bauholz für die Bürger
Der Rathausbau von 1782 war zwar ein Steinbau, dennoch benötigte auch er viel Bauholz: rund 500 m^3. Rechnet man mit 1,2 m^3 nutzbarem Bauholz pro Baumstamm, entspricht dieser Verbrauch fast 420 Baumstämmen.

Teil 3 — Geschichte | Vom Mittelalter zur Gegenwart

▲
Holzstapel an der Mittleren Hangentobelstrasse auf dem Eschenberg: Der Eschenbergwald bildet zusammen mit dem Lindbergwald seit dem Mittelalter die grossen Holzreserven der Stadt Winterthur.

▲

Geerntete und gerüstete Baumstämme an der Oberen Loostrasse auf dem Eschenberg.

Noch grösser war die Holzmenge, die der Bau des neuen Spitals am Neumarkt von 1806 verschlang: Rund 1100 m³ oder 920 Baumstämme. Für die Stadt-Metzg, die Schützenhäuser und viele andere öffentliche Gebäude wurde ebenfalls viel Bauholz verbraucht.

Selbstverständlich baute man auch Brücken, Brunnenstöcke und -tröge lange Zeit ausschliesslich aus Holz. Viel Holz verschlang zudem die Bedeckung des Stadtkanals. Grössere Mengen Holz verbrauchten auch die Mühlen und Badstuben; nicht nur für den Bau und die Renovationen, sondern auch für das Aufheizen des Wassers.

Spätestens seit Mitte des 15. Jahrhunderts gab es in Winterthur den *Bürgernutzen*: Jeder Haushalt erhielt jährlich eine bestimmte Menge Brennholz. Um 1700 betrug der Bürgernutzen 3 Klafter, das entspricht etwa 9 m³.

Bauholz wurde lange Zeit gratis abgegeben, weil eine solide Bauweise und der regelmässige Unterhalt der Privathäuser in der Stadt ein öffentliches Anliegen waren. Holz war während Jahrhunderten so begehrt, dass das städtische Bauamt ein lukratives Geschäft mit Holz aus dem eigenen Depot aufziehen konnte.

Holz als Entschädigung

Bis zu einem gewissen Grad ersetzte Holz sogar das Geld als Salärzahlung. Noch im 19. Jahrhundert wurden von der Stadt grosse Mengen als Ehrengabe und als Lohn oder als Lohnbestandteil ausbezahlt: an die Mitglieder der Behörden als Ehrengabe – in Form so genannter *Herren-* und *Kompetenzbeigen* – und an Angestellte als Dienstlohn. Auch die Mitglieder des Kleinen und des Grossen Rates, diejenigen des Stadtgerichts, der erste Stadtpfarrer sowie alle Lehrer, Förster, Scharfrichter und Hebammen kamen in den Genuss einer Extraration Holz. Und für spezielle Anlässe gab es nochmals Holz: die *Schützentanne* den Feuerschützen, die *Küfertanne* den Küfern bei der Hochzeit, ausserdem die Tannen für den Bau- und Holzamtmann beim Amtsantritt und beim Rücktritt und den Müllern schliesslich alle drei Jahre Bauholz für den Unterhalt ihrer Wasserräder. Kleinere Mengen Brennholz wurden zudem als Unterstützung an die Armen abgegeben. Mittellose Witwen zum Beispiel erhielten die *Witwenbeigen*.

In der ersten Hälfte des 19. Jahrhunderts wurde das Brennholz – etwa 2700 Klafter pro Jahr – den Bezugsberechtigten zum Haus gebracht, das Bau-, Säg- und Nutzholz hingegen wurde auf den Schlägen verkauft. Bis 1860 befriedigte die Stadt ihren Brennholzbedarf ausschliesslich aus den eigenen Wäldern. So endete mancher Stamm, der durchaus als Bauholz getaugt hätte, als Brennholz. Weil die Preise für Bauholz indes rasch stiegen, beschloss die Gemeinde 1860, das für den Bürgernutzen notwendige Brennholz in Süddeutschland einzukaufen und die als Bauholz verwendbaren Stämme künftig zu verkaufen. Dieser Beschluss brachte schon im folgenden Jahr ansehnliche Mehreinnahmen in die Stadtkasse. Neben Holz verkaufte die Stadt aus ihren Wäldern auch Harz, Rinde, Pflanzen, Steine und Lehm.

Schädliche Waldweide

Eine bestimmte Form der Waldnutzung war in der Vergangenheit von besonderer Bedeutung: die Waldweide. Davon zeugen Flurnamen wie Chalberweid, Geissbüel oder Chuestelli. Weil die Landwirtschaft noch keine Stallfütterung kannte, weidete das Vieh auf der Allmend und auf der Brachzelg, vor allem aber im Wald. Die

Weidgraben aus dem Spätmittelalter an der Unteren Weiherstrasse auf dem Lindberg an der Grenze zu Seuzach.
▼

Harzgewinnung

Laut Rechnung des Winterthurer Seckelamts überliess die Stadt noch 1637 einem «Harzer» gegen einen Zins das Harz. Der Flurname Harzige Höll am Weg zum Bruderhaus zeugt noch von der Harzgewinnung in den Winterthurer Wäldern.[165]

Waldweide war ein fester Bestandteil der Dreifelderwirtschaft. Schweine, Rinder, Ziegen und Schafe wurden zur Fütterung regelmässig in den Wald getrieben. Ausserdem sammelten die Menschen im Herbst Eicheln und Buchennüsschen als Wintervorrat für die Schweine. Die freie Waldweide war für die Kleinbauern enorm wichtig, aber sie verschärfte den ohnehin schon prekären Zustand der Stadtwälder. Die scharfen Hufe der Tiere schädigten die Baumwurzeln und verdichteten den Waldboden. Die Laubbäume litten besonders stark unter der Waldweide: Ihre saftigen Knospen waren bei den Tieren sehr begehrt.

Auch die Menschen taten sich an den Naturprodukten aus dem Wald gütlich: Sie beuteten nicht nur Holz aus, sie sammelten zum Beispiel auch Laubfutter fürs Vieh, Gras, Kräuter, Pilze, Beeren oder Laubstreu. Und in schlechten Heujahren schneitelten die Bauern Ersatzfutter im Wald: Sie schnitten feine Laubzweige von Ahorn, Linde und Ulme als Futter für Ziegen und Schafe. Zudem nutzten die Winterthurer in ihrem Haushalt viele nützliche Produkte aus den umliegenden Wäldern: Wacholder für Rauchfleisch, Eichen und Fichtenrinde für die Rotgerberei, Harz zum Abdichten der Fässer, für den Wäschesud oder zum Brühen der Schweine, Lindenbast zum Binden der Reben, Weidenruten zum Flechten von Körben und schliesslich auch trockenes Laub für Laubsäcke und als Stallstreue. Wichtig waren auch Heilpflanzen aus dem Wald. Und wahrscheinlich brannten die Winterthurer schon im 13. Jahrhundert Holzkohle. Durch diese Nebennutzungen entzogen die Winterthurer ihrem bereits angeschlagenen Wald zusätzlich wichtige Nährstoffe.

Holznot und Holzordnungen

Vor allem aber der enorme Verbrauch von Bau- und Brennholz wirkte sich schon bald prekär auf den Wald aus – und auf die Stadt. Als nämlich im Dezember 1313 ein Feuer ausbrach und den oberen Teil der Stadt in Schutt und Asche legte, fehlte es nach dem Wiederaufbau allenthalben an Bauholz. Als Reaktion darauf erliess die Stadt unzählige Verordnungen und Bestimmungen, um den Holzverbrauch zu mässigen und den Holzvorrat der Winterthurer Wälder zu steigern. Schon ein halbes Jahr nach der Brandkatastrophe erliess die Stadtregierung vorerst eine Verordnung, die den Steinbau förderte und den Holzbau vom Ermessen des Rates abhängig machte.[166] Diese Massnahme diente allerdings auch dem besseren Schutz vor Stadtbränden.

Aus Angst vor einer drohenden Holznot schuf die Stadt 1346 ihre erste Holzordnung. Gemäss dieser war das Schlagen von Bauholz

Keller an der Technikumstrasse 68: Die Eichen für diese Balken wurden im Herbst/Winter 1316/17 gefällt.
▼

im Eschenbergwald ohne behördlichen Segen strafbar. Aus der ersten Holzordnung geht übrigens hervor, dass bereits damals eine Behörde bestand, welche die Stadtwälder beaufsichtigte und verwaltete. Ihr waren so genannte Holzgeber zugeteilt, die den Bürgern das Holz zuweisen mussten.

Ab 1463 durften Brenn- und Bauholz nur noch nach vorheriger Anmeldung und Anweisung bezogen werden. Die Wälder-Satzung aus diesem Jahr deutete schon damals auf eine starke Übernutzung der Winterthurer Wälder hin. In dieser Satzung wurde erstmals zwischen Rot- und Weisstannen unterschieden.

Die Wälder-Satzung von 1463[167]
Item man soll den vorderen Wald ganz frei haben fünf Jahre; es soll auch der Förster niemandem im hinteren Wald Holz geben, weder Eichenholz noch Tannenholz, ausser die zwei Männer vom Rat, die Holzgeber, oder ein Rat erlauben es. Item der Bannwart soll alle Fronfasten melden, wer holzt oder Gebote übersieht. Item wer auch ein Holz, das ihm gegeben wird, haut, der soll es bis an den Wipfel brauchen und nicht liegen laussen. Item der Geltinger (Förster?) soll auch kein Brennholz hauen noch geben, ausser die zwei Holzgeber oder ein Rat heissen es. Item soll dies jedermann halten, der Spital, die Bauleute, die Trinkstubenknechte und alle andern. Item wer zimmern will, der soll kein Holz hauen, der Zimmermann komme dann vorher zu den Holzgebern und verspreche mit Eid, nicht mehr zu hauen, als für den Bau gebraucht wird, und er soll kein Rottannenholz hauen, was mit Weisstannenholz gemacht werden kann. Item mit denen von Töss und an der Strasse und mit allen Ausbürgern und auch mit den Unsern festhalten, dass die Unsern schwören, den Wald zu meiden und keinerlei Holz zu hauen ohne Erlaubnis eines Rats und der Beiden, die darüber gesetzt sind. Und dass auch die Bauleute nicht mehr Holz hauen sollen, dann soviel, als einem Kelnhof zugehört oder soviel einer Schuppose zugehört, als von altem Herkommen ist; und sie sollen auch nur dort hauen, wo es ein Förster heisst, und sollen auch die Bauleute keinerlei Holz verkaufen oder geben und nichts anderes als unschädliches Holz zum Brennen hauen. Item und soll niemand keinerlei Holz, es sei Zimmerholz, Brennholz, (Reb-)Stecken noch anderes Holz, hauen ausser mit Erlaubnis eines Rates oder der Beiden, die von einem Rat darüber gesetzt sind. Item wer aber das übertritt, den soll ein Rat strafen und die Busse davon nehmen, so darüber gesetzt, 10 Schilling. Sodann von der Zaunstecken wegen, so im Wald stehen, die soll niemand hauen ohne Erlaubnis eines Rates oder der zwei Holzgeber; und wem man die Stecken gibt, der soll es weder selber noch mit seinen Knechten hauen, ausser ihm wollten es jene Knechte hauen, die ein Rat darüber gesetzt hat, und die sollen auch bei ihrem Eid das unschädlich hauen und aus dickinen ausziehen und aus fimlen.

Im Jahr 1481 folgte eine weitere Einschränkung der Holzabgabe: Die Stadt strich den Bädern die Gratisbezüge von Brennholz. 1486 verordnete der Rat, den Hochwald im hinteren Teil des Eschenbergs für den Holztransport zugänglich zu machen und den verbuschten Niederwald im vorderen Teil zu schonen. Dieser wurde alle 12 bis 15 Jahre geschlagen; er verjüngte sich durch Stockausschlag.

Aus dem Jahr 1487 stammt die Bestimmung, wonach an Fremde keine Tannen abgegeben werden dürfen, falls sie die Stadt nicht mit Eichenholz beschenkten. Und 1494 mussten die Zimmerleute ausdrücklich schwören, keine Rottannen zu fällen, wenn die Weisstannen den Zweck auch erfüllten. 1513 schränkte die Stadt die Abgabe von Tannenholz für Dachschindeln ein und begann dafür mit der Subventionierung von Tonziegeln. Im Jahr 1559 wurde die Aufforstung neu geregelt; wenn ein Waldschlag abgeschlossen war, musste das Gebiet eingezäunt und aufgeforstet werden. Eine Verordnung von 1550 sorgte für einen sorgfältigeren Umgang mit dem kostbaren Holz: Untersagt waren zum Beispiel der Verkauf des eigenen Brennholzes, das absichtliche Fernbleiben von den Terminen, an dem das Holz zugeteilt wurde, der Aufkauf der Rebstecken und der Handel damit oder das Verfaulenlassen des zugeteilten Holzes. Schliesslich beschlossen Schultheiss und Rat 1641, «*dass fürohin kein Harzer mehr in unserem Wald harzen soll, bey Vermeidung grosser Straf und Ungnad sowohl an Geld als auch mit Gefangenschaft.*»[169]

> **Holzordnung von 1483**
> *«Item meine Herren, die Räte, verbieten, dass niemand im Wald kein Holz hauen soll, ausser es werde ihm vom Förster erlaubt, und wo er vom Förster zu hauen Bescheid erhält, dort soll man hauen, und sonst nirgend anderswo. Wer das übersehe, soll gestraft werden um 5 Pfund und in den Turm (Gefängnis) gelegt werden, bis die 5 Pfund bezahlt werden. Gegeben am Tag vor Simonis und Jude, 1483. Zusatz: Mehr verbieten sie, dass alle, die mit Pferden in den Wald zum Holzen fahren, dass die des Tags nicht mehr als eine Fahrt tun sollen bei obgemeldeter Busse.»*[168]

Um all die städtischen Verordnungen besser durchsetzen zu können, wurde 1667 ein Forstamtmann (Holzamtmann) an die Spitze der Forstverwaltung gewählt.

Entgegen anderslautender Weisungen des Rates hatten Holzfäller in jener Zeit immer wieder gestockt. Das heisst: Arme Bürger hatten die beim Fällen übrig gebliebenen «Stumpen mit der Axt aus der Schale gehauen», also die Stämme bis zur Wurzel abgeschlagen und sogar die Wurzelstöcke herausgenommen. Der Rat forderte bis ins 19. Jahrhundert, dass die Stämme aus Rücksicht auf die Verjüngung deutlich über der Wurzel geschlagen werden sollten. 1833 wurde das Stocken verboten.[170]

Bis zu Beginn des 18. Jahrhunderts folgten noch zahlreiche weitere Verordnungen und Erlasse, die allesamt die Pfründen der Privilegierten verminderten. Einige Nutzungsrechte musste die Stadt noch im 19. Jahrhundert loskaufen. Bis 1840 waren aber alle bedeutenden Nutzungsrechte unterbunden. Einzig der Bürgernutzen, also die Gratisabgabe von Brennholz an die Bürger, überdauerte die lange Zeit der Regulierung und Reglementierung. 1749 wurde er zwar auf 2 Klafter reduziert, 1838 jedoch wieder auf 3 Klafter erhöht. Erst 1875 wurde der Bürgernutzen durch Gemeindebeschluss aufgehoben.

Die Bedenken um die Holzvorräte wurden mit der Zeit so gross, dass die Stadt Ausschau hielt nach einem Ersatzmaterial für Brennholz. Schon 1717 wies der Rat auf die «Turben (Torf) als empfehlenswertes, der Ruinierung der Waldungen entgegenwirkendes Brennmaterial» hin. 1735 nahm die Stadt das Turbenstechen im Hettlinger Ried auf, 1748 und 1749 beim Riedhof und beim Hof Ruchegg (südöstlich der Mörsburg) und später in Seuzach und Neftenbach.[171]

Erste Forstkommission

1780 setzte die Stadtregierung eine ständige Forstkommission ein. Knapp hundert Jahre später, 1873, wurde sie wieder abgeschafft. Ihr gehörten vorerst je drei Mitglieder des Grossen und des Kleinen Rates sowie der städtische Bauherr und der Forstamtmann an. Diese Kommission kämpfte gegen die zahlreichen waldschädigenden Nutzungen und bereitete den Weg vor für eine geregelte Forstwirtschaft. Sie setzte sich zuerst für die massive Einschränkung der Bauholzabgabe ein. Mit Erfolg: Ab 1791 gab es Bauholz nur noch für die wich-

> **Holzordnung von 1495**
> *«Item Knusli ist zum Waldförster angenommen worden. Er hat geschworen, den Wald zum Besten zu verhüten, nämlich alle Werktage morgens und mittags fleissig darin zu gehen und aufzupassen; diejenigen, so die Gebote und Verbote, so meine Herren auf den Wald legen, übersehen, einem Schultheiss anzuzeigen, und niemand darin zu übersehen; auch keinem für sich selbst kein Holz zu hauen erlauben, ausser wenn es ein Schultheiss und Rat oder die Holzgeber erlauben; auch für sich selbst kein Holz zum Gebrauch oder Verkauf zu nehmen ausser jenes, das ihm nach Wortlaut des Försterrodels zugehört; auch keinem im Wald zu holzen erlauben, ausser wo es von einem Schultheissen oder Holzgeber angegeben wird.»*[172]

tigsten Gebäudeteile, ab 1806 wurde die Abgabe auf ein Drittel und ab 1833 auf ein Fünftel des effektiven Bedarfs beschränkt. 1838 trat ein neues städtisches Gesetz in Kraft, das die Bauholzabgabe vollständig unterband.

Um den Wald zu schonen, erliess die Stadt schon früh Verordnungen über die Waldweide. Ein erstes Weideverbot für die Schafe und Ziegen im Wald stammt bereits aus dem Jahr 1482. Ab 1693 durften Stiere, Schafe und Ziegen überhaupt nicht mehr in den Wald getrieben werden, und von den Pferden durften von da an nur noch die Arbeitstiere im Wald weiden. Immer wieder zäunten die Winterthurer einzelne Waldgebiete auf dem Eschenberg und auf dem Lindberg ein, um sie gegen das weidende Vieh zu schützen.

In der Holzordnung von 1749 verbot man den Pächtern auf dem Eschenberg das Weiden der Tiere im Wald. Die Bürger von Winterthur hingegen durften weiterhin so viel Vieh auf die Weide schicken, wie sie überwintern konnten; es war indes auch ihnen ausdrücklich verboten, Schafe, Stiere und Pferde in den Wald zur Weid zu schlagen. Ein völliges Verbot erliess die Stadt erst Anfang des 19. Jahrhunderts.

Frühe Förderung der Fichte

Über die Bewirtschaftung der Winterthurer Wälder in frühesten Zeiten lässt sich heute nur mehr spekulieren; entsprechende Akten sind nicht vorhanden. Die Stadt war aber schon früh besorgt um den Zustand des Waldes. Zeichen dafür waren die Aufforstungsmassnahmen wie etwa das Setzen von Eichen im Lindberg im 16. bis 18. Jahrhundert oder die Vorschriften über die Zaunkontrollen und die Befreiung des jungen Aufwuchses von Dornen und Gestrüpp.[73]

Eine Pflege und Bewirtschaftung des Waldes im heutigen Sinn hat sicher nicht stattgefunden. Die durch Schläge entstandenen Lichtungen wurden sich selber überlassen, bis das nachgewachsene Holz schlagreif war. Immerhin ist die starke Förderung von Nadelbäumen schon früh belegt: Der Plan des Eschenbergs des Artillerie-Collegiums von 1758 zeigt bereits grosse Flächen von Nadelbaumbeständen. Und der Lindbergwald bestand 1760 sogar fast ausschliesslich aus Nadelbäumen – vor allem aus Rottannen (Fichten). Auch auf dem Brüelberg war die Fichte damals sehr häufig.

Niederwald, Mittelwald, Kahlschlag

Im ausgehenden Mittelalter waren die Wälder in Winterthur zu einem grossen Teil ausgeplündert: Der übliche Waldtyp in stadtnahen Gebieten war damals der Mittelwald. Eini-

---

Mittelwald

Der Mittelwald ist der traditionelle mittelalterliche Waldtyp in stadtnahen Gebieten zur Gewinnung von Bau- und Brennholz. Im Mittelwald – deshalb sein Name – werden zwei Bewirtschaftungsformen kombiniert: Der Niederwald mit seiner gleichaltrigen Unterschicht, die aus Stockausschlägen gebildet und alle 25 bis 30 Jahre als Brennholz geerntet wird, und der Hochwald mit einer verschiedenaltrigen Oberschicht aus bauholzliefernden Lichtbaumarten wie etwa der Eiche, Buche oder Fichte, die frühestens nach 100 bis 150 Jahren gefällt werden. Mittelwälder sind vor allem dank ihrer lichten Struktur und dem hohen Eichenanteil für den Artenschutz von grosser Bedeutung. Winterthur gab den historischen Mittelwaldbetrieb vor mehr als hundert Jahren auf. Zwar finden sich am Berenberg und am Chomberg noch Reste ehemaliger Mittelwälder, sie verändern sich aber sukzessive in Hochwälder, und die typischen Vorteile des Mittelwaldes verschwanden nach und nach. Im Hardholz erlebt der Mittelwald nun eine Renaissance. Bis ins Jahr 2033 wird das gesamte Hardholz schrittweise von einem Hochwald in einen Mittelwald überführt.

▲
Niederwald auf einer vom Sturm Lothar verwüsteten Fläche an der Unteren Weiherstrasse auf dem Lindberg.

ge Gebiete jedoch, etwa der vordere Teil des Eschenbergs, bestanden schon im 15. Jahrhundert lediglich noch aus Unterholz. Diese so genannten Niederwälder waren in Winterthur recht häufig. Die zahlreichen Erlasse und Verordnungen zum Schutz der Wälder begannen jedoch nach und nach zu greifen. Bis Mitte des 18. Jahrhunderts verschwanden die Niederwälder aus Winterthur. Einzig der Schlosshofwald hielt sich noch länger als Niederwald.

Bis Ende des 18. Jahrhunderts entwickelte sich in Winterthur eine Waldbautechnik, die aus kleinflächigen Kahlschlägen bestand. Diese wurden sich selbst überlassen, der Jungwuchs indes mit Zäunen gegen das weidende Vieh geschützt. Das waldbauliche Vorgehen war damals ähnlich einem Schirmschlag: Die Baumbestände wurden zuerst aufgelockert und dann bis auf wenige Einzelbäume abgeholzt. Von diesen so genannten Überständern aus konnten sich die kahlen Flächen durch Samenbefall wieder verjüngen. Im zweiten und dritten Viertel des 18. Jahrhunderts wurden auf diese Art grosse Teile des Eschenbergs und des Lindbergs genutzt. Bereits damals fanden sich Spuren von künstlichen Kulturen, sowohl im Eschenberg als auch im Lindbergwald.

Diese Art von Kahlschlagbetrieb wich zunehmend rationelleren Betriebsformen. Der gesamte Holzvorrat sollte künftig genau eingeteilt und geplant werden. Den Anstoss zu einer geregelten Forstwirtschaft gaben schliesslich grössere Windwurfschäden und die Borkenkäferinvasionen von 1803 und 1807.

Neuer Mittelwald im Hardholz bei Wülflingen: Renaissance einer traditionellen Waldbewirtschaftungsform.

Die moderne Waldwirtschaft beginnt

In Winterthur gibt es seit Mitte des 15. Jahrhunderts das Amt des Försters. Dieser hatte allerdings lange Zeit lediglich eine Polizeifunktion, erst später kamen administrative Funktionen dazu. Konkret hatte der Förster den Auftrag, den städtischen Besitz zu wahren. Seine heutige Aufgabe – die angepasste Waldnutzung und -bewirtschaftung – bekam er erst mit den Anfängen der modernen Waldwirtschaft zu Beginn des 19. Jahrhunderts. Damals hatte die Stadt Winterthur über 3000 Einwohner, und die Bevölkerung wuchs innerhalb von 35 Jahren um über 50 Prozent an.[174]

Im Zuge dieser Entwicklung vor rund 200 Jahren nahm die finanzielle Bedeutung der Stadtwaldungen stark zu. Auf der Grundlage von Wirtschaftsplänen sollten die Waldgebiete systematisch ausgewertet werden, um so eine wichtige Einnahmequelle der Stadt zu werden. Am 7. Juni 1813 beauftragte der Stadtrat den Winterthurer Bürger Andreas Weinmann (1792 – 1861), Sohn eines Küfers, die Wälder auf dem Eschenberg und dem Lindberg zu vermessen und den Holzvorrat zu bestimmen. Im Protokoll der Stadtratssitzung[175] heisst es: «... *Herrn Andreas Weinmann, der von einer wohltätigen Gesellschaft unterstützt die Forst-Wissenschaft erlernt habe, seye sicher hieher gekommen, er habe gute Attestate mitgebracht, auch Herr Forstinspector Hirzel, der seine Tätigkeit geprüft, und ihn bey einigen Forst-Visitation mitgenommen und sondiert habe, gebe ihm ein sehr günstiges Zeugnis über seine erworbenen Kenntnisse; der Herr Weinmann habe bereits mit dem alt-Forster*

Teil 3 — Geschichte | Vom Mittelalter zur Gegenwart

Pflanzschule um 1896 auf dem Eschenberg: Nach einem Kahlschlag wurden vor allem Rottannen gepflanzt.

Waldstrassenbau um 1920 in Winterthur: Befestigte Waldwege als Grundlage für eine effiziente Bewirtschaftung.

Teil 3 — Geschichte | Vom Mittelalter zur Gegenwart

▲
Panorama vom Bäumli 1888: Auffallend sind die grossen Kahlschlagflächen auf dem gegenüberliegenden Eschenberg.

Tauber die hiesigen Waldungen besichtiget und den Zustand derselben aufgenommen, wovon das Praesidium einen schriftlichen von Herrn Weinmann eingegebenen Rapport übergibt; worauf erkannt wurde, Herrn Weinmann solle eingeladen und beauftragt werden, den Plan vom Wald und Lindberg zur Hand zu nehmen und die verschiedenen Abteilungen dieser Waldungen zu besichtigen und besonders zu vermessen, und das in denselben wachsende Holz und seinen Wert samt dem Ertrag dieser Waldungen möglichst genau zu bestimmen, und so den Grund zu einer regelmässigen Forst-Behandlung zu legen: für seine Bemühung und Zeitversäumnisse solle derselbe billig salariert und ihm nach beendigter Arbeit aufgetragen werden, auch die Waldungen der Ämter auf gleiche Art zu besichtigen und zu untersuchen.»

Im Protokoll der seit 1780 als ständiges Gremium bestehenden Forstkommission[176] wird Weinmann für diese Phase als «Praktikant» bezeichnet. Im Dezember 1813 empfiehlt die Kommission dem Stadtrat aufgrund eines Gutachtens, Weinmann anzustellen. Am 20. Dezember 1813 ist im Protokoll des Stadtrats[177] zu lesen: «Nach Darlegung eines Gutachters der l. (=löblichen, Anm. d. Autors) Forst-Commission v. 16. Dec. wurde in Erwägung, dass über die Anstellung Herrn Weinmanns die Stelle eines Herrn Forstinspectors so wie der Dienst der Förster der Abwechslung und Verantwortung unterworfen und es mithin vorteilhaft ist, wenn immer eine Person dasteht, die schon gründliche Kenntnis der Forstwissenschaft besitzt, und dass nach dem Zeugnis des competenten Herrn Cantons-Forstinspectors Hirzels sich Herr Weinmann diese erforderlichen Kenntnisse erworben hat und desnahen seine Anstellung für unsere Waldungen vorteilhaft seyn kann, erkennt, Herr Weinmann solle angestellt und seine ganze Zeit in Anspruch genommen werden; derselbe ist dem Herrn Forstinspector untergeordnet, hingegen hat er die Aufsicht über alle Förster, die unter ihm stehen sollen; er solle auch eigentlicher Förster sein, Aufsicht über Frevel halten, und sich mit allem beschäftigen, was zum Nutzen der Waldungen dient; die l. (=löbliche) Forst-Commission wird ihm durch eine Pflichtordnung seine Verrichtungen näher bestimmen und hierüber ein Gutachten entwerfen; es solle ihm für seine bisherigen Verrichtungen im Canton abgefordert werden, auf Abschlag derselben wird er vom l. Forstamt 5 Louis d'or beziehen; er wird demselben pro tempore eine wöchentliche Besoldung von Fr. 5 geordnet; die Oberförster-Stelle solle mit der Zeit eingehen.»

Im März 1814 beriet und genehmigte der Stadtrat eine «*Pflichtordnung*» mit 15 Artikeln.[178] Am 28. März 1814 musste Weinmann vor dem Stadtrat erscheinen. Dieser erläuterte ihm seine Pflichten und übergab ihm die entsprechende Ordnung. Im Ratsprotokoll vom 4. April 1814[179] steht dann: «*Herr Andreas Weinmann wird als Stadtforstmeister beeidiget.*» Damit übernahm der erste Stadtforstmeister in der Geschichte der Stadt Winterthur die Bewirtschaftung der Stadtwaldungen. Die Fläche dieser Waldungen wuchs in der Amtszeit Weinmanns kräftig an. Um 1830 umfassten die Winterthurer Stadtwaldungen etwa 2500 Jucharten und um 1850 bereits etwa 2900 Jucharten. Ein Juchart entsprach damals 36 Aren. Diese Zunahme ergab sich durch Aufforstungen im Eschenberg, im Lindberg, im Schlosshof und am Brüelberg.[180]

Erster Waldwirtschaftsplan für die Stadt

Mit Andreas Weinmann begann auch die Zeit der Grosskahlschläge und anschliessender Anpflanzung – stellenweise verbunden mit landwirtschaftlicher Zwischennutzung. In Anlehnung an den landwirtschaftlichen Ackerbau wurde ein Waldgebiet jeweils in rechteckige Flächen, in so genannte Hiebszüge, eingeteilt und die Bestände innerhalb dieser Hiebszüge von Ost nach West, also gegen die übliche Windrichtung, regelmässig kahlgeschlagen. Die Breite dieser Schlagflächen betrug um 1820 etwa 30 m und nahm bis 1870 kontinuierlich bis auf 140 m zu. Entsprechend nahm auch die Grösse der Schlagflächen stetig zu, von 1 ha auf 3 ha. Mit solchen aneinandergereihten Kahlschlägen deckte die Stadt Winterthur ihren gesamten Holzbedarf. Die Schläge wurden künstlich aufgeforstet, wobei vor allem Rottannen gepflanzt wurden. So entstanden reine, künstliche Nadelholzforste. Diese neue Waldbautechnik – heute etwas respektlos Fichtenackerbau genannt – stammte aus Deutschland, wo sich die Schweizer Forstleute mangels eigener Hochschulen ausbilden liessen.

Nach 1830 begann man die Stadtwälder systematisch und streng planmässig zu bewirtschaften. Dadurch wurden sie zu bedeutenden Geldquellen für die Stadt. Zwischen 1836 und 1842 wurden der Eschenberg und der Lindberg geometrisch vermessen: 1836 unterbreitete der Geometer Jakob Melchior Ziegler der damaligen Forstkommission das erste Flächenfachwerk über den Eschenbergwald. Die reinen Nadelbaumbestände nahmen zu jener Zeit 77 Prozent, die gemischten Bestände 7 und der Mittelwald 16 Prozent der Fläche ein. Aus dem Jahr 1836 stammt auch der erste Wirtschaftsplan für den Eschenberg. Er stützte sich auf eine konsequente Einteilung in Reviere und Abteilungen und blieb bis 1847 in Kraft. Sein wichtigstes Ziel: die Erhaltung grosser Holzvorräte durch Ertragsabrechnung. Für die Pflege und den Unterhalt der Stadtwälder wurde das Wegnetz – vor allem im Eschenbergwald – deshalb massiv ausgebaut. «Auf welche Weise kann, mit Rücksicht auf Lage und Beschaffenheit des Bodens, der nachhaltige Ertrag der Waldung am zweckmässigsten gesteigert, das überstehende Holz beseitigt und dem Areal das bestmögliche Interesse gesichert werden?» Diese Frage der Forstkommission sollte ein wissenschaftliches Gutachten beantworten. Der Stadtrat beauftragte deshalb 1847 die Herren Arnsberger, Grossherzoglicher Badischer Oberforstrat in Karlsruhe, Rietmann, Forstverwalter in St. Gallen, und Kasthofer, alt Regierungsrat und Oberforstmeister in Bern mit einer entsprechenden Untersuchung. Sie erstellten über die gesamten Stadtwaldungen ein Gutachten mit Betriebsplan. In ihrem Bericht billigten die drei Experten die bisherige Waldwirtschaft, lehnten die beantragte stel-

Teil 3 — Geschichte | Vom Mittelalter zur Gegenwart

▲
Bestandeskarte des Waldes Eschenberg: Gezeichnet 1836 vom Winterthurer Geometer Jakob Melchior Ziegler.

lenweise Umwandlung in Mittelwald ab und empfahlen den 100-jährigen Umtrieb. Das heisst: Die Waldbestände sollten innerhalb eines Jahrhunderts vollständig erneuert werden. Ihr Gutachten ergänzten sie durch einen Wirtschaftsplan, der die Nutzung des Waldes nach einem relativ strengen Schlagplan vorsah. Der Wirtschaftsplan, der übrigens sofort in Kraft trat, stellte die Regel auf: allmählicher Abtrieb und natürliche Verjüngung. Ausserdem forderte er, die Weisstanne zu begünstigen und Kahlschläge nur noch ausnahmsweise zuzulassen.

So weit die Theorie – die Praxis sah anders aus: Der Kahlschlag blieb die übliche Form der Holzernte. In den ersten 15 Jahren, also bis 1862, erfolgte die Verjüngung sehr langsam. An vielen Stellen wurde auf Schläge verzichtet. An anderen hingegen wurden schlechte Bestände vorzeitig geschlagen – im grossen und ganzen eine allmähliche qualitative Verbesserung des Waldzustands.

In der Zeit zwischen 1850 und 1870 hatte die landwirtschaftliche Zwischennutzung der Schlagflächen eine grosse Bedeutung. Dieser so genannte Waldfeldbau dauerte gewöhnlich vier Jahre: im ersten Jahr auf der ganzen Fläche und in den drei folgenden nur noch zwischen den gepflanzten Baumreihen. Im ersten Jahr konnten die Pächter pflanzen, was sie wollten, im zweiten und dritten Jahr Hackfrüchte – zum Beispiel Kartoffeln und Karotten – und im letzten schliesslich nur noch Getreide. Diese Zwischennutzung wirkte sich dank der Bodenlockerung anfänglich positiv auf das Wachstum junger Baumbestände aus. Erst später sah

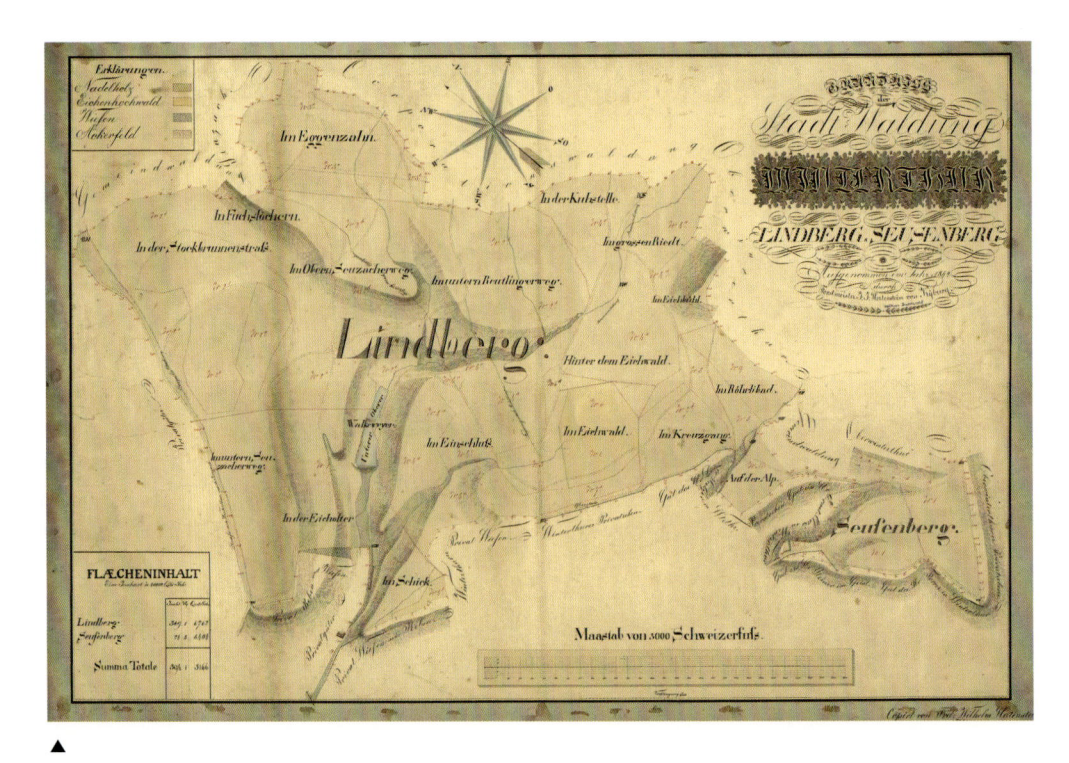

Grundriss der Stadtwaldung auf dem Lindberg: Aufgenommen 1842 von Wilhelm Friedrich Hertenstein.

man auch die Kehrseite der Medaille: Krüppelwuchs, Frost- und Engerlingsschäden. 1882 wurde diese Waldnutzung stark eingeschränkt und wenige Jahre später abgeschafft.

Ebenfalls gegen Ende des letzten Jahrhunderts pflanzte das Forstamt entlang der gutbesuchten Waldwege Laubbaum-Alleen – zwecks Verschönerung des Waldes.

Experten schmieden wegweisenden Plan

Anfang 1861 wurde Kaspar Weinmann Nachfolger seines Vaters Andreas Weinmann. Mit seiner Amtszeit begann die moderne, auf die Ergebnisse der Wissenschaft abgestützte Waldbewirtschaftung. Zwei Jahre nach Weinmanns Amtsantritt präsentierte sich der ganze Stadtwald als Hochwald. Einzig der Wald am Tössrain wies damals den Charakter eines Mittelwaldes auf. Doch auch der sollte bald in einen Hochwald überführt werden. Reine Bestände von Laubbäumen waren damals nirgends vorhanden, hingegen dominierten vielerorts die Nadelbäume. In diesen meist künstlich aufgeforsteten Nadelbaumbeständen war die Rottanne am stärksten vertreten. Unter dem Titel «Beschreibung und Wirtschaftsplan über die Stadtwaldungen von Winterthur» erschien im August 1862 ein neuer, damals richtungsweisender Plan für die künftige Bewirtschaftung der Stadtwälder. Die drei Autoren, Oberforstmeister Elias Landolt aus Zürich, Forstmeister

Jakob Melchior Ziegler

Der Unternehmer, Lehrer und Kartograf Jakob Melchior Ziegler (1801–1883), Sohn eines Winterthurer Baumwollhändlers, wurde 1834 in den Stadtrat gewählt, wo er bis 1847 das Amt des Forstinspektors bekleidete. In dieser Funktion nahm er die Vermessung der gesamten städtischen Waldungen vor, die in einen neuen Forstplan mündete. Er war Mitgründer des Winterthurer Kunstvereins und der Gemeinnützigen Gesellschaft des Bezirks Winterthur und hielt vor dieser 1851 ein Referat *«Über die Vorsorge gegen den zu befürchtenden Holzmangel».*[181]

Teil 3 — Geschichte | Vom Mittelalter zur Gegenwart

▲

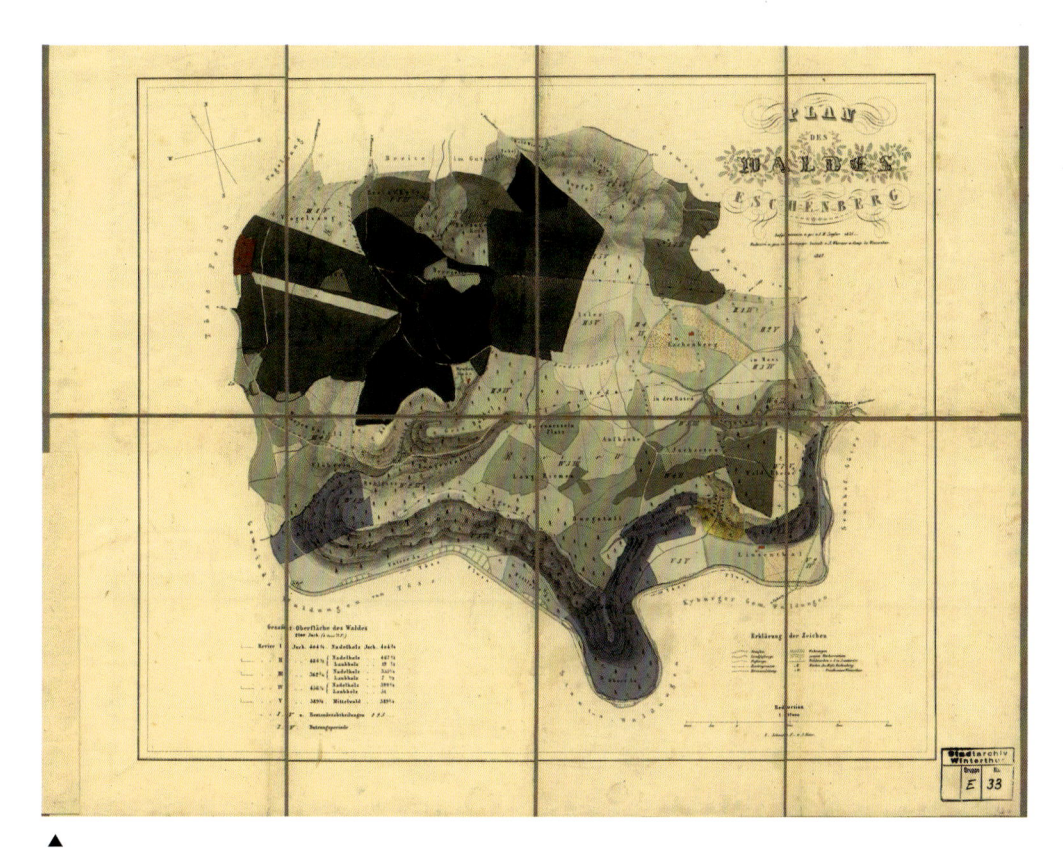

Auf dem Plan des Waldes Eschenberg aus dem Jahr 1847 sind die Bestandesabteilungen und Nutzungsperioden ersichtlich.

Wilhelm Friedrich Hertenstein von Kyburg und Stadtforstmeister Kaspar Weinmann, setzten darin folgende Schwerpunkte:
- Erzeugung möglichst grosser Mengen von brauchbarem Holz.
- Sicherung des Waldes gegen Gefahren von aussen.
- Erhaltung und Äufnung des Stammkapitals.

Weil dieser Plan grosse Auswirkungen auf die Winterthurer Forstwirtschaft hatte, lohnt sich hier ein Blick auf die wichtigsten Grundsätze:

1. Alle Stadtwälder sind als Hochwald mit einer durchschnittlichen Umtriebszeit von hundert Jahren zu behandeln oder in solche zu überführen.
2. Allgemein sind gemischte Bestände anzustreben. Den Hauptbestand sollen aber Rot- und Weisstannen bilden. Die Laubbaumarten sollen höchstens 20 Prozent Anteil erreichen.
3. Die Hiebe sollen für jeden Waldteil möglichst regelmässig erfolgen.
4. Als Regel gilt der Kahlschlag.
5. Alle Kahlschläge sind künstlich aufzuforsten. Gute Böden sollen landwirtschaftlich zwischengenutzt werden.
6. Bei der Naturverjüngung durch allmählichen Abtrieb sind die Schläge dunkel zu halten (geschlossenes Kronendach, Anm. d. Autors) und nach erfolgter Besamung sofort zu lichten.
7. Jungwüchse sind sorgfältig zu pflegen.
8. Das projektierte Wegnetz ist bis zur Vollendung zu realisieren.
9. Die Nutzung unterliegt dem Prinzip der Nachhaltigkeit: Die Nutzung darf den Zuwachs nicht übersteigen.
10. Die Anwendung dieses Prinzips ist streng zu kontrollieren.
11. Die Jahreserträge an Holz sollen möglichst gleichmässig sein.
12. Der Bewirtschafter bestimmt über: Reihenfolge der Hiebe, Verjüngungsdauer, Mischungsverhältnisse bei der Aufforstung,

Säuberungen und Durchforstungen und Vervollständigung des Wegnetzes. Er hat ausserdem auf die Pflanzung von Eichen, vor allem im Lindbergwald, zu achten.

13. Im ersten Jahrzehnt des Plans soll die Hauptnutzung 2650 Klafter nicht übersteigen (unter Hauptnutzung versteht man die entnommene Holzmasse aus mindestens 60-jährigen Beständen).
14. Den ertragsreichen Nebennutzungen ist die nötige Beachtung zu schenken, indes nur so weit, als sie die Produktion einer möglichst grossen und brauchbaren Holzmasse nicht einschränkt.

Exotische Baumarten im Stadtwald

Dieser Wirtschaftsplan zeigte, dass nach der Übernutzung der Wälder noch bis ins 18. Jahrhundert und dem dadurch entstandenen Mangel an wertvollem Holz endgültig neue Bewirtschaftungsformen gefragt waren. Bewirtschaftungsformen, die den Wald als Holzlieferant auf unbestimmte Zeit sicherten. Dem Wald durfte künftig nicht mehr Holz entnommen werden, als durch planmässige Aufforstung nachwächst. Mit anderen Worten: Die Bewirtschaftung des Waldes musste fortan nachhaltig sein. In der Folge wurden aus den einst ausgeplünderten Laubwäldern vielerorts hochproduktive Nadelholzforste. Dafür pflanzte man in erster Linie die Rottanne oder Fichte und auf trockenen Standorten die Föhre an. Insbesondere die Fichte lieferte rasch hohe Holzerträge.

Erstmals wurden zu dieser Zeit auch schnell wachsende exotische Baumarten aus anderen Kontinenten eingesetzt. Weil die meisten dieser Exoten hier nicht wunschgemäss gediehen, verloren sie rasch wieder an Bedeutung. Erst in der zweiten Hälfte des 19. Jahrhunderts unternahm man neue Kulturversuche mit Exoten.

Gegen Ende des 19. Jahrhunderts wehte dann endgültig ein neuer Wind durch die Winterthurer Stadtwälder: Zu den einheimischen Baumarten gesellten sich plötzlich abertausende von Exoten. Verantwortlich dafür war Stadtforstmeister Max Siber, der letzte Vertreter der Kahlschlagwirtschaft in Winterthur.

Siber hoffte, mit einem Kunstgriff die Produktionsleistung des Winterthurer Waldes massiv steigern zu können und garnierte ihn mit über zwei Dutzend exotischer Baumarten – aus Nordamerika, aus dem westlichen Mittelmeergebiet, aus dem Ural und aus Sibirien (Douglasie, Weymouthföhre, Sitkafichte, Sequoia usw.).

Der Riesenmammutbaum etwa, die Grüne Douglasie oder die Lawsons Scheinzypresse fielen in ihrer Heimat Kalifornien durch eine hohe Wuchsleistung auf. Aus Japan wurden die Erbsenfrüchtige Scheinzypresse, die Sicheltanne und die Japanische Lärche eingeführt, aus dem Himalaya die Tränen-Kiefer.

Sibers Hoffnung war eine Zeiterscheinung, die keineswegs auf Winterthur beschränkt war: Schon 1850 berichtete der ehemalige Berner Kantonsoberförster und Regierungsrat Albrecht Karl Ludwig Kasthofer (1777–1853) über seine Kulturversuche mit fremden Holzarten. Er führte sie nach 1810 in der Umgebung von Interlaken durch. Auch an anderen Orten erfolgten in der zweiten Hälfte des 19. Jahrhunderts zahlreiche Anbauversuche mit allen möglichen exotischen Baumarten. Zwar wurden im Winterthurer Wald schon früher vereinzelt Weymouthföhren, Akazien und Schwarzföhren gesetzt. Doch Siber pflanzte um die Jahrhundertwende gegen 100000 fremdländische Jungbäume in den Winterthurer Wald. Zwischen 1896 und 1902 war jeder neunte gepflanzte Baum ausländischer Provenienz; im Rekordjahr 1898 war es gar jeder fünfte.

Doch die Euphorie wich bald herber Enttäuschung: Wirtschaftlich war nämlich einzig die grüne Douglasie von Bedeutung. Auf guten Böden liefert sie mehr und besseres Holz als die einheimische Fichte. In den ersten Amtsjahren von Sibers Nachfolger Friedrich Arnold wurden die Pflanzungen noch fortgesetzt. Wahrscheinlich verwendete man aber vor allem die noch aus der Zeit Sibers vorhandenen Jungbäumchen. Denn die Zahl der gepflanzten Exoten nahm rasch ab; nach 1910 wurden fast keine fremden Baumarten mehr gepflanzt. Fast alle der damals gepflanzten exotischen Baumarten sind inzwischen aus den Winterthurer Wäldern wieder verschwunden. Viele waren für die hiesigen Standorte schlicht ungeeignet und anfällig auf Krankheiten und Schädlinge. Zwar trifft man auch heute noch auf einzelne fremde Baumarten – etwa auf die Weymouthföhre südlich des Bruderhauses oder den Mammutbaum bei den Walcheweihern – doch sind diese weder wirtschaftlich noch ökologisch von besonderer Bedeutung.

Femelschlag ersetzt Kahlschlag
Noch im 19. Jahrhundert zeitigte die einseitige Rottannenwirtschaft schwerwiegende Folgen: Krankheiten, Stürme, Schneedruck und Borkenkäferinvasionen setzten den reinen, gleichaltrigen Rottannenwäldern derart zu, dass viele Bäume frühzeitig gefällt werden mussten. Wohl deshalb folgte um die Jahrhundertwende eine gründliche Kursänderung, eingeleitet durch den damaligen Stadtforstmeister Friedrich Arnold: Der Kahlschlag wurde endgültig durch den Femelschlag ersetzt. Sein Ziel: mehr Rücksicht auf die Naturverjüngung und eine naturgerechtere Bewirtschaftung der Wälder.

Geistiger Vater dieser neuartigen Waldbaulehre war der Münchner Professor Karl Gayer (1822–1907). Er plädierte für den Femelschlag mit ungleichaltrigen, gemischten Beständen. Der Wald soll aus Gruppen zusammengesetzt sein, die ihrerseits aus verschiedenen Baumarten in unterschiedlichem Alter bestehen. Der Femelschlag verjüngt den Wald also gruppenweise. Wie keine andere Bewirtschaftungsform berücksichtigt der Femelschlag ein möglichst grosses Spektrum von Baumarten. Die vorhandenen Bäume sollen sich möglichst natürlich verjüngen. Nur dort, wo keine Naturverjüngung aufkommt oder wo eine neue Baumart ins Spiel kommt, werden Jungbäume gepflanzt. Um die schönsten Bäume zu begünstigen, werden die schärfsten Konkurrenten gefällt.

▲
Die Riesenmammutbäume an der Oberen Meyengstellstrasse wurden Ende des 19. Jahrhunderts angepflanzt.

▲
Die Riesenmammutbaum-Allee an der Unteren Weiherstrasse wurde vom damaligen Stadtforstmeister Max Siber angelegt. Im Jahr 2008 hat sie der städtische Forstbetrieb mit der Anpflanzung weiterer Mammutbäume verlängert.

▲
Douglasie an der Kreuzung Kuhstellstrasse–Jubiläumsstrasse–Eichbühlstrasse im Lindbergwald.

▲
Riesenmammutbäume an der Schneisenstrasse zwischen Isler-Hütte und Eschenbergstrasse.

Im Gegensatz zum Kahlschlag und anschliessender Aufforstung auf grossen Flächen geht der Femelschlag von kleinen Gruppen aus, welche allmählich erweitert werden. Ursprünglich schritt diese Verjüngungsart nur sehr langsam voran. Das kam vor allem denjenigen Baumarten entgegen, die im Jugendstadium problemlos Schatten ertragen: den Buchen, Rot- und Weisstannen.

In der Amtszeit Friedrich Arnolds trat das Eidgenössische Forstgesetz in Kraft, das den Kahlschlag und die Waldweide verbot. Arnolds Nachfolger Paul Lang passte den Femelschlag schliesslich denjenigen Baumarten an, die als

▲
Waldarbeiter und Pferde 1949/50: Vor der Mechanisierung der Holzernte war die Arbeit beschwerlich und gefährlich.

Jungbäume auf viel Licht angewiesen sind. Diese Bewirtschaftungsart behielt bis heute ihre Gültigkeit, wobei es immer wieder zu leichten Änderungen bezüglich Baumartenwahl kam.

Fichtenmonokulturen als Sorgenkinder
Zwischen den beiden Weltkriegen waren die städtischen Forstleute vor allem damit beschäftigt, die Fehler zu korrigieren, die man zu Beginn des Jahrhunderts mit der einseitigen Förderung der Weisstanne gemacht hatte. Diesbezüglich hat sich die Winterthurer Forstgeschichte im 20. Jahrhundert wiederholt: Auch mit den heutigen Betriebsplänen versucht man, die Folgen der Fehleinschätzungen früherer Jahrzehnte auszubügeln. Allerdings ist heute nicht die Weisstanne das Sorgenkind, sondern die an einigen Stellen noch anzutreffenden künstlichen Fichtenmonokulturen, die in den 1960er- und 1970er-Jahren angelegt wurden. Diese Bestände sind das ganze Jahr über dunkel, monoton und artenarm. Sie sind anfällig auf Sturm- und Insektenschäden und

▲
Handarbeit in den Nachkriegsjahren: Holzschlag mit Beil und Zwei-Mann-Hobelzahnsäge.

bergen ausserdem die Gefahr, dass der Boden durch die Fichten-Nadelstreu versauert und damit seine hohe Fruchtbarkeit verliert.

Wer heute durch die Winterthurer Wälder streift, wird feststellen, dass diese Bestände – vor allem im Stadtwald – vielerorts bereits aufgelockert sind und allmählich einer natürlichen Verjüngung mit standortgerechten Baumarten Platz machen.

Femelschlagbetrieb auf dem Eschenberg: Gruppenweise Naturverjüngung des Waldes.

Brennholz verliert an Bedeutung

Durch die Revolution von Kohle und Eisen und den Ausbau der Verkehrsverbindungen auf Schiene und Strasse gegen Mitte des 19. Jahrhunderts sank die Nachfrage nach Brennholz. Im Zweiten Weltkrieg stieg der Bedarf allerdings nochmals kräftig an. Am Ende des Krieges 1945 wurden 65 Prozent der gesamten Holzernte in den Stadtwäldern zu Brennholz verarbeitet. Moderne Ölheizungen und die Elektrizität in Küche und Waschraum liessen den Brennholzverbrauch in der Nachkriegszeit allerdings wieder auf einen Bruchteil früherer Zeiten sinken.

Heute wäre mehr als genug Brennholz vorhanden. Und umweltfreundliche Alternativen zu den einfachen Kachelöfen von damals gibt es mittlerweile auch: die Holzschnitzelheizungen. Weil Holz im Gegensatz zum Heizöl eine erneuerbare Energie ist, könnte es in Zukunft wieder begehrt werden. Die Stadtverwaltung selber hat bereits positive Erfahrungen mit Holzschnitzelheizungen gemacht: 1985 hat sie beim Reitplatz ein Lager für Hackschnitzel eingerichtet und im folgenden Winter eine erste Schnitzelfeuerung im Schulhaus Hegifeld in Oberwinterthur in Betrieb genommen. Kurz darauf folgte eine zweite Schnitzelfeuerung im Schulhaus Rosenau.

Wichtig für die Entwicklung der Stadt

Rückblickend ist die wirtschaftliche Entwicklung Winterthurs ohne die Nutzung der umliegenden Wälder kaum vorstellbar. Zu bedeutend war der Wald in der Geschichte der Stadt. Noch um 1860 lieferten die Stadtwälder immerhin ein Viertel der gesamten Bruttoeinnahmen von Winterthur. Und nach dem Nationalbahndebakel von 1878 konnte sich Winterthur vor allem dank seiner Wälder über Wasser halten. Der Stadtwald bildete sogar einen Hauptposten in der Pfandschaft gegenüber den Gläubigern der Nationalbahnschuld.

Noch bis weit in die 1930er-Jahre hinein waren die Wälder für die Stadt Winterthur eine bedeutende Einnahmequelle. Allerdings kamen ihre Einkünfte in früheren Zeiten ganz anders zustande als heute, wo sie hauptsächlich aus Steuern bestehen.

Forstleute auf dem Waldumgang um 1906:
Stadtforstmeister Friedrich Arnold (hintere Reihe, 3.v.l.)

Weil aber das Holz im Ausland bald einmal billiger zu haben war und die Löhne hier stark anstiegen, gingen die einst stolzen Erträge der städtischen Forstverwaltung rasch zurück. Nach den Sturmschäden von 1967 kam das damalige Forstamt immer stärker in die roten Zahlen. Zu einer negativen Bilanz führte in den vergangenen Jahrzehnten ausserdem ein an sich wertvoller Wertewandel in der Waldwirtschaft: weg vom reinen Holzertragsdenken und hin zu einer gesamtwirtschaftlichen Betrachtung der ökologischen und gemeinnützigen Funktion des Waldes.

Grosse gemeinwirtschaftliche Leistungen

Dennoch sind die wirtschaftlichen Leistungen der Stadtwälder auch heute noch enorm: Sie liefern pro Jahr bis zu 18 000 m³ verkaufsfertig aufgerüstetes Nutz-, Papier-, Industrie- und Brennholz. Damit erzielt der heutige Forstbetrieb Winterthur zusammen mit anderen verrechenbaren Leistungen einen jährlichen Ertrag von rund 2,5 Millionen Franken und einen Gewinn von 150 000 Franken. Der Gewinn aus der Holzproduktion vermag aber den Aufwand für die gemeinwirtschaftlichen Leistungen, die der Forstbetrieb erbringt, nicht zu decken.

Die Nettokosten für Schutzwaldpflege, Instandhaltung von Waldwegen, Naturschutzmassnahmen, Bau und Betrieb von Naherholungseinrichtungen wie beispielsweise der Wildpark Bruderhaus auf dem Eschenberg oder die Walcheweiher im Lindbergwald belaufen sich auf rund 2,5 Millionen Franken pro Jahr.

ZEHN STADTFORSTMEISTER SEIT 1814

In Winterthur gibt es seit 1814 ein Stadtforstamt. In jenem Jahr wurde der erste Stadtforstmeister von Winterthur im Amt vereidigt. Seither hatten neun Männer die Funktion des Stadtforstmeisters inne und den Wald auf ihre Weise und der Zeit entsprechend geprägt. Seit 1997 ist der heute 50-jährige Beat Kunz für das Wohl des Winterthurer Waldes verantwortlich.

Andreas Weinmann (1814 – 1861)

Zum ersten Stadtforstmeister von Winterthur wurde 1814 Andreas Weinmann (im Bild vorne rechts) gewählt. Der damals 20-Jährige hatte bereits einige Vermessungen durchgeführt. Von 1818 bis 1830 wohnte Weinmann im Bruderhaus. In seiner Amtszeit entstand der erste Wirtschaftsplan für den Wald auf dem Eschenberg. Grössere Waldrodungen fanden in der vor allem durch Grosskahlschläge geprägten Amtszeit Weinmanns nicht statt. Hingegen wurden kleinere Parzellen verkauft oder für den Bau der Nordostbahn abgetreten. Andreas Weinmann hatte grosse Verdienste um die Verbesserung der forstlichen Verhältnisse im Eschenbergwald. Er trat Anfang 1861 zurück und starb bereits ein halbes Jahr später. Sein Nachfolger wurde sein Sohn Kaspar.

Kaspar Weinmann (1861–1888)

In die Fussstapfen von Andreas Weinmann trat sein Sohn Kaspar. Er kam 1827 im Bruderhaus zur Welt. Kaspar Weinmann studierte Forstwirtschaft, zuerst in Hohenheim bei Stuttgart, dann in Tharandt bei Dresden. Seine gesamte Ausbildung absolvierte er in Deutschland, von wo er seine Vorliebe für den Kahlschlag mitbrachte. Eine andere Ausbildungsmöglichkeit gab es damals für angehende Schweizer Forstingenieure nicht, denn die ETH Zürich, wo die Forstexperten heute ausgebildet werden, existierte noch nicht. Nach seiner Ausbildung übernahm der 19-jährige Kaspar Weinmann die Stelle des Stadtforstadjunkten. Er war damit Gehilfe und Stellvertreter seines Vaters. In dieser Ära Weinmann wurden viele Pflanzgärten angelegt, zahlreiche Waldstrassen gebaut, die Töss im Leisental eingedämmt und grosse Gebiete um den Eschenberghof aufgeforstet. Zwei Jahre nach seinem Amtsantritt hatte Kaspar Weinmann mit seinen Studienkollegen Elias Landolt und Wilhelm Friedrich Hertenstein den wegweisenden Plan über die Bewirtschaftung der Stadtwälder erarbeitet – mitunter ein Ausdruck für die moderne, auf die Ergebnisse der Wissenschaft abgestützte Waldwirtschaft. Landolt war der erste Professor für Forstwirtschaft am neugegründeten Eidgenössischen Polytechnikum in Zürich, gleichzeitig Oberforstmeister des Kantons Zürich und Inhaber einer gleichnamigen Weinhandlung in der Stadt Zürich. Hertenstein wurde später zum Bundesrat gewählt. Erfolglos kämpfte Kaspar Weinmann in den 70er-Jahren des 19. Jahrhunderts gegen die Rodung des Waldgebiets Vogelsang. Mit Erfolg wehrte er sich aber gegen den Verkauf des Kümbergwaldes. Weinmann starb 1888. Der Gedenkstein an der Küferbuckstrasse – auf der rechten Seite der Strasse von der Breite ins Bruderhaus hinauf – erinnert noch heute an ihn. Und der Waldweg durchs Totentäli heisst ihm zu Ehren Kaspar-Weinmann-Strasse.

Theodor Felber (1888–1894)

Der dritte Stadtforstmeister, Theodor Felber, hatte eine kurze Amtszeit. Auch er war ein Vertreter der Kahlschlagwirtschaft. Allerdings lehnte Felber die einseitige, schablonenhafte Anwendung sächsischer und preussischer Bewirtschaftungsmethoden ab. Vor seiner Wahl nach Winterthur hatte Felber reichlich Praxiserfahrung gesammelt: Er war Geometer bei der Katastervermessung des Kantons Solothurn, Oberförster des Kreises Willisau/Entlebuch, Oberförster der Oberallmendkorporation Schwyz und Kantonsoberförster beider Appenzell. Im öffentlichen Leben spielte Felber eine bedeutende Rolle: Er bekleidete zahlreiche Ämter und war landesweit als Experte in Gesetzesfragen sowie in forstpolitischen, forstästhetischen und volkswirtschaftlichen Angelegenheiten geschätzt. 1893 beteiligte sich Felber an der Ausarbeitung des ersten schweizerischen Kranken- und Unfallversicherungsgesetzes. Zudem war er Präsident der eidgenössischen Kommission für nicht versicherbare Elementarschäden und von 1903 bis 1905 auch Präsident des Schweizerischen Forstvereins. Ihm wurde unter anderem eine kraftvolle Persönlichkeit, eine glänzende Rednergabe, Patriotismus und Begeisterung für alles Schöne und Edle attestiert. Bekannt wurde Felber auch als Forstästhet. So hatte er zum Beispiel in Winterthur Spazierwege um die Walcheweiher angelegt und sie liebevoll mit Zäunen aus krummem Birkenholz geschmückt. Schon sechs Jahre nach seinem Amtsantritt wurde Theodor Felber 1894 zum Professor für Forsteinrichtung ans Eidgenössische Polytechnikum gewählt. Auch nach ihm wurde in Winterthur eine Strasse benannt: Die Theodor-Felber-Strasse liegt im Schlosstal zwischen der Burgruine Alt Wülflingen und der Töss.

Max Siber (1894 – 1899)

Felbers Nachfolger, Max Siber, war vor seiner Wahl zum neuen Stadtforstmeister im Jahr 1894 viel gereist und weltweit tätig gewesen. So war er zum Beispiel Plantagenleiter in Sumatra. Vor diesem Hintergrund ertaunt es nicht, dass Siber ausserordentlich Gefallen an exotischen Baumarten fand. Die Riesenmammutbäume bei den Walcheweihern beispielsweise oder im Meiengstell und Isler (im Eschenbergwald) stammen alle aus der Amtszeit Sibers. Er starb 1899 nach nur fünf Amtsjahren.

Friedrich Arnold (1899 – 1928)

Auf Siber folgte der wohl berühmteste Stadtforstmeister: Friedrich Arnold. Er hat sich weltweit einen Namen gemacht als erster Waldbauer, der konsequent mit Naturverjüngung und Femelschlag gearbeitet hatte – und vor allem: der damit auch Erfolg hatte. Er war es also, der in Winterthur den Kahlschlag von einem Tag auf den anderen durch den Femelschlag ersetzte. Das brauchte damals eine gehörige Portion Mut und Überzeugungskraft. Arnold brachte nicht nur die alten Stadtwaldreviere, sondern auch die angeschlagenen ehemaligen Gemeindewälder, die nach der Stadtvereinigung unter seine Fittiche kamen, innert Kürze auf Vordermann. Rückblickend hatte Arnolds Femelschlagtechnik allerdings einen Makel: Er bevorzugte zu stark die Weisstanne. Trotzdem: Unter Arnold sind die Winterthurer Stadtwälder im In- und Ausland zu einem der angesehensten Lehr- und Versuchsgebiete geworden, das Jahr für Jahr von Wissenschaftlern und Praktikern aus aller Welt besucht wurde. Nach seinem Tod 1928 erschien in der Schweizerischen Zeitschrift für Forstwesen ein beachtenswerter Nachruf auf Friedrich Arnold. Darin heisst es unter anderem: «Unter aller Wahrung der ökonomischen Anforderungen war Arnold doch stets darauf bedacht, bei seinen wirtschaftlichen Massregeln auch die natürliche Waldschönheit zu fördern, und es ist ihm denn auch gelungen, die Winterthurer Waldungen in verhältnismässig kurzer Zeit und scheinbar mühelos zu einem grossen Park umzuwandeln.»

Paul Lang (1928–1959)

Unter dem neuen Stadtforstmeister Paul Lang fiel Arnolds Weisstannen-Naturverjüngung zum Teil der Trieblaus zum Opfer. Schliesslich passte Lang den Femelschlag an die Bedürfnisse derjenigen Baumarten an, die im Jugendstadium auf Licht angewiesen sind. Lang erlebte als Forstmeister die Krisenjahre mit den Sorgen des Holzabsatzes und die Kriegszeit mit den befohlenen Übernutzungen und Rodungen für vermehrten Ackerbau im Zuge des Anbauplans.

Kurt Madliger (1960–1974)

Nachfolger von Paul Lang wurde Kurt Madliger, der schon seit 1944 als Adjunkt in der Forstverwaltung tätig war. 1960 wurde er zum Winterthurer Stadtforstmeister gewählt. Seine Amtszeit war gezeichnet vom Rutsch des Forstbetriebs in die roten Zahlen und von der einseitigen Förderung der Rottanne. In seiner Amtszeit erfolgte der Wechsel von der Handarbeit zur Mechanisierung der Holzernte. So erdröhnten um 1960 die ersten Motorsägen im Stadtwald. Wie kaum ein anderer Stadtforstmeister vor ihm verstand es Madliger, die Erkenntnisse der Forstwirtschaft und die Bedeutung der Winterthurer Wälder an ein breites Publikum heranzutragen. 1974 wurde Kurt Madliger zum Konservator der Naturwissenschaftlichen Sammlungen gewählt.

Diethelm Steiner (1974–1987)

Unter Madligers Nachfolger, Diethelm Steiner, wurde aus dem Forstamt der Stadt Winterthur 1987 der Städtische Forstbetrieb. Die Amtszeit Steiners war von drei Phänomenen geprägt: von der zunehmenden Bedeutung der Wohlfahrtsfunktionen des Waldes, vom stärkeren Einbezug des Naturschutzes in die Waldwirtschaft und vom «Waldsterben» und der damit verbundenen öffentlichen Debatte.

Hermann Siegerist (1988 – 1997)

Mit allen drei Zeiterscheinungen hatte sich auch sein Nachfolger, Hermann Siegerist, auseinanderzusetzen. Schon in den 70er-Jahren, vor allem aber in den 80-ern, wurden immer häufiger Stimmen laut, die einen stärkeren Einbezug des Naturschutzgedankens in die Forstwirtschaft forderten. Immer länger werdende Listen von aussterbenden Tier- und Pflanzenarten haben die Seele von Naturfreunden empfindlich getroffen. In der Amtszeit Siegerists erhielt der Naturschutz deshalb einen sehr hohen Stellenwert: Bereits in den 70er-Jahren setzte er sich – damals noch als Adjunkt – für den Schutz von Amphibien und Wasserinsekten ein. Er förderte massgeblich die Realisierung zahlreicher Nassstandorte in den Winterthurer Wäldern. 1995 und 1996 zum Beispiel wurden unter Siegerist im Unteren Hangentobel im Eschenbergwald zwei neue Amphibienweiher angelegt. Ein weiterer Schwerpunkt von Siegerists Tätigkeit waren die Massnahmen zur Förderung standortgerechter Baumarten und der konsequenten Naturverjüngung. Nicht zuletzt war Hermann Siegerist über die Region hinaus bekannt als ausgewiesener Fachmann für den Bau robuster und langlebiger Waldstrassen.

Beat Kunz (seit 1997)

Im August 1997 wurde der damals 34-jährige Forstingenieur Beat Kunz neuer Stadtforstmeister und Nachfolger von Hermann Siegerist, der auf diesen Zeitpunkt hin in Pension ging. Kunz war bis dahin Oberförster einer Forstverwaltung im Kanton Aargau sowie Projektleiter in einem privaten Ingenieur- und Planungsbüro. In seiner Amtszeit hat sich der Forstbetrieb vom Holzproduzenten zu einem umfassenden Bau- und Dienstleistungsbetrieb entwickelt. Auslöser waren der Orkan Lothar im Jahr 1999 und veränderte Ansprüche und Erwartungen der Gesellschaft. Lothar führte zu massiv tieferen Holzpreisen. Dies zwang den Forstbetrieb zu einer stärkeren Rationalisierung und Mechanisierung. Deshalb vergrösserte und modernisierte Kunz den Maschinenpark und verbesserte gleichzeitig die Arbeitssicherheit für die Forstarbeiter durch eine intensivere Unfallprävention. Gleichzeitig wurden Aspekte wie Biodiversität oder Naherholung wichtiger. So begann der Forstbetrieb ökologisch wertvolle Lebensräume weiträumig zu vernetzen, grössere Gebiete zur Förderung der biologischen Vielfalt auszuscheiden und zahlreiche Naherholungsmöglichkeiten einzurichten. Dazu gehören etwa der Ausbau des Wildparks Bruderhaus oder die Neugestaltung der Walcheweiher. Kunz verstärkte zudem die Informations- und Öffentlichkeitsarbeit. Auch waldbaulich hat sich im Stadtwald in den vergangenen 17 Jahren viel verändert: Die Verjüngung erfolgt heute fast ausschliesslich natürlich und das Waldbild hat sich vom Dauerwald wieder in Richtung Femelschlagbetrieb entwickelt – so wie einst unter Arnold. Schliesslich hat der Forstbetrieb in Kunz' Amtszeit die Beförsterung des gesamten Privatwaldes auf Stadtgebiet übernommen.

Waldgebiet Lindberg

TEIL 4

WALDGEBIETE

LINDBERG

Historische Weidgräben sind noch sichtbar
Auf der bewaldeten Hochfläche des Lindbergs liegen zu einem grossen Teil Moränenablagerungen des letzteiszeitlichen Gletschers. Beim höchsten Punkt hat die Grundmoräne eine Mächtigkeit von etwa 3,5 m.[182] Lediglich am Südhang oberhalb der Rychenbergstrasse bis zum Waldrand hinauf fehlt die Moräne, ebenso im Tössertobel sowie im Mockentobel und entlang des Rosentalbachs unterhalb des untersten Walcheweihers; hier besteht das Oberflächengestein aus der Oberen Süsswassermolasse. Das Relief ist hier ziemlich ausgeglichen: Zwischen dem höchsten Punkt beim Wasserreservoir im Gebiet Rütenen-Buschachen auf 551 m ü. M. und dem tiefsten bei der Autobahnraststätte Forrenberg auf knapp 460 m ü. M liegen nur gerade rund 90 Höhenmeter.

Die stadtnahen Gebiete Ischluss, Süsenberg, Eichwald, Eichbüel, Römerholz, Weiherholz, Eggenzahn und Stockbrunnen im westlichen Teil des Lindbergwaldes gehören der Stadt Winterthur. Im Ostteil besitzt die Holzkorporation Oberwinterthur rund 96 ha im Gebiet Rütenen-Erlen, und Privaten wiederum gehören Waldparzellen gegen Reutlingen und im Mockentobel. Schliesslich besitzt auch die Privatwaldkorporation Reutlingen-Stadel im Rain ein grösseres Waldgebiet.

Noch heute sind auf dem Lindberg die einstigen Grenzgräben zwischen dem Stadtwald und dem Oberwinterthurer Korporationswald sowie zwischen der Stadt Winterthur und der Gemeinde Seuzach deutlich sichtbar. Diese Gräben hatten in früheren Jahrhunderten auch die Funktion von Weidgräben: Sie verhinderten, dass das Vieh den Weidgrund verliess. Der Grenzgraben zwischen Winterthur und Seuzach ist beim Fussweg in gerader Verlängerung der Unteren Weiherstrasse am besten erhalten. Und der Graben zwischen dem Wald der Holzkorporation Oberwinterthur und dem Stadtwald ist heute im Gebiet Eichbüel-Bu-

▲
Frühherbstlicher Laubmischwald im Gebiet Rütenen auf dem Lindberg auf etwa 545 m ü. M.

schachen bei der Kuhstellstrasse am schönsten sichtbar. Sogar die historischen Grenzsteine aus dem frühen 19. Jahrhundert sind noch relativ gut erhalten. Und ganz in der Nähe dieses Weidgrabens, an der Kreuzung von Eichbühlstrasse und Kuhstellstrasse, findet sich heute ein auffälliger und schöner Lärchenbestand.

Naturkundlich bedeutende Waldstandorte
Grosse Waldflächen auf dem Lindberg sind noch immer gezeichnet von der unvorstellbaren Kraft des Orkans Lothar. Der Jahrhundertsturm wütete hier besonders heftig. Alleine im Stadtwald auf dem Lindberg hat Lothar insgesamt rund 13 000 m³ Sturmholz auf einer Totalschadenfläche von 43 ha hinterlassen. Das entspricht etwa 12 000 Baumstämmen; soviel, wie der Forstbetrieb normalerweise während fünf Jahren in diesem Gebiet nutzt. Und im

Teil 4 — **Waldgebiete** | Lindberg

Herbstwald an der Oberen Eichholterstrasse südlich des Friedhofs Rosenberg: Gutwüchsiger Hallen-Buchen-Mischwald mit starken Stämmen und einer gut ausgebildeten, artenreichen Krautschicht mit Waldmeister, Sauerklee und Wald-Veilchen.

«Der Wald ist für mich ein Stück Heimat. Er ist ein Ort, wo ich zu mir finde, wo ich zur Ruhe komme, wo ich innehalten kann und wo ich wahrnehmen kann, was ist. Den Wald gab es schon lange vor mir und es wird ihn auch noch geben, wenn ich nicht mehr bin. Er ist einfach da und wächst – über Generationen. Schon als Kind habe ich sehr viel Zeit im Wald verbracht, beim Hüttenbauen und Umherstreifen. Auch meine Grossmutter ging in ihrer Kindheit häufig in den Wald, in den Lindbergwald. Das war ihr Lieblingswald. Und auch ich gehe heute am liebsten in den Lindbergwald. Er ist vom Lärm etwas geschützt.

Der Wald ist schön und Schönes tut gut. Der Waldweg als Motiv spricht mich an, er trägt mich und führt mich irgendwohin. Und der Baum? Er ist mit den Wurzeln im Boden verankert und kann sich hoch auf- und nach dem Licht ausrichten – ein Sinnbild, das mich bewegt. Ich spüre, dass ich Teil der Schöpfung bin – und verwandt mit dem Wald. Wald ist Natur, ist Schöpfung. Hier bekomme ich viele Einsichten und Eindrücke, die mir weiterhelfen.

Ich bereitete mich einmal auf eine Beerdigung einer alten Frau vor, die in ihrer Familie eine recht dominante Stellung hatte. Was konnte ich dazu sagen? Auf einem Waldspaziergang kam ich an einem Ort vorbei, wo ein grosser alter Baum gefällt wurde. Ich schaute hinauf und sah plötzlich ganz viel Himmel. Mitten im Wald. Das war das Sinnbild! Wenn ein Baum, der viel Raum einnimmt, stirbt, entsteht Freiraum. Dann können andere, die daneben stehen, ihre Äste wieder ausbreiten. Und wieder mehr Raum einnehmen. Sich stärker entfalten. Das Schöne an einem solchen Bild ist, dass man es ohne Moral benutzen kann. Und so gibt es im Wald viele Bilder.

Einmal wollte ich über das Licht predigen. Aber was konnte ich über das Licht sagen? Ich dachte nach und ging, wie so oft, in den Wald spazieren. Und dann merkte ich, wie das Licht einfiel. Da plötzlich! Da auf dem Weg, da lag es! Ich schaute nach oben. Wie alle diese Bäume aufstreben und sich alle nach dem Licht ausrichten. Damit sie wachsen. Das Leben ist ein Streben nach Licht. Und dieses Streben nach Licht ist auch in unserer Seele. Wir sehnen uns nach Licht. Wir richten uns nach dem Licht aus. Das war dann ein passender Einstieg in meine Predigt.

Auf meinen Waldspaziergängen komme ich oft in eine kontemplative, beschauliche Grundstimmung. Häufig bin ich alleine hier. Das wundert mich. Und mich wundert auch, dass viele Leute im Wald so schnell unterwegs sind. Mit Walkingstöcken oder joggend oder irgendwie einfach so gehetzt, als ob sie etwas erledigen müssten. Aber die Jogger und die Gehetzten sind für mich kein Problem. Ich finde es gut, wenn sich Menschen im Wald bewegen. Was ich weniger verstehe ist, wenn man hier die Ohren verstopft. Irgendwie mit Musik. Dann denke ich, diese Menschen nehmen ja gar nicht wahr, was ist und kommen dann auch nicht zu dieser Tiefe in sich selber. Die Musik ist von Menschen gemacht, der Wald nicht. Und im Wald sind wir plötzlich ein Teil davon. Das ist doch das, was Kraft gibt.»

Arnold Steiner
Reformierter Pfarrer in
Veltheim, im Lindbergwald.

«Im Wald komme ich zur Ruhe, er gibt mir Kraft»

Arnold Steiner
Pfarrer

Teil 4 — Waldgebiete | Lindberg

▲
Hochsommerlicher, wüchsiger Laubmischwald in einer flachen Mulde mit zeitweilig vernässtem, eher nährstoffreichem Lehmboden beim Bäumli im Gebiet Süsenberg auf dem Lindberg.

Teil 4 — Waldgebiete | Lindberg

Ehemaliger Grenz- und Weidgraben mit modernem Grenzstein aus Granit zwischen dem Wald der Holzkorporation Oberwinterthur und dem Stadtwald auf dem Lindberg. Ganz in der Nähe steht der historische Grenzstein aus Kalktuffstein (kl. Bild).

Wald der Holzkorporation Oberwinterthur verursachte Lothar einen Schaden auf einer Fläche von 16,8 ha mit rund 6150 m³ Sturmholz – so viel wie die normale Nutzung während drei Jahren.

Der Lindbergwald unterscheidet sich vom Eschenbergwald ganz deutlich: Auf dem Lindberg kommen die *Waldhirsen-Buchenwälder* überhaupt nicht vor – im Gegensatz zum Eschenberg, wo diese Standorte fast zwei Drittel der Waldfläche einnehmen. Dafür besteht fast der ganze Lindbergwald aus *Waldmeister-Buchenwäldern*: Rund 85 Prozent des Lindbergs sind mit diesen Wäldern bedeckt. Die Waldmeister-Buchenwälder sind die häufigsten Waldgesellschaften des Schweizer Mittellandes. Sie entstehen auf mehr oder weniger neutralen, frischen und nährstoffreichen Böden über Molassegesteinen und Moränen. Die charakteristischen Baumarten dieser Waldgesellschaft sind die Buche, die Stiel- und die Traubeneiche, die Hagebuche, der Kirschbaum, die Esche, der Berg- und der Feldahorn, die Weisstanne und die Winterlinde. Das natürliche Bild des Waldmeister-Buchenwaldes als kräftiger Buchenmischwald mit starken geraden Stämmen ist im Lindberg an vielen Orten durch den grossflächigen Anbau der Rottanne stark verzerrt worden. Abwechslungsreiche Waldbilder findet man aber immer noch, zum Beispiel im südlichen Teil des Lindbergwaldes. Waldmeister, Buschwindröschen, Goldnessel, Einbeere oder Sauerklee gehören zu den häufigsten Begleitpflanzen der Waldmeister-Buchenwälder. Selten hingegen sind die Moose.

Wo es im Lindbergwald für die Buche zu feucht wird, findet man verstreut den seltenen *Ahorn-Eschenwald*. Dieser Laubmischwald ist ebenfalls äusserst kräftig und hochstämmig. Auffälligstes Merkmal: Die Buche fehlt gänzlich, dafür gedeihen Bergahorn und Eschen. Die Krautschicht ist sehr üppig und besteht zum Beispiel aus Kohldistel, Wiesen-Schaumkraut, Engelwurz, Hängesegge, Hexenkraut, Waldziest, Waldsegge, Wurmfarn oder Waldmeister. Eine grössere Fläche dieser Waldgesellschaft zieht sich vom Forsthaus Lindberg entlang des Rosentalbachs bis zu den Walcheweihern. Die-

Teil 4 — Waldgebiete | Lindberg

▲
Ehemalige Lothar-Sturmfläche an der Kreuzung Untere Weiherstrasse-Fuchsstrasse; Blickrichtung nach Westen.

se Fläche von etwa 4,5 ha ist ein Waldstandort von naturkundlicher Bedeutung; hier hat die Förderung der biologischen Vielfalt Vorrang. Leider ist das Gebiet noch immer einseitig mit Fichten-Stangenhölzern bestockt. Doch das soll sich in den kommenden Jahren ändern: Entlang des Rosentalbachs werden die Fichtenkulturen bald schon naturgemässen Bachuferbestockungen weichen müssen.[183]

Die feuchten bis nassen Stellen entlang der Bäche sind Standorte des sehr seltenen *Seggen-Bacheschenwaldes*, des *Zweiblatt-Eschenmischwaldes* oder des seltenen *Traubenkirschen-Eschenwaldes*. Der Seggen-Bacheschenwald ist leicht an der üppigen, durch Riesenschachtelhalm und Sumpfdotterblume geprägten Krautschicht zu erkennen. Vereinzelt kommen im Lindbergwald auch Standorte des *Lungenkraut-Buchenwaldes mit Immenblatt* vor – zum Beispiel oberhalb des Schulhauses Lindberg an der Tobelholzstrasse oder im Gebiet Eichbühl. Dieser lichte Buchenwald findet man am Eschenberg-Südhang sehr viel häufiger als auf dem Lindberg. Er weist eine stark entwickelte Strauchschicht mit Liguster, Rotem Hartriegel, Wolligem Schneeball, Schwarzdorn, Seidelbast und Berberitze auf. In der Krautschicht wachsen Bingelkraut, Waldmeister, Süsse Wolfsmilch, Frühlingsplatterbse, Immenblatt,

Teil 4 — Waldgebiete | Lindberg

▲
Die Gemeine Berberitze gedeiht in trocken-warmen Gebüschen auf basischen Böden, in Hecken und auf Felsen.

▲
Die Goldnessel kommt in der Region Winterthur an vielen mittleren Buchenwald-Standorten vor.

▲
Echte Wallwurz im Lindbergwald: Die Pflanze gedeiht im feuchten Krautsaum entlang von Waldwegen.

▲
Der Wald-Sauerklee ist in Winterthur an sehr schattigen Stellen im Buchen-Tannen-Wald relativ häufig.

▲
Der Echte Seidelbast kommt an schattigen Standorten in fast allen Waldgebieten von Winterthur vor.

▲
Das Immenblatt gedeiht an warmen Stellen im Pfeifengras-Föhrenwald und ist in Winterthur potenziell gefährdet.

▲ Eichensaat im Pflanzgarten Lindberg im Jahr 1946.

▲ Christbaumkultur im Pflanzgarten Lindberg 2013.

▲ Die Hütte beim Pflanzgarten Lindberg war bis in die 1960er-Jahre Unterstand und Aufenthaltsraum für die Waldarbeiter.

Schlaffe Segge und Bergsegge. Diese Waldgesellschaft gedeiht auf eher mergeligen, trockenen oder zeitweise austrocknenden Böden. An trockeneren Stellen findet man auch den *Weissseggen-Buchenwald* und den *Bergseggen-Buchenwald*.

Dominierende Baumart im Lindbergwald ist heute nicht – wie von den Waldgesellschaften her zu erwarten wäre – die Buche, sondern vielerorts die standortfremde Fichte. Diese schnellwachsende und ertragreiche Baumart wurde von der Forstwirtschaft lange Zeit bevorzugt – mit dem Resultat, dass die Rottannen auf den nährstoffreichen und ökologisch stabilen Standorten massiv zulegen konnten und noch heute den Lindbergwald dominieren.

Ein Grossteil der Fichtensetzlinge für den Stadtwald kam aus dem eigenen beim Forsthaus Lindberg an der Haldenstrasse. Hier hat der Forstbetrieb Winterthur bis in die 1990er-Jahre zeitweise bis zu 100 000 Sämlinge kultiviert und etwa 30 000 Setzlinge pro Jahr verschult, das heisst pikiert oder vereinzelt. Auch die Holzkorporation Oberwinterthur hat die Fichte in ihrem Wald stark gefördert: Zwischen 1949 und 1972 zum Beispiel hat sie auf dem Lindberg rund 138 000 Fichten in ihren Wald gepflanzt.

Die Zahl der Nadelbäume nahm in den letzten Jahren vor allem im Stadtwald, aber auch im Korporationswald, deutlich ab und wird in den kommenden Jahren gemäss den beiden aktuellen Wirtschaftsplänen noch weiter sinken.[184] Ein Blick auf die Verjüngungsflächen im Korporationswald lässt hoffen: Heute machen die Laubbaumarten in diesen Flächen über 80 Prozent aus. Am stärksten vertreten sind standortgerechte Arten wie Buche und Esche.

Fremde Strauch- und Krautpflanzen

Die Pflanzenwelt im Lindbergwald war wiederholt Gegenstand wissenschaftlicher Untersuchungen. Denn im Lindbergwald kommen so viele fremde Kraut- und Strauchpflanzen vor wie in keinem anderen Waldgebiet der Stadt. Insgesamt 22 nicht einheimische Arten aus 16 Gattungen haben Botaniker in den 1970er- und 1980er-Jahren hier gefunden. Diese Pflanzen sind grösstenteils Kulturflüchter, Arten also, die aus den nahen Gärten, dem Friedhof Rosenberg oder dem früheren Volg-Versuchsgarten beim Einkaufszentrum Rosenberg verwilderten. Einige fremde Pflanzenarten kamen im Lindbergwald besonders häufig vor, so der Sommerflieder oder die Zwergmispel. Einer der häufigsten Exoten im Lindbergwald aber ist die Mahonie, ein Berberitzengewächs. Sie ist im westlichen Teil ebenso zahlreich wie die einheimische Stechpalme.

Wichtiges Naherholungsgebiet

Die drei Walcheweiher im südwestlichen Teil des Lindbergwaldes gehören zu den wichtigsten Naherholungsgebieten in Winterthur. Der oberste dieser drei Weiher ist mit einer Fläche von rund 1600 m² der kleinste. Der mittlere Weiher dehnt sich auf knapp 3000 m² aus und der unterste auf rund 3200 m². Die Weiher werden vom Rosentalbach gespiesen, der etwa 1 km östlich im Grenzgebiet von Stadtwald und Korporationswald entspringt. Das Gebiet mit den Walcheweihern gehört der Stadt, der Rosentalbach hingegen ist ein öffentliches Gewässer und damit Eigentum des Kantons. Am 29. Juli 1882 stellte dieser der Stadt Winterthur eine erste Wasserrechtskonzession für den untersten Weiher aus. Für die beiden anderen erteilte er erst 60 Jahre später eine Konzession. Für diese Konzessionen musste die Stadt dem Kanton noch bis Ende der 1950er-Jahre eine jährliche Benützungsgebühr von 10 Franken entrichten.[185] Die Walcheweiher bilden ein staatliches Fischereirevier, das von der kantonalen Finanzdirektion an die Stadt Winterthur verpachtet und von der letzteren an einen Privaten weiterverpachtet ist.

Im 17. und 18. Jahrhundert bestand nur ein Weiher, vermutlich der mittlere. Dies zeigen früheste Akten von 1640 und der 1760 erstellte Lindbergplan des Artillerie-Collegiums. Das Wasser aus diesem Weiher floss zum Haus «Im Rosental», in dem sich damals eine Walke – also eine Mühle zur Veredelung von Stoffgeweben wie Wolle oder Leinen – befand. Daher auch der Name Walkeweiher. Nach etwa 1820 gab es in der ehemaligen Walke eine Spinnerei, zu der ein Weiher und Wasserrecht gehörten.[186]

Auf der Karte des Kantons Zürich von Johannes Wild aus dem Jahr 1851 sind bereits zwei Weiher eingezeichnet: der mittlere und der obere. Beide Weiher dienten im Winter der Brauerei Haldengut bis ins 20. Jahrhundert

▲
Aus den umliegenden Gärten verwildert: Der Sommerflieder gehört zu den häufigeren Exoten im Lindbergwald.

Teil 4 — **Waldgebiete** | Lindberg

▲
Gruss aus Winterthur: Ansichtskarte mit den Walcheweihern von 1902. Die Walcheweiher sind seit Jahrhunderten ein beliebtes Ausflugsziel. Sie wurden Ende des 19. Jahrhunderts und auch heute wieder als besonderes Naherholungsgebiet gepflegt.

▲
Walcheweiher-Sanierung 2012: Der Hochwasserschutz ist besser und die Uferzone ökologisch wertvoller geworden.

▲
Der oberste Walcheweiher wurde bereits 2004 ausgebaggert und die Ufer wurden flacher gestaltet.

▲
Neu gestalteter Fussweg am Westufer des untersten Walcheweihers mit Blick auf die beiden Riesenmammutbäume, die Ende des 19. Jahrhunderts an der Unteren Eichholterstrasse zwischen dem untersten und mittleren Weiher gepflanzt wurden.

hinein zur Eisgewinnung. Weil der Eisbedarf stieg, legte sie 1892 auf der Basis eines Pachtvertrags mit der Stadt den untersten Weiher an. Den Pachtvertrag hoben die beiden Parteien erst 1934 auf, als die Brauerei längst auf die wetterunabhängige, maschinelle Eisherstellung umgestellt hatte. Im Jahr 1930 erbaute sie beim mittleren Weiher eine offene Schutzhütte. An dieser Stelle hatte sie 1880 bereits einen Eislagerschuppen errichtet.[187] Ganz in der Nähe steht heute eine der ältesten Hütten im Stadtwald; sie wurde 1910 gebaut.

Nachdem der Forstbetrieb die Stauanlagen bereits in den 1950er-Jahren saniert hatte, musste er in den vergangenen zehn Jahren alle drei Walcheweiher gründlich sanieren; denn die Dämme waren nicht mehr dicht, die Ufer steil unterspült, die Wege in einem schlechten Zustand und die Wasserfläche mit quirlblättrigem Tausendblatt überwuchert. Im Frühling 2004 hatte der städtische Forstbetrieb den oberen Walcheweiher ausgebaggert, die Ufer flacher gestaltet und den Fussweg auf der Nordseite neu angelegt.[188]

▲
Blick aus südwestlicher Richtung auf die drei Weiher: Neue Sicherheitsbestimmungen machten Sanierungen nötig.

Neue Sicherheitsbestimmungen des Bundes für Stauanlagen von 2006 erforderten auch eine Sanierung der beiden unteren Walcheweiher. Die entsprechenden Arbeiten begannen im Herbst 2011 mit dem Ausbaggern von rund 1400 m³ Schlamm und dauerten bis zum Spätsommer 2013. Mit der Renovation sind die Uferzonen flacher und ökologisch wertvoller und der Hochwasserschutz besser geworden: Der Auslauf aus den Weihern bewältigt jetzt sogar ein Hochwasser, wie es sich im Lindberg statistisch nur einmal in hundert Jahren ereignet. Bereits im Jahr 2000 hat der Stadtrat beschlossen, das Baden in den Walcheweihern «auf eigene Verantwortung» zu erlauben.[189]

Mammutbaumallee bei den Walcheweihern
Eine Attraktion im Lindbergwald ist die über 100-jährige Mammutbaumallee entlang der Unteren Weiherstrasse. Im Jahr 2008 hat sie der Forstbetrieb mit der Anpflanzung weiterer Mammutbäume bis zur Eggenzahnstrasse verlängert. Der Stadtforstmeister und der Revierförster wollen die landschaftsprägenden, mächtigen Mammutbäume uneingeschränkt erhalten. Bei den Walcheweihern stehen heute auch einige andere exotische Baumarten, die Ende des 19. Jahrhunderts hier gepflanzt wurden – etwa die Lawsons Scheinzypresse, die Tränen- oder Himalaja-Kiefer oder die Sicheltanne, auch Japanische Zeder genannt.

Aussergewöhnlicher Eichenbestand
Am Südrand des Lindbergwaldes, an der Goldenbergstrasse, stehen auf einer Fläche von etwa 0,5 ha einige aussergewöhnlich schöne Eichen. Den geologischen Untergrund bildet hier die Obere Süsswassermolasse, die mit einer dünnen Schicht der letzteiszeitlichen Moräne und einer Decke von lehmigem, eher schwerem Boden überlagert ist. Diese Eichenfläche auf rund 500 m ü.M. entstand 1880 als

▲
Die jungen Mammutbäume an der Unteren Weiherstrasse wurden 2008 vom städtischen Forstbetrieb gepflanzt. Die neue Allee bildet die Fortsetzung der über 100-jährigen Mammutbaumallee bei den Walcheweihern.

Reihenpflanzung auf einem ehemaligen Forstgarten. Die verwendeten Eicheln stammten vermutlich aus Belgien. Weil sich die Eichen anfänglich nicht wunschgemäss entwickelten, plante man zur Ergänzung Fichten-Pflanzungen. Zum Glück kam es nicht so weit: Die Eichen entwickelten sich zu prächtigen Baumriesen mit langen geraden Stämmen und überstanden selbst den Sturm Lothar schadlos. Sie sind heute in einem so guten Zustand, dass sie voraussichtlich erst in 120 bis 170 Jahren gefällt werden müssen.

Diese aussergewöhnliche Eichenfläche interessiert auch die Eidgenössische Forschungsanstalt für Wald, Schnee und Landschaft (WSL). Seit über 90 Jahren beobachtet sie den Eichenbestand, nimmt jeweils vor Pflegeeingriffen den Zustand der einzelnen Bäume auf und vermisst sie. Deshalb tragen alle Eichen auf dieser Fläche eine Nummer. Und heute noch, wenn der Forstbetrieb Durchforstungen anzeichnet, begleitet ihn jeweils ein Mitarbeiter der WSL.[190]

Neun neue Weiher
Die Schäden durch Orkan Lothar zogen zunächst einige Reparaturarbeiten an der bestehenden Infrastruktur nach sich. Bereits im Jahr 2000 hat der Forstbetrieb auf dem Lindberg den Reitweg wieder instand gestellt. Im gleichen Jahr erneuerte er auch den Vita-Parcours beim Goldenberg vollständig und nach den neusten Erkenntnissen der Trainingslehre.[191] Und zwei Jahre darauf kam auch eine erste Reihe von Waldstrassen an die Reihe.[192]

Dann konnte sich der städtische Forstbetrieb wieder neuen Einrichtungen zuwenden. Im Jahr 2002 legte er dem kantonalen Amt für Landschaft und Natur ein Nassstandortkonzept für das Forstrevier Lindberg-Mörsburg vor. Seither hat er insgesamt neun neue Weiher gebaut – auf den Kahlflächen, die der Orkan Lothar verursacht hatte. Die ersten drei Weiher entstanden im Jahr 2002 an der Unteren Hüttenstrasse.[193] Ein Jahr später folgten dann fünf weitere Weihersysteme.[194] Und schliesslich realisierte die Stadt 2007 ein weiteres Biotop.[195]

▲
Dieser aussergewöhnliche Eichenbestand an der Goldenbergstrasse auf dem Lindberg wurde 1880 gepflanzt.

Ein Gedenkstein steht im Walde

Ganz in der Nähe des Waldschulzimmers, also des ehemaligen Forsthauses der Holzkorporation Oberwinterthur an der Lindbergwaldstrasse, steht im Wald ein auffälliger, rund 1,5 m hoher Gedenkstein für Jacob Pfau (1783 – 1849). Am 13. Juli 1851 erlaubte die Korporationsversammlung dem Bezirksrat und späteren Stadt- und Kantonsrat Matthäus Pfau-Geilinger (1820 – 1877), diesen Gedenkstein für seinen Vater aufzustellen. Pfau, ein Vertreter der starken demokratischen Bewegung, stammte aus einer Ofenbauer-Familie, die über Generationen prachtvolle Turmöfen baute, von denen heute noch zwei Exemplare im Schweizerischen Landesmuseum stehen.[196]

Schon sein Vater, Jacob Pfau, war Stadtrat von Winterthur und verwaltete als Amtmann das Spitalamt, das Armenamt und das Pfrundhaus. Ein Jahr vor seinem Tod löste Jacob Pfaus Rechnungsführung heftige Diskussionen aus. Ein Bürgerausschuss warf ihm vor, die Rechnung sei nicht so geführt, wie das erforderlich wäre, und verlangte eine neue Rechnung. Von Unterschlagungen oder Amtsmissbrauch war allerdings keine Rede. Eher schien Pfau von seiner riesigen Aufgabe überfordert zu sein.

Jacob Pfau blieb zwar Stadtrat, starb aber – möglicherweise aufgrund der Aufregung – ein knappes Jahr später auf der Jagd im Lindbergwald an einem Schlaganfall.

Nutzungsrecht für 80 Jahre

Sein Sohn Matthäus, der zwei Jahre später den Gedenkstein in den Lindbergwald setzen liess, verhandelte mit der Waldeigentümerin, der Holzkorporation Oberwinterthur. Diese erlaubte Pfau, «auf derjenigen Stelle in unserm Lindbergwald, so der sel. Herrn Amtmann Pfau, als er auf der Jagd gewesen, und dort an einem Schlagfluss starb, einen Denkstein hinstellen zu lassen».[197]

Die Korporation überliess Pfau-Geilinger zur Nutzung vorübergehend eine Fläche von 3000 Quadratfuss um den Stein herum sowie einen Fussweg. Allerdings nur für diesen

▲
Gedenkstein für Amtmann Jacob Pfau (1783 – 1849), der hier im Lindbergwald «an einem Schlagflusse» starb.

Zweck und nur, falls Pfau Nachkommen hatte. Der Gedenkstein durfte bis zur nächsten Abholzung, also rund 80 Jahre, dort stehen bleiben, wobei die Nachkommen bei der nächsten Abholzung den Fortbestand beantragen konnten. Die Korporation behielt sich vor, Bäume und Gras um den Stein herum zu nutzen, Pfau-Geilinger hingegen durfte nach eigenem Gutdünken Bäume um den Stein herum anpflanzen. Die Korporation verpflichtete sich, «beste Sorgfalt» anzuwenden und den Wald beim Stein zu beobachten, lehnte aber bei einer Beschädigung des Steins durch Windwurf oder herabfallende Äste jede Verantwortung ab.

Matthäus Pfau-Geilinger gehörte 1862 zu den 13 Gründern einer Bank in Winterthur, die später zur Grossbank UBS wurde.[198] Er kaufte 1864 die Kyburg und richtete dort das erste Schlossmuseum weiterum ein.[199] 1865 zog er sich aus der Politik zurück.

SCHOREN – MÖRSBURG – ELEND

Kostbarkeit im Schoren

Die beiden kleinen Waldgebiete Schoren und Eichholz sind ausgesprochene *Waldmeister-Buchenwald*-Standorte. Freilich findet sich westlich der Deponie Riet, ganz in der Nähe des Quartiers Wallrüti, auch ein Standort des in der ganzen Nordostschweiz extrem seltenen *Traubenkirschen-Eschenwaldes*. In diesem sumpfigen Wald auf staunassen Mulden ist eine deutliche Trennung zwischen der Baumschicht, die aus Esche und Schwarzerle besteht, und dem vor allem aus Traubenkirsche bestehenden Unterwuchs auszumachen. Sumpfdotterblume, Spierstaude, Waldbinse oder Waldschachtelhalm sind typische, ton- und nährstoffzeigende Krautpflanzen des Traubenkirschen-Eschenwaldes. Diese Gesellschaft findet sich übrigens in naturnaher Form auch im Elend, nördlich der Mörsburg. Ansonsten besteht das Gebiet Elend, wie auch das benachbarte Egg und die noch auf dem Stadtgebiet liegenden Teile des Eschbergs, vorwiegend aus recht typisch ausgebildeten *Waldmeister-* und *Waldhirsen-Buchenwald*-Standorten.

▲
Diese Waldgesellschaft ist landesweit sehr selten: Traubenkirschen-Eschenwald im Waldgebiet Schoren westlich der Deponie Riet bei Oberwinterthur. Hier ist der Boden unterhalb von etwa 50 cm dauernd vernässt und schlecht durchlüftet.

SCHÖNHOLZ

Holzproduktion im Schönholz

Das Schönholz östlich von Hegi liegt zum grösseren Teil auf dem Gebiet der Stadt Winterthur und zum kleineren auf Gemeindegebiet von Elsau. Der Teil auf Stadtgebiet umfasst rund 22,6 ha. Der höchste Punkt in diesem Waldgebiet liegt auf 536 m ü. M., der tiefste bei 485 m ü. M. Fast das ganze Gebiet – genauer: 19 ha – ist Eigentum der Holzkorporation Hegi, einzig der Südwestteil ist Privateigentum. Bis 2002 gehörten hier auch der Stadt Winterthur drei Parzellen. Dann tauschte sie ihren Wald im Schönholz und eine Parzelle am Hegiberg gegen das Waldgebiet Schoren und eine Parzelle am Sädelrain bei Oberseen ein. Damit wuchs die Fläche des vom Forstbetrieb betreuten Waldes um 82 auf damals 1926 ha.[200] Am 26. Dezember 1999 fällte der Sturm Lothar im Schönholz und im angrenzenden Birchwald, der zur Gemeinde Wiesendangen gehört, rund 1630 m³ Holz.[201]

Moränen der letzten Eiszeit bilden das geologische Fundament dieses Waldgebiets. Lediglich am Südwestrand steht die Obere Süsswassermolasse an. Das Gebiet ist ein typischer Standort der *Waldmeister-Buchenwälder*. Es besteht denn auch überwiegend aus diesen Gesellschaften. Am nährstoffreichen und kalkhaltigen Südwestrand findet sich ein etwa 4 ha grosser Standort des *typischen Lungenkraut-Buchenwaldes*, wobei sich dieser teilweise auf das Gemeindegebiet von Wiesendangen ausdehnt. Weitere Waldgesellschaften an den feuchten Stellen sind der *Aronstab-Buchenwald* mit einer Ausdehnung von 1,5 ha und *Ahorn-Eschenwald* mit 0,1 ha, ein äusserst wüchsiger, hochstämmiger Eschen-Laubmischwald mit oft üppiger Bodenvegetation. Die Holzproduktion hat im ganzen Schönholz Vorrang vor allen anderen Waldfunktionen. Vor allem im äussersten Zipfel im Ostteil dominiert heute die standortfremde Fichte. Im Schönholz gibt es keinen Waldstandort von naturkundlicher Bedeutung. Der Südosten ist eine Grundwasserschutzzone.

▲
Fichtenwald der Holzkorporation Hegi an der Vorderen Rundstrasse beim höchsten Punkt des Gebiets Schönholz.

Die Holzkorporation Hegi beschloss 1945 «nach lebhafter Diskussion»[202], im Schönholz eine Holzerhütte zu erstellen, und 1950 beschloss sie den Bau einer Hütte im Birchwald. Weil die bestehende Hütte im Schönholz «dermassen befriedigt» hatte.[203] Knapp 30 Jahre später, im Juni 1979, brannte die Birchhütte vollständig nieder. Als Ursache nahm man Brandstiftung an.[204] Ende Oktober 1982 wurde auch die Hütte im Schönholz ein Raub der Flammen. Wiederum ging man von Brandstiftung als Ursache aus.²⁰⁵ Ein Jahr später beschloss die Holzkorporation, erneut eine offene Hütte bauen zu lassen. Bereits im Frühling 1984 konnte sie diese an der Vorderen Rundstrasse beim höchsten Punkt des Schönholzes einweihen.

Die 1945 gebaute Waldhütte im Schönholz brannte 1982 vollständig ab. 1984 baute sie die Holzkorporation Hegi wieder neu auf. ▶

HULMEN

Ein Geheimtipp für Naturfreunde

Auf dem Hulmen, ganz im Osten Winterthurs, liegt das höchstgelegene Waldgebiet der Stadt. Und mittendrin, auf 687 m ü. M., liegt auch deren höchster Punkt. Der Hulmen hat viele Gesichter und gehört zweifelsohne zu den abwechslungsreichsten, schönsten und ruhigsten Waldgebieten der Stadt. Sowohl die Nordseite gegen Ricketwil als auch die steil abfallenden Gebiete Grasboden und Hintertobel auf der Südseite gegen das Heidertal hinunter bieten dem Naturfreund eine Vielzahl gänzlich unterschiedlicher Waldstrukturen und -typen. Darüber hinaus finden sich im Westteil gegen Eidberg naturschützerisch wertvolle Waldränder, die zahlreichen Vögeln und Insekten einen Lebensraum und Nahrung bieten.

Das Waldgebiet Hulmen ist etwa je zur Hälfte Eigentum von Privatwaldbesitzern und der Stadt Winterthur. Die knapp zwei Dutzend Privatwaldparzellen befinden sich im nördlichen Teil, das heisst nördlich der Achse Rosengartenstrasse–Tobelrütistrasse und westlich der Stellistrasse. Hier dominieren häufig dunkle Nadelholzbestände das Waldbild. Der südliche Teil bis hinunter ins Heidertal ist Ei-

Spätsommeridylle am Langtannenweg im Gebiet Grasboden am Südhang des Hulmen. ▶

▲
Häufig zu sehen an Waldrändern und auf Waldlichtungen am Hulmen: Kaisermantel (Männchen) auf Wasserdost.

▲
An der Neuwingertenstrasse: Der Wollige Schneeball ist in trocken-warmen Gebüschen auf basenreichen Böden häufig.

gentum der Stadt. Aufgelockerte Laubwälder lassen hier viel Sonnenlicht auf den Boden dringen. In diesen Gebieten am Südhang hat die biologische Vielfalt Vorrang vor allen anderen Waldfunktionen. Der heutige Stadtwald auf dem Hulmen gehörte der ehemaligen Zivilgemeinde Eidberg und kam mit der Eingemeindung der Vororte 1922 in den Besitz der Stadt Winterthur.

Das Oberflächengestein auf dem Hulmen besteht auf der Nord- und der Südseite vorwiegend aus der Oberen Süsswassermolasse. Auf dem leicht gegen Westen abfallenden Hochplateau hingegen finden sich Reste von Ablagerungen der letzten Eiszeit vor rund 20 000 Jahren und an den Berghängen stellenweise auch Hanglehm.

Vegetationskundlich lässt sich der Hulmen-Wald in drei grosse Gebiete unterteilen. Der Nordteil besteht überwiegend aus *Waldhirsen-Buchenwäldern* in unterschiedlicher Ausprägung. Diese Gesellschaften sind im Kanton Zürich recht häufig und auch fast der gesamte Eschenbergwald besteht aus ihnen. Waldhirsen-Buchenwälder sind typisch für Nordhänge auf der submontanen Stufe und bilden wüchsige Bestände, die über 30 m hoch werden und meist stark geschlossen sind. Ihnen sind einzelne Tannen, Fichten und Bergahorne beigemischt. Die Buche ist hier recht konkurrenzfähig und die Strauchschicht ist häufig nur schwach ausgebildet. Typische Krautpflanzen sind Waldmeister, Goldnessel, Geissbart, Bärlauch oder Ährige Rapunzel.

Im westlichen Teil finden sich unterschiedliche Ausprägungen von *Waldmeister-Buchenwäldern*. Diese eher artenarmen Waldgesellschaften sind in Winterthur sehr verbreitet und in fast allen Stadtteilen anzutreffen: auf dem Etzberg und Lindberg genauso wie auf dem Wolfesberg und dem Chomberg. Waldmeister-Buchenwälder kommen auf lehmigen, leicht basischen Böden vor. Dominante Baumart ist die Rotbuche, die hier sehr hochwüchsig gedeiht und mehr oder weniger geschlossene Bestände bilden kann. Die Strauchschicht ist wie in den Waldhirsen-Buchenwäldern nur schwach ausgebildet. Typische Arten der

▲
Bei uns potenziell gefährdet: Langblättriges Waldvögelein an der Neuwingertenstrasse am Hulmen-Südhang.

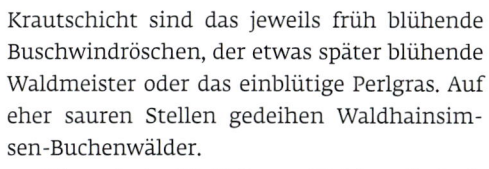

▲
Der Gefranste Enzian ist eine lichtbedürftige Pionierpflanze in tieferen Lagen und in der Region Winterthur gefährdet.

Krautschicht sind das jeweils früh blühende Buschwindröschen, der etwas später blühende Waldmeister oder das einblütige Perlgras. Auf eher sauren Stellen gedeihen Waldhainsimsen-Buchenwälder.

Die grösste Vielfalt an Waldgesellschaften zeigt sich im Südteil des Hulmens. Hier kommen neben den bereits erwähnten Waldhirsen-Buchenwäldern und Waldmeister-Buchenwäldern vor allem grössere Ausdehnungen von *Lungenkraut-Buchenwäldern* und *Zahnwurz-Buchenwäldern* vor. Letztere dehnen sich auf eher basischen Böden aus.

Neben diesen Buchenwaldgesellschaften finden sich am Südhang auch Eschenwälder. Der besondere Reichtum an Tier- und Pflanzenarten am Hulmen-Südhang machen vor allem die lichten Wälder aus, die entweder dem *Bergseggen-Buchenwald*, dem *Blaugras-Buchenwald*, dem *Weissseggen-Buchenwald* oder dem *Eiben-Steilhang-Buchenwald* zuzurechnen sind. Alle diese Waldgesellschaften werden unter dem Namen Orchideen-Buchenwälder zusammengefasst.

Auf mergeligen, trockenen Böden – am Südosthang des Hulmens nordöstlich von Eidberg – finden sich nicht selten die *Lungenkraut-Buchenwälder mit Immenblatt*. Sie unterscheiden sich vom typischen Lungenkraut-Buchenwald durch die eher lichte, nicht sehr wüchsige Erscheinungsform und die starke, manchmal zu niederem Dickicht entwickelte Strauchschicht. Das Bingelkraut kann gelegentlich auch ganz fehlen.

Von den rund 130 km Waldränder auf dem Gebiet der Stadt Winterthur sind rund 35 km ökologisch wertvoll. Dieser hohe Anteil ist unter anderem auf das Waldrandpflegekonzept der Stadt Winterthur zurückzuführen, das seit 2003 in Kraft ist und vom Kanton finanziell gefördert wird.

Einige dieser wertvollen Waldränder finden sich auch am Hulmen, zum Beispiel im Westteil gegen Eidberg hinunter. Dort, an Rütibühlstrasse, werden die Waldränder vom städtischen Forstbetrieb regelmässig gepflegt, um eine grosse Vielfalt unterschiedlicher Kleinstrukturen zu erhalten. Ohne diese Pflege

«Mit schönen Orten im Wald kenne ich mich aus. Auf diesem Gebiet bin ich Experte, weil ich schon immer die reizvollsten Plätze gesucht habe. Für mich steht die Waldästhetik im Vordergrund, die Anmut der Bäume und der Landschaft. Die Forstwirtschaft sollte vermehrt nach ästhetischen Gesichtspunkten vorgehen. Waldstrassen sollten nicht nur lastwagengängig sein, sondern eher geschwungene Spazierwege – und immer wieder schöne Ausblicke eröffnen. Wo liegt der Reiz eines Spaziergangs auf schnurgeraden Lastwagenstrassen? Ein reizvoller Weg passt sich der Landschaft an, ist ein bisschen kurvig, führt vielleicht an einem Bänkchen vorbei, an einem Brunnen oder an einer originellen Waldhütte. Oder auch an krummen Bäumen. Solche Wesen sollte man häufiger stehen lassen. Aber kaum verliert eine alte Eiche am Wegrand ein paar Äste, wird sie gefällt. Ein historisches Haus steht häufig unter Schutz, archaische Waldbäume hingegen werden kaum geschützt.

Einen 300 Jahre alten Baum zu fällen, ist meines Erachtens ein Sakrileg. Überhaupt hat der Wald etwas Sakrales. Dabei geht es mir nicht um einen leibhaftigen Waldgeist. Man sagt ja, die gothischen Kathedralen seien eigentlich ein steinernes Abbild eines Waldes, in der die Säulen wie Bäume in den Himmel ragen. Oder die Griechen, Kelten, Römer und Germanen – sie hatten keine Kirchen, sondern heilige Haine. Das waren spezielle Orte, wo sie einzelne Bäume geehrt, freigestellt oder mit einfachen Mitteln kenntlich gemacht hatten, um damit zu zeigen, dass diese Stellen besonders sind. Auch ich sehe im Wald eine Art Heiligtum – zumindest an ausgewählten Plätzen. Es gibt ja bestimmte Stellen im Wald, wo man merkt, dass diese Orte anders sind, ungewöhnlich. Vielleicht sprudelt da noch eine Quelle oder ein paar grosse Steine liegen herum.

Der Hulmen bei Eidberg gehört für mich zu den schönsten Waldgebieten Winterthurs, weil man dort fast nur Wald sieht. Oder eine Stelle oberhalb des Eschenberghofs gegenüber der Kyburg ist auch sehr schön. Auch die Renovation der Walcheweiher finde ich sehr gelungen. Ich stelle mir eigentlich eine Zukunft vor, in der unser Wald wieder wilder sein könnte, aber gleichzeitig auch mehr für den Menschen als Erholungsraum hergibt. Im Sinne eines natürlicheren Waldes, aber gleichzeitig auch eines ästhetischeren Waldes. Es wird viel von Ökologie gesprochen, aber die Ästhetik kommt eindeutig zu kurz. Ich verstehe, dass es für Pflanzen und Tiere besser ist, wenn viel Totholz herumliegt. Aber es sieht immer auch so lieblos aus, wenn die Forstwirtschaft alles verkarrt hat.

Mein Traumwald wäre ein Märchenwald. Das wird gerne belächelt und in die Kinderecke gestellt. Aber eigentlich wäre das ein Gegenentwurf zu unserer technisierten Welt. Wenn ich an einen solchen Traumwald denke, hat es dort viel Moos und viele Pilze. Und originelle Waldhütten. Mein Traum wäre, einmal eine richtig schöne, geschnitzte Waldhütte zu bauen.»

Erwin Schatzmann
Holzbildhauer, vor seinem Atelier beim Waldgebiet Orbüel.

«Unser Wald sollte wieder ästhetischer werden»

Erwin Schatzmann
Holzbildhauer

Das Männliche Knabenkraut gedeiht in lichten Wäldern wie am Hulmen-Südhang und ist bei uns potenziell gefährdet.

würde der Wald auf den Weg hinausdrängen und die schmale Kraut- und Strauchschicht überwachsen. Doch genau diese Strukturen sind ökologisch besonders wertvoll. Hier gedeihen Wasserdost, Hauhechel, Holunder, Hasel, Heckenrose oder Weissdorn. Diese bieten vielen Kleintieren geschützte Plätze für die Fortpflanzung und zahlreichen Tierarten wie Sperber, Neuntöter, Insekten oder Spinnen Nahrung. Waldränder wie jene am Hulmen bieten wenigstens teilweise Ersatz für die vielerorts verschwundenen Hecken in der intensiv genutzten Agrarlandschaft.

In geschlossenen Buchenwäldern haben viele Baumarten keine Chance gegen die grosse Konkurrenzkraft der Rotbuche. Eine seltene und langfristig gefährdete Baumart in solchen Beständen ist die Eibe. Sie bildet einen besonderen Lebensraum für Tiere. Seit Beginn des Mittelalters gingen die Eibenbestände kontinuierlich zurück. Das harte und dehnbare Holz der Eibe war im Mittelalter ein begehrtes Material für die Langbögen der Bogenschützen. Heute fehlen häufig ganz junge Bäume und solche mittleren Alters, denn die Verjüngung der Eibe ist problematisch: Junge Eiben brauchen Licht und werden gerne von Rehen und Hirschen verbissen. Offenbar schadet ihnen die giftige Eibe nicht. Für Menschen und Pferde sind mit Ausnahme der roten Scheinbeere (ohne Samen!) alle Teile der Eibe giftig. Weil die Eibe mittlerweile als seltene Baumart gilt, hat der Kanton Zürich eine Eiben-Förderungsstrategie entwickelt und 2008 entsprechende Richtlinien in Kraft gesetzt. Ziel dieser Strategie ist es, wieder nachhaltige Eibenbestände aufzubauen. Diesen Aufbau unterstützt der Kanton mit finanziellen Mitteln; das gilt für Eiben-Verjüngungen genau so wie für die Förderung bestehender Eiben. Die Stadt Winterthur hat mittlerweile ein Projekt Eibenförderung initiiert. Zeugen dieser Initiative sind die bereits erkennbaren schönen Eibenbestände am Hulmen-Südhang, beispielsweise am nördlichsten Punkt des Langtannenwegs. Weil die Eiben sehr langsam wachsen, müssen sie einzeln gegen Wildverbiss geschützt werden.

Eine gezielte Pflege brauchen auch die zahlreichen lichten Wälder am Hulmen-Südhang. Lichte Wälder sind Rückzugsorte für seltene Tier- und Pflanzenarten. Sie übernehmen gewissermassen die Funktionen von Magerwiesen und von früheren Bewirtschaftungsformen im Wald. An der Neuwingertenstrasse findet sich ein interessantes Beispiel – ein kürzlich gelichteter Wald auf einem trockenen, mageren Standort mit seltenen Pflanzen: Elsbeere, Mehlbeere, Eibe, Purpur-Orchis, Langblättriges Waldvögelein oder Gefranster Enzian. Damit der lichte Wald – und mit ihm seine Artenvielfalt – erhalten bleibt und seine Verbuschung verhindert wird, muss das Gebiet auch in Zukunft regelmässig gemäht werden.

Und genau in diesem Gebiet haben Jäger im Jahr 2010 erstmals zwei Wildschweine erlegt.

Dies erstaunt, ging man doch früher davon aus, dass Wildschweine fast ausschliesslich nördlich der Autobahn durch die Wälder streifen.

Steinbrüche in der Schartegg

Südwestlich des Hulmens und mit diesem durch einen schmalen Waldstreifen verbunden, liegt das Waldgebiet Schartegg-Mülihalden-Rainacher, das sich fast vollständig in den Händen von Privateigentümern befindet. Dieses langgezogene Gebiet zwischen Taa bei Iberg und dem Erztal ist ein ausgeprägter Buchenwaldstandort auf meist frischen Mullböden, die sich über den Moränenablagerungen der letzten Eiszeit gut entwickelt haben. Auf dem weder stark sauren noch stark kalkhaltigen Boden gedeiht der gutwüchsige *typische Waldmeister-Buchenwald*, die häufigste Waldgesellschaft im Kanton Zürich. Auf solchen Standorten bilden sich Hallen-Buchenmischwälder mit starken, geraden Stämmen und artenreicher Krautschicht aus. Einige leicht mergelige, wechseltrockene bis trockene und mässig tiefgründige Molassehänge bilden Standorte des *Lungenkraut-Buchenwaldes*, eines eher lichten, nicht sehr wüchsigen Waldes. Die Strauch- und Krautschicht mit Liguster, Wolligem Schneeball, Schwarzdorn, Seidelbast, Lungenkraut, Waldmeister oder Frühlings-Platterbse ist meist stark entwickelt.

Das Gelände in diesem Waldgebiet ist stellenweise steil abfallend. In den Gebieten Mülihalden und Rainacher finden sich denn auch auf einer Fläche von insgesamt rund 1,8 ha zwei Schutzwaldgebiete erster Priorität.

Im Gebiet Schartegg sind im Wald ganz deutlich mehrere grössere, ehemalige Sandsteinbrüche sichtbar. Die Dimensionen dieser Steinbrüche sind imposant: Halbrunde Hangmulden mit einem Durchmesser von 30 bis 40 m grub man einst in die Molasse hinein, um Sandstein zur Gewinnung von Baumaterial herauszubrechen. Heute rutschen die Hänge

Ehemaliger Sandsteinbruch im Gebiet Sandgrueben–Mülihalden auf rund 590 m ü. M. ▶

Buchenwald an der Mülihaldenstrasse in der Schartegg.

Waldgebiet Schartegg von der Weierstrasse aus.

Die Gemeine Blutzikade besiedelt Waldlichtungen und lichte Wälder und lebt hier auf hohen Krautpflanzen wie der Gemeinen Akelei.

Die Ährige Rapunzel ist eine typische Waldpflanze an schattigen Standorten auf mässig feuchten Böden. ▶

In der Region Winterthur gesetzlich geschützt: Weisses Breitkölbchen oder Weisse Waldhyazinthe im Seemer Tobel.

dieser Steinbrüche nach und nach ab, hinterlassen an den Rändern der Steinbrüche deutliche Anrisskanten und legen das Wurzelwerk der am nächsten stehenden Bäume bloss.

Waldlehrpfad im Seemer Tobel

Nördlich und westlich von Eidberg dehnen sich die Waldgebiete Bestlet und Sal aus. Während der Wald im Bestlet die steilen Hänge des tief in die Obere Süsswassermolasse eingekerbten Tobels zwischen Ricketwil und Obersee bedeckt, steht der Wald im Sal auf einer sanft gegen Westen Richtung Gotzenwil abfallenden Hochebene der Molasse aus der letzten Eiszeit. Entsprechend unterschiedlich sind auch die Wuchsbedingungen.

Der nördliche Teil des Gebiets Bestlet ist Teil des Stadtwaldes. Er gehört zum *typischen Lungenkraut-Buchenwald* und besteht heute überwiegend aus Laubmischwald. Hier hat sich an mehreren Stellen das Drüsige Springkraut, ein invasiver Neophyt, eingenistet. Daneben gedeihen hier auch die Bergsegge, die Blaugrüne Segge oder der Wilde Majoran. Gegen Ricketwil hinauf und gegen Obersee finden sich Standorte des *Ahorn-Eschenwaldes*. Wer auf der Ricketwilerstrasse zwischen Obersee und Ricketwil fährt, dem springen die zahlreichen Eschen auf der Bachseite sofort ins Auge.

Der südliche Teil auf dem basischen, trockeneren und schattigen Nordhang gehört zu den mässig wüchsigen *Zahnwurz-Buchenwäl-*

Im Sommer 2013 fielen im Gebiet Sal westlich von Eidberg zahlreiche Weisstannen einem Sturm zum Opfer.

dern. Diese artenarme Ausbildung bildet Hallenwälder mit dominanter Buche aus. Hier gedeihen von Natur aus auch seltenere Arten wie die Purpur-Orchis, Waldhyazinthen oder das Langblättrige Waldvögelein. Heute besteht dieses Gebiet zum grossen Teil aus Nadelholz.

Das Waldgebiet Bestlet entlang der Ricketwilerstrasse gehört mit dem Sädelrain auf der gegenüberliegenden Talseite zum Seemer Tobel. Hier hat der Forstbetrieb 2007 mit Unterstützung des Rotary Clubs Winterthur einen 3,4 km langen Waldlehrpfad eingerichtet. Die 16 Stationen gehen auf die speziellen Standorte im Seemer Tobel ein, geben Beobachtungstipps und vermitteln viel Wissenswertes über den Wald. Informationstafeln und Anschauungsobjekte erörtern verschiedene Aspekte der Waldnutzung und des Naturschutzes.[206]

Das Waldgebiet Sal ist im Gegensatz zum Bestlet ein sehr wüchsiger Standort des *Waldmeister-Buchenwaldes* mit hoher ökologischer Stabilität, die dem Waldbauer grosse Freiheiten bei der Baumartenwahl lässt. Dieser Wald besteht heute zum überwiegenden Teil aus Nadelbäumen; 2013 fielen hier zahlreiche Weisstannen einem Sturm zum Opfer.

Von den gefährdeten und geschützten Pflanzen gedeihen im Sal der Seidelbast, die Gewöhnliche Akelei oder der Aronstab.

HEGIBERG – ETZBERG

Lichter Wald am Sädelrain

Zum Waldkomplex Hegiberg–Etzberg gehören die Waldgebiete Orbüel, Hegiberg, Etzberg, Andelbach und Sädelrain. Die grössten Eigentümer dieser Gebiete sind der Kanton Zürich sowie die Holzkorporation Oberwinterthur und Private. Schliesslich besitzt auch die Stadt ein beachtliches Gebiet auf dem Etzberg sowie in den Gebieten Sädelrain und Chamb.

Weite Teile des geologischen Untergrunds dieses Komplexes bestehen aus letzteiszeitlicher Moräne oder aus der Oberen Süsswassermolasse mit einer geringmächtigen Moränenbedeckung. Nur im Gebiet Orbüel und im östlich und südöstlich davon gelegenen Hegiberghang sowie im Gebiet Sädelrain gegen das Seemer Tobel hinunter tritt die Obere Süsswassermolasse an die Oberfläche. Dement-

Teil 4 — Waldgebiete | Hegiberg – Etzberg

▲
Eschenbergwald (im Vordergrund), Etzberg (Bildmitte links), Hulmen (Bildmitte rechts) und im Hintergrund das Waldgebiet Guegenhard in der Gemeinde Elgg auf 700 m ü. M.

sprechend sind die Braunerde-Böden in diesem weiten Gebiet gut entwickelt, ausreichend wasser- und nährstoffversorgt und weder stark sauer noch kalkreich. Diese mittleren Bedingungen bilden den idealen Untergrund für die in der ganzen Schweiz sehr häufigen *Waldmeister-Buchenwälder*. Sie weisen meist eine artenreiche und gut ausgebildete Krautschicht, aber eine kaum ausgebildete Moosschicht auf und sind das natürliche Herrschaftsgebiet der Buche. Grosse Teile des Orbüels und des Hegibergs, aber auch die südliche Hälfte des Etzbergs und fast das ganze Gebiet Andelbach bestehen aus *Waldmeister-Buchenwald*-Standorten. Um das Potenzial solcher Standorte zu erhalten, sind reine Nadelholzbestände aus waldbaulicher Sicht nicht zu empfehlen. Trotzdem bestehen die südlichen Teile des Etzbergs und des Andelbach häufig aus Nadelbäumen, teilweise sogar fast aus reinen Fichtenkulturen. Das Waldgebiet Orbüel andererseits ist vorwiegend ein Laubmischwald. In diesem kleinen Waldgebiet finden sich auf engstem Raum Walnuss, Vogelkirsche, Elsbeere, Eibe und Spitzahorn.

▲
Das Purpur-Knabenkraut am Sädelrain gehört zu den grössten einheimischen Orchideenarten.

Teil 4 — Waldgebiete | Hegiberg – Etzberg

Tief in die Molasse eingekerbte, schattige Stellen mit hoher Luftfeuchtigkeit, wie zum Beispiel entlang des Hölltobelbachs, bilden die Standorte der *Waldhirsen-Buchenwälder*. Hier nehmen verschiedene Farne innerhalb der Krautschicht einen besonderen Platz ein. Die mittleren Böden sind sehr stabil, trotzdem wird für den Waldbau ein Laubbaumanteil von 50 Prozent empfohlen. Davon sind heute allerdings viele Stellen weit entfernt, dominieren doch die Fichten das Waldbild. In der Krautschicht gedeihen die Ährige Rapunzel, die Goldnessel, der Wald-Sauerklee, das Wald-Veilchen, das Buschwindröschen, der Waldmeister oder die Hohe Schlüsselblume.

Einige Standorte in diesem grossen Waldkomplex zwischen Orbüel und Seemer Tobel gehören zu den typischen Kalkbuchenwald-Gesellschaften, den *Lungenkraut-Buchenwäldern*. Auf den fruchtbaren, kalkreichen Moränen der letzten Eiszeit finden die bei uns verbreiteten Waldgesellschaften ideale Bedingungen. Der typische Lungenkraut-Buchenwald bildet ziemlich wüchsige Hallenwälder, in denen die dominante Buche starke, gerade Stämme bildet. Neben der Buche bietet dieser Standort auch der Esche, dem Bergahorn, der Traubeneiche und dem Kirschbaum einen Lebensraum. Die Krautschicht besteht vorwiegend aus Hornstrauch, Weissdorn, Wolligem Schneeball, Gewöhnlichem Seidelbast, Liguster und Lorbeer-Seidelbast. In der reich entwickelten Krautschicht gedeihen viele Frühjahrsblüher. Meistens beherrscht das Bingelkraut das

▲
Lichter Wald am Sädelrain: Bei der Förderung der Artenvielfalt im Wald stehen die lichten Wälder an erster Stelle. Hier hat der Forstbetrieb 2006 mit einem starken Holzschlag einen lichten Wald geschaffen, in dem sich laufend weitere Arten ansiedeln.

Teil 4 — Waldgebiete | Hegiberg – Etzberg

◀ Die Ästige Graslilie ist eine Steppenpflanze und gedeiht an trocken-warmen Standorten wie am Sädelrain. Sie ist in der Region Winterthur potenziell gefährdet und geschützt.

Waldbild. Daneben kommen aber auch Lungenkraut, Buschwindröschen, Waldmeister, Frühlingsplatterbse, Waldsegge, Goldnessel, Nickendes Perlgras, Gewöhnliche Akelei, Türkenbund, Aronstab und Haselwurz vor. Allerdings ist die Kraut- und Strauchschicht in Hanglagen oft auch artenarm und mager.

Der Anteil der *Zahnwurz-Buchenwälder* in der Region Seen-Hegi ist recht hoch. Die weiten, oft klassisch ausgeprägten Buchenwälder findet man an luftfeuchten, kalkreichen Schattenhängen, so zum Beispiel – wie erwähnt – im Bestlet zwischen Ricketwil und Oberseen oder im Hell gegen den Hinter-Etzberg. Verschiedene Holunder-Arten und der Lorbeer-Seidelbast kennzeichnen die Strauchschicht, während in der Krautschicht je nach Standort neben Fieder- und Finger-Zahnwurz wiederum Bingelkraut, Waldmeister, Einbeere, Türkenbund, Waldsegge, Bärlauch, Aronstab und Gelappter Schildfarn vorkommen. Im Bestlet ist der Wald zu einem grossen Teil recht naturnah.

Pflegeeinsatz des Natur- und Vogelschutzvereins Winterthur-Seen: Damit der lichte Wald am Sädelrain hell und artenreich bleibt, müssen die Flächen gemäht und das Schnittgut abtransportiert werden. ▼

Fast im ganzen Waldkomplex Hegiberg–Etzberg hat die Holzproduktion Vorrang gegenüber den anderen Waldfunktionen. Einzig im lichten Wald am Sädelrain hat die Förderung der biologischen Vielfalt den Vorrang. Begleitend zum Bau des Lehrpfads hat der Forstbetrieb Winterthur mit ökologischen Aufwertungsmassnahmen die Vielfalt am Sädelrain weiter gefördert. So hat er zusätzliche Nassbiotope an feuchten Standorten angelegt und unterhält mit gezielten Holzschlägen lichte Wälder und Rietflächen. Dabei wird er vom Natur- und Vogelschutzverein Winterthur-Seen unterstützt. Seit 2007 führt der Verein zusammen mit dem Stadtforstbetrieb Pflegeeinsätze am Sädelrain durch. Offenbar mit Erfolg: Im Jahr 2012 hat sich die Ästige Graslilie angesiedelt. Auch die Purpur-Orchis, das Langblättrige Waldvögelein, die Weisse Waldhyazinthe und der Gefranste Enzian fühlen sich im lichten Wald am Sädelrain wohl. Der Gefranste Enzian gedeiht vor allem auf kalkreichen, steinigen Ton- und Lehmböden.

Das Gebiet Ifängli, nordöstlich des Sädelrains gegen den Chölberg, bildet den grössten Standort des typischen *Waldhainsimsen-Buchenwaldes* auf Stadtgebiet. Diese Waldgesellschaften auf trockenen, sauren Parabraunerde-Böden bilden mässig wüchsige, oft reine Buchenwälder mit geringer Strauchschicht und lückiger Krautschicht und vielen Moosen aus. Sie sind im Kanton Zürich verbreitet, landesweit aber selten, da sie meistens nur sehr kleinflächig sind. Heute ist dieses Gebiet, das sich im Privateigentum befindet, weitgehend mit Nadelbäumen bestockt.

Wie zahlreiche andere Waldgebiete in Winterthur wurde auch der Etzberg einst landwirtschaftlich genutzt und später aufgeforstet. Der Etzberg war schon im Frühmittelalter besiedelt. Aus dieser Zeit dürfte auch sein Name stammen: Der erste Besiedler soll Ezzo gewesen sein.[207] Die Waldlichtung auf dem Etzberg bestand bis Mitte des letzten Jahrhunderts und ist auf der Wild-Karte von 1850 noch deutlich zu sehen. Neben Ackerbau und Milchwirtschaft wurde dort auch etwas Rebbau betrieben. Was die Besitzverhältnisse betrifft, so hat

Dominanz der Rottannen im Waldgebiet Andelbach bei Ricketwil.
▼

der Etzberg eine bewegte Geschichte: Immer wieder wechselten einzelne Gebiete die Hand. Der Etzberg war schon früh im Besitz reicher Familien. Für ihr Seelenheil vermachten viele ihre Höfe der Kirche – zu Eigentum oder zur Nutzung. Später verkauften die zum Teil hoch verschuldeten Kirchen diese Besitztümer weiter. So musste zum Beispiel das Kloster Petershausen seinen Besitzanteil am Etzberg im Jahr 1580 an die Stadt Zürich verkaufen. Als 1825 der letzte Pächter dieses Gutsbetriebs starb, begann das kantonale Forstamt mit der Aufforstung des heute noch bestehenden Staatswaldes auf dem Hinter-Etzberg. Der Hof auf dem vorderen Etzberg wurde 1847 von der Gemeinde Seen übernommen und später aufgeforstet.

ESCHENBERG

Grosse Vielfalt auf dem Eschenberg

Der Waldkomplex Eschenberg besteht aus dem über 760 ha grossen Eschenbergwald sowie den Waldgebieten Bannhalden und Rossberg im Süden sowie dem Waldgebiet Sennhofrain östlich der Tösstalbahnlinie. Dieser Waldkomplex ist mit seinen 835 ha das grösste zusammenhängende Waldgebiet im Kanton Zürich.[208] Der geologische Untergrund des Eschenbergwaldes ist sehr heterogen: Auf dem Plateau dominieren Moränenablagerung der letzten Eiszeit, an den Hängen und in Bachtobeln steht die Obere Süsswassermolasse an, wobei stellenweise – zum Beispiel an der Chalberweid oder im unteren Abschnitt des Mittleren Chrebsbachs – auch der Gehängelehm die Grundlage bildet. Im Leisental schliesslich steht der Wald auf spätglazialen Flussschottern.

▲
Sonnenlicht durchdringt den Unterwuchs: Gebiet Kwaletbach entlang des Kyburgfusswegs am Eschenberg.

Teil 4 — Waldgebiete | Eschenberg

▲
Das Buschwindröschen kann im Frühjahr bei idealen Bedingungen grosse Bestände bilden.

▲
Echter Wurmfarn im Gebiet Eichliwald: An den luftfeuchten Standorten am Eschenberg kommt dieser Farn häufig vor.

▲
Der Waldmeister kommt in Winterthur in krautreichen Buchenwäldern und Laubmischwäldern sehr häufig vor.

▲
Die Samen des Wald-Veilchens werden wegen der fett- und eiweissreichen Anhängsel von Ameisen verbreitet.

Der Eschenbergwald weist heute von allen Winterthurer Waldgebieten die grösste Vielfalt an Waldgesellschaften auf. Insgesamt 38 verschiedene Gesellschaften sind in diesem Waldgebiet vertreten. Zum Vergleich: Im Lindbergwald kommen nicht einmal halb so viele Waldgesellschaften vor. Doch die Vielfalt des Eschenbergs täuscht: Ganze zwei Drittel der Waldfläche nehmen alleine die *Waldhirsen-Buchenwälder* ein. In keinem anderen Gebiet in Winterthur erreichen diese Waldgesellschaften eine solche Ausdehnung. Im Eschenbergwald hingegen kommen sie fast überall vor: Beinahe der gesamte Nordhang zwischen der Breiti und dem Paradis besteht aus Waldhirsen-Buchenwald-Standorten; sie fehlen eigentlich nur an heissen und sehr trockenen oder an sehr feuchten Lagen: an den Südhängen gegen die Töss hinunter, im Leisental und an vernässten Stellen auf dem Hochplateau, zum Beispiel in der Umgebung des Gebiets Riet. Die Waldhirsen-Buchenwälder wachsen bevorzugt auf tiefgründigen, weder stark sauren noch sehr kalkreichen Braunerde-Böden, wobei sie je nach Bodenbeschaffenheit unterschiedliche Varianten ausbilden. Die Baumschicht ist ausserordentlich kräftig und hoch; die Bodenvegetation ist recht üppig. Häufig bestimmen die Farne das Waldbild, so der Gewöhnliche Waldfarn, der Gelappte Schildfarn oder der Eichenfarn. Diese Farne können indes auch völlig fehlen. Auch den Geissbart findet man in diesen Wäldern. Die wichtigste Baumart ist natürlich die Buche. Daneben kommen aber auch Weisstanne,

Teil 4 — Waldgebiete | Eschenberg

▲
Die Gewöhnliche Esche kann bis zu 45 m hoch werden und ist damit einer der höchsten Laubbäume Europas.

Die Weisse Schwalbenwurz ist eine Pionierpflanze.

Bergahorn kommt häufig in Buchenmischwäldern vor.

Rottanne, Bergahorn und Esche in dieser Gesellschaft ziemlich häufig vor. Wichtige Sträucher sind vor allem die Himbeere, der Schwarze Holunder und die Schwarze Heckenkirsche. Die Bodenvegetation besteht hauptsächlich aus Waldmeister, Wald-Veilchen, Waldhirse, Goldnessel, Einbeere, Buschwindröschen, Sauerklee und aus Behaarter Hainsimse.

Für Winterthurer Verhältnisse recht häufig treten auf dem Eschenberg auch die *Zweiblatt-Eschenmischwälder* auf. Sie sind auf dauernd oder zeitweise feuchte, nährstoffreiche und lehmige Böden angewiesen, wie sie kleinflächig an vielen Orten auf dem Hochplateau vorkommen: in flachen Mulden oder entlang von Bächen. Grössere Flächen von Zweiblatt-Eschenmischwäldern finden sich im Gebiet Riet, vor allem aber im Leisental. Sie bilden hier die grössten zusammenhängenden Flächen auf dem Stadtgebiet. Sporadische Überflutung und permanenter Kontakt mit dem Grundwasser charakterisieren die Zweiblatt-Eschenmischwälder als Bestandteil der Hartholzaue. Der Buche ist es im Zweiblatt-Eschenmischwald bereits zu feucht, sie fehlt in diesen Wäldern vollständig; nur dort, wo der Boden durch Entwässerung, Absenkung des Grundwassers oder durch Flussverbauungen austrocknet, kann sie sich halten. Hingegen kommen neben der Esche auch Bergahorn, Stieleiche, Bergulme, Kirschbaum und die Hagebuche vor. Insgesamt machen die Zweiblatt-Eschenmischwälder mehr als einen Zehntel der Fläche des Eschenbergwaldes aus. Regional einzigartig sind die *Zweiblatt-Eschenmischwälder auf Auenböden*. Sie kommen in der ganzen Region nur in Winterthur vor – hauptsächlich im Leisental. Hier sind sie aber wegen der Tösskorrektion nicht typisch ausgebildet. Eine kleinere Fläche befindet sich auch bei der Kläranlage Hard.

Eine Waldgesellschaft, die im Mittelland selten ist und in Winterthur nur gerade auf zwei kleinen Flächen im Gebiet Chalberweid am Osthang des Gamsers auftaucht, ist der *Linden-Zahnwurz-Buchenwald mit Immenblatt*. Die steile Hanglage ist typisch für diese Gesellschaft: Sie gedeiht an schattigen und luftfeuchten Hängen, wo ständig etwas feiner Schutt nachrieselt. Die wichtigsten Baumarten sind neben der Buche die Sommerlinde, der Bergahorn und die Esche. Bingelkraut, Waldmeister, Maiglöckchen, Immenblatt und Schwalbenwurz kennzeichnen die Bodenvegetation.

Gegenüber der Grüenau zwischen der Bahnlinie und der Töss tauchen noch Reste des *Ulmen-Eschen-Auenwaldes* auf. Dies ist der einzige Standort dieser Waldgesellschaft in Winterthur. Sie ist Bestandteil der unteren Stufe von Hartholzauen und hat einst die Flussauen

Eher trockener kalkhaltiger Standort mit mässig wüchsigem Mischwald an der Abzweigung des Kyburgfusswegs.

im Schweizer Mittelland geprägt. Heute sind gut ausgebildete Ulmen-Eschenwälder sehr selten geworden. Der nährstoffreiche Boden kann zeitweilig oberflächlich austrocknen. Der Buche ist es hier zu nass, hingegen bilden die Eschen, Bergulmen, Schwarzerle und Stieleiche hochaufragende lichte Bestände. Hasel, Pfaffenhütchen und Hornstrauch sind in der Strauchschicht solcher Wälder oft zu finden. Als häufigste Bodenpflanzen kommen Winterschachtelhalm, Rasenschmiele, Geissfuss oder Goldnessel vor.

Ein grosser Hangrutsch am Gamser hat 1995 den dortigen *Orchideen-Föhrenwald* – eine bei uns seltene Waldgesellschaft – in Mitleidenschaft gezogen. Ein zweiter Orchideen-Föhrenwald-Standort liegt direkt über dem Reitplatz. Diese lichten Föhrenwälder findet man typischerweise auf steilen, mergeligen Böden mit stark wechselndem Wassergehalt.

Zuoberst auf dem Chüeferbuck, wo die Buchen etwas weniger hoch werden und oft krumm wachsen, taucht eine weitere, bei uns ebenfalls sehr seltene Waldgesellschaft auf: der *Waldhainsimsen-Buchenwald*. Dieser Wald wächst auf sauren, trockenen Böden in Kuppenlagen. Die vorherrschende Baumart ist die Buche. Daneben treten auch Traubeneichen und gelegentlich Föhren auf. Während die Krautpflanzen eher spärlich erscheinen, ist die Moosschicht auffällig stark entwickelt.

Die auf dem Eschenberg häufigsten Waldgesellschaften, die Waldhirsen-Buchenwälder, wurden in der Vergangenheit wegen ihrer ausgezeichneten Produktivität an vielen Orten in reine, ertragreiche Fichtenmonokulturen umgewandelt. Heute besteht der Eschenbergwald etwa zu zwei Dritteln aus Nadelbäumen, wobei die Fichte am häufigsten vorkommt. Die älteren Baumbestände auf den ehemaligen Kahlschlagflächen des 19. Jahrhunderts nehmen noch immer einen grossen Anteil ein.

Konflikt am Eschenbergsüdhang
Fast der gesamte Eschenbergsüdhang ist ein Waldstandort von naturkundlicher Bedeutung. Hier hat die biologische Vielfalt Vorrang vor den anderen Waldfunktionen. Einige Flächen, etwa im Gebiet Chalberweid, sind als Waldreservat ausgeschieden. Doch an den steilen Südhängen des Eschenbergs gegen das Leisen-

«Joggen hat mich nie glücklich gemacht. Erstens war es mir zu anstrengend und zweitens wurde ich für meine Anstrengung schlecht belohnt. Wenn es bergauf ging, war es mühsam. Und wenn es bergab ging eigentlich auch. Hätte ich nicht abgebremst, hätten mir die Gelenke noch mehr weh getan. Damit konnte ich nichts anfangen. Biken hingegen ist wirklich toll: Nach einem anstrengenden Aufstieg kommt die Abfahrt. Wahnsinn! Vor allem die technischen Herausforderungen auf Singletrails – über Wurzeln fahren, ohne dabei zu stürzen. Doch das ist schnell passiert: Einmal fuhren wir in einer fünfköpfigen Gruppe eine schwierige Abfahrt hinunter, als der Vorderste kopfüber stürzte. Er brach sich das Becken und musste im Helikopter abtransportiert werden. Ich selber hatte zum Glück noch nie ernsthafte Verletzungen – einmal die Handwurzel gebrochen und sonst noch ein paar Rippen. Nichts Dramatisches.

Im Gegensatz zu Rennvelofahrern kann ich den Asphalt meiden und in die freie Natur hinaus, den Wald geniessen. Ich bin im Wald nie ohne mein Bike unterwegs. Zwei Biketouren pro Woche sind Teil meines Fitnessprogramms und meiner persönlichen Burnout-Prophylaxe. Am häufigsten fahre ich im Eschenbergwald. Der Unterhalt durch den Forstbetrieb ist hier ganz toll. Manchmal fast etwas übertrieben: Wenn ich tief im Wald einen Forstarbeiter mit dem Laubbläser sehe, irritiert mich das auf den ersten Blick. Trotzdem finde ich es wunderbar, wie dieser Wald gepflegt wird und dass wir als Hobbysportler davon profitieren können. Zu gewissen Zeiten kann ich stundenlang im Wald unterwegs sein und keinen einzigen Menschen antreffen. Fantastisch! Man kann sich hier wirklich zurückziehen, die Stille geniessen, den Vögeln zuhören und dem Wind in den Bäumen. Ab und zu mache ich eine Pause, um den Wald noch bewusster zu erleben. Gelegentlich nehme ich den Fotoapparat mit und versuche, die Stimmung im Wald einzufangen. Beim Biken selber muss ich mich auf den Weg konzentrieren, speziell auf den Singletrails.

Als Ganzjahresbiker geniesse ich den Wald im Wechsel der Jahreszeiten: im Frühling wärmt das Sonnenlicht das zarte Grün und an heissen Sommertagen spendet das dichte Krondendach angenehmen Schatten. Der Herbst erfreut mich durch sein Farbenspiel und der Winter durch den Schnee. Ich habe mir dafür extra Spikes-Räder gekauft.

Ich schätze sehr, dass wir in Winterthur die Wanderer und Biker nicht wie andernorts separieren müssen. Ich erlebe hier auch nicht, dass wir Biker als Störenfriede wahrgenommen werden, sondern – im Gegenteil – wie alle anderen Waldbenützer willkommen sind. Wanderern lasse ich den Vortritt, warte, grüsse freundlich und wechsle ein paar Worte. Und um meine Waden muss ich auch keine Angst haben: die meisten Halter nehmen ihren Hund zur Seite, wenn ich frühzeitig klingle. Logisch, dass man während der Holzerei nicht überall durchkommt, weil es abgesperrt ist. Mit dem Einverständnis des Forstarbeiters und der nötigen Vorsicht fahre ich trotzdem weiter.»

Jürg Schlegel
Biker und Arzt, beim Gamser im Eschenbergwald.

«Im Wald bin ich nie ohne mein Bike unterwegs»

Jürg Schlegel
Biker

tal hinunter stehen auch die grössten Schutzwälder auf Stadtgebiet. Über rund 23,1 ha erstreckt sich der Schutzwald vom Hinteren Tössrain über den Gamser bis zum Hirschensprung. Hier kommt es immer wieder zu Hangrutschungen. 1995 etwa ereignete sich am Gamser ein grosser Hangrutsch, dessen Spuren noch heute sichtbar sind. Und in den vergangenen Jahren rutschte auch ein Teil des Hangs beim Hirschensprung ab. Ein kleinerer Schutzwald mit einer Fläche von 5,6 ha steht im Gebiet Hinterwald überhalb Mülau bei Sennhof und eine Schutzwaldfläche von rund 3 ha hat der Kanton am Mittleren Tössrain ausgeschieden. Und schliesslich steht ein Schutzwald zwischen dem Gebiet Chuestelli und dem Berentalbach westlich der Tösstalstrasse in Sennhof. Alle vier Gebiete sind Schutzwälder 1. Priorität, das heisst, sie schützen Menschenleben, stark genutzte Verkehrsinfrastrukturen oder hohe Sachwerte. Die Wälder am Südhang des Eschenbergs erfüllen also stellenweise gleichzeitig zwei wichtige Funktionen: die Förderung der biologischen Vielfalt und die Sicherstellung der Schutzfunktion. Dies kann zu Konflikten führen. Wenn der Zustand eines Waldreservats am Steilhang zur Bedrohung für Menschen und Infrastruktur wird, hat von beiden Waldfunktionen die Schutzfunktion den Vorrang.

Eine Burg am Gamser
Der Gamser ist ein markanter Felsvorsprung des Eschenbergs gegen das Leisental hinunter. Er liegt im Waldgebiet nordwestlich gegenüber der Kyburg und ist von der Töss umflossen. Vom Hügel Gamser aus eröffnet sich ein herrlicher Ausblick auf die weite Waldlandschaft entlang der Töss. Auf der Murer-Karte von 1566 und der Gyger-Karte von 1667 ist an dieser Stelle noch eine Burg eingezeichnet. Und Ende des 19. Jahrhunderts kamen Reste eines alten Steingebäudes zum Vorschein.[209] Heute finden sich keine Spuren von Burgmauern mehr. Hingegen sind noch drei Wälle und Gräben deutlich sichtbar. Möglicherweise war die Burg ein Aussenposten der Kyburg, um den Verkehr durch das Tösstal zu überwachen, falls es einen solchen überhaupt gab, oder es wohnten hier Dienstleute der Grafen von Kyburg. Allerdings sind das lediglich Vermutungen, denn die Geschichtsforschung tappt hier noch völlig

Ökologisch wertvolles Totholz im Waldreservat an der Hirschensprungstrasse im Gebiet Chalberweid.
▼

> **Burg Langenberg – ein Mysterium?**
> Am Westende des Tössrains liegt die vermutete Burgstelle Langenberg. Wo genau die Burg gestanden haben soll, ist nicht klar. Aus dem Jahr 1241 stammt die urkundliche Erwähnung eines «castrum» als Besitz des Grafen Hartmann dem Älteren von Kyburg. Im Gelände ist von einer Burg nichts zu erkennen. Auch im habsburgisch-österreichischen Urbar wurde der Langenberg nicht als Burg, sondern als Hof aufgeführt.

Tössrain um 1896: Anstelle einer wilden Auenlandschaft ein begradigter Fluss und Nadelbäume in Reih und Glied.

im Dunkeln. Mitte des 13. Jahrhunderts war der Hof Eschenberg Bestandteil der kyburgischen Grundherrschaft, und der Gamser könnte eine zum Eschenberghof zugehörige Adelsburg gewesen sein.[210] So wird das Dienstmannengeschlecht Gans(er) oder Gams(er), das ab dem 14. Jahrhundert in Winterthur ansässig war, in Verbindung mit der Burg Gamser gebracht.[211]

Neue Freiheiten im Leisental

Das Leisental war einst eine wilde Auenlandschaft, später ein Landwirtschaftsgebiet und heute eine einmalige Waldlandschaft: Bis zur Korrektion 1877 hatte die Töss zwischen Kyburgbrücke und Reitplatz keinen geregelten Lauf. Sie pendelte zwischen den Steilhängen des Eschenbergs und der Kyburg, wobei es im Talboden häufig zu Überschwemmungen kam. Bis Ende des 20. Jahrhunderts floss die Töss in einem engen Korsett. Doch der Unterhalt der Verbauungen aus dem 19. Jahrhundert sind im Unterhalt aufwändig und teuer.

In einem Pilotprojekt hat der Kanton Zürich 1998 unterhalb der Kyburgbrücke die linksseitigen Uferverbauungen entfernt und etwas später unterhalb des Gamsers eine künstliche Insel aus Kies und Steinen angelegt. Damit wird die Töss aufgeteilt und erodiert die Ufer auf beiden Seiten. Nach dem Eingriff ist das ursprünglich 19 m breite Flussbett im Bereich der Insel über 50 m breit geworden. Auch der Kieseintrag hat hier stark zugenommen. Längerfristig soll die Töss im Leisental auf der gesamten Länge von gut 4 km naturnah gestaltet werden.[212] So erhält der Fluss mehr Raum und kann seine natürliche Dynamik wieder frei entfalten. Durch Hochwasser, Überschwemmungen und Erosionen werden ökologisch wertvolle Lebensräume entstehen – etwa für typische Auenarten wie Eisvogel oder Geburtshelferkröten.

Würde der Wald im Leisental sich selbst überlassen, ohne gleichzeitig das künstliche Flussbett weiter zu öffnen, würde sich früher oder später eine Verdunkelung des Waldes und damit eine Verarmung von Fauna und Flora einstellen. Ohne die Dynamik des Flusses ent-

> **Die Tosende**
> Vor der Korrektion und der Erstellung der zahlreichen Fabrikkanäle und Weiher war die Töss zeitweilig ein wildes und reissendes Gewässer. Dies drückt auch der Name «Töss» aus: das Wort kommt aus dem Keltischen und lautet in den ältesten urkundlichen Formen aus dem Jahr 853 toissa und tossa, das heisst «die Tosende».[213]

▲
Seit knapp 140 Jahren fliesst die Töss in einem engen Bett: Die künstliche Insel gibt dem Fluss neue Freiheiten.

▲
Die Töss erodierte hier auf beiden Seiten die Ufer und schuf neue Lebensräume für seltene Tier- und Pflanzenarten.

stehen hier kaum neue Pionierstandorte. Immerhin sorgen Erdrutsche an den Steilhängen gelegentlich für neue Pionierlebensräume. Soll auch im Talboden die Vielfalt an lichtbedürftigen Pflanzen- und Tierarten gefördert werden, stehen zwei Strategien im Vordergrund:
- Die Töss wird vermehrt aus ihrem Korsett befreit. Sie kann dadurch, zumindest abschnittsweise, wieder frei mäandrieren. Damit kommt erneut eine natürliche Dynamik in eine Auenlandschaft, in der von Natur aus immer wieder neue lichte Pionierstandorte für seltene Tier- und Pflanzenarten entstehen.
- Die Töss bleibt wie bisher zu einem grossen Teil begradigt oder wird langsam und stufenweise weiter revitalisiert. In diesem Fall müssen die Forstleute den Wald vorderhand periodisch und schonend auflockern, um so wenigstens eine künstliche Dynamik zu erzeugen.

Die Revitalisierung der Töss ist seit Jahrzehnten Gegenstand intensiver politischer Diskussionen. Naturschutzkreise fordern schon lange die Befreiung der Töss aus ihrem künstlichen Flussbett. Doch die Behörden waren lange Zeit zurückhaltend; aus Sorge um die Qualität des Trinkwassers, das die Stadt Winterthur seit bald 140 Jahren aus dem Grundwasserstrom der Töss bezieht. Der städtische Forstbetrieb hat schon vor über 20 Jahren eine starke Durchforstung der Waldbestände im Leisental eingeleitet und damit auch bereits erste Erfolge erzielt. In den lichten Waldpartien wurden in den letzten Jahren zwei bei uns sehr seltene Schmetterlingsarten entdeckt: der Milchfleck und der Waldteufel. Ausserdem gedeihen im Leisental bereits heute verschiedene Orchideen- und andere seltene Pflanzenarten.

Auch ein Erholungswald
Mit Ausnahme der Südhänge dient fast der gesamte Eschenbergwald vorrangig der Holzproduktion, wobei hier grosse Gebiete grundsätzlich mehrere Funktionen erfüllen. Denn dieses ausgedehnte Waldgebiet ist auch ein bedeutender Naherholungsraum für die städtische Bevölkerung. Vor allem das Gebiet nördlich der Verbindungslinie von Restaurant Eschenberg und Wildpark Bruderhaus dient heute in hohem Mass der Erholung, wobei vier Gebiete besonders häufig Ziele von Ausflügen und Waldbesuchen sind: Die Region Breite im Norden des Eschenbergwaldes, ein grösseres Gebiet um den Reitplatz herum, der Wildpark Bruderhaus und angrenzende Waldflächen sowie der Eschenbergturm. Der 30 m hohe Turm wurde 1889 anstelle eines Holzturms aus dem Jahr 1871 erbaut und gehört zu den ältesten Stahlfachwerktürmen der Schweiz.

Teil 4 — Waldgebiete | Eschenberg

▲
Der 30 m hohe Eschenbergturm auf 591 m ü. M. wurde 1889 als Nachfolgewerk eines Holzturms von 1871 erbaut. Er ist der älteste erhaltene Turm des Kantons Zürich und gehört zu den ältesten Stahlfachwerktürmen der Schweiz.

Von Waldbrüdern und Wildschweinen

Mitten in einer Waldlichtung im Eschenbergwald liegt das Bruderhaus, ein ehemals kleines Landwirtschaftsgut. Während Jahrhunderten zogen sich gläubige Männer – und zwischenzeitlich auch Frauen – ins Bruderhaus zurück, um da ungestört Gott dienen zu können. Doch die Waldbrüder lebten nicht immer gottgefällig: Ihr unflätiges Benehmen bot sogar Anlass zu Strafen durch den Scharfrichter. Einer der Brüder landete 1522 gar auf dem Scheiterhaufen. Drei Jahre später endeten auch die Altar-Statuen in den Flammen: Die Reformation legte die Kapelle still. In dieser Zeit nahm die Stadt das Bruderhaus in Besitz. Nachdem 1530 der letzte Waldbruder gestorben war, wurde das Bruderhaus zum Ruhesitz für Betagte. 1786 brach die Stadt die Kapelle ab und wandelte das Bruderhaus 1818 ins städtische Forsthaus um. Bis 1830 blieb es Wohnsitz des ersten Stadtforstmeisters Andreas Weinmann. Dann fanden die Winterthurer, «es sei nicht gut, dass der Forstmeister dauernd unter Bäumen lebe», er müsse auch im Kontakt mit seinen Mitbürgern bleiben. Seit 1838 ist das Bruderhaus ein Waldwirtshaus. 1890 legte ein Wildparkverein ein Gehege an, das die Stadt Mitte des 19. Jahrhunderts mitsamt dem Tierbestand

Tugbrüggli

An den Hängen des Eschenbergs tritt, wie an vielen Orten auf Stadtgebiet, hartes Quellwasser aus und lagert Kalkausscheidungen ab. Durch diese Ablagerungen entsteht mit der Zeit Kalktuff oder Tuffstein, früher auch «Tugstein» genannt. Vor dem Bau der Eisenbahn verwendete man diesen Tuffstein gerne als Baumaterial, weshalb viele grössere Vorkommen im Winterthurer Wald bis auf wenige Reste abgetragen sind. Im Eschenberger Wald verwendete man den Kalktuff aus dem Oberlauf des Mittleren Chrebsbachs zum Bau des Tugbrüggli.[214]

Das Tugbrüggli verbindet die Gebiete Gulimoos und Finsteri und überquert den Mittleren Chrebsbach.
▼

Teil 4 — Waldgebiete | Eschenberg

WILDPARK BRUDERHAUS bei WINTERTHUR·

übernahm. 1971 wurde die alte Wirtschaft umgebaut und vergrössert und der kleine Landwirtschaftsbetrieb aufgegeben. Heute sind im Wildpark Bruderhaus zahlreiche Tierarten zu sehen, die früher – bis zurück in die frühe Steinzeit – in unserer Region lebten und teilweise immer noch oder wieder leben: Wisent, Przewalskipferd, Wolf, Luchs, Mufflon, Damwild, Rothirsch oder Wildschwein. Die einzige Ausnahme ist der ebenfalls im Wildpark lebende Vietnamsikahirsch.

Ökologisch wertvolle Standorte im Osten

Die Waldgebiete im Osten der Stadt – östlich der Tösstalbahnlinie bis zur Stadtgrenze – bestehen zu mehr als der Hälfte aus *Waldmeister-Buchenwald*-Standorten. Die im Eschenberg so häufigen *Waldhirsen-Buchenwald*-Standorte hingegen machen hier nicht einmal 20 Prozent aus. Mehr als die Hälfte dieser Wälder ist traditionell Eigentum privater Waldbesitzer oder der Holzkorporation Oberwinterthur. Vielerorts, zum Beispiel am Etzberg, sind weite Teile – insbesondere die sehr zahlreichen Privatwaldparzellen – mit Nadelbäumen bestockt.

Die Laubmischwälder im Gebiet Forbüelrain-Howart-Nübruch zwischen Mulchlingen und der Tösstalbahnlinie sind für die Vogelwelt besonders wertvoll. Der südwest- bis südorientierte, rasch austrocknende mergelige Molassehang ist ein idealer Standort für den *Weissseggen-Buchenwald*, in dem neben der Buche auch Traubeneiche, Esche, Bergahorn,

▲ 100 Jahre alte Ansichtskarte vom Wildpark Bruderhaus.

▲ Seit den 1970er-Jahren leben Wildschweine im Wildpark.

Das Maiglöckchen bevorzugt warme Standorte in lichten Laubwäldern. An schattigen Lagen bildet es keine Blüten.

Hagebuche, Kirsche, Elsbeere oder der Mehlbeerbaum auftreten. Typische Begleitpflanzen des Weissseggen-Buchenwaldes, der zu den Orchideen-Buchenwäldern gehört, sind neben den kennzeichnenden Kalksträuchern die Berberitze und der Lorbeerstrauch. In der meist reichhaltigen Krautschicht findet man Maiglöckchen, Immenblatt, Bingelkraut, Nickendes Perlgras, Schwalbenwurz, Weisse Segge, Waldvögelein oder Schlaffe Segge.

Zwischen Forbüelrain und Bucklegi, an der Chollochstrasse, findet sich ein auffälliger, ausgedehnter Eibenbestand, der etwa je zur Hälfte im Stadtwald und im Privatwald liegt. Die beiden Gebiete Burghalden und Eichholz auf der Nordseite dienen in erster Linie der Holzproduktion; im nördlichsten Teil des Gebiets Burghalden beim Bahnübergang, wo die Ibergstrasse von der Tösstalstrasse abzweigt und über die Bahnlinie führt, findet sich ein Standort des äusserst wüchsigen und hochstämmigen *Ahorn-Eschenwaldes* mit üppiger und sehr artenreicher Krautschicht. Hier gedeihen Arten typischer feuchter, nährstoffreicher und kalkhaltiger Standorte wie zum Beispiel die Kohldistel, das Wechselblättrige Milzkraut, das Bingelkraut oder das Lungenkraut. Im südlichen Teil des Gebiets Chüeweid zwischen Sennhof und Kollbrunn, wo der Wald unmittelbar an die Bahnlinie grenzt und auf einer Fläche von 41 ha eine Funktion als Schutzwald 1. Priorität erfüllt, gedeihen die mediterrane Bienen-Ragwurz oder der wärmeliebende, ebenfalls im Mittelmeergebiet verbreitete Durchwachsene Bitterling, ein Enziangewächs. Allerdings behagen die Bedingungen hier auch der Goldrute, einem invasiven Neophyten.

Wo der Boden im Gebiet Howart-Bucklegi-Chüeweid zeitweilig stark austrocknet, wächst der *Orchideen-Föhrenwald*. In diesem lichten Wald gedeihen neben Orchideen wie die Breitblättrige Stendelwurz auch die Ästige Graslilie. Auf diesem extremen, naturkundlich bedeutenden Waldstandort hat die Buche keine Chance mehr, hingegen sind hier Föhre und Mehlbeerbaum in ihrem Element. Die Strauchschicht ist reich: Zu den typischen Kalksträuchern wie Liguster, Wolliger Schneeball, Hornstrauch, Feldrose und Seidelbast gesellt sich die Berberitze. Für diesen Standort charakteristische Bodenpflanzen sind etwa die Bergsegge, die Schlaffe Segge, das Pfeifengras, die Fiederzwenke und das bunte Reitgras. Den Orchideen-Föhren-

Der geschützte Gelbe Frauenschuh ist die bekannteste Orchideenart im Winterthurer Wald und stark gefährdet.

wald findet man auch an anderen Orten in der Nähe – beispielsweise am Sädelrain zwischen Ricketwil und Oberseen, am Hegiberg oder am Südhang des Hulmens.

Der südwestexponierte Hang am Sennhofrain oberhalb des Bahnhofs Sennhof neigt in den warmen Jahreszeiten zu grosser Trockenheit und damit auch zu erhöhter Waldbrandgefahr. Mitte April 2003 standen hier rund 5 a Wald in Flammen. Die Feuerwehr der Stadt Winterthur konnte den Brand zwar sehr rasch löschen, auf der betroffenen Waldfläche starben jedoch alle Bäume ab.

ROSSBERG

Laubmischwald am Rossberg
In den Wäldern südlich von Töss – beim Rossberg zwischen der Töss und der Autobahn und in den Gebieten Meisholz, Hell und Steigholz auf der anderen Seite der Autobahn gegen Brütten hinauf – dominieren wieder die *Waldmeister-Buchenwälder* und etwas weniger ausgeprägt die *Waldhirsen-Buchenwald*-Standorte. Auf den feuchten bis nassen Stellen entlang der Töss kommen relativ häufig die *Zweiblatt-Eschenmischwälder* vor. Andere Nassstellen in diesem südlichsten Waldgebiet der Stadt nehmen *Ahorn-Eschenwald* und *Bachseggen-Eschenwald*-Standorte ein. Die eher trockenen Stellen sind gelegentlich Standorte des *Lungenkraut-Buchenwaldes* mit Immenblatt, des *Bergseggen-Buchenwaldes* oder des *Eiben-Buchenwaldes*. Die zuletzt genannte Gesellschaft hat zahlreiche Standorte weiter westlich im Dättnau.

Der Wald im Gebiet Bannhalden–Rossberg–Steigholz ist recht naturnah. Die standortgerechten Laubbäume sind heute für Winterthurer Verhältnisse überdurchschnittlich häufig vertreten, der Anteil der ökologisch problematischen Baumarten ist hingegen sehr klein. Nur gegen die Töss hinunter, im Gebiet Bannhalden, ist der Anteil standortfremder Baumarten immer noch hoch.

Die Eibe bevorzugt schattige, windgeschützte Hänge wie hier am Chomberg und Schluchten wie im Seemer Tobel. ▶

Burg Rossberg

Die Burgstelle Rossberg liegt auf 500 m ü. M. am Rande einer Geländeterrasse oberhalb von Kemptthal. Bereits 1266 galt die Burg Rossberg als zerstört; sie dürfte sogar bereits zu Beginn des 13. Jahrhunderts zerstört worden sein. In Urkunden von 1169 und 1180 wurden die Herren von Rossberg erwähnt. Sie waren es vermutlich, die auf der Burg Rossberg lebten. Die romanische Kapelle in der Nähe gehörte wohl mit dem Bauerngut zur Burganlage. Aktenkundig aus dem Jahr 1552 ist eine Schatzgräberei: Ein Mann aus Siders lokalisierte mit einer Wünschelrute einen Schatz, nach dem anschliessend gegraben wurde. Gefunden wurde nichts. In den Jahren 1908 und 2007 fanden auf dem Rossberg archäologische Ausgrabungen statt. Bei der Ausgrabung von 1908 wurden die ursprünglichen Mauern eines turmähnlichen Gebäudes bis auf eine Höhe von 1,5 m freigelegt; sie waren stellenweise über 1 m dick. Zum Vorschein kamen dabei auch mehrere Kleinfunde: Dreibeingefäss, Scherben von Milchkrug und Schüssel, beinerner Messergriff, Schwertstück, Schafschere oder Tierknochen. Bei den Ausgrabungen von 2007 wurden keine solchen Gegenstände gefunden.[215] Heute ist die Burgstelle auf dem Rossberg von Wald überwachsen.

DÄTTNAU

Eiben im Dättnau

Zu den Winterthurer Gebieten mit dem grössten Reichtum an verschiedenen Waldstandorten gehört das Dättnau. Die Molassehänge gegen Chomberg und Ebnet weisen eine grosse Vielfalt an kleinräumigen, abwechslungsreichen Strukturen auf. Wiederum nehmen die *Waldmeister-Buchenwald*-Standorte den flächenmässig grössten Anteil ein. Auf den eher trockenen Böden sind die *Lungenkraut-Buchenwälder mit Immenblatt*, der *typische Lungenkraut-Buchenwald* und der *Bergseggen-Buchenwald* relativ häufig. Gelegentlich findet man auch den *Weissseggen-Buchenwald*. Die feuchteren Stellen werden wie andernorts auf dem Stadtgebiet von *Ahorn-Eschenwald* und *Seggen-Bacheschenwald* eingenommen. Einen für Winterthurer Verhältnisse überdurchschnittlich hohen Anteil nimmt der *Aronstab-Buchenwald* ein. In diesem üppigen Hallen-Buchenmischwald mit Eschen und Bergahorn findet man kaum eine entwickelte Strauchschicht. Im Frühling wuchert der Bärlauch, dann sind nur noch wenige Kräuter vorhanden: so der Aronstab, das Bingelkraut, die Gundelrebe oder der Waldziest. Den Aronstab-Buchenwald findet man auf feuchten, ton-, nährstoff- und basenreichen Böden.

Zu den naturkundlich besonders interessanten Gebieten gehört der Dättnauer Berg. Über dem heutigen Naturschutzgebiet finden sich einige kleinere Inseln von *Pfeifengras-Föhrenwald*, insgesamt rund 1 ha. Diese Waldgesellschaft taucht auch auf der rechten, der südostorientierten Talflanke etwas südlich von

Teil 4 — Waldgebiete | Dättnau

▲
Grosse Strukturvielfalt an den Molassehängen im Dättnau.

▲
Das Rote Waldvögelein bevorzugt lichte, trockene Laubwälder in wärmeren Lagen.

▲
Das Pfeifengras wächst häufig im lichten Wald und zeigt Grundwasser an.

Hoh Wülflingen auf. Sonst aber kommt sie in keiner anderen Gegend der Stadt vor. Im offenen, oft fast lückigen *Pfeifengras-Föhrenwald* gedeiht eine reichhaltige Krautschicht, die vor allem vom spätblühenden Pfeifengras dominiert wird. In dieser Gesellschaft tritt gelegentlich auch der Mehlbeerbaum auf. Neben Liguster und anderen Kalksträuchern kommt hier auch die Berberitze vor. Die trockenen, mergeligen Steilhänge im Dättnau sind typische Föhrenstandorte, hier ist die Buche nicht mehr konkurrenzfähig. Der artenreiche *Pfeifengras-Föhrenwald* bietet Lebensraum für viele seltene Tier- und Pflanzenarten und zählt zu den hochgradig schützenswerten Waldgesellschaften.

Während die zumeist hochproduktiven *Waldmeister-Buchenwald*-Standorte im unteren Teil des Dättnauer Bergs von der Forstwirtschaft genutzt und entsprechend verändert wurden, blieben die oberen Gebiete entlang der Stadtgrenze bis heute nahezu unverfälscht.

Diese steilen mergeligen Molassehänge beherrscht eine im übrigen Stadtgebiet weniger häufige Gesellschaft: der *Eiben-Buchenwald*. Fast die gesamte linke Talflanke des Dättnaus ist im oberen Teil mit einem zusammenhängenden *Eiben-Buchenwald* bewachsen. In keinem anderen Stadtgebiet erreicht diese Gesellschaft eine derart grosse Ausdehnung. Eine grössere Fläche nimmt die Gesellschaft noch zwischen Hoh Wülflingen und Alt Wülflingen ein. Ansonsten finden sich auf dem Stadtgebiet nur kleinere, inselartige Vorkommen. In dieser von Buche, Bergahorn und Eibe dominierten Gesellschaft wächst eine grasreiche Krautschicht mit buntem Reitgras, Schlaffer Segge, Berg-Flockenblume, Bingelkraut, Einbeere oder Waldmeister. Nur dort, wo die Eibe einen dichten Bestand bildet, ist der Boden kahl und dunkelbraun. Die Eibe ist heute schon relativ selten und wegen des Rehverbisses mittelfristig vom Aussterben bedroht.

Das Waldgebiet Ebnet gehört zum Staatswaldrevier Hegi-Töss. Auch hier richteten die beiden Orkane Vivian 1990 und Lothar 1999 grössere direkte und indirekte Schäden an. Vivian zerstörte etwa einen Fünftel einer Jahresnutzung, Lothar knapp einen Drittel. Durch die anschliessenden Invasionen von Borkenkäfern mussten die Kantonsförster nach Vivian rund 340 m³ Fichten und nach Lothar nochmals 850 m³ Rottannen fällen.

Burgstelle Hoh Wülflingen
«Schuppentännli» nannte der Schriftsteller Jakob Christoph Heer das Gebiet auf dem Hügelzug zwischen Dättnau und Totentäli. Hier, auf dem abgeflachten Gipfelplateau auf 595 m ü. M., liegt die Burgstelle Hoh Wülflingen. Das Gelände ist auf allen Seiten steil abfallend und die ehemalige Hügelburg vollständig zerfallen oder zerstört. Nur zwei tiefe Burggräben im Osten und im Westen sind heute noch sichtbar. Zu Beginn des 18. Jahrhunderts wurden hier fünf römische Goldmünzen gefunden. Dieser Aussichtspunkt könnte also schon im 5. Jahrhundert bekannt gewesen sein. Die Neuburg, wie die Burg Hoh Wülflingen damals hiess, wurde 1254 erstmals schriftlich erwähnt. Ihr Name ging später an den südwestlich gelegenen Weiler über. Ende des 19. Jahrhunderts gehörte die Burgstelle dem Schweizer Alpenclub, der sie 1906 dem Verkehrsverein Winterthur schenkte. Ende der 1950er-Jahre wurden hier meteorologische Messungen durchgeführt und für deren Aufbewahrung eine Höhle westlich der Burgstelle gegraben. Diese Schuppentännlihöhle brach 1965 grösstenteils ein.

Die Gegend um Hoh Wülflingen ist im kantonalen Richtplan als Landschaftsförderungsgebiet ausgeschieden und der ganze, von der Burgstelle abfallende Hang gegen das Dättnau hinunter ein Naturschutzgebiet. Der Wald gehört hier grösstenteils der Stadt Winterthur. Er ist als Lebensraum von naturkundlicher Bedeutung und bereits seit 1980 als Trockenbiotop im kantonalen Natur- und Landschaftsschutzinventar aufgeführt. Die Vegetation besteht hier aus einem grossen *Orchideen-Buchenwald*, östlich der Burgstelle aus einem *Erika-Föhrenwald* und in den tieferen Lagen im Osten aus dem häufig vorkommenden *Waldmeister-Buchenwald*. Im kantonalen Waldentwicklungsplan von 2010

◀ Das Schachbrett ist einer unserer häufigsten Wiesenschmetterlinge, aber auch verbreitet auf Waldschlägen und in Waldlichtungen. Der Falter besucht gerne Flockenblumen.

Teil 4 — **Waldgebiete** | Totentäli

Das Gelände der Burgstelle Hoh Wülflingen ist auf allen Seiten steil abfallend. Von der Burg sind heute nur noch zwei Burggräben und wenige Mauerreste sichtbar. ▶

erhält die biologische Vielfalt im multifunktionalen Wald um Hoh Wülflingen den Vorrang. Im Gebiet östlich und südöstlich der Burgstelle wird heute die Eibe gefördert. Und ein relativ grosses Gebiet südlich von Hoh Wülflingen wird heute zugunsten einer grossen Artenvielfalt als lichter Wald bewirtschaftet.

TOTENTÄLI

Ökologisch wertvolle Amphibienweiher

Das Totentäli verbindet die ehemaligen Vororte Wülflingen im Norden und Töss im Südosten und verläuft zwischen Schlosstal und Dättnau. Das mit Hanglehm aufgefüllte Hochtal liegt auf 485 m ü. M. zwischen den Molassefelsen von Hoh Wülflingen und dem Schlossberg, auf dem die Burgruine Alt Wülflingen steht. In diesem abgeschiedenen Tal hat die Stadtforstverwaltung im Mai 1971 einen ersten künstlichen Amphibienweiher angelegt. Anstoss dazu gab unter anderem ein vom Zürcher Naturschutzbund angeregtes Gutachten vom August 1970 über die Nassstandorte im Kanton Zürich und ihre Schutzwürdigkeit. Das Gutachten zeichnete ein betrübliches Bild: Nur der Schützenweiher und ein Teil der Kies- und Lehmgruben boten für mehrere Amphibienarten gute Lebensbedingungen. Bis 1974 legte die Forstverwaltung auf Stadtgebiet sechs weitere Amphibienweiher an, unter anderem im Januar 1973 einen zweiten Weiher im Totentäli. Sehr rasch fanden sich Amphibien und Insekten mit einem unerwartet grossen Artenspektrum ein.[216] Als Ergänzung zu den damals bestehenden, ökologisch sehr wertvollen Weihern legte der städtische Forstbetrieb 2001 am westlichen Abfluss des Totentäli drei weitere Weiher an, revitalisierte den Bachlauf, der bis dahin in eine Betonschlage gezwängt war, und holzte die Fichtenmonokultur ab.

Heute sind die Weiher und Rietwiesen im Totentäli ein Objekt im kommunalen Naturschutzinventar. Sie sind eingerahmt vom *Aronstab-Buchenwald*, einer Waldgesellschaft auf feuchten, ton- und kalkreichen Böden, die durch einen meist dichten Bärlauchteppich charakterisiert wird. Die hohen, astfreien Stämme und die fehlende Strauchschicht geben dem *Aronstab-Buchenwald* im Frühling, wenn der Bärlauch spriesst, einen besonderen landschaftlichen Reiz. Ein Gebiet von rund 25 ha um das Totentäli herum gehört zu den Waldstandorten von naturkundlicher Bedeutung. Es ist – abgesehen vom Leisental – die grösste derartige Fläche auf Stadtgebiet. Am Büechlibuck, am Westende des Totentäli, wird der Wald gegenüber den beiden Weihern – auf der anderen Seite der Strasse – als lichter Wald bewirtschaftet. Die Waldstrasse durchs Totentäli wurde übrigens nach Kaspar Weinmann benannt, der von 1860 bis 1888 Winterthurer Stadtforstmeister war. Auf der Nordseite dieser Strasse führt ein Saumpfad hinauf auf den Schlossberg zur Burgruine Alt Wülflingen.

Ruine Alt Wülflingen

Die Mauern dieser mittelalterlichen Burgruine bestehen aus Sandstein-Buckelquadern

«Der Wald ist der einzige Grosslebensraum in Winterthur, in dem Naturschutz im grösseren Stil überhaupt noch möglich ist. Es gibt zwar auch andere Naturschutzgebiete – etwa im Dättnau oder am Südhang des Schuppentännli – mit Amphibienweihern oder Magerwiesen. Aber sonst ist Naturschutz hier vor allem auf den Wald beschränkt. Zum Glück haben der Stadtforstmeister und die Förster sehr viel Verständnis für den Naturschutz. Ohne sie ginge es nicht. Ich kann Naturschutzanliegen jederzeit vorbringen – zum Beispiel für den Schutz einer Population des Schillerfalters. Ich habe angeregt, dass man dafür Salweiden steckt. Etwa an Wegen, im Totentäli oder der Töss entlang, damit der Schillerfalter Futterpflanzen hat. Im Wald ist so etwas eben noch möglich.

Mein Engagement für den Naturschutz hängt stark mit meinem Beruf zusammen. Ich war Sekundarlehrer und Seminarlehrer an der Uni. Dort habe ich stets versucht, die jungen Leute an die Natur heranzuführen. Das funktioniert besser, wenn man selber ein Vorbild ist.

Meine Passion für Naturbeobachtung und Naturschutz möchte ich auch im fortgeschritteneren Alter weitergeben. Nicht nur mit Publikationen und Bildern, sondern auch mit direkten Begegnungen in der Natur.

Seit den 60er-Jahren hat sich der Naturschutz in Winterthur ganz eindeutig positiv entwickelt. Mein Kollege Albert Krebs und ich hatten damals alle Amphibienstandorte der Region Winterthur untersucht. Das Ergebnis war erschreckend. Der damalige Forstadjunkt und spätere Stadtforstmeister Hermann Siegerist hatte 1971 den Bau der ersten Amphibienweiher im Totentäli unterstützt. Mit Erfolg: Rasch siedelten sich grössere Tierpopulationen an – sogar von selteneren Arten wie Laubfrosch, Geburtshelferkröten oder bestimmten Libellen. In den letzten 40 Jahren haben wir etwa 30 solche Weiher angelegt – zunächst vor allem im Totentäli und im Eschenberg. Förster Gregor Fiechter hat dann begonnen, auch im Lindberg eine Reihe hervorragender Weiher zu bauen.

Das Wichtigste für mich ist, dass hier möglichst viele Menschen Freude an der Pflanzen- und Tierwelt in den Wäldern haben. Und dass wir zusammen zu diesem wunderschönen Lebensraum in Winterthur Sorge tragen. Das ist unsere Pflicht. Sorge tragen können wir nur, wenn wir auch gewisse Kenntnisse haben. Deshalb zeige ich den Menschen, was hier vorkommt, wie bestimmte Tiere leben und welche Bedürfnisse sie haben.

Das Verständnis für den Naturschutz wächst bei immer mehr Menschen. Auch bei mir. Früher glaubte ich zum Beispiel, die Forstleute müssten, nachdem sie Bäume gefällt und geastet haben, den Platz auf- und das Restholz wegräumen. Stadtforstmeister Beat Kunz hat mir aber gesagt, dass dieses liegen bleiben muss, damit verschiedene Tiere und Pilze hier einen Lebensraum finden. Er hatte vollkommen recht. Man darf den Wald nicht aufräumen, sondern man muss solche Chancen für die Artenvielfalt beim Schopf packen.»

Jakob Forster
Naturschützer und Mitglied der städtischen Naturschutzkommission, beim Amphibienweiher an der Unteren Hangentobelstrasse im Eschenbergwald.

«Wir müssen dem Lebensraum Wald Sorge tragen»

Jakob Forster
Naturschützer

und sind bis zu 2 m dick. Der liebliche Ausblick vom 18 m hohen Turm durch das Geäst auf die Töss hinunter und den nahegelegenen Brüelberg hinüber verdrängt heute die Vorstellung von der bewegten Vergangenheit der Burg Alt Wülflingen. Sie entstand im Hochmittelalter, in der Mitte des 11. Jahrhunderts. Vermutlich aus einer früheren Fluchtburg. Spätestens 1239 war der Ort – nur 650 m nordöstlich von der Burgstelle Hoh Wülflingen entfernt – im Besitz der Grafen von Habsburg, die den Turm erbauten. Um den Turm herum entstanden Wohntrakt und Nebenbauten, gegen die Töss hinunter die Stallungen und Scheunen. Knapp 300 Jahre später kauften die Zürcher Familien Escher und Meiss die Anlage und bauten später aus dem Burgmaterial das heutige Schloss Wülflingen. Der Turm trug im Mittelalter ein Dach: Die Karte von Jos Murer von 1566 zeigt ihn mit angrenzendem Wohnhaus und einem nach Süden abfallenden Pultdach. Bis Mitte des 18. Jahrhunderts wurde er als Gefängnis mit Folterkammer genutzt, dann zerfiel er allmählich. Die Stadt Winterthur übernahm die Burgruine und sanierte den Turm in den Jahren 1936 und 1983 bis 1984. Ein Hocheingang und eine Wendeltreppe im Innern ermöglichen seither den Zugang zum obersten Geschoss. Von da aus bietet sich eine schöne Aussicht. Im Herbst 2013 sperrte der Forstbetrieb den Zugang ab, weil der Turm einsturzgefährdet war. 2014 wird die Burgruine erneut saniert und steht danach für Besucherinnen und Besucher wieder offen.

Die Burgruine Alt Wülflingen steht auf einem bewaldeten Hügel auf 541 m ü.M. Fast das ganze Waldgebiet zwischen Schlosstal und Dättnau ist heute etwa je hälftig im Besitz der Stadt Winterthur und des Kantons Zürich. Der Stadt gehören die Gebiete Wolfbüel, Büechlibuck, Hoh Wülflingen, Alt Wülflingen, Schlossberg und Rossweid. Das Gebiet Ebnet hingegen

Die Burg Alt Wülflingen entstand in der Mitte des 11. Jahrhunderts – vermutlich aus einer früheren Fluchtburg.
▼

Waldreservat am Steilhang von Hoh Wülflingen gegen das Totentäli hinunter: Dieses Gebiet wird nicht bewirtschaftet. ▶

> **Buckelquader**
> In der Bauzeit der Burg Alt Wülflingen waren Buckelquader als Baustoffe sehr beliebt. Bekannt sind Buckelquader von Stadthäusern, deren Ecken die Erbauer so verzierten. Allerdings war diese Bauweise sehr aufwändig, weil die Steinmetze jeden Stein einzeln herrichten und exakt auf die anderen Steine abstimmen mussten. Sie schlugen auf der sichtbaren Fläche entlang der Kanten einen ebenen Rand heraus und liessen den vorspringenden Buckel stehen.[217]

gehört als Staatswald dem Kanton. Nur einzelne kleinere Waldparzellen im Westen oder Südwesten sind im Privateigentum.

Um die Burgruine Alt Wülflingen herum findet sich ein dichtes Mosaik unterschiedlichster Waldgesellschaften. Dominierend sind hier einerseits die anspruchsvollen Buchenwälder auf basischen Böden und andererseits der *Waldmeister-Buchenwald*. An einigen Stellen kommen *Waldhirsen-*, *Lungenkraut-* und *Orchideen-Buchenwald* vor und an wenigen, sehr feuchten Stellen im Schlosstalwald gedeiht der *Erlen-Eschenwald*. Bemerkenswert ist sicher das Vorkommen der Gewöhnlichen Küchenschelle und des Schnabelfrüchtigen Bergflachs'.

CHOMBERG

Rutschende Hänge am Dättnauer Berg
Der Wald im ganzen Talzug Dättnau–Neuburg–Rumstal ist wegen der oft schlechten Zugänglichkeit an den meisten Orten recht naturnah. Nur in den flacheren Gebieten oben auf dem Chomberg (auch Komberg) ist der Anteil standortfremder Baumarten relativ hoch, denn in den Jahren 1967 und 1975 wurden die damaligen Windwurfflächen einseitig mit Rottannen bepflanzt.

Die Hänge am Chomberg gegen das Dättnau hinunter sind stellenweise ausgesprochen steil abfallend. An solchen Stellen rutschen sie seit Jahrtausenden Richtung Talboden, langsam und stetig oder plötzlich und gewaltig. Sporadisch lösen sich hier auch grössere Erdmassen und sacken ab. So zum Beispiel gegen Ende Februar 2013, als mit dem Abschmelzen grosser Schneemengen ein Teil des Hangs an der Oberen Holenstrasse in Bewegung geriet. Viele Kubikmeter Geröll, Lehm und Tuffstein rutschten abwärts und kamen erst kurz nach der Strasse zum Stillstand. Bereits 2007 haben hier die starken Regenfälle Anfang August grosse Schäden an der Unteren Hafenstrasse und an der Mantelstrasse verursacht.

Quellhöhle St. Pirminsbrunnen
Der Chomberg liegt südlich von Neuburg, einem Weiler im Westen der Stadt Winterthur. Am Nordhang des Chombergs finden sich heute acht kleinere Quellfassungen. An einer dieser Quellen soll sich im 8. Jahrhundert der Brunnenheilige Pirminius niedergelassen haben. Zur Herkunft und zum Lebensweg Pirmins wurden im Laufe der Jahrhunderte

Ende Februar 2013 rutschte ein grösserer Teil des Hangs an der Oberen Holenstrasse am Dättnauer Berg ab.

minsbrünnlein» in der Gegend von Pfungen dokumentiert. Allerdings wurde der Pirminsbrunnen an verschiedenen Orten ausgemacht. Auf der grossen Reliefkarte des Kantons Zürich von Hans Conrad Gyger aus dem Jahr 1667 ist ein Pirminsbrunnen im Zytmoostälchen eingezeichnet.

Die Quellhöhle St. Pirminsbrunnen am Chomberg liegt auf 555 m ü. M. an der Oberen Holenstrasse. Sie ist vom Tössrain oder von Neuburg aus bequem zu Fuss erreichbar. Vom Gehöft Furt südwestlich von Neuburg sind es nur rund tausend Schritte bis zum Pirminsbrunnen. Auf der rechten Seite der Oberen Holenstrasse steht eine schlichte Gedenktafel (s. Kasten rechts). Von dort führt eine schmale Treppe einige Meter hinauf zur Quellhöhle. Der Eingang zur Höhle ist mit einem Betonrahmen gesichert und teilweise mit Efeu überwachsen. Auf dem überschwemmten Boden liegen vereinzelt Trittsteine. Im Innern der Höhle plätschert aus dem Sandsteinfelsen munter das Wasser. Und im Winter hängen an der Höhlendecke imposante Eiszapfen. Der städtische Forstbetrieb hat die Quellfassung 1975 gesichert, die erwähnte Treppe als Zugang gebaut.

unterschiedliche, auch widersprüchliche Angaben überliefert. Ob der um 690 geborene Pirmin ursprünglich aus Irland stammt, wie auf der Gedenktafel am Chomberg beschrieben ist und wie es auch älteren Auffassungen entspricht, oder ob er – gemäss einer anderen Theorie – aus der historischen Provinz Aquitanien, einer Region im Südwesten Frankreichs, oder gar aus Nordspanien stammt, ist unklar. Sicher ist aber, dass Pirmin als Wanderprediger durch Mitteleuropa zog und im Jahr 724 auf der damals noch unbewohnten Bodenseeinsel Reichenau ein Kloster gründete. Bis der Glaubensbote im Jahr 742 die Abtei Hornbach (Rheinland-Pfalz) gründete, wo er 753 auch starb, soll er auf seinem Weg durch das Elsass und das heutige Südwestdeutschland insgesamt 10 bis 12 Klöster gegründet haben. In Pfungen, wo sich der heilige Pirmin um 723 aufhielt, kam es nicht zu einer Klostergründung, weil der Bischof von Konstanz dagegen war. Das Kloster am nahen Berenberg wurde erst 1355 gegründet. Das nahe gelegene Wülflingen hatte bereits um 650 eine Holzkirche. Heute ist St. Pirmin unter anderem der Schutzpatron der römisch-katholischen Kirche Pfungen. Ab dem 14. Jahrhundert ist der Ortsname «Pir-

Der Höhleneingang ist mit einem Betonrahmen gesichert. Im Innern plätschert munter das Wasser aus dem Felsen.

Gedenktafel St. Pirminsbrunnen
Geologisch bemerkenswerte Quelle, die in einer Höhle direkt aus dem Sandsteinfelsen entspringt. Der Name ist seit 1327 nachgewiesen und erinnert an den irischen Mönch Pirmin († 753), Gründer des Klosters Reichenau und Schutzpatron der alten Pfarrkirche Pfungen. Er hat nach der Überlieferung in der Gegend geweilt und soll sich vorübergehend an dieser oder einer benachbarten Quelle niedergelassen haben. Abstützung der Höhlendecke und Zugang 1975 neu erstellt durch die Stadt Winterthur.

▲
Die Quellhöhle St. Pirminsbrunnen liegt an der Oberen Holenstrasse und ist von Neuburg aus bequem erreichbar.

WOLFESBERG

Pionierwald am Wolfesberg

Der Wald auf dem Wolfesberg gehört grösstenteils zum Stadtwald; knapp 83 ha umfasst dieses Revier heute. Es kam erst mit der Eingemeindung von Veltheim 1922 zur Stadt Winterthur. Bis zum Ende des Spätmittelalters gehörten die Waldungen auf dem Wolfesberg den Herzögen von Habsburg-Österreich, die einen Teil ihrer Wälder an Klöster verschenkten. So kam das Dominikanerinnen-Kloster Töss um die Mitte des 14. Jahrhunderts in den Besitz des ausgedehnten Waldes auf dem Wolfesberg. Als das Frauenkloster im Zuge der Reformation 1525 aufgehoben wurde, ging der Wolfesbergwald an Zürich über, das aber kein Interesse daran hatte und ihn am 7. Februar 1530 – mit strengen Auflagen – an die Gemeinde Veltheim verkaufte.[218]

Nicht zum heutigen Stadtwald gehören das knapp 20 ha grosse Chilenholz ganz im Westen, das im Eigentum der Kirchgemeinde Wülflingen ist, einige verstreute Privatwaldparzellen und etwa 3 a der Landwirtschaftlichen Schule. Das Hochplateau auf dem Wolfesberg fällt vom höchsten Punkt auf 526 m ü. M. in der Nähe der Chöpfi auf der einen Seite leicht nach Nordosten gegen den Schützenweiher und auf der anderen Seite steil nach Südwesten gegen die Weinbergstrasse ab. Während letzteiszeitliche Moränen den geologischen Untergrund des Hochplateaus bilden, steht an allen Hängen rund um den Wolfesberg herum die Obere Süsswassermolasse an – in der nördlichen Hälfte ist diese meist noch mit einer dünnen Schicht Moränenmaterial bedeckt. Der trocken-warme Südhang des Wolfesbergs war einst von der heutigen Zielstrasse weg bis unterhalb der Chöpfi ein zusammenhängender Rebberg. Im Jahr 1883 wies Veltheim noch eine Rebfläche von 18,4 ha aus. Im Jahr 1960 waren es noch 1,33 ha im Gallispitz.[219]

Wie der Brüelberg und der Lindberg besteht auch der Wolfesberg fast ausschliesslich aus den häufigen *Waldmeister-Buchenwald*-Standorten. Die heutigen Bestände sind jedoch von den natürlichen Waldgesellschaf-

Sicht an den Südhang des Wolfesbergs: Ganz links im Bild befindet sich die Chöpfi, ganz rechts der Gretelberg.

ten immer noch weit entfernt. Immerhin tauchen im Südwest-Teil an der Grenze zwischen dem Stadtwald und dem Chilenholz einige seltenere, ökologisch wertvolle und relativ gut ausgebildete Waldgesellschaften auf. So findet man zum Beispiel am Steilhang bei der Chöpfi den einzigen *Geissklee-Föhrenwald*-Standort in der ganzen Grossregion Winterthur. Der lichte, ornithologisch wertvolle und sehr seltene *Geissklee-Föhrenwald* wächst als ausgesprochene Spezialistengesellschaft an warmen, südexponierten und ständig nachrutschenden Schotterhängen. In dieser Pioniergesellschaft ehemaliger Trockenwiesen sind Waldföhren, Maulbeerbäume und Elsbeeren vertreten. Neben dem seltenen Geissklee wachsen in der Strauchschicht auch Wacholder und der Wollige Schneeball. Die spärliche Krautschicht besteht vor allem aus Erdseggen, Blutrotem Storchenschnabel, Hufeisenklee oder Küchenschelle.

Ein etwa 400 m langer und bis zu 100 m breiter Streifen von der Chöpfi in südöstlicher Richtung bis zur Wolfesbergstrasse gehört zu den Waldstandorten von naturkundlicher Bedeutung. Hier hat die biologische Vielfalt den Vorrang vor anderen Waldfunktionen. Sonst aber hat auf dem Wolfesberg fast überall die Holznutzung den Vorrang. Der auffällige hohe Anteil von Fichten-Stangenholz ist auf Windwürfe aus dem Jahr 1967 zurückzuführen. Entsprechend hoch war auch der Schaden durch Orkan Lothar 1999: Rund 6,15 ha Totalschadenfläche und 4000 m³ Sturmholz lautete damals die Schadenbilanz.

Eine Besonderheit in diesem Waldgebiet sind die starken Zürcher Föhren der Provenienz Wolfesberg. Sie zeichnen sich durch einen grossen Kern aus, denjenigen Teil des Stammes also, den man als Holz nutzen kann.[220] In keinem anderen Waldgebiet Winterthurs kommt die Föhre so häufig vor wie im Wolfesbergwald. In den 30er-Jahren dieses Jahrhunderts machten die Föhren im Stadtwald Wolfesberg über 60 Prozent des Baumbestands aus; heute sind es noch rund 20 Prozent.[221] Langfristig will der Forstbetrieb das Vorkommen der qualitativ sehr guten Föhren auf dem Wolfesberg durch geeignete Waldbauverfahren sichern. Von der Abnahme der Föhre profitierte übrigens die Fichte, die heute den Wolfesbergwald dominiert. Der Anteil der Nadelbäume ist hier mit insgesamt über 70 Prozent[222] höher als in jedem anderen Teil des Winterthurer Stadtwaldes. 1922 betrug dieser Anteil sage und schreibe 97 Prozent, 1988 immer noch hohe 88 Prozent.[223] Heute wird der Stadtwald hier zu über 90 Prozent natürlich verjüngt. Nur stellenweise kommen bei Neupflanzungen Lärchen oder Douglasien zum Zug.

Insbesondere der Ostteil des Wolfesbergwaldes dient heute zu Erholungszwecken. Dafür unterhält der Forstbetrieb eine stattliche Infrastruktur mit über 8 km Waldwegen, 53 Sitzbänken und etwa einem halben Dutzend

Feuerstellen. Zu dieser Erholungsinfrastruktur gehört auch die 2012 eingeweihte Allmend und Naherholungsanlage Güetli beim Gretelberg. Auf der Anlage steht ein Pavillon, auf den im Dezember gleichen Jahres aus dem angrenzenden Wald eine mächtige Eiche stürzte und diesen stark beschädigte. Menschen kamen nicht zu Schaden.

Eine Attraktion für Waldbesucherinnen und -besucher steht im Gebiet Rotholz: Zwischen Gsangrain- und Kesselbrunnenstrasse steht einer der ältesten und stärksten Rottannenbestände des Stadtwaldes. 2003 fällte man eine Fichte, die 210 Jahre alt war. Das ist zwar noch weit von ihrem maximalen natürlichen Alter von 600 Jahren entfernt, aber deutlich über das schlagreife Alter in einem Wirtschaftswald hinaus.

Veltemer Sandstein

In der Mitte des 19. Jahrhunderts brachen die Veltemer an verschiedenen Orten auf dem Wolfesberg Sandstein, um daraus Baumaterial herzustellen. Einer der Steinbrüche war auf dem Areal des jetzigen Schwimmbads Wolfesberg und ein zweiter etwas nordwestlich im Waldinnern oberhalb der Kesselbrunnenstrasse. Die Witterungsbeständigkeit des Veltemer Sandsteins war allerdings gering, und die Ausbeutung wurde bald wieder eingestellt.[225] Heute will der städtische Forstbetrieb den ehemaligen Sandsteinbruch im Wolfesbergwald in möglichst ursprünglichem Zustand erhalten. Er fördert deshalb im umgebenden Waldbestand die Buche, um hier ein möglichst natürliches Waldbild zu erhalten.[226]

Winterthurer Waldtag

Als Winterthurer Hauptbeitrag zum Internationalen Jahr des Waldes der Vereinten Nationen 2011 organisierten Forstbetrieb und Naturschutzvereine auf dem Wolfesberg den ersten öffentlichen Waldarbeitstag. Unter Anleitung des städtischen Forstpersonals und der Fachpersonen der Naturschutzvereine gruben fast 100 Personen Unkenbiotope, markierten Spechtbäume, bauten Wildbienenhotels und rissen Neophyten aus. Das Ziel dieser Veranstaltung war es, die Verbundenheit der Bevölkerung mit ihren Naherholungsräumen zu stärken. Der Waldtag fand seither jedes Jahr statt und soll auch in Zukunft weiter bestehen.[224]

▲
Das Gebiet am Südhang des Wolfesbergs zwischen Chöpfi und Gallispitz war einst ein zusammenhängender Rebberg.

▲
Auf dem trockenen und oberflächlich sauren Boden bei der Chöpfi bildet die Föhre besseres Holz als die Buche.

Teil 4 — Waldgebiete | Wolfesberg

Imposante «Schoellhorneiche»

An der Hinteren Gemeindeholzstrasse im Wolfesbergwald steht heute noch eine auffallend mächtige Eiche mit einem imposanten Stamm. Dabei hätte sie eigentlich schon längst gefällt sein sollen – wäre da nicht ein aufmerksamer und engagierter Waldspaziergänger gewesen. Das kam so: Vor 50 Jahren, zwischen 1962 und 1964, haben der damalige Stadtforstmeister Kurt Madliger und der damalige Revierförster Max Kern diesen Baum zum Fällen angezeichnet. Mit dieser Aktion wollten sie verhindern, dass die grosse Eiche ihren Schatten auf die frisch gepflanzten Eichensetzlinge wirft und dass ständig grosse Wassertropfen auf diese herabfallen. In der Villa vorne, auf der Südseite des Wolfesbergs, wohnte Kurt Schoellhorn (1894 – 1966), der einst mit seinem Bruder Georg die Geschicke der Brauerei Haldengut bestimmte. Er war hier oft auf Waldspaziergängen unterwegs und intervenierte bei den Forstleuten gegen das Fällen der Eiche. Mit Erfolg: Der Baum steht heute noch als Prachtsexemplar mit einem Brusthöhendurchmesser von rund 1,5 m und einem geschätzten Alter von etwa 170 Jahren. Die «Schoellhorneiche» ist heute in so gutem Zustand, dass sie durchaus noch mindestens 100 weitere Jahre dort stehen bleiben kann.[227]

Ellipsenförmige Ebene um geheimnisvolle Steine herum, die von einer Art Weg abgegrenzt ist.
▼

Dieser etwa 140 cm hohe Stein im Gebiet Rotholz muss von Menschen hier aufgestellt worden sein. Wofür, ist unklar.

Geheimnisvolle Steine im Rotholz

Am Südrand des Wolfesbergwaldes, zwischen Rotholzstrasse und Wolfensbergstrasse, stehen auf einer kleineren Fläche insgesamt elf grössere Steine im Wald. Einer von ihnen ist von schmaler, etwa 140 cm hoher Gestalt. Der Stein muss von Menschen so aufgestellt worden sein. Ziemlich gleichmässig darum herum dehnt sich eine ellipsenförmige Ebene von 66 mal 44 m aus, die durch eine Art Weg abgegrenzt ist. Ein anderer Stein dieser Reihe ist der bekannte «Humeli-Stein». Die markanten Steine sind als Objekte im Inventar der Steinsetzungen im Kanton Zürich aufgeführt, weil sie zu einer Steinreihe gehören, die zu speziellen Kalenderdaten astronomisch ausgerichtet ist, nämlich zum Tag 30 vor und nach der Sommer- oder Wintersonnenwende. Handelt es sich bei diesem Ort um eine urzeitliche Kultstätte? Oder wird hier lediglich eine Verbindung zu Sonnenpunkten hineininterpretiert? Sind die angeblich astronomisch ausgerichteten Objekte am Ende lediglich historische Grenzsteine?

Wir wissen es nicht abschliessend. Immerhin verlief im Spätmittelalter die Grenze zwischen der Gerichtsherrschaft Wülflingen und der Herrschaft Kyburg ziemlich genau durch dieses Gebiet. Und die ellipsenförmige wegartige Begrenzung war in den 1950er- und 60er-Jahren die Reitbahn von Kurt Schoellhorn, dem Besitzer der nahegelegenen Villa. Er war leidenschaftlicher Reiter und liess die Bahn regelmässig mit Asche auffüllen.[228]

BRÜELBERG

Ein relativ naturnaher Wald

Auf dem Brüelberg finden wir bei den Waldgesellschaften ähnliche Verhältnisse wie auf dem Lindberg. Auch hier stellen die *Waldmeister-Buchenwald*-Standorte den mit Abstand grössten Anteil dieses relativ wenig abwechslungsreichen Waldgebiets. Nur ein knappes Dutzend verschiedene Waldgesellschaften aus fünf Gruppen kommen im Brüelbergwald vor. An wenigen, trockeneren Stellen am Ost- und am Westhang wachsen *Lungenkraut-Buchenwälder* und auf einer kleinen Fläche am Westhang der im Kanton Zürich seltene *Bergseggen-Buchenwald*. Auffallend an diesem Standort ist das Zusammentreffen von säure- und basezeigenden Krautpflanzen. Das liegt daran, dass der Oberboden stark ausgewaschen wird und darum basenarm ist, während im Untergrund jedoch Kalk vorhanden ist.

Der Brüelberg weist nur an wenigen Stellen mächtigere Moränenablagerungen auf. Meist ist die Bedeckung der Oberen Süsswassermolasse mit Moränen eher gering oder fehlt ganz; wie etwa an den Hängen gegen das Oberfeld im Nordosten – wo ein etwa 2 ha grosser Schutzwald steht – und das Schlosstal im Südwesten. Dafür findet sich hier Hanglehm. Ein weiterer Schutzwald 1. Priorität von etwa 1 ha steht oberhalb der Eulach zwischen dem Waldhof und der Hessengütlistrasse.

Die Wälder auf dem Brüelberg sind verhältnismässig naturnah und altersmässig ausgeglichen. Die Laubbäume machen heute fast zwei Drittel des gesamten Vorrats aus und lassen sich leicht natürlich verjüngen. Der Anteil der standortfremden und ökologisch problematischen Baumarten ist eher klein. Allerdings finden sich auf dem Brüelberg auch keine Waldstandorte von naturkundlicher Bedeutung.

Auch der Brüelberg ist ein häufig begangener Erholungswald. Eine besondere Attraktion ist hier der 34 m hohe Brüelbergturm, der 1994 auf 540 m ü. M. als Sendemasten errichtet worden war. Die Aussichtsplattform ist ein Geschenk der Firma Rieter.[229]

Der Brüelberg ist als einziges Waldgebiet in Winterthur vollständig vom Siedlungsgebiet umgeben. ▼

BERENBERG

Ein Juwel der besonderen Art
Der Berenberg westlich von Wülflingen, zwischen Niederfeld und Rumstal, ist ein einzigartiges Mosaik verschiedener Waldstandorte. Auch der geologische Untergrund ist hier ein Mosaik aus mehrheitlich Molasse mit stellenweise Molassedecke in unterschiedlicher Mächtigkeit und Hanglehm.

Während hier die *Waldhirsen-Buchenwälder* mit 0,9 ha kaum ins Gewicht fallen, dominieren flächenmässig die *Waldmeister-Buchenwald*-Standorte. Daneben gibt es aber eine Fülle von selteneren und ökologisch wertvollen Waldgesellschaften. Der Berenberg gehört heute zu den wenigen Standorten in der Schweiz, an denen die Gemeine Pimpernuss und die Gemeine Küchenschelle vorkommen.

Vegetationskundlich besonders interessant ist der schnell austrocknende mergelige Westhang. Dort sind die *Bergseggen-Buchenwald*- und die *Lungenkraut-Buchenwald*-Standorte stark vertreten. Im *Bergseggen-Buchenwald* sind die Buche und die Traubeneiche die wohl wichtigsten Baumarten. Es kommen darin aber auch Eschen, Bergahorn, Hagebuche, Kirschbaum, Elsbeere und der Mehlbeerbaum vor. In der Strauchschicht wachsen neben den auf Kalk typischen Sträuchern Liguster, Wolliger Schneeball, Hornstrauch oder Feld-Rose auch die Berberitze und der Seidelbast. Kennzeichnend für die Krautschicht sind neben der eher häufigen Bergsegge auch Maiglöckchen, Immenblatt, Bingelkraut, Nickendes Perlgras, Schwalbenwurz, Weisse Segge oder sogar das Waldvögelein.

Am Berenberg-Westhang, im Gebiet Rain, findet sich ausserdem ein Juwel der besonderen Art: der einzige *Kronwicken-Eichenmischwald* in der ganzen Region Winterthur. Dieser submediterran anmutende, niedere und lichte Eichenmischwald hat seinen Standort auf trockenen, kalkreichen Böden an warmen Steilhängen und auf Felskuppen. Natürlich gedeihen auch hier die typischen Kalksträucher, zu denen sich Liguster, Strauchwicke oder Purgier-Kreuzdorn gesellen. In der Krautschicht findet man die Ästige Graslilie, die pfirsichblättrige Glockenblume, die Erdsegge, die Strauss-Wucherblume, den Blutroten Storchenschnabel, die Hirschwurz, den Echten Gamander, den Hügel-Klee oder den Purpur-Klee. Der für Reptilien und zahlreiche Insektenarten wertvolle *Kronwicken-Eichenmischwald*-Standort ist hochgradig schützenswert. Seine Ausdehnung am Berenberg-Westhang ist mit 0,25 ha allerdings sehr bescheiden.

Naturnah und ornithologisch wertvoll
Im Ost- und Nordteil des Berenbergs finden sich viele Standorte von *Waldmeister-Buchenwäldern*, *Lungenkraut-Buchenwäldern mit Immenblatt*, des *Aronstab-Buchenwaldes* und des *typischen Lungenkraut-Buchenwaldes*. Diese Gesellschaften kommen im Berenbergwald, vor allem aber im östlich gelegenen Hardholz bei der Kläranlage so ausgedehnt vor wie in keinem anderen Waldgebiet in Winterthur. Die in diesem Hallenwald dominierende Buche bildet starke, gerade Stämme. Nicht selten sind in solchen Wäldern Esche, Bergahorn, Traubeneiche oder Kirschbaum anzutreffen. In der üppigen Krautschicht kommen einige Pflanzen so häufig vor, dass sie regelrechte Teppiche bilden: etwa das Bingelkraut oder der Waldmeister. Auch häufige Frühblüher wie das Buschwindröschen, das Lungenkraut oder die Frühlingsplatterbse kommen hier vor. Weitere seltene Gesellschaften sind an eher trockenen Stellen der *Weissseggen-Buchenwald* und der *Eiben-Buchenwald*. Auf den feuchten bis nassen Standorten findet man *Ahorn-Eschenwälder* oder *Seggen-Bacheschenwälder*. Der Berenberg ist relativ naturnah und ornithologisch wertvoll: Spuren der ehemaligen Mittelwälder blieben bis heute erhalten.

Teil 4 — Waldgebiete | Berenberg

▲
Wüchsiger Buchenmischwald an der Mittleren Beerenbergstrasse im Mai. Im Frühling dominieren in der Krautschicht jeweils die zahlreichen Frühjahrsblüher, allen voran das Bingelkraut, der Waldmeister, das Wald-Veilchen oder die Frühlingsplatterbse.

Kleines Immergrün am Berenberg: Die ausdauernde Pflanze kam erst im Mittelalter mit dem Menschen in unsere Region.

Gemäuer des ehemaligen Klosters Mariazell in der Waldlichtung am Berenberg.

Im Gebiet Lochen über der Eisenbahnlinie und auf der gegenüberliegenden Seite bei der Kläranlage finden sich Schutzwälder der 1. Priorität mit Flächen von je 0,7 bis 0,8 ha und im Gebiet Buechenrain oberhalb des Weilers Vorder Rumstal steht auf einer Fläche von 2,3 ha ein lichter Wald. Zudem ist der gesamte Südwesthang des Berenbergs ein Waldstandort von naturkundlicher Bedeutung und ein ausgedehntes Eichenförderungsgebiet, auf dem die Förderung der biologischen Vielfalt Vorrang hat. Gleiches gilt auch für den Nordwesthang.

Im Jahr 2001 kaufte die Stadt auf der Berenberg-Krete eine zusätzliche Parzelle von 2,24 ha, um dort einen bedeutenden Orchideenstandort zu schaffen.[230]

Kloster Mariazell Berenberg
In einer Waldlichtung am Berenberg-Osthang stehen die Gemäuer eines mittelalterlichen Klosters. Der Winterthurer Laienbruder Stephan Rheinauer zog sich 1318 hierher zurück, um ein «gottgefälligeres» Leben zu führen. Herzog Leopold I. von Österreich, dem die Herrschaften Wülflingen und Kyburg gehörten, gestattete Rheinauer, im Berenbergwald eine Einsiedelei zu gründen «und da mit allfälligen Genossen in Gebet, Wachen, Fasten und guten Werken seine Tage zuzubringen».[231] Als Bauplatz schenkte der Fürst dem angehenden Einsiedler das Gelände «Unter Bleichen», das heisst «am Fusse eines Abhangs, wo infolge einer Rutschung das nackte Erdreich oder Gestein zutage trat».[232] Später gesellten sich wahrscheinlich noch weitere Brüder dazu.

Im Jahr 1355 erschien der Franziskanerpriester Heinrich von Linz am Berenberg und gründete hier zusammen mit seinen vier leiblichen Brüdern das Kloster Mariazell. Zehn Jahre später gestattete der Bischof von Konstanz der neunköpfigen Klostergemeinschaft, vom Franziskanerorden zu den Augustiner-Chorherren überzutreten.

In den ersten Jahren nach seiner Gründung bauten die Ordensbrüder das Kloster laufend aus. Dafür brauchten sie mehr Holz, als ihr Wald im engeren Umkreis des Klosters hergab. Herzog Leopold III. verdoppelte deshalb 1373 das Holzrecht des Klosters. Er verfügte auch, dass jedermann, der ohne Einwilligung des Klosters im geschenkten Stiftswald Holz schlug, gebüsst wurde. Nach und nach kam das Chorherrenstift durch Kauf, Schenkungen und Ablasshandel zu einem stattlichen Grundbesitz in Winterthur und in der weiteren Umgebung. Dazu gehörten auch einige Wälder auf dem Berenberg, bei Wülflingen und bei Neuburg. Einzelne Klostergüter waren weiterum verstreut, von der Innerschweiz bis ins Elsass.

Prior Heinrich von Linz starb um 1370 und wurde im Kreuzgang des Klosters begraben. Diese Grabstelle ist heute noch zu sehen. Das

Chorherrenstift erlebte noch bis zur Mitte des 15. Jahrhunderts eine Blütezeit. Dann setzte der Niedergang ein, und in der Reformation zog der Staat Zürich endgültig einen Schlussstrich unter das Kloster Mariazell Berenberg: 1527 hob er das Kloster auf, verstaatlichte 1528 dessen Güter und verkaufte 1530 das leerstehende Klostergebäude samt Wiese und Wald. Um 1600 setzte der langsame Zerfall des Klosters ein: Die Klostermauern dienten als Steinbruch für den Bau anderer Häuser in der näheren und weiteren Umgebung, unter anderem für den Bau eines Bauernhauses am Berenberg-Südhang oder 1717 für den Bau des Patrizierhauses «Zur Geduld» in der Winterthurer Marktgasse.

Blick vom Weiler Neuburg hinüber zum Berenberg.

Der Verkehrsverein Winterthur übernahm in den 1920er-Jahren den Waldboden mit den Klosterruinen und überdeckte die noch vorhandenen Mauerreste mit Erde, um sie vor dem weiteren Zerfall zu retten. 1970 bis 1972 erforschten Archäologen die Ruine, die seit 1973 unter dem Schutz des Bundes steht.[233] 2009 sanierten Kanton und Stadt die Klosterruine und werteten die Waldlichtung zu einem Ausflugsort auf. Informationstafeln erläutern Architektur und geschichtlichen Hintergrund des mittelalterlichen Klosters am Berenberg.[234]

HARDHOLZ

Renaissance des Mittelwaldes

Das rund 20 ha grosse Hardholz ganz im Westen der Stadt liegt auf einer Höhe von etwa 400 bis 420 m ü. M und ist damit das am tiefsten gelegene Waldgebiet Winterthurs. Es ist vom grossen Waldgebiet auf dem Berenberg nur durch die Bahnlinie Winterthur–Pfungen getrennt und gehört zum Stadtwald, ist also im Eigentum der Stadt Winterthur. Lediglich eine kleine Fläche von rund 0,25 ha ist Privatwald.

Das heutige Waldgebiet Hardholz zwischen der Hardgutstrasse im Nordosten und der Bahnlinie im Südwesten sowie zwischen der Kläranlage im Nordwesten und dem Gebiet Niederfeld im Südosten gehörte ursprünglich zum Gemeindewald Wülflingen und kam mit der Eingemeindung der Vororte 1922 in den Besitz der Stadt. Es war damals annähernd doppelt so gross wie heute und erstreckte sich über weite Teile des Niederfelds. Auf der Karte von Johannes Wild aus dem Jahr 1850 ist das ursprüngliche Waldgebiet noch zu sehen. Im Zweiten Weltkrieg fiel indes ein grösseres Waldstück der Anbauschlacht zum Opfer.

Das Hardholz ist ein typischer *Buchenwald*-Standort. Die vorherrschenden Waldge-

Das Hardholz wird bis 2033 vollständig in einen Mittelwaldbetrieb überführt und so die biologische Vielfalt erhöht.

sellschaften auf den ehemaligen Schotterböden der Töss sind die *Lungenkraut-* und die *Waldmeister-Buchenwälder*. An den eher basischen Stellen finden sich auch anspruchsvollere Gesellschaften wie *Aronstab-* und *Orchideen-Buchenwälder*.

Die Bewirtschaftung des Hardholzes gehört zu den Aufgaben des Forstbetriebs der Stadt Winterthur. Dieser revidierte im Jahr 2009 den Betriebsplan 2005 bis 2015 so, dass er das Waldgebiet Hardholz bis im Jahr 2033 in einen Mittelwaldbetrieb überführen kann. Sowohl die städtische Naturschutzkommission als auch der Kanton unterstützten diese Revision. Mit ihr sollen folgende Ziele erreicht werden:
- Den Lebensraum für eine vielfältige Flora und Fauna fördern, insbesondere für seltene und gefährdete Arten.
- Den mittelfristigen Mehrbedarf der Stadt Winterthur an Energieholz decken.
- Im Hardholz einen attraktiven Naherholungsraum für Winterthur schaffen.
- Die Kulturlandschaft im Umfeld der Stadt durch die Wiedereinführung dieser traditionellen Bewirtschaftungsweise aufwerten.

Der zweischichtig bewirtschaftete Mittelwald war im Mittelalter eine häufige Waldform in stadtnahen Gebieten. Vor mehr als hundert Jahren stellte Winterthur den historischen Mittelwaldbetrieb ein. Letzte Reste stehen noch am Berenberg und am Chomberg. Im Hardholz erlebt er nun eine Renaissance. Bis ins Jahr 2033 wird das gesamte Hardholz schrittweise von einem Hochwald in einen Mittelwald überführt. Seit 2009 werden Jahr für Jahr Flächen von jeweils knapp einer Hektare stark gelichtet, so dass die stehen gebliebenen Bäume kein geschlossenes Kronendach mehr bilden. Damit fällt nun wieder viel Licht auf den Boden. Zwar ist der Eichenanteil im Hardholz heute noch nicht sehr gross, aber der Standort eignet sich sehr gut für die Eiche.

Zunehmende Biodiversität

Um die Auswirkungen der Mittelwaldbewirtschaftung auf die Biodiversität festzustellen, lässt der städtische Forstbetrieb die behandelten Flächen im Hardholz systematisch beobachten. In wissenschaftlichen Untersuchungen konnte bereits nachgewiesen werden, dass die Artenvielfalt der Fauna und Flora auf den neuen Mittelwaldflächen nach dem Eingriff deutlich zugenommen hat. So wurden von Mai 2010 bis August 2011 mehr als 230 verschiedene Arten von Nachtfaltern und von April bis Mai 2011 26 Brutvogelarten bestimmt. Die Anzahl Pflanzenarten hat sich nach dem Eingriff innerhalb eines Jahres mehr als verdoppelt. Aus dem bisherigen schattigen und artenarmen Hochwald im Hardholz entsteht also in nächsten Jahren sukzessive ein lichter, sonnendurchflutete und artenreicher Mischwald mit üppiger Kraut- und Strauchschicht.

Recht häufig trifft man im Hardholz auf die Nesselblättrige Glockenblume mit ihren zart bewimperten, violetten Blüten. Sie wird von verschiedenen Insekten, insbesondere von Bienen und Hummeln bestäubt. Ebenfalls recht häufig sind hier das Echte Johanniskraut, das bereits in der Antike als Heilpflanze verwendet wurde, die Gewöhnliche Kratzdistel, eine typische Lichtpflanze, und natürlich die in lichten Wäldern häufig vorkommende Brombeere. Schliesslich finden sich im Hardholz auch die Wald-Wittwenblume, das eingewanderte Kleine Springkraut und gelegentlich der ursprünglich als Zierpflanze eingeführte Schmetterlingsflieder.

Auffallend sind die zahlreichen Schmetterlinge auf den lichten Flächen und an den Wegrändern. Besonders augenfällig sind der Kaisermantel und der Kleine Kohlweissling. Im Jahr 2011 hat eine wissenschaftliche Untersuchung der neuen Mittelwaldflächen im Hardholz gezeigt, dass hier 26 verschiedene Arten von Holzkäfern vorkommen. Darunter auch der Rothalsbockkäfer. Diese Käferarten sind wie viele andere Insektenarten auf Totholz angewiesen dienen ihrerseits wiederum einigen Brutvögeln als Nahrung.

Deshalb will der städtische Forstbetrieb künftig darauf achten, dass im neuen Mittelwald Hardholz immer ausreichend totes Holz vorhanden ist.

Dieses Kaisermantel-Weibchen an der Mittelwaldstrasse hat bereits von der Umwandlung des Hardholzes profitiert. ▼

Im Hardholz recht häufig: Nesselblättrige Glockenblume mit ihren zart bewimperten, violetten Blüten. ▼

Waldgebiet Sädelrain

TEIL 5

NACHHALTIGKEIT

Teil 5 — Nachhaltigkeit | Ökonomische Dimension

Teil 5 — Nachhaltigkeit | Ökonomische Dimension

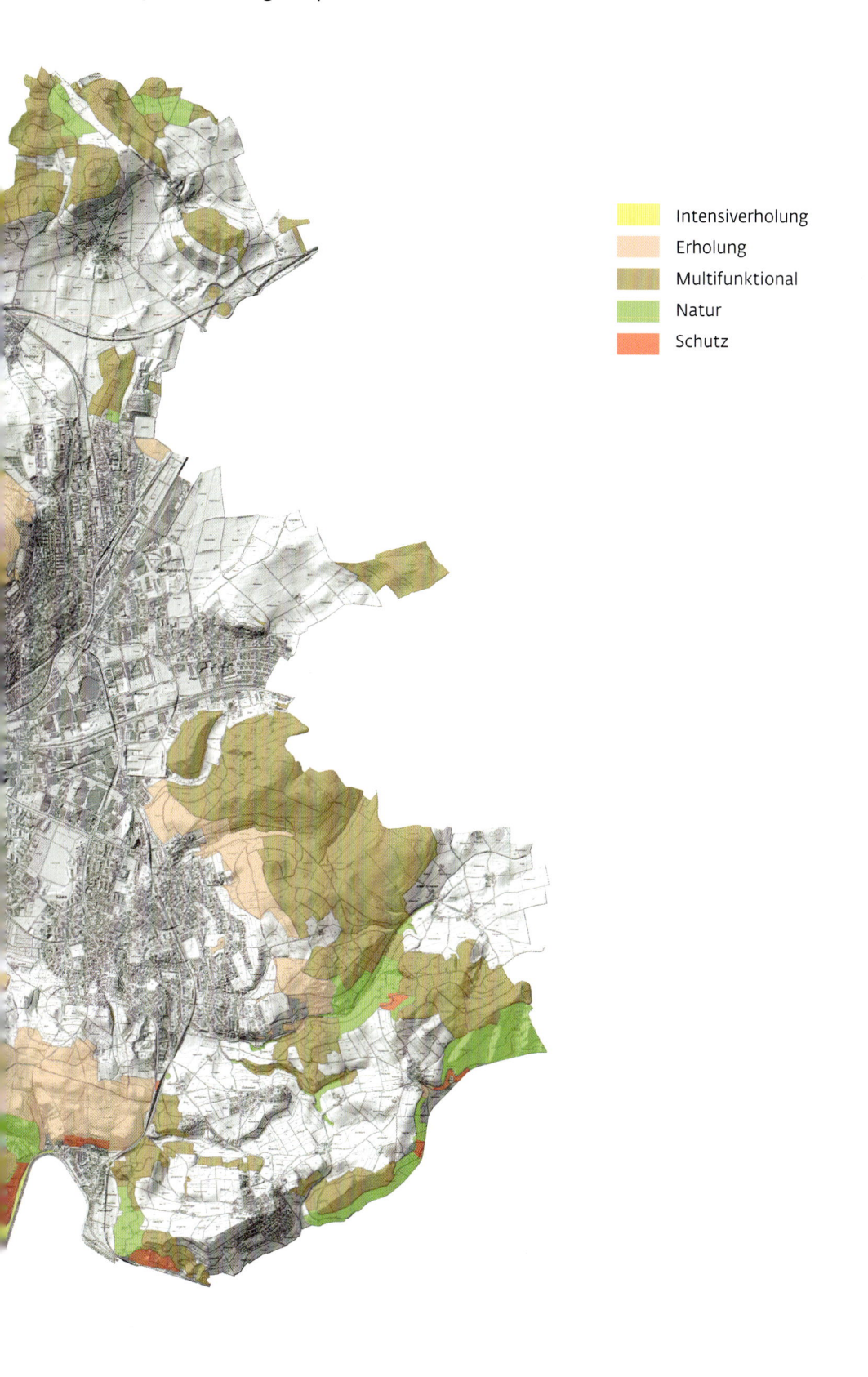

- Intensiverholung
- Erholung
- Multifunktional
- Natur
- Schutz

Zu Beginn des 18. Jahrhunderts waren die Wälder in ganz Europa weitgehend übernutzt und ausgeplündert. Eine systematische Bewirtschaftung, wie sie in der Landwirtschaft bereits bekannt war, fehlte in der Forstwirtschaft gänzlich. Überhaupt war der Gedanke, natürliche Ressourcen für nachfolgende Generationen zu sichern, weitgehend fremd. Der adlige Sachse Hans Carl von Carlowitz indes machte sich Sorgen um die Zukunft seines Landes. In seinem 1713 erschienenen Werk «*Sylvicultura Oeconomica – Hausswirthliche Nachricht und Naturmässige Anweisung zur Wilden Baum-Zucht*» empfahl von Carlowitz – er war von Beruf Oberberghauptmann – eine «continuirliche beständige und nachhaltende Nutzung» der Wälder. Mit einer «nachhaltenden» Nutzung meinte er, nur soviel Holz zu schlagen, wie in der gleichen Zeit durch planmässige Aufforstung, durch Säen und Pflanzen nachwachsen konnte. Er empfahl also sinngemäss, nur von den Zinsen zu leben und nicht vom Kapital. Dieses solle vollumfänglich den nachfolgenden Generationen übergeben werden. Damit hat von Carlowitz den Grundstein gelegt für eine moderne, nachhaltige Forstwirtschaft. Er formulierte als Erster das bis heute wegweisende Prinzip der Nachhaltigkeit und gilt als dessen Schöpfer.[235] Heute wird dieses ursprünglich ökonomische Prinzip im allgemeinen Verständnis auch auf die Ökologie, das heisst die Wechselbeziehungen der Lebewesen untereinander und mit der unbelebten Umwelt und auf gesellschaftliches Handeln ausgeweitet.

Drei-Dimensionen-Konzept der Nachhaltigkeit

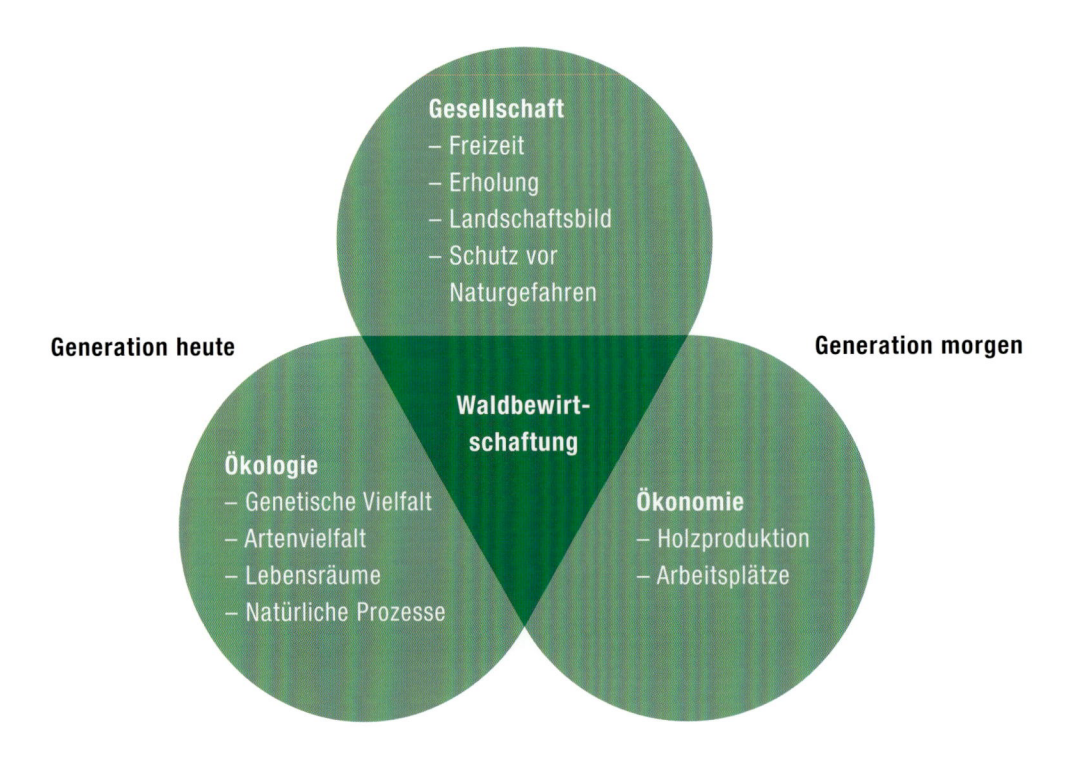

Generation heute — Generation morgen

Gesellschaft
– Freizeit
– Erholung
– Landschaftsbild
– Schutz vor Naturgefahren

Ökologie
– Genetische Vielfalt
– Artenvielfalt
– Lebensräume
– Natürliche Prozesse

Ökonomie
– Holzproduktion
– Arbeitsplätze

Waldbewirtschaftung

Quelle: Bafu 2013, S. 14

ÖKONOMISCHE DIMENSION

Planung im Sinne der Nachhaltigkeit

Das Prinzip der Nachhaltigkeit bildet die Leitplanken der modernen Forstwirtschaft. Im Kanton Zürich definiert das Leitbild für den Zürcher Wald von 1997 die forstpolitischen Ziele. Es umfasst sieben Punkte:[236]

1. Der Wald ist in seiner Fläche und seiner räumlichen Verteilung geschützt und wird als vielfältige naturnahe Lebensgemeinschaft gepflegt.
2. Der Wald weist eine dem Boden und der Lage angepasste Baumartenvielfalt sowie einen nachhaltigen, stabilen Aufbau auf.
3. Im langfristigen Interesse wird der Wald gepflegt, das Holz nachhaltig genutzt und dessen Verwendung gefördert.
4. Der Wald trägt zur Erhaltung der heimischen Tier- und Pflanzenwelt, besonders der gefährdeten Arten bei.
5. Der Wald erfüllt mehrere Nutzungszwecke gleichzeitig (multifunktional), jedoch zeitlich und örtlich mit unterschiedlichen Schwergewichten (Vorrangfunktionen).
6. Die Bevölkerung kann die Wohlfahrtsfunktion des Waldes und die Leistungen der Waldwirtschaft weiterhin nutzen.
7. Der Kanton bewirtschaftet seinen Wald nach Leistungsaufträgen. Er legt Wert auf öffentliche Interessen und ökologische sowie ökonomische Grundsätze.

Die Grundlage der Waldentwicklungsplanung im Kanton Zürich findet sich im kantonalen Waldgesetz: «Die Waldentwicklungsplanung stellt für das gesamte Waldgebiet sicher, dass der Wald seine Funktionen nachhaltig erfüllen kann.» Kernstück dieser Planung ist der Waldentwicklungsplan. Er konkretisiert das Leitbild und enthält Planungsgrundlagen. Zum Inhalt dieses Dokuments macht die kantonale Waldverordnung präzisierende Angaben: «Der Waldentwicklungsplan erfasst die an den Wald gestellten Ansprüche, setzt die langfristigen

▲
Lichtschläge wie hier an der Räbhölzlistrasse schaffen neue Strukturen für Ruderalpflanzen wie den Zwerg-Holunder.

Ziele der Waldentwicklung fest, bezeichnet die Fläche, für welche besondere Ziele festgesetzt werden und wo Interessenkonflikte bestehen, setzt Prioritäten für den Vollzug und macht Aussagen über das weitere Vorgehen.» Um die Ziele des Waldentwicklungsplans zu erreichen, unterstützt der Kanton die Waldeigentümer finanziell bei der Umsetzung bestimmter Massnahmen im Sinne dieses Plans. Dazu gehören etwa die Pflege von Schutzwäldern, Waldrändern und lichten Wäldern, das Einrichten von Naturwaldreservaten oder die Pflege von eichen- und eibenreichen Waldbeständen.

Der Kanton Zürich scheidet Schutzwaldgebiete und teilweise auch Fördergebiete aus. Diese sind für die Waldeigentümer verbindlich und bei der Bewirtschaftung zu berücksichtigen. Der Waldentwicklungsplan gibt keine Auskunft darüber, wann und wo welches Waldgebiet wie zu bewirtschaften und zu pflegen ist. Deshalb reicht er als Planungsgrundlage nicht aus. Diese Lücke schliesst der Betriebsplan. Er enthält im Detail sämtliche relevanten Kennzahlen über Fläche, Stammzahl, Altersaufbau, Holzvorrat und bisherige Nutzungen. Ausserdem gibt er Auskunft über die waldbaulichen Ziele, die Betriebsform und die Vorrangfunktion – und auch darüber, in welchem Zeitraum wie viel Holz geschlagen oder welche Baumarten gefördert oder dezimiert werden sollen. Die Betriebspläne werden vom Waldeigentümer erarbeitet und vom zuständigen Kreisforstmeister des Kantons bewilligt. Sie sind für den Waldeigentümer verbindlich. In Winterthur gibt es für jedes Stadtwaldrevier einen solchen Betriebsplan. Er ist jeweils für zehn Jahre gültig.

Für den Forstbetrieb der Stadt Winterthur stehen die Betriebspläne im Zentrum der gesamten waldwirtschaftlichen Planung. Wo soll im Winterthurer Stadtwald geholzt, sollen welche Bäume gefällt und wann waldbauliche Eingriffe vorgenommen werden? Und wie ist das waldbauliche Verfahren? Antworten auf diese prinzipiellen Fragen gibt der Betriebsplan. Bevor ein solcher Betriebsplan steht, begehen und besichtigen der Stadtforstmeister und der zuständige Förster das ganze Waldgebiet. Sie fertigen laufend Handskizzen an, die sie später zu vollständigen Planungsgrundlagen verdichten. Bei ihrer Besichtigung notieren sich die Forstleute das Alter eines Bestands und berechnen, wie viele Holzschläge sie durchführen können, um den gesamten Bestand in einem bestimmten Zeitraum – in der Regel von wenigen Jahrzehnten – vollständig zu verjüngen. Sie legen auch fest, welche Baumarten in diesem Gebiet die nächste Baumgeneration bilden sollen.

Bis vor einigen Jahrzehnten wurden im Stadtwald Bäume – insbesondere Fichten – gepflanzt. Da der Waldbau heute aber möglichst naturnah mit standortgerechten Baumarten erfolgen soll, ist derzeit die Naturverjüngung die übliche Methode. Ausschlaggebend für eine erfolgreiche Naturverjüngung sind die vorhandenen Baumarten und die genetische Qualität der Mutterbäume. Ausserdem spielen auch die Verbreitungsart und die Betriebsform eine wichtige Rolle: Eichen und Buchen

Föhren-Überständer als Samenbäume und verschiedene Altersstufen an der Neuwingertenstrasse am Hulmen. ▼

Teil 5 — Nachhaltigkeit | Ökonomische Dimension

▲
Diese Buche an der Hinteren Bodenstrasse hat der Förster mit Leuchtfarbe zum Schlag markiert. Sie wird nun gefällt.

zum Beispiel haben relativ schwere Samen und verjüngen sich deshalb nur rund um den Mutterbaum herum. Und grosse Schlagflächen begünstigen Lichtbaumarten wie Esche, Eiche, Kirsche oder Ahorn. Umgekehrt begünstigt wenig Licht Schattenbaumarten wie Fichte, Tanne oder Buche.

Die Wahl der waldbaulichen Massnahme bestimmt also, welche Baumarten begünstigt werden. Je nach Grad des Eingriffs lassen sich drei Arten solcher Massnahmen unterscheiden: Räumung, Lichtung und Durchforstung. Kahlschläge als radikalste Form eines Eingriffs verwandeln das Waldklima in freilandähnliche ökologische Bedingungen. Sie liegen dann vor, wenn – als Faustregel – auf einer Baumlänge kein anderer Baum mehr steht. Kahlschläge sind daher heute grundsätzlich verboten.

In Winterthur zeichnen Forstmeister und Förster jeweils im März jedes Jahres die Holzschläge für den nächsten Winter an. Jeder Baum, der gefällt werden soll, wird kluppiert, das heisst vermessen, und mit einer Leuchtfarbe markiert. Von jedem Holzschlag erstellen sie einen genauen Plan, auf dem jeweils Baumart und Durchmesser auf Brusthöhe angegeben sind. So ermitteln sie das *Stehendmass*. Dieses wird in *Tariffestmetern* (Tfm) angegeben und berücksichtigt die Holzmasse des ganzen Stammes bis zu einem Durchmesser von 7 cm inklusive Rinde. Im Verkauf sind die Holzmasse in Kubikmetern angegeben, wobei der Mittelstamm inklusive Rinde nur bis zu einer Dicke von 20 cm berücksichtigt wird.

Das Prinzip der Nachhaltigkeit gebietet, nicht mehr Holz zu schlagen, als nachwächst. Oder anders ausgedrückt: Der so genannte Hiebsatz soll den Holzzuwachs nicht überschreiten. Für den Forstdienst heisst das, dass die Summe des angezeichneten Stehendmasses nur etwa 70 Prozent des Hiebsatzes betragen soll. Die restlichen 30 Prozent werden für Unvorhergesehenes wie Stürme oder Krankheiten ausgeschieden. Im Kanton Zürich wachsen im Durchschnitt auf 1 ha Wald pro Jahr etwa 10,6 m³ Holz nach.[237] Das entspricht pro Quadratmeter einem Holzwürfel mit einer Kantenlänge von rund 10 cm.

Waldbewirtschaftung soll rationell sein
Der optimale Zeitpunkt eines Holzschlags richtet sich primär nach ökonomischen Kriterien. Dieser Zeitpunkt ist gekommen, wenn

◀ Rationelle Waldbewirtschaftung mit modernen Maschinen: Forwarder an der Küferbuckstrasse am Eschenberg.

in einem Waldbestand der Holzzuwachs pro Zeiteinheit abnimmt oder die Holzschäden zum Beispiel durch Fäulnis zunehmen und die Holzpreise ausreichend hoch sind. Je nach Vorrangfunktion erfolgen die Eingriffe aber nicht zum wirtschaftlich optimalen Termin, weil andere Kriterien an diesem Standort wichtiger sind; beispielsweise im Erholungswald.

Aus ökonomischer Sicht soll die Waldbewirtschaftung rationell erfolgen und dabei den Jungwuchs nicht schädigen. Der Arbeitsaufwand bei der Holzernte ist durch die Mechanisierung der Waldbewirtschaftung deutlich gesunken. Mussten beispielsweise im Jahr 1970 für die Ernte von 1 m³ Holz noch etwa vier Arbeitsstunden aufgewendet werden, so beträgt dieser Aufwand heute deutlich unter einer Stunde.[238] Die vollmechanisierte, maschinelle Räumung ist indes nicht immer die ökonomisch sinnvollste Bewirtschaftungsform, weil unter Umständen zusätzliche Kosten durch Aufzucht des Jungwuchses entstehen. Kluge Planung ist hier das A und O.

Um den Aufwand der Waldbewirtschaftung gering zu halten, sollte diese möglichst naturnah erfolgen. Wer genau versteht, wie sich ein Wald an einem bestimmten Standort auf natürliche Weise entwickelt, kann die Waldentwicklung behutsam lenken und die Eingriffe auf ein notwendiges Minimum beschränken. Entwicklungsprozesse, die im Sinne des Bewirtschafters natürlicherweise ablaufen, können so kostenlos genutzt werden. In diesem Sinne kann man gebietsweise einen jungen Wald aufwachsen und die Konkurrenz um Licht und Nährstoffe spielen lassen und muss erst relativ spät eingreifen, wenn die Konkurrenzbäume, die gefällt werden sollen, bereits einen Ertrag abwerfen. So lassen sich die Eingriffe auf das Notwendigste beschränken. Die Natur erhält weitestgehend freien Lauf. Für dieses Prinzip, das in Teil 2 ausführlich beschrieben wird, hat sich in der Fachwelt der Begriff der biologischen Rationalisierung eingebürgert.[239]

Biologische und ökonomische Risiken

Umgekehrt wird die Bewirtschaftung umso aufwändiger und teurer, je weiter weg sich ein Wald vom natürlichen Zustand entwickeln soll. Eine ökonomische Waldwirtschaft bedingt, dass der Bewirtschafter eine klare Vorstellung von der nachhaltigen Entwicklung hat und diese im Wald auch umsetzt. Neben biologischen Risiken wie beispielsweise die Sturmanfälligkeit standortfremder Baumarten, Krankheiten oder Schädlinge gibt es für die Waldwirtschaft auch ökonomische Risiken. Wertlose Holzarten gehören zum Beispiel dazu. Auch einseitige Sortimente, seien dies ausschliesslich Nadel- oder ausschliesslich Laubhölzer. Gut beraten ist deshalb, wer in seinem Waldbestand verschiedene Baumarten pflegt.

Die Aufzucht und der Erhalt einer Baumartenvielfalt auf kleinem Raum kann allerdings sehr aufwändig werden: Bestimmte Baumarten vertragen sich von Natur aus nicht nebeneinander und ein «künstliches» Nebeneinander dieser Baumarten erfordert grossen Aufwand. Für eine Baumartenvielfalt eignen sich also vor allem grössere Waldflächen.

Femelschlag und Mittelwald

Das langfristige Verjüngungsziel des naturnahen Waldbaus in Winterthur ist häufig der Buchenwald. Von Natur aus würde sich nämlich an den meisten Standorten in unserer Region ein gleichförmiger, von der Buche dominierter Hochwald einstellen.

Der *Hochwald* kann unterschiedliche Erscheinungsformen ausbilden – je nach gewählter Verjüngungsart. Seit über 100 Jahren ist das übliche waldbauliche Verfahren im Winterthurer Stadtwald der *Femelschlag*, der typischerweise auf einer Fläche von 2 bis 4 ha angewendet wird und im Wald eine räumliche Ordnung herstellt. Der Waldbauer schafft kleinflächige Verjüngungszentren von 1 bis 50 a, die er schrittweise erweitert und im Laufe der Zeit wieder zu einem gleichförmigen Hochwald führt. Der Femelschlagbetrieb ist aus der Vogelperspektive deutlich erkennbar als mosaikartige Struktur unterschiedlicher Altersstufen. Häufig werden mittels Schirmhieb einzelne, sorgfältig ausgewählte Mutterbäume für die Naturverjüngung stehen gelassen. So entstehen nach und nach vielfältige und standortgerechte Waldbestände.[240] Privatwaldparzellen in Winterthur erreichen oft nicht die Grösse, die für den Femelschlag sinnvoll wäre. Deshalb findet sich im Privatwald häufig eine andere Betriebsform: der *Plenterwald*. Der Waldeigentümer schlägt hier jedes Jahr, was er an Bau- oder Brennholz braucht und nutzt das ganze Gebiet einzelstammweise und in relativ kurzen Zeitabständen. Dadurch entstehen gleichförmige Waldbestände, in denen Bäume aller Altersklassen vertreten sind.

Der *Mittelwald* war die traditionelle mittelalterliche Betriebsform in stadtnahen Gebieten zur Gewinnung von Bau- und Brennholz. Im Mittelwald – deshalb sein Name – werden zwei Bewirtschaftungsformen kombiniert:

Femelschlag mit Naturverjüngung von Weisstannen und Rottannen an der Riedstrasse auf dem Eschenberg.
▼

Der Niederwald mit seiner gleichaltrigen Unterschicht, die aus Stockausschlägen gebildet und alle 25 bis 30 Jahre als Brennholz geerntet wird, und der Hochwald mit einer verschiedenaltrigen Oberschicht aus bauholzliefernden Lichtbaumarten wie etwa der Eiche, die frühestens nach 100 bis 150 Jahren gefällt werden. Mittelwälder sind dank ihrer lichten Struktur und dem hohen Anteil an Eichen für den Artenschutz von grosser Bedeutung.

Winterthur gab den historischen Mittelwaldbetrieb vor mehr als hundert Jahren auf. Zwar finden sich am Berenberg und am Chomberg noch Reste ehemaliger Mittelwälder, sie verändern sich aber sukzessive in Hochwälder, und die typischen Vorteile des Mittelwaldes verschwanden nach und nach. Der städtische Forstbetrieb hat 2009 begonnen, das Hardholz in Wülflingen innerhalb von 24 Jahren wieder in einen Mittelwald zu überführen.

Dank seiner lichten Struktur ökologisch besonders wertvoll: Mittelwald an der Mittelwaldstrasse im Gebiet Hardholz.
▼

Versteigerung der schönsten Stämme
Die schönsten und wertvollsten Stämme aus dem Winterthurer Wald und aus der Umgebung bringt der städtische Forstbetrieb jeweils zur Wertholzsubmission der Holzverwertungsgenossenschaft. Deren Präsident ist gegenwärtig der Winterthurer Stadtforstmeister Beat Kunz. Die Genossenschaft führt diese Art von Holzversteigerung seit 2006 alljährlich an drei Orten in der Schweiz durch. Der grösste Lagerplatz der Baumstämme liegt in Winterthur, deutlich kleinere Lagerplätze sind in Regensdorf und Horw. Ein potenzieller Käufer kann die Stämme auf dem Lagerplatz besichtigen und innert 14 Tagen anonym übers Internet ein Kaufangebot unterbreiten. Er weiss aber nicht, von wem und woher das Holz stammt, und der Verkäufer weiss nicht, wer wie viel bietet. Wer am meisten bietet, darf das erworbene Holz abtransportieren. Unter all den wertvollen Hölzern erzielen Nussbaum, Bergahorn oder Spitzahorn jeweils Höchstpreise. Weniger begehrt sind Mehlbeerbaum, Robinie, Zypres-

Teil 5 — Nachhaltigkeit | Ökonomische Dimension

▲
Exakte Vermessung der schönsten Stämme für die Wertholzsubmission 2012 an der Gullimoosstrasse.

sen, Elsbeere oder Birke. Potenzielle Käufer sind zum Beispiel Furnierwerke, Sägewerke, Schreiner, Drechsler, Musikinstrumentenbauer, Fassbauer oder Künstler. Oft reisen sie aus der ganzen Schweiz und sogar aus dem benachbarten Ausland zu den Lagerplätzen.

FSC-Label für vorbildliche Waldwirtschaft
Im Juni 2000 wurde der Forstbetrieb Winterthur mit dem FSC-Label für eine nachhaltige und sozialverträgliche Holzproduktion ausgezeichnet.[241] Das FSC-Label ist das Gütesiegel des Weltforstrats, des Forest Stewardship Council. Der 1993 gegründete FSC ist eine gemeinnützige internationale Organisation, die sich weltweit für eine umweltgerechte, sozial verträgliche und wirtschaftlich tragbare Waldwirtschaft einsetzt. Das FSC-Zertifikat basiert auf zehn weltweit gültigen Prinzipien, die unter anderen folgende Punkte umfassen: Die lokal geltenden Waldgesetze müssen eingehalten und langfristige Besitzansprüche und Nutzungsrechte an Land- und Forstressourcen klar definiert, dokumentiert und rechtlich verankert sein. Weiter fordert das FSC-Zertifikat, dass die Waldbewirtschaftung das soziale und ökonomische Wohlergehen der im Wald Beschäftigten und der lokalen Bevölkerung langfristig erhält oder vergrössert. Ebenso sind die Biodiversität und Schutzfunktionen des Waldes zu gewährleisten und Wälder mit hohem Schutzwert zu erhalten. Die Waldbewirtschaftung muss auf der Grundlage eines Plans erfolgen und wird durch eine Dokumentation und Bewertung der Nachhaltigkeit kontrolliert.[242]

Mitte 2005 wurde das FSC-Gruppenmanagementsystem des Forstbetriebs zertifiziert. Im Kanton Zürich waren bis dahin nur die Städte Winterthur und Zürich sowie der Waldwirtschaftsverband Träger eines Gruppenmanagementsystems. Durch diese Zertifizierung erhielten auch die Privat- und Korporationswälder auf Stadtgebiet einen einfachen Zugang zur Zertifizierung.[243] Im Jahr 2010 trat die Stadt Winterthur dem Waldwirtschaftsverband des Kantons Zürich bei und integrierte sich in die kantonale Zertifizierungsgruppe.[244]

ÖKOLOGISCHE DIMENSION

Wasserspeicher und Filter – Waldboden
Die Waldböden in Winterthur sind an den meisten Orten reif, humus- und porenreich. Sie können deshalb grosse Wassermengen aus Regen und Schneeschmelze aufnehmen und langsam wieder abgeben. Die Wälder sind die wichtigsten Wasserspeicher unserer Region. Experimente in Süddeutschland haben gezeigt, dass ungestörte, nicht verdichtete Waldböden bis zu 80 Liter Wasser pro Quadratmeter und Stunde problemlos absorbieren können.[245] Das entspricht einem Regen von 80 mm Regen pro Stunde, was bei uns relativ selten vorkommt. Allerdings hängt die Aufnahmefähigkeit des Bodens davon ab, wie feucht er bereits vor dem Regen war.

Das Wasser aus Regen und Schneeschmelze versickert in den lockeren Waldboden und füllt gewissermassen dessen Wasserspeicher auf. Bäume, Sträucher und Kräuter nehmen einen Teil dieses Sickerwassers über die Wurzeln auf und verdunsten es über die Blätter und Nadeln. Damit wird der Speicher teilweise geleert und beim nächsten Regen oder Schnee wieder aufgefüllt. So wirkt der Waldboden als Reinigungsfilter und Zwischenspeicher für das Wasser, reguliert auf natürliche Weise den Wasserhaushalt der Natur und schützt die Siedlungen gegen Überschwemmungen und Hochwasser.

Biologische Vielfalt im Wald erhalten
Der Wald ist auch das wichtigste natürliche Landschaftselement der Region Winterthur. Er rahmt das Siedlungsgebiet ein, verbindet Natur- und Lebensräume und ist selber ein wichtiger Lebensraum.

Etwa jede sechste Pflanzenart der Region Winterthur ist eine Waldpflanze. Von diesen Pflanzen sind knapp 30 Prozent auf der Roten Liste der gefährdeten Arten und weitere 16 Prozent sind potenziell gefährdet. Dieser Anteil hört sich im Vergleich mit unseren Magerwiesen harmlos an, denn von den Magerwiesenpflanzen sind bereits 70 Prozent aller Arten gefährdet und weitere 10 Prozent potenziell gefährdet. Nicht viel besser sieht die Lage für

Der Waldboden ist der wichtigste Wasserspeicher in der Region Winterthur. Er kann bis zu 80 l/m²·h absorbieren.
▼

Dieser Berg-Sandlaufkäfer am Sädelrain braucht sonnige, trockene und lehmige Hänge.
▼

▲
Weissmündige Bänderschnecke im Gebiet Tugbrunnen am Eschenberg: Im Wald leben mehr Schnecken als ausserhalb.

▲
Felsaufschluss am Eschenberg: Je mehr solche spezielle Standorte vorkommen, desto vielfältiger sind die Moose.

unsere Sumpfpflanzen aus: 60 Prozent sind gefährdet und weitere 10 Prozent potenziell gefährdet.[246] Die heutigen Wirtschaftswälder sind zwar vorratsreich, aber häufig auch schattig und artenarm. Für eine grössere Vielfalt im Wald – besonders an seltenen Pflanzenarten – fehlen heute vor allem lichte Bestände: Das Besondere am lichten Wald ist der lockere Baumbestand, der viele licht- und wärmebedürftige Pflanzen- und Tierarten anzieht. Je mehr Licht auf den Waldboden fällt, desto grösser ist die Vielfalt in der Krautschicht.[247]

Ein wichtiger Grund für die starke Gefährdung der lichtbedürftigen Waldpflanzen ist die Aufgabe der traditionellen Nutzungsformen in den ehemaligen Nieder- und Mittelwäldern. Die starre Bewirtschaftung dieser stark genutzten Kulturwälder veränderte das ursprüngliche Bild des von Buchen beherrschten Urwalds grundlegend – zum Glück für viele Insekten- und Vogelarten. Der heute gefährdete Mittelspecht zum Beispiel hatte von der Umwandlung der Buchenurwälder in Mittelwälder und der Förderung der Eichen stark profitiert. Die mächtigen Eichen mit ihrem lichten Kronendach boten ihm ideale Bedingungen. Als die Mittelwaldbewirtschaftung Anfang des 20. Jahrhunderts aufgegeben wurde, verdunkelten sich die ehemaligen Mittelwälder beim Übergang zu den heutigen Hochwäldern nach und nach. Das wirkte sich für viele Tier- und Pflanzenarten verheerend aus. Auch der Mittelspecht geriet arg unter Druck. So sehr, dass er heute auf der Roten Liste der gefährdeten Tierarten figuriert.

Gute Bedingungen für das Aufkommen einer lichthungrigen Pioniervegetation ergaben sich früher aus den häufigen Erdrutschen in den lichten Steilhangwäldern, vor allem entlang der Flüsse. Solche Rutsche rissen immer wieder die dunkle Walddecke auf und brachten Licht auf den Waldboden. Heute sind diese Wälder dicht gewachsen und die Böden stärker entwickelt, stabilisiert und nährstoffreicher.

Die Winterthurer Wälder sind heute besonders wichtig, wenn es um den Schutz und die nachhaltige Nutzung der biologischen Vielfalt in der Region geht. Denn in der Kulturlandschaft stellen Wälder die naturnahste Form der Landnutzung dar. Sie gehören damit zu den letzten relativ naturnahen Lebensräumen.

Biologische Vielfalt bedeutet Reichtum an Tier- und Pflanzenarten, an Biotopen und Ökosystemen, aber auch an genetischer Viel-

Rothalsbock-Männchen am Hulmen: Die Käfer ernähren sich von Pollen, die Larven von totem Nadelholz.

Rothalsbock-Weibchen im Hardholz: Die rotgefärbten Weibchen findet man an Totholz von Nadelbäumen.

falt innerhalb der Arten. Diese biologische Vielfalt wird heute weltweit unter dem Begriff Biodiversität zusammengefasst. Die Schweiz hat das Übereinkommen über die biologische Vielfalt der Vereinten Nationen von 1992 ratifiziert und sich damit verpflichtet, die biologische Vielfalt in unserem Land zu schützen.

Ein wichtiges Reservoir für die Biodiversität ist der Wald. Jede zweite in der Schweiz als national prioritär eingestufte Tier- oder Pflanzenart ist auf den Wald angewiesen. Ein wichtiges Ziel der Schweizer Waldpolitik ist es deshalb, die Biodiversität zu erhalten und zu fördern. Seit 2001 führt der Bund ein Langfristprogramm zur Erfassung der Biodiversität in der Schweiz durch. Dieses Biodiversitätsmonitoring unterstreicht die hohe Bedeutung des Waldes für die biologische Vielfalt: Der Wald zeichnet sich durch eine spezifische Fauna und Flora aus. Er dient tausenden von Pflanzen- und Tierarten als Lebensraum – häufig als einziger Lebensraum. Etwa zwei von fünf Organismen sind auf den Wald angewiesen. Von den Schnecken und den Moosen etwa leben mehr Arten im Wald als ausserhalb. Für deren Artenvielfalt gibt es keinen wichtigeren Lebensraum als den Wald. Zwischen 16 Prozent (Laufkäfer) und 89 Prozent (Bockkäfer) der bekannten Pflanzen- und Tierarten sind typische «Waldarten»:[248]

- Etwa jede dritte Brutvogelart in der Schweiz ist ein typischer Waldvogel.
- Jede sechste Gefässpflanze im Schweizer Mittelland ist eine Waldpflanze.
- Jeder siebte Tagfalter ist ein typischer Waldschmetterling.
- Jeder vierte Käfer des Waldes verbringt einen Teil seines Lebens – als Larve, Puppe oder als erwachsenes Insekt – im Alt- oder Totholz.
- Von den rund 5500 Pilzarten in der Schweiz sind etwa 2300 auf abgestorbene Bäume und Äste angewiesen.

Etwa sieben von zehn Tier- und Pflanzenarten, die in der Schweiz gefährdet sind, leben im Wald oder halten sich zeitweise im Wald auf.[249]

Im Hinblick auf die Förderung der Biodiversität im Wald sind drei Zusammenhänge augenfällig:[250]

1. Je dichter der Wald auf trockenen Böden ist, desto kleiner ist der Anteil der seltenen Pflanzenarten an der gesamten Anzahl der typischen Waldpflanzen. Umgekehrt gilt: Viel Licht fördert eine hohe Artenvielfalt.
2. Als eine Schlüsselstruktur für die Artenvielfalt im Wald gilt das Alt- und Totholz. Allerdings ist nicht allein die Menge an Totholz entscheidend, sondern auch die Baumart, die Baumgrösse und der Zersetzungsgrad des Holzes. Dickes Totholz alter Bäume ist ökologisch besonders wertvoll.
3. Je mehr spezielle Standorte – wie zum Beispiel Felsaufschlüsse – in einem Waldgebiet vorhanden sind, desto höher ist die Vielfalt an Moosen.

Teil 5 — **Nachhaltigkeit** | Ökologische Dimension

▲
Der Gefleckte Schmalbock ernährt sich von Pollen, die Larven bohren lange Gänge in alte und morsche Bäume.

▲
Alte Bäume und totes Holz sind ein wichtiger Bestandteil des Ökosystems Wald. Totholz ist eine Lebensgrundlage.

Unterschiedliche natürliche Standortbedingungen, aber auch unterschiedliche Bewirtschaftungsformen fördern die Vielfalt an Lebensräumen im Wald. Die Art, wie ein Wald genutzt wird, ist zentral für die Biodiversität in diesem Gebiet: Kann beispielsweise an einem Standort ein gezielter forstlicher Eingriff den lichtliebenden Arten Platz verschaffen und so die Artenvielfalt fördern, so können sich in einem ungenutzten Wald auf einem anderen Standort Bestände mit vielen alten Bäumen und stehendem und liegendem Totholz entwickeln – die Artenvielfalt nimmt zu. Für viele Organismen wie etwa Pilze, Bockkäfer, Holzwespen und Spechte, die sich von totem Holz ernähren oder sich darin vermehren, sind alte und absterbende Bäume sehr wichtig. Die Larven des Gefleckten Schmalbocks zum Beispiel bohren lange Gänge in alte und morsche Laubbäume wie Birken, Buchen oder Eichen, aber auch in Fichten.[251] Oder die Larven des Rothalsbocks: Die rotgefärbten Weibchen findet man an alten Baumstümpfen, Wurzeln und Stämmen von Nadelbäumen wie Fichten und Föhren, in denen sich die Larven entwickeln. Früher war der Rothalsbock ein Schädling an Telefonmasten.[252]

Leider gibt es in den Wäldern des Mittellands heute noch zu wenig Totholz, um die spezialisierte holzbewohnende Fauna und Flora zu erhalten. Vor allem sind zu wenige dicke, stehende Stämme vorhanden. Um die Artenvielfalt im Wald zu fördern, braucht es sowohl offene, ausgelichtete Waldbestände als auch grossflächig ungenutzte Wälder mit natürlicher Entwicklung.[253]

Die Art der Waldbewirtschaftung ist also entscheidend für die biologische Vielfalt. Um die zahlreichen Anforderungen der Gesellschaft nachhaltig erfüllen zu können, brauchen Wälder eine biologische Vielfalt. Ökosysteme mit einer grossen biologischen Vielfalt sind stabiler gegenüber Gefahren und sind eher in der Lage, sich an veränderte Umweltbedingungen anzupassen – zum Beispiel an den Klimawandel. Die besten Voraussetzungen für eine artenreiche Tier- und Pflanzenwelt sind naturnahe Mischwälder, die aus einem Mosaik verschiedener Baumarten und Altersstufen bestehen. Diese liefern ein breites Angebot unterschiedlicher Holzarten, bieten ein abwechslungsreiches Landschaftsbild, sichern die Bodenfruchtbarkeit und schützen Lebensräume von Pflanzen, Tieren und Menschen.[254]

Eine nachhaltige Waldwirtschaft richtet sich auf eine planmässige Nutzung der Wälder und die Förderung der biologischen Vielfalt aus. Sie nutzt so weit als möglich die Kräfte der Natur und lenkt sorgfältig den natürlichen Entwicklungsprozess.

Die Elemente einer naturnahen Waldbewirtschaftung sind:[255]
- *Naturnahe Mischwälder* mit einer Kombination unterschiedlicher Baumarten – Laub- und

Grauschwarze Sklavenameise (mit Milbenbefall) an der Oberen Etzbergstrasse.

Bau der Roten Waldameise im Waldgebiet Elend.

Glänzendschwarze Holzameise auf Totholz im Etzbergwald.

Nadelbäume sowie lichtliebende und schattentolerante Baumarten –, die zum jeweiligen Standort passen.
- *Seltene Waldbiotope* an trockenen Steilhängen, in Schluchten oder in Auen mit einer schonenden Bewirtschaftung und einer Förderung bedrohter Baumarten.
- *Seltene Baumarten* wie Spitz-Ahorn, Wild-Apfel, Wild-Birne, Elsbeere, Eibe, Trauben-Kirsche, Vogel-Kirsche, Sommer-Linde, Winter-Linde, Mehlbeere, Speierling, Berg-Ulme, Feld-Ulme, Flatter-Ulme, die spezialisierten Tierarten als Nahrungsquelle und Lebensraum dienen, mit ihrem leicht abbaubaren Laub zur Verbesserung der Waldböden beitragen und die für die Gesundheit und die Stabilität der Wälder eine ausserordentlich wichtige Rolle spielen.
- *Totholz und Biotopbäume,* die wichtige Nischen, Lebensräume und Baumhöhlen für zahlreiche Totholzbewohner wie Vögel, Fledermäuse, Marder, Wildbienen und Bockkäfer, aber auch für Pflanzen, Pilze und Flechten bilden und die wichtige Verstecke oder Winterquartiere für Feuersalamander, Erdkröten und Grasfrösche bieten.
- *Artenreiche Waldränder,* die am Übergang von Wald und Kulturland – insbesondere an süd-exponierten sonnig-warmen Lagen – einer Vielzahl von Tierarten, wie den wärmeliebenden Eidechsen und Ameisen, einen Lebensraum und in der Dämmerung den Fledermäusen ein lohnendes Jagdrevier bieten, die Schmetterlinge anziehen und die als lichte und kleinräumige Gehölzstruktur regelmässig zurückgeschnitten werden und so dauerhaft erhalten bleiben.
- *Naturverjüngung,* die das Potenzial der Natur für den Waldnachwuchs nutzt und so ermöglicht, dass sich der Baumnachwuchs unter dem Schirm von standortgerechten Altbäumen von selber einstellen kann, und die die breite genetische Vielfalt im Waldökosystem auch in Zukunft bewahrt.
- *Historische Bewirtschaftungsformen,* die in Mittelwäldern ein abwechslungsreiches Mosaik an Nischen und Lebensräumen entstehen

lassen und damit einer Vielzahl licht- und wärmebedürftiger Tier- und Pflanzenarten in den lichten Wäldern die Existenz ermöglichen.
- *Ungenutzte Waldreservate,* die mit einem Nebeneinander von jungen und alten, vergreisenden und abgestorbenen Bäumen besonders viele Vogelarten anziehen, und die als totholzreiche Urwälder ermöglichen, dass die Bäume ihren gesamten Lebenszyklus vom jungen Baum über das Greisenalter bis hin zum allmählichen Zerfall im Wald durchlaufen.
- *Dichter Biotopverbund,* der Lebensräume durch Korridore für Tier- und Pflanzenarten verbindet und vernetzt und der durch naturnahe Lebensräume an Bächen und Flüssen besondere Verbindungen im ökologischen Netz bildet.

Der Bund und die Kantone unterstützen finanziell die Förderung biologischer Vielfalt und besonderer Waldgesellschaften durch forstliche Eingriffe.[256]

Weil sich die verschiedenen Naturschutzmassnahmen nur selten auf der gleichen Waldfläche umsetzen lassen, strebt der Kanton Zürich anstelle eines einheitlichen Waldes ein vielfältiges Mosaik unterschiedlicher Waldtypen und -formen an. Die Bewirtschaftung der Wälder soll demnach auf drei Säulen stehen:[257]
1. standortgerechte Bewirtschaftung auf der gesamten Waldfläche,
2. spezielle Waldbehandlung auf Sonderstandorten und
3. Verzicht auf jegliche waldbauliche Eingriffe in Naturwaldreservaten.

Für die Bewirtschaftung unterscheiden die kantonalen Leitlinien für den Naturschutz im Wald vier Bereiche: Auf der *Hauptfläche* des Waldes wachsen im Sinne des naturnahen Waldbaus strukturreiche Mischwälder mit standortgerechten Baumarten. Einzelne Baumarten wie Eichen und Eiben sollen besonders gefördert werden. Der Wald als Lebensraum wird dadurch insgesamt ökologisch aufgewertet. *Sonderflächen* erbringen spezifische Leistungen für den Arten- und Biotopschutz – zum Beispiel als lichter Wald. In *Waldreservaten* soll eine Waldentwicklung zu Naturwaldreservaten ohne waldbauliche Eingriffe möglich sein. Und eine gezielte Pflege von gestuften und aufgelockerten *Waldrändern* verzahnt die Wälder mit dem angrenzenden Kulturland.[258]

Diese Leitlinien gelten auch in Winterthur als Richtschnur. Dank naturnahem Waldbau ist der Winterthurer Wald in den vergangenen Jahren strukturreicher geworden und der Anteil der standortgerechten Baumarten hat sichtbar zugenommen. Und er soll noch weiter steigen. Im Stadtwald zum Beispiel soll der Anteil der Laubbäume von 37 auf 50 Prozent steigen. Umgekehrt sinkt der Anteil der Na-

Artenreicher stufiger Waldrand im Schoren bei Oberwinterthur: Ein Paradies für Insekten und Fledermäuse.

▲ Südexponierter Waldrand am Hulmen: Idealer Lebensraum für wärmeliebende Tierarten wie Reptilien oder Insekten.

delbäumen von 63 auf 50 Prozent. Bereits heute verjüngt sich der allergrösste Teil des Winterthurer Waldes fast ausschliesslich natürlich.[259] Das heisst, es werden nur noch sehr wenige – vor allem seltene – Bäume angepflanzt.

Waldränder ökologisch aufwerten
Auf Sonderstandorten, das heisst auf sehr trockenen Böden oder an Steilhängen, werden durch Holzschläge, Durchforstungen und weiteren Pflegemassnahmen neue Standorte für lichte Wälder geschaffen. Wo im Stadtwald bereits Standorte mit lichten Beständen bestehen, sollen sie erhalten bleiben.[260] Solche ökologisch wertvollen Standorte finden sich beispielsweise am Südhang unterhalb von Hoh Wülflingen, westlich der Chöpfi, oberhalb des Chollochs beim Bahnhof Sennhof, am Südhang des Berenbergs, am Chomberg oder am Sädelrain im Seemer Tobel.

Die letzten Reste der ehemaligen Mittelwälder aus dem 19. Jahrhundert – zum Beispiel am Berenberg – verschwinden allmählich. Der städtische Forstbetrieb hat aber 2009 die historische Mittelwaldbewirtschaftung wieder eingeführt – im Hardholz. Dieses Waldgebiet ganz im Westen der Stadt soll bis ins Jahr 2033 Schritt für Schritt in einen Mittelwaldbetrieb überführt und der Lebensraum für eine vielfältige Flora und Fauna gefördert werden – insbesondere für seltene und gefährdete Arten.

Im Stadtwald werden zudem Jahr für Jahr 1 bis 2 km der Waldränder gezielt ökologisch aufgewertet. Heute haben rund 35 der insgesamt knapp 130 km Waldränder in Winterthur ein hohes ökologisches Potenzial.[261] Besonders wertvoll sind mächtige, stabile Randbäume und eine Waldrandzone von etwa 30 m Breite mit einem möglichst artenreichen Strauch- und Kraut-saum.

Alte und tote Bäume werden in grossen Teilen des Winterthurer Waldes bewusst stehen gelassen. Auch umgestürzte Bäume, abgebrochene Äste und Zweige bleiben als Totholzangebot liegen, um das Überleben einer Vielzahl von Organismen und Tierarten zu sichern. Zudem befinden sich in vielen Waldgebieten Altholzinseln zwischen 0,5 und 2 ha Grösse. Hier werden Bäume bis über ihren natürlichen Tod hinaus stehen gelassen. Wo möglich und für Waldbesucher gefahrlos, bleiben auch im Wirtschaftswald einzelne abgestorbene Bäume stehen.[262]

Im Rahmen eines kantonalen Förderungsprojekts sollen in Winterthur gezielt Eiben erhalten und gefördert werden. Eiben können gegen 1000 Jahre alt werden, wenn sie die passenden Lebensbedingungen haben. Diese Bedingungen müssen vom Forstdienst mit entsprechenden Schutz- und Bewirtschaftungsmassnahmen hergestellt werden. Einzelne Eiben kommen im gesamten Winterthurer Wald vor. Beachtliche Bestände finden sich zum Beispiel am Dättnauer Berg, im Totentäli, am Sennhofrain und im Leisental.[263]

Roter Fliegenpilz im Fichtenwald auf dem Hulmen: Dieser giftige Pilz ist eine unserer bekanntesten Arten. ▶

Verteilung der Naturvorrangflächen im Winterthurer Wald

Art	Fläche in ha	Anteil in % der Waldfläche
Altholzinseln	19,10	0,72
Waldreservate	52,79	2,00
Lichte Wälder von kantonaler Bedeutung	15,34	0,58
Waldrandpflege (20 Meter)	74,21	2,82
Weiher	3,76	0,14
weitere Nassstandorte	7,15	0,27
Waldstandorte von naturkundlicher Bedeutung	251,06	9,52
Eibenförderung kantonal	51,80	1,97
Eichenförderung kantonal	51,00	1,93
Mittelwald projektiert	21,40	0,81
Mittelwald ausgeführt	ca. 4,00	
Total Naturvorrangflächen	**547,61**	**20,77**

Obwohl der Wald in Winterthur fast überall mehrere Funktionen erfüllt, lassen sich doch Schwerpunkte ausmachen. So hat auf insgesamt etwa einem Fünftel des Winterthurer Waldgebiets die Natur Vorrang gegenüber allen anderen Waldfunktionen.[264] Mit diesen *Naturvorrangflächen* verfolgt man unterschiedliche Naturschutzziele. Gemeinsam ist allen das Erhalten und das Fördern der Biodiversität.

Pilze sind für das Ökosystem Wald zentral
Der Wald ist der wichtigste Lebensraum für Pilze: Hier wachsen mehr als zwei Drittel aller einheimischer Pilzarten. Umgekehrt spielen

die Pilze für das komplexe Ökosystem Wald eine zentrale Rolle. Sie zersetzen organisches Material wie Holz, Laub oder Nadelstreu und halten so den Nährstoffkreislauf in Schwung. Und für Insekten, Kleinsäuger und Schnecken sind sie selber eine Nahrungsquelle. Was wir als Pilz bezeichnen, ist lediglich der Fruchtkörper. Das Mycel, das feine Pilzgeflecht, wächst für uns verborgen im Boden oder im Holz.

Rund 1600 einheimische Pilzarten leben mit Waldbäumen in einer Symbiose, einer Lebensgemeinschaft also, von der beide profitieren. Diese Pilze, so genannte *Mykorrhizapilze*, versorgen die Baumwurzeln mit Wasser, verbessern deren Nährstoffversorgung, filtern gewisse Schadstoffe und schützen die Wurzeln vor Krankheitserregern. Umgekehrt erhalten sie vom Baum Zuckerbausteine, die sie mangels Fotosynthese nicht selber herstellen können.[265] Diese Lebensgemeinschaft ist hochspezifisch: Gewisse Pilzarten kommen nur zusammen mit bestimmten Baumarten vor.

Andere Pilze, die *Saprophyten* oder Fäulnisbewohner, leben auf dem Totholz spezifischer Baumarten und bauen die Holzsubstanz ab oder sie bauen zusammen mit weiteren Mikroorganismen anderes organisches Material wie abgestorbene Krautpflanzen, Laub, Nadeln und tote Tiere ab und verwandeln dies wieder in wertvollen Humus.

Schliesslich gibt es Pilze, die als *Parasiten* den Wirtsbaum schädigen und zum Absterben bringen. Auch sie sind unter dem Aspekt des Naturschutzes wichtig, weil sie im Wald das Aufkommen anderer Arten ermöglichen und damit die natürliche Dynamik fördern.

In der Schweiz kommen rund 5500 Grosspilze vor, wobei die allermeisten ungeniessbar sind. Etwa 200 Grosspilze sind giftig und rund 300 essbar.[266] Im Kanton Zürich ist das Sammeln von Pilzen vom ersten bis zum zehnten Tag jedes Monats verboten; an den übrigen Tagen darf man Pilze sammeln – allerdings nur 1 kg pro Person. Die Wälder um Winterthur sind – was die Pilze betrifft – aufgrund der Strukturvielfalt relativ artenreich.

Zu den bekanntesten Pilzarten unserer Gegend gehört der giftige Fliegenpilz. Er ist von August bis Oktober verbreitet in Fichtenwäldern anzutreffen. Auf dem Lindberg, auf dem Eschenberg oder auf dem Hulmen zum Beispiel kann man den Fliegenpilz auf sauren Böden sehr häufig sehen – auch in Laubwäldern, vor allem in der Nähe von Birken und an Waldrändern. Ein anderer bekannter Pilz, die Morchel, gedeiht beispielsweise in den ehemaligen Auenwäldern im Leisental. Auf den sauren, teilweise mit Heidelbeeren bewachsenen Böden am Hulmen findet man den Flockenstieligen Hexenröhrling, den Maronenröhrling oder Steinpilze. Auf den eher basenreichen Böden unterhalb von Eidberg kommt die Schleiereule (blaugestielter Schleimkopf) oder der Trompetenpfifferling vor. In den Nadelholzbeständen des Eschenbergs, etwa beim Gamser, findet man Reizker, diverse Täublinge und ebenfalls Steinpilze. Eierschwämme, den seltenen Ochsenröhrling, wiederum Steinpilze, den Kuhröhrling oder den rosaroten Gelbfuss lassen sich auf den sauren Böden um Ricketwil aufspüren. Auf Baumstrünken findet man häufig das Stockschwämmchen oder den Hallimasch und auf Buchenlaub die Herbsttrompeten. Auf Moos und in Fichtenverjüngungen wachsen Eierschwämme und Trompetenpfifferlinge. Und schliesslich finden sich in Lichtungen von Nadelwäldern der Parasol und der Safranschirmling. Selbstgepflückte Pilze bringt man – zur eigenen Sicherheit – am besten immer zur Pilzkontrollstelle.

Eine Sondergruppe von Pilzen sind jene, die zusammen mit Algen in einer Symbiose leben und so die Flechten bilden. Flechten sind vollkommen selbständige Organismen. Baumbewohnende Flechten sind vom Boden unabhängig und leben epiphytisch, sitzen also auf Bäumen auf. Dabei schaden sie dem Baum nicht: Sie haben nämlich keine Wurzeln und nehmen die Nährstoffe aus der Luft über den Regen auf, über den Tau, den Wasserdampf oder über das Wasser, das den Stamm herunterfliesst. Die Symbiose von Pilz und Alge stellt

Teil 5 — Nachhaltigkeit | Ökologische Dimension

▲
Rosablättriger Helmling im Lindbergwald: Dieser kleine Pilz lebt auf Stümpfen und Hölzern verschiedener Laubbäume.

▲
Der Flaschen-Stäubling oder Flaschen-Bovist zersetzt totes Holz und ist sogar auf alten Fichtenzapfen zu finden.

▲
Die Nebelkappe erscheint von August bis Oktober in Laub- und Nadelwäldern, oft in Ringen oder Gruppen.

▲
Mönchskopf im Lindbergwald: Er kommt in Laubmischwäldern vor, häufig in Form von Büscheln, Gruppen oder Ringen.

▲
Der Buchen-Klumpfuss kommt in Laubwäldern auf Kalkböden vor. Er begleitet die Buche und meidet andere Bäume.

▲
Der Fichten-Reizker ist ein verbreiteter Mykorrhizapilz unter Rottannen. Mit zunehmendem Alter verfärbt er sich grün.

«Es gibt Zeiten, da hat es sehr viele Pilze im Wald. Eine gute Pilzsaison muss es deswegen nicht sein, denn viele Pilze sind ungeniessbar. Für mich ist eine Pilzsaison erst dann richtig gut, wenn im Wald viele essbare, feine Pilze stehen. So, wie wir es 2011 erlebt haben. Das war ein ausgezeichnetes Jahr.

Ich gehe oft in den Wald, fast jede Woche. Und immer zu Fuss. Am häufigsten gehe ich in den Eschenbergwald. Ausser im Herbst, wenn Pilzsaison ist. Da schaffe ich es leider nicht so oft. Ausgerechnet! Aber als Pilzkontrolleurin muss ich eben dann arbeiten, wenn Pilzsaison ist. Ich erkenne Pilze an ihrer Form, an ihrer Oberfläche, an ihrem Saft, an Farbe, Geruch, Geschmack oder an ihren Lamellen. Sind sie elastisch? Oder brechen sie gleich ab? Das kann entscheiden, welcher Pilz es ist und ob dieser geniessbar oder ungeniessbar ist.

Die Natur ist meine grosse Leidenschaft. Meine Faszination für Pilze habe ich von meinem Vater geerbt. Als Kind ging ich oft mit ihm in den Wald. Wir beide hatten über all die Jahre sehr viele Pilze gesammelt. So viele, dass meine Mutter gar nicht immer alle zubereiten konnte. Mit der Zeit hatten wir das Pilzsammeln etwas vernachlässigt. Bis wir schliesslich ganz aufgehört hatten. Und es dauerte einige Jahre, bis ich meine Freude wieder fand. Entscheidend war ein Inserat, das ich zufällig entdeckt hatte. Ein Inserat für einen Pilzkurs. Ich ging hin und lernte die Pilze noch besser kennen. Dann trat ich in den Pilzverein ein. Ich gehörte damals zu den jüngsten Mitgliedern. Deshalb wurde ich natürlich bald angefragt, ob ich im Vorstand mitarbeiten wolle.

Ich bin schon seit über 30 Jahren im Verein für Pilzkunde Winterthur. Und seit etwa 25 Jahren bin ich auch dessen Präsidentin. Nun bin ich 73-jährig und werde mein Amt bald abgeben. Ein Nachfolger steht bereit.

Wir Pilzler werden ja manchmal auch kritisiert. Weil wir angeblich die Ruhe im Wald stören und die Tiere aufscheuchen. Aber wir machen keinen Lärm und wir rennen auch nicht durch den Wald, wie zum Beispiel die Jogger. Wir gehen langsam. Nur wer langsam geht, sieht auch etwas. Ich selber gehe langsam und mit offenen Augen durch den Wald. Sonst würde ich keine Pilze finden.

Der Wald ist für mich ein Ort der Ruhe, der Erholung und der Besinnung auf sich selber. Ich liebe die Vielfalt der Bäume, der Blumen und der Tiere. Manchmal freue ich mich auch nur über ein winziges Detail. Zum Beispiel über die Härchen auf einem kleinen Schneckengehäuse. Oder über Föhrenzapfen.

Vom ersten bis zum zehnten Tag in jedem Monat darf man keine Pilze sammeln. Damit sollen diese etwas geschont werden. Aber Forscher haben herausgefunden, dass diese Schonzeit für die Pilze offenbar gar nichts bringt. Prompt haben Politiker vorgeschlagen, die Pilzschonzeit abzuschaffen. Damit könnte ich auch leben. Aber die Beschränkung von 1 kg pro Person und Tag finde ich schon in Ordnung. Man muss die Pilze ja auch noch zubereiten und essen können.»

Anita Wehrli
Präsidentin des Vereins für Pilzkunde Winterthur und amtliche Pilzkontrolleurin, im Eschenbergwald

«Nur wer im Wald langsam geht, sieht auch etwas»

Anita Wehrli
Pilzsammlerin

Teil 5 — Nachhaltigkeit | Ökologische Dimension

▲
Der Birnen-Stäubling kommt meist in Gruppen auf modernden Baumstümpfen und verrottendem Holz vor.

▲
Die Steife Koralle wächst auf moderndem Reisig oder auf Stümpfen von Laub- und Nadelbäumen.

▲
Die Goldgelbe Koralle wächst auf dem Boden von Laub-misch- und Nadelwäldern.

▲
Die Schmetterlings-Tramete findet man sehr häufig auf abgestorbenen Stämmen verschiedener Laubbäume.

▲
Die Geweihförmige Holzkeule kommt das ganze Jahr über auf abgestorbenem Holz verschiedener Laubbaumarten vor.

▲
Spitz-Morchel auf dem Etzberg: Ein Saprophyt, der von März bis Mai an Wegrändern oder Holzlagerplätzen zu finden ist.

ein sensibles Gleichgewicht dar.²⁶⁷ Die Alge ist gewissermassen das Kraftwerk der Flechte: Sie führt dem Pilz den Zucker zu, den dieser nicht selber produzieren kann. Der Pilz andererseits schützt die Flechte vor dem Austrocknen. Viele Flechten benötigen altes oder totes Holz als Unterlage. In der Schweiz ist jede dritte Flechtenart gefährdet. Der Anteil der gefährdeten Baumflechten ist am höchsten in lichten naturnahen Wäldern, Altholzbeständen, lichten Eichen-Mittelwäldern, auf mächtigen Eichen in Wäldern oder an Waldrändern.²⁶⁸ Flechten sind verlässliche Indikatoren für den Zustand des Waldes, vor allem der Luftqualität.

Insekten halten den Kreislauf in Schwung
Im Ökosystem Wald bilden die Insekten die wichtigste und artenreichste Gruppe von Tieren. Einerseits dienen sie Spinnen, Vögeln, Spitzmäusen, Fledermäusen, Fröschen, Kröten und Salamandern oder Reptilien als Nahrung. Andererseits tragen sie ganz entscheidend zur Waldgesundheit und zur Vermehrung von Bäumen, Sträuchern und Kräutern bei. Bienen, Wespen, Fliegen, Käfer und Schmetterlinge bestäuben vier von fünf Baumarten wie Ahorn, Linde oder Kirsche und Sträucher wie Weide, Weissdorn oder Vogelbeere. Sind die Blüten bestäubt und später die Samen gebildet, so werden diese wiederum von Insekten wie Ameisen verbreitet. Indem Insekten und ihre Larven Blätter und Nadeln fressen, beschleunigen sie den Nährstoff- und Energiekreislauf und helfen den Mikroorganismen, die Nährstoffe rasch wieder für das Pflanzenwachstum zur Verfügung zu stellen. Ihr Kot kann von Mikroorganismen rascher abgebaut werden als pflanzliches Material. Gleiches gilt für den Abbau von Holz: Zahlreiche Pionierinsekten wie Borken- oder Bockkäfer bohren Löcher ins abgestorbene Holz und machen es so zugänglich für holzfressende Insekten und Pilze. Ohne die Vorarbeit dieser Holzinsekten würde der Abbau eines Stammes doppelt so lange dauern. Wenn die Zersetzung des Holzes begonnen hat, besiedeln andere Käfer-, aber auch Fliegen- und

▲ Gemeine Skorpionsfliege (Weibchen) am Hulmen.

Wildbiene auf einem Wasserdost am Hulmen-Nordhang. ▼

▲ Veränderliche Hummel auf einer Kohldistel.

Gemeine Waldschwebfliege (Weibchen) am Hulmen. ▼

Teil 5 — Nachhaltigkeit | Ökologische Dimension

▲
▲ Kaisermantel im Hardholz bei Wülflingen.

▲ Schachbrett im Dättnau.

▲
▲ Distelfalter oberhalb von Ricketwil.

▲ Grosser Kohlweissling im Leisental.

▲ Grosses Ochsenauge im Schönholz bei Hegi.

▲ Brauner Waldvogel im Seemer Tobel.

Mückenarten die immer zahlreicheren Gänge im Totholz, wobei sie von vielen räuberischen und parasitären Insekten wie Wespen bedrängt werden. Zunehmend kommen nun Pilze und Bakterien ins Spiel. Schliesslich übernehmen Ameisen, Fliegenlarven, verschiedene Käfer, Milben und Springschwänze die letzte Phase der Holzzersetzung, bevor Würmer, Schnecken, Asseln und wiederum verschiedene Insekten die Partikel nochmals verkleinern, damit die Mikroorganismen die Holzbestandteile zu Rohhumus abbauen können. Andere Insekten wie Fleischfliegen oder Aaskäfer bauen auch Tierkadaver und Kot ab.[269]

Im Totholz bilden die Käfer die artenreichste Insektengruppe. 2011 hat eine Expertin im Waldgebiet Hardholz insgesamt 26 verschiedene Arten von Holzkäfern gefunden. Dabei handelte es sich um 11 Arten, die frisches, das heisst höchstens zwei Jahre altes Totholz besiedeln und um 15 Arten, die auf bereits länger abgestorbenes Totholz angewiesen sind. Diese Vielfalt ist hier nur möglich, weil im Hardholz sowohl Laub- als auch Nadelholz vorhanden ist.[270] Mehr Totholz im Wald heisst in der Regel auch mehr Insekten und mehr insektenfressende Tiere – und damit eine grössere Biodiversität. Eine ganz eigene und vielfältige Insektenfauna hat sich auch in vielen Waldweihern und Waldtobelbächen der Region Winterthur herausgebildet: Eintags-, Stein- und Köcherfliegen, Libellen, Wasserwanzen, Gelbrandkäfer oder Mücken sind nur einige Beispiele solcher Insektengruppen.

Auch für viele Schmetterlinge ist der Wald ein wichtiger Lebensraum. Allerdings sind Tagfalter meistens auf bestimmte Futterpflanzen und auf spezifische Waldstrukturen angewiesen. Solche Strukturen sind zum Beispiel Buschränder im Waldinnern – etwa entlang von Wegen –, äussere Waldränder von Mischwäldern, Auenwälder, Schlagflächen und Lichtungen, lichter Wald oder extensiv genutzte Waldsäume. Viele Wald-Schmetterlinge leben die meiste Zeit in den Baumkronen und lassen sich deshalb nur schwer beobachten –

Landkärtchen am Hulmen-Nordhang.

Kleiner Eisvogel am Helligenstockweg.

Waldbrettspiel an der Vorderen Rundstrasse.

◀ Frühe Adonislibelle (Männchen).

◀ Frisch geschlüpfte Gemeine Smaragdlibelle.

◀ Frisch geschlüpfte Zweigestreifte Quelljungfer.

◀ Hufeisen-Azurjungfer

zum Beispiel wenn sie zur Nahrungs- oder Flüssigkeitsaufnahme auf den Boden kommen. Trotzdem begegnet man auf Waldspaziergängen um Winterthur immer wieder Waldtagfaltern. Vom Hulmen bis zum Hardholz trifft man häufig auf den auffälligen Kaisermantel, der seine Eier gerne auf die Runde von Föhren und Fichten ablegt, oder den Grossen Fuchs, dessen Raupen gerne an Salweiden, Ulmen oder Zitterpappeln fressen. Ebenfalls recht verbreitet sind der Grosse Schillerfalter, dessen Raupe ebenfalls an der Salweide frisst, oder der Kleine Eisvogel, der als Raupe in Laubwäldern an der Roten Heckenkirsche und dem Wald-Geissblatt lebt. Die häufigste und am weitesten verbreitete Waldtagfalter-Art ist aber das Waldbrettspiel.[271] Diesen Tagfalter kann man mit etwas Geduld an inneren und äusseren Waldrändern, auf Waldlichtungen oder auf sonnigen Wegen beobachten. Mit etwas Glück begegnet man auf Waldlichtungen auch einem Edelfalter wie dem Tagpfauenauge oder einem Ritterfalter wie dem Schwalbenschwanz, einem der grössten und auffälligsten einheimischen Schmetterlinge.

Amphibienbiotop im Waldgebiet Elend. Insgesamt sieben Weiher bilden hier ein ökologisch wertvolles Netz. ▼

Waldweiher als Lebensraum für Amphibien

Die Winterthurer Wälder bieten mit ihren zahlreichen Nassstandorten ideale Lebensräume für Libellen, Wasserinsekten und Amphibien. Die häufigste Amphibienart bei uns ist der etwa 7 bis 9 cm grosse *Grasfrosch*. Er kommt fast überall vor, wo er stehende oder leicht fliessende Gewässer findet.[272] In den flachen Tümpeln und Weihern, die sich rasch erwärmen und selten austrocknen, versammeln sich die Grasfrösche im Frühling zu Dutzenden oder zu hunderten. In Winterthur kann der Grasfrosch an zahlreichen Orten beobachtet werden – zum Beispiel an den vielen Wald-

Im Vorfrühling auf dem Weg zum Laichgewässer: Gut getarntes Grasfroschpaar im Seemer Tobel. ▼

Der Wasserfrosch ist bis Ende September am Wasser zu beobachten. Er überwintert auch im Bodenschlamm. ▶

biotopen im Eschenbergwald, im Lindbergwald, im Seemer Tobel oder im Totentäli. Auch – und vor allem – an den Dättnauer Weihern, einem Amphibienlaichgebiet von nationaler Bedeutung, lassen sich die ankommenden Grasfrösche sehr leicht beobachten. Nach der Paarungszeit lebt der Grasfrosch nachtaktiv in den umliegenden Wäldern und Wiesen; er ist hier nicht gefährdet. Er gleicht dem kleineren, ebenfalls in Winterthur anzutreffenden Springfrosch.

Stark gefährdet ist hingegen der *Laubfrosch*, der mit etwa 4 cm Körperlänge kleinste einheimische Frosch. Er erscheint bei uns Anfang April an den Laichgewässern und ist deutlich weniger häufig zu beobachten als der Grasfrosch. Nach der Paarungszeit lebt der Laubfrosch auf Büschen und Bäumen. Er kann sich mit seinen Haftfüssen auf den Blättern festhalten und bis zu 30 cm weit von einem Blatt auf das andere springen, um Fliegen, kleine Käfer, glatte Raupen und Schmetterlinge zu jagen.

Tagsüber sitzt der Laubfrosch an Schilfhalmen über dem Wasser und im Ufergebüsch. ▼

«Fehlpaarung» zwischen Grasfrosch (oben) und Erdkröte (unten) bei den Dättnauer Weihern.

Zu den auffälligsten und bestbekannten Fröschen in unserer Region gehört der *Wasserfrosch*. Er ist verantwortlich für die lauten Froschkonzerte im Frühling und im Sommer. Tagsüber sonnt er sich oft am Gewässerrand; wird er dabei gestört, rettet er sich mit einem grossen Sprung ins Wasser. Im Gegensatz zu den anderen Fröschen, die das Wasser nur zur Fortpflanzung aufsuchen, ist er sehr eng ans Wasser gebunden, wobei er sonnige und vegetationsreiche Gewässer bevorzugt. In Winterthur lebt er im Totentäli, auf dem Lindberg und an vielen anderen Orten.

Die *Erdkröte* überwintert in Erdlöchern und ist sehr standorttreu. Sie lebt vor allem im Wald, aber auch in Wiesen, Feldern und Gärten. Im Sommer verbringt sie den ganzen Tag im Versteck und erscheint erst abends, um Jagd auf Würmer, Nacktschnecken, Spinnen und Insekten zu machen. Im Frühling ist die Erdkröte an den Nassstandorten im Winterthurer Wald häufig anzutreffen – etwa am Sädelrain, aber auch bei den Dättnauer Weihern. Sie ist nicht stark gefährdet, gilt aber als rückläufig.[273]

Teil 5 — Nachhaltigkeit | Ökologische Dimension

Die *Geburtshelferkröte* ist die einzige einheimische Amphibienart, die sich an Land paart, ihre Eier nicht von Anfang an ins Wasser ablegt und Brutpflege betreibt. Bezüglich Gewässertyp ist sie nicht allzu wählerisch, hingegen hat sie hohe Ansprüche an den Landlebensraum. Ideal sind sonnenexponierte Hänge mit ausreichend Versteckmöglichkeiten, lockerem oder lehmigem Boden, Steinhaufen oder Holzstapel.[274] In Winterthur bietet beispielsweise das Totentäli ideale Bedingungen für die stark gefährdete Geburtshelferkröte.

In feuchten Wäldern und Rutschgebieten mit liegendem Totholz und lockerem Waldboden lebt die unauffällige *Gelbbauchunke*. Sie nutzt zur Laichablage Regentümpel, stehende Pfützen in Rinnsalen oder gelegentlich ausgespülte Tümpel am Rand von Fliessgewässern. Häufig nutzt sie dafür auch sonnige, wenig befahrene Radspurtümpel,[275] wie sie durch schwere Forstmaschinen entstehen. Die stark gefährdete Gelbbauchunke kann man in Winterthur ebenfalls im Totentäli, aber auch auf dem Chomberg, im Gebiet Elend und an anderen Orten beobachten.

Der unauffällige *Bergmolch* kommt wohl in den meisten Waldweihern von Winterthur vor. Er profitiert hier sehr stark von den über 30 – vor allem im Stadtwald – neu angelegten Nassstandorten. Von Ende Februar bis im Mai oder Juni lebt er im Wasser, anschliessend in der näheren Umgebung, unter Totholz oder Steinen, wo er bis im Spätherbst weitere Nahrung aufnimmt. Meistens überwintern die Tiere in der Nähe des Gewässers, unter anderem in Steinhaufen, Falllaub, Totholz oder Felsspalten. In der Paarungszeit ist der Bergmolch der bunteste einheimische Molch.[276]

▲
Geburtshelferkröte: Männchen übernimmt die Eier.

▲
Der Rücken der Gelbbauchunke tarnt, der Bauch warnt.

▲
Bergmolch im Seemer Tobel: Hier die häufigste Molchart.

▲
Gebänderter Feuersalamander am Sädelrain bei Oberseen.

In den lichten Laubwäldern von Winterthur, an kühlen Bächen und feuchten Stellen begegnet man gelegentlich dem grössten unserer heimischen Schwanzlurche: dem *Gebänderten Feuersalamander*. Reine Nadelwälder mag der Feuersalamander nicht. Hanggebiete aber, wie zum Beispiel der Sädelrain zwischen Ricketwil und Oberseen, bieten für ihn ideale Lebensräume. Der Feuersalamander kann bis 20 cm lang und 50 g schwer werden, wobei die Weibchen meist grösser und schwerer sind als die Männchen. Das auffällige schwarz-gelbe Muster ist je nach Unterart verschieden. Während der Gefleckte Feuersalamander in der Südschweiz zu den häufigsten Amphibienarten gehört, tritt der Gebänderte Feuersalamander in der Nord- und Nordostschweiz deutlich seltener auf. Er wird hier gar als gefährdet eingestuft.

Fledermäuse wechseln ihre Jagdgebiete

Jede dritte wildlebende Säugetierart in der Schweiz ist eine Fledermausart. Viele dieser Arten sind bedroht und sämtliche Arten geschützt. In der Schweiz leben rund 30 verschiedene Fledermausarten[277], einige von ihnen auch in Winterthur. Fledermäuse wechseln ihre Jagdgebiete – je nach Wetter. Sie bevorzugen strukturreiche Naturräume mit einem grossen Angebot an Insekten. Oft liegen solche Gebiete entlang von Flüssen, wie beispielsweise im Leisental zwischen Töss und Sennhof. Ideale Lebensräume für Fledermäuse sind Wälder mit viel Altholz und Höhlenbäumen, wie sie etwa im Gebiet Gamser–Chalberweid oder im Totentäli vorkommen.

Fledermäuse jagen häufig entlang von Hecken oder auch am Übergang vom Wald zum Kulturland, so zum Beispiel am Rand des Eschenbergwaldes gegen die Breite hinunter oder beim Friedhof Rosenberg. Vereinzelt kommen sie auch im ganzen Siedlungsgebiet vor, vorausgesetzt sie finden hier ausreichend Nahrung und passenden Unterschlupf. Ein geeignetes Gebiet ist beispielsweise der Lindengutpark östlich der Altstadt.[278]

Zu den kleinsten der einheimischen Fledermäusen gehört die *Rauhautfledermaus*. Sie jagt im geradlinigen Flug Mücken, Fliegen und Falter entlang von Waldrändern, Hecken, Baumalleen oder Ufergehölzen – häufig auch knapp über der Wasseroberfläche. Ihren Winterschlaf verbringt die Rauhautfledermaus häufig in Hohlräumen und Ritzen von Gebäuden, aber auch im Wald: in Asthaufen und Brennholzbeigen, in Baumhöhlen und unter rissigen Borken alter Bäume. Sie kommt in reich strukturierten Wäldern vor: in Laubmischwäldern, in feuchten Niederungswäldern, Auwäldern und Nadelwäldern.[279]

Der *Grosse* und der *Kleine Abendsegler* ergreifen ihre Beute – Köcherfliegen, Wanzen, Käfer, Schmetterlinge, Mai- und Mistkäfer – in rasanten Sturzflügen mit Spitzengeschwindigkeiten von über 50 km/h. Sie leben in Auenwäldern und Buchenwäldern und verstecken sich tagsüber oft in verlassenen Spechthöhlen in alten Bäumen. Vielerorts ist der Anteil von über 120-jährigen Baumbeständen und Totholzinseln noch kleiner als die Mindestvoraussetzung von 40 Spechthöhlenbäumen pro 10 ha Wald. Von einer Förderung des Spechts profitiert auch der gefährdete Abendsegler.

Die *Zwergfledermaus* ist mit einer Spannweite von 20 cm die kleinste Fledermausart in Winterthur. Ihr Appetit ist riesig: Pro Nacht kann sie bis zu 2000 kleine Insekten verspeisen, etwa die Hälfte ihres eigenen Körperge-

Naturschutztag 2012 auf dem Lindberg: Gaby Staehlin vom Fledermausschutz Winterthur stellt Fledermäuse vor.

▲

Das Braune Langohr ist ein Waldbewohner und jagt gerne im Blättergewirr von Sträuchern und Bäumen nach Faltern.

wichts. Zwergfledermäuse verbringen den Tag am Stadtrand oder in Einfamilienhaussiedlungen und können nachts über 5 km weit an benachbarte Waldränder und Gewässerufer fliegen, wo sie im schnellen Zick-Zack-Flug allerlei Kleininsekten jagen: Kleine Falter oder verschiedene Fliegen- und Mückenarten. Diese Art lässt sich häufig bei der Breite beobachten.

Die mittelgrossen *Langohren* sind Waldbewohner und jagen ihre Beute – am liebsten Falter – im dichten Gestrüpp, im Blättergewirr von Sträuchern und Bäumen oder in Baumkronen. Die Weibchen des Braunen Langohrs ziehen ihre Jungtiere – oftmals nur eines pro Jahr – in Baumhöhlen, Vogelnist- und Fledermauskästen auf. Das Braune Langohr kann über 30 Jahre alt werden und ist in der ganzen Schweiz von den tiefen Lagen bis ins Gebirge verbreitet; trotzdem gingen seine Bestände in jüngerer Zeit massiv zurück, weil geeignete Jagdgebiete zunehmend fehlen. Zu solchen Gebieten gehören etwa reich strukturierte Landschaften mit Hochstammobstbäumen und Hecken.

Tagsüber verstecken sich *Wasserfledermäuse* vor allem in Baumhöhlen. Je mehr Höhlenbäume in einem Waldgebiet vorhanden sind, desto grösser ist die Chance, dass sich Wasserfledermäuse ansiedeln. Von ihren Tagesschlafquartieren in Baumhöhlen, Fledermauskästen oder Dachstöcken fliegen sie 1 bis 2 km bis zu ihren Jagdgebieten. Dabei meiden sie offenes Gelände und fliegen entlang von Waldrändern, Hecken und Bachufern. Im schnellen Tiefflug knapp über der Wasseroberfläche jagen sie hauptsächlich kleine Insekten wie Mücken, Schnaken, Eintags- oder Köcherfliegen und sogar kleine Fische. Im Winter verstecken sie sich in Baumhöhlen und Holzbeigen.

Das *Grosse Mausohr* ist eine typische Dachstockfledermaus und gehört mit einer Spannweite von bis zu 43 cm und einem Gewicht von bis zu 40 g zu den grössten einheimischen Fledermäusen. Mausohren jagen in raschem Flug dicht über dem Boden nach Laufkäfern, Schnaken, Hundertfüssern, Spinnen und Käferlarven. Typische Jagdreviere sind Wälder mit wenig Unterwuchs oder Wiesen. Das Grosse Mausohr ist stark gefährdet; in der ganzen Schweiz sind keine 100 Kolonien mehr bekannt. Eine davon befindet sich in der Stadt Winterthur, im Schulhaus Heiligberg. Hier lebt das Grosse Mausohr vermutlich schon seit 100 Jahren.[280]

Die *Weissrandfledermaus* ist nicht viel grösser als die Zwergfledermaus und als wärmeliebende Fledermausart vor allem südlich der Alpen zu Hause. Ab 1990 entdeckte man auch auf der Alpennordseite so genannte Wochenstuben, Quartiere also, in denen Weibchen ihre Jungen zur Welt bringen. Hier lebt die Weissrandfledermaus vor allem im Siedlungsgebiet, wo die Temperaturen etwas höher sind als im Freiland. Unterschlupf findet sie in Hohlräumen unter Wandverschalungen, im Zwischendach oder in Rollladenkästen, aber auch in Baumhöhlen oder Fledermauskästen. Die Weissrandfledermaus jagt im Flug Insekten wie Zuckmücken, Köcher- und Eintagsfliegen oder Kleinschmetterlinge.

Viele Vogelarten im Winterthurer Wald

Im Vergleich zu anderen Gemeinden im Kanton Zürich ist die Vogelwelt in Winterthur überdurchschnittlich vielfältig. Allerdings sind die Bestände vieler Arten in Winterthur nicht sehr gross, und zahlreiche Arten gehören zu den ohnehin häufigeren Generalisten. Eine typische Zürcher Gemeinde beherbergt etwa 60 Brutvogelarten. In Winterthur sind es deutlich mehr, das hängt aber vor allem auch mit der Grösse des Gemeindegebiets zusammen. Von den 139 Brutvogelarten im Kanton Zürich[281] konnten Ornithologen 2008 in Winterthur immerhin 78 Arten beobachten. Davon sind 12 Vogelarten auf der Roten Liste; alle diese Arten kommen hier nur in sehr kleinen Populationen vor. Etwa die Hälfte aller hier lebenden Brutvogelarten sind Waldarten. Wälder gehören hinter den grossflächigen Feuchtgebieten zu den reichhaltigsten Vogelbiotopen. Die artenärmsten Lebensräume sind landwirtschaftlich genutzte Kulturflächen.[282]

Der Mittelspecht ist wieder da

Im Winterthurer Wald ist die Qualität des Lebensraums für viele Brutvögel in den vergangenen 25 Jahren besser geworden: Hier haben sich vor allem einige Spechtarten – mit Ausnahme des Grauspechts – und Greifvögel gut entwickelt. Inzwischen beobachten Ornithologen in Winterthur sogar regelmässig den Mittelspecht, der hier in jüngerer Vergangenheit bis etwa 2012 kaum je gesehen wurde. Die naturnahe Waldbewirtschaftung mit einem wachsenden Angebot an Totholz und einer grossen Vielfalt unterschiedlicher Strukturen und Baumarten zeigt für die Vogelwelt eine positive Wirkung.

Der Schwarzspecht bewohnt nur Wälder mit grossen alten Bäumen, in die er seine Bruthöhlen zimmern kann.

Teil 5 — Nachhaltigkeit | Ökologische Dimension

Anzahl Brutpaare in Winterthur von Vogelarten, die ausschliesslich oder grossenteils im Wald oder in waldähnlichen Gehölzen vorkommen oder ihren Brutplatz dort haben[283]

Art	Brutpaare im Winterthurer Wald 2008	1988	Trend	Lebensraum
Wespenbussard	3	0	+	Wälder in der Nähe von insektenreichem, wenig genutztem Kulturland
Rotmilan	12	4	++	Horstbäume im Wald oder in Gehölzen
Habicht	2	1	+	Grosse Horstbäume im Waldinnern
Sperber	9	3	+	Stangengehölze im Waldinnern
Mäusebussard	37	27	+	Generalist
Baumfalke	5	2	+	Exponierte Horstbäume im Wald
Hohltaube	1	6	+	Bäume mit Höhlen des Schwarzspechts
Ringeltaube	360	230	+	Generalist
Waldkauz	20	12	+/-	Generalist
Grauspecht	2	5	-	(Auen-)Wälder mit Laubhölzern
Schwarzspecht	19	9	++	Hochschaftige, alte Buchen
Buntspecht	200	200	+/-	Generalist
Mittelspecht	0	3	+	Eichenreiche Wälder > 3 ha
Zaunkönig	740	630	+	Generalist
Heckenbraunelle	170	180	+/-	Generalist
Rotkehlchen	1400	1400	+/-	Generalist
Singdrossel	980	1200	+/-	Generalist
Misteldrossel	76	61	+	Generalist
Waldlaubsänger	6	270	- -	Buchen über grasigem Boden
Wintergoldhähnchen	560	1100	+/-	Generalist
Sommergoldhähnchen	1000	1800	-	Generalist
Trauerschnäpper	5	46	- -	Waldränder, Grate und Hochstamm-Obstgärten
Haubenmeise	23	9	+	Generalist
Tannenmeise	580	930	+/-	Generalist
Kleiber	390	400	+/-	Alte Bäume
Waldbaumläufer	89	80	+/-	Generalist
Eichelhäher	230	200	+/-	Generalist
Dohle	9	19	+/-	Nischen an Gebäuden, Altholzflächen mit Schwarzspechthöhlen
Kolkrabe	3	0	++	Überragende Horstbäume im Wald
Fichtenkreuzschnabel	11	62	- -	Nadelwälder, Generalist
Gimpel	27	41	-	Generalist
Kernbeisser	20	78	-	Lichte Laubholzbestände
Alle Arten zusammen	**6983**	**9008**		

«Winterthur ist reich an Kulturland. Trotzdem sind die typischen Vogelarten des Kulturlands bei uns selten geworden. Ganz anders die Waldvögel, sie sind bei uns noch recht gut vertreten. Für die regionale Vogelwelt ist der Winterthurer Wald ein Segen. Ich würde sogar sagen, hier ist die Vogelwelt noch in Ordnung. Entsprechend vielfältig ist sie auch. Winterthur liegt ja ziemlich genau zwischen Weinland und Oberland. Auf der einen Seite dringen bestimmte Vogelarten aus dem Weinland bis zur Stadtgrenze vor. Das sind Arten der Niederungen und der wärmeren Klimazonen. Und auf der anderen Seite kann man auch einzelne Arten aus dem Oberland beobachten. Vogelarten also der eher höheren, kühleren Lagen.

Für mich ist der Wald in unserer Gegend der Naturraum schlechthin. Der Ort, wo man noch eine grössere natürliche Vielfalt antrifft. Im Kulturland oder im Siedlungsgebiet hingegen ist die Natur mittlerweile häufig an einem sehr kleinen Ort. Kommt dazu, dass man in Naturschutzgebieten, vor allem in Feuchtgebieten, und im Kulturland meistens die Wege nicht verlassen darf. Das kann für mich als Vogelfotograf ein Hindernis sein. Im Wald aber, selbst im bewirtschafteten Wald, findet man noch schnell einmal eine gewisse Vielfalt an Tieren und Pflanzen. Und hier bin ich auch nicht zwingend an Waldstrassen gebunden.

Schon als Kind hat mich die Natur interessiert. Meine Begeisterung für Tiere hatte mein damaliger Lehrer geweckt, als wir in der Schule die Amphibien behandelten. Aber wirklich ausschlaggebend waren die Ferien bei meinen Cousins. Einmal bekamen sie von einer Tante ein Vogelbuch geschenkt; allerdings konnten sie nicht viel damit anfangen. Ich schon. Als wir eines Abends unterwegs waren und ein Mäusebussard über uns kreiste, war ich fasziniert und wollte mehr über diesen Vogel wissen. So begann ich über Greifvögel nachzulesen. Und über die Greifvögel kam ich dann zu den vielen anderen Vögeln.

Heute streife ich fast jede Woche durch den Wald, am liebsten durch den Eschenberg-, aber auch durch den Berenbergwald. Der Eschenberg ist gross und hat dadurch eine rechte Artenvielfalt. Und im Linsental kommen noch die Vögel im und am Wasser hinzu. Auf dem Berenberg andererseits stehen sehr schöne Buchenbestände, wo man Dohlen und Hohltauben beobachten kann. Von meinen Streifzügen durch die Natur bleiben mir häufig die Stimmungen: wunderbare Stimmungen, gerade am Morgen früh oder abends, das flache, weiche Licht. Dieses Licht ist bei der Naturbeobachtung und beim Fotografieren besonders schön. Das ist auch die Zeit, wo ich am häufigsten unterwegs bin. Dann sind die Tiere am aktivsten. Auch die Vögel.

Ich bin sehr froh, dass der städtische Forstbetrieb in den letzten Jahren viel für die Biodiversität getan hat. Er hat auch eindeutig gewisse Schwerpunkte für Erholungssuchende eingerichtet, Naherholungsräume, die am Waldrand liegen. Wo die Leute einen leichten Zugang zum Wald haben, zur Natur und zur Vogelwelt. »

Stefan Wassmer
Ornithologe und Bauingenieur, beim Bruderhaus im Eschenbergwald.

«Im Wald ist die Vogelwelt noch in Ordnung»

Stefan Wassmer
Ornithologe

Teil 5 — Nachhaltigkeit | Ökologische Dimension

▲
Die Wasseramsel ist der einzige Singvogel, der tauchen und unter Wasser schwimmen kann.

▲
Der Buntspecht ernährt sich im Sommer von Insekten im morschen Holz, im Winter von Samen aus Tannenzapfen.

▲
Der Kernbeisser ist ein scheuer Bewohner von Laubmischwäldern und hält sich meist hoch oben in den Bäumen auf.

▲
Die Singdrossel hat sich auf kleine Gehäuseschnecken spezialisiert, die sie an geeigneten Steinen zertrümmern.

▲
Der Sperlingskauz kommt vor allem in nadelholzreichen Bergwäldern vor. Dieses Bild stammt aber aus Winterthur.

▲
Der Eichelhäher frisst im Sommer Käfer und Raupen, im Herbst ernährt er sich vor allem von Eicheln.

Teil 5 — Nachhaltigkeit | Ökologische Dimension

▲
Der Rotmilan baut seine Nester in den höchsten Bäumen an Waldrändern, von wo aus er seine langen Gleitflüge startet.

▲
Der Zilpzalp baut sein kugelförmiges Nest entweder direkt am Boden oder in sehr geringer Höhe in Ästen oder in Efeu.

▲
Das Wintergoldhähnchen ist der kleinste Vogel Europas und wiegt nur 5 g. Er frisst Insekten und Spinnen.

▲
Der Bergfink kann sich am Abend in lokalklimatisch günstigen Waldgebieten in Schwärmen zu tausenden einfinden.

Zwölf Arten, die noch 1998 nachweislich in Winterthur brüteten, konnten Ornithologen 2008 hier nicht mehr auffinden, darunter die beiden Waldarten Berglaubsänger und Mittelspecht. Immerhin ist seither der Mittelspecht wieder aufgetaucht. Bei den ehemals häufig vorkommenden Arten Waldlaubsänger und Trauerschnäpper mussten die Vogelbeobachter dramatische Bestandesrückgänge feststellen. Waldlaubsänger und Trauerschnäpper sind Langstreckenzieher, die im tropischen Afrika überwintern.

Gelegentlich kommt es im Winterthurer Wald auch zu überraschenden Beobachtungen – etwa 2013, als Vogelkundler hier die kleinste Eule Europas beobachten konnten: den Sperlingskauz. Von dieser Art leben in der Schweiz nur gerade 800 bis 1200 Brutpaare, vor allem in den subalpinen Nadelwäldern der Voralpen, der Alpen und des Juras. Er meidet einförmige Wälder, bevorzugt lockere Altholzbestände und Waldlichtungen und Höhlenbäume.

Von einigen Waldarten leben beachtliche 5 bis 8 Prozent aller Brutpaare im Kanton Zürich in den Wäldern von Winterthur. Sie haben damit innerhalb des Kantons Zürich hier ihren Verbreitungsschwerpunkt. Ihr Fortbestand hat im zunehmend struktur- und artenreicher werdenden Winterthurer Wald gute Voraussetzungen.

Waldvogelarten mit kantonalem Verbreitungsschwerpunkt in den Winterthurer Wäldern[284]

Art	Brutpaare im Kanton Zürich 2008	Brutpaare in Winterthur 2008	in %
Baumfalke	79	5	6,3
Ringeltaube	7 400	360	4,8
Zaunkönig	13 000	740	5,7
Heckenbraunelle	2 700	170	6,3
Singdrossel	20 000	980	4,9
Misteldrossel	1 600	76	4,8
Sommergoldhähnchen	20 000	1 000	5
Dohle	140	9	6,2
Eichelhäher	4 300	230	5,3
Fichtenkreuzschnabel	160	11	6,9
Gimpel	340	27	7,9

Wald und Wild im Gleichgewicht

Von den 83 einheimischen Säugetierarten lebt mehr als die Hälfte regelmässig im Wald. Bekannt sind vor allem die grösseren Arten der einheimischen Waldfauna: Hirsch, Reh, Wildschwein, Fuchs, Dachs, Hase, Baummarder, Eichhörnchen oder der Siebenschläfer. Das Vorkommen der meisten Tierarten im Wald hängt vom Vorhandensein passender Strukturen oder spezieller Pflanzenarten ab. Der Siebenschläfer zum Beispiel, ein nachtaktives Nagetier, lebt in Laubmischwäldern, vor allem in Eichenbeständen, und verbringt den Winter während sieben Monaten im Winterschlaf, den er nur ab und zu unterbricht. Als Unterschlupf ist er auf geeignete Höhlen unter Baumstrünken, ausgefaulte Astlöcher, Felsspalten oder Baumhöhlen angewiesen. Auch die Haselmaus verbringt den Winterschlaf in hohlen Baumstümpfen, aber auch unter grossen Steinen, in Steinhaufen oder in Bodenvertiefungen. Sie lebt an buschigen Waldrändern oder an Mischwäldern mit dichter Strauchschicht, bevorzugt mit Haselsträuchern. Beide Arten brauchen also spezifische Strukturen.

Der Baum- oder Edelmarder andererseits, ein dämmerungs- und nachtaktiver Räuber, lebt sowohl in Nadelwäldern als auch in Laub- oder in Mischwäldern; er ist diesbezüglich nicht wählerisch. Er braucht aber ausgedehnte und ungestörte Wälder, die überdies ausreichend viele grosse Baumhöhlen aufweisen. Damit stellt er also gleichzeitig auch sehr hohe Ansprüche an seinen Lebensraum. Der Baummarder ist – ganz anders als der verwandte Steinmarder – ein Kulturflüchter, den man nur selten im Freiland sieht. In Winterthur kommt er in fast allen Waldgebieten vor. Der Baummarder ist übrigens eines der noch wenigen wild lebenden Raubtiere in der Schweiz.

Die einst verbreiteten grossen Raubtiere wurden 1870 (Wolf), 1904 (Bär) und 1909 (Luchs) ausgerottet. Immerhin ist der Luchs dank einem umfangreichen Wiederansiedlungsprojekt, das in den 70er-Jahren gestartet wurde, in verschiedenen Schweizer Kantonen wieder heimisch. Im Kanton Zürich gibt es vor allem aus dem oberen Tösstal und aus der Umgebung von Bichelsee gesicherte Nachweise. Auch der Wolf könnte schon bald wieder zur natürlichen Tierwelt unserer Region gehören; bereits ist der von Italien her in die Schweizer Alpen eingewandert. Gelegentlich findet sogar ein Bär den Weg über die Schweizer Grenze. Allerdings wecken Bär und Wolf in der Bevölkerung noch immer Widerstand.

Die Ausrottung der grossen Raubtiere wie Wolf und Luchs war ein starker Eingriff in den

Teil 5 — **Nachhaltigkeit** | Ökologische Dimension

Haushalt der Natur. Mit diesen Tierarten verschwanden die natürlichen Feinde der Huftiere und damit wichtige natürliche Regulatoren. Heute übernehmen deshalb Jäger die Aufgabe des Raubwildes und sorgen für die Regulierung der Wildtierbestände. Dabei halten sie sich wie die Förster an den Grundsatz der Nachhaltigkeit: Sie dürfen nur so viele Tiere schiessen, wie für eine stabile Bestandesgrösse notwendig ist. Für die Jagd ist in Winterthur vor allem das Haarwild von Bedeutung, also Reh, Fuchs, Rothirsch und Dachs. Kaum mehr von Belang ist hingegen das Federwild.

In den Winterthurer Wäldern waren die wild lebenden Huftiere längst nicht immer so häufig wie heute. Die meisten Arten waren Ende des 19. Jahrhunderts wegen starker Bejagung kurz vor dem Aussterben oder bereits ausgerottet. Erst die Einführung eines neuen eidgenössischen Jagdgesetzes brachte die Wende. Das Reh zum Beispiel war bei uns noch vor etwa 120 Jahren äusserst selten – es überlebte die Jahrhundertwende nur in kleinen Restbeständen, die sich dank starker Beschränkung der Jagd rasch erholten: Heute leben in der Schweiz rund 120 000 Rehe, im Kanton Zürich etwa 10 300.[285] Damit ist das Reh die häufigste der grösseren einheimischen Wildarten. Auch in den Winterthurer Wäldern ist das Reh heute sehr häufig: Auf Stadtgebiet dürften etwa 400 bis 500 Tiere leben.

Wie Fuchs, Dachs, Hase und Marder kommt das Reh in allen Waldgebieten der Stadt vor. Einzig im Brüelbergwald konnte sich bisher keine Rehpopulation über einen längeren Zeitraum halten. In einzelnen Waldgebieten Winterthurs bestehen hingegen Rehdichten von mehr als 40 Tieren pro Quadratkilometer. Im Durchschnitt leben allerdings in den Winterthurer Wäldern nur rund 25 Tiere pro Quadratkilometer – was aber immer noch eine relativ hohe Dichte ist. Ausreichende Äsungs- und Deckungsmöglichkeiten, wie sie die heutige Waldbewirtschaftung mit dem angestrebten stufigen Bestandesaufbau und vielen klein-

Im Gebüsch kaum zu sehen: Das Reh zwingt in manchen Waldgebieten zum Einzelschutz seltener Baumarten.
▼

flächigen Naturverjüngungen schafft, wirken sich auf den Rehbestand günstig aus.

In jüngerer Zeit haben die Rehbestände in einigen Waldgebieten Winterthurs zwar wieder etwas abgenommen; entsprechend kommen vorübergehend auch weniger Tiere zu Abschuss. So oder so: Das Reh gehört zusammen mit dem Fuchs zu den meistgeschossenen Tieren in den Winterthurer Wäldern.

Zu den heutigen Feinden des Rehwilds gehören die Hunde und vor allem der Strassenverkehr: Im Kanton Zürich fallen Jahr für Jahr rund 1700 Rehe der Blechlawine zum Opfer.[286] Das heisst: Fast jedes zehnte Reh im Kanton Zürich stirbt auf der Strasse. Beachtlich ist auch die Zahl der Rehe, die von Hunden gerissen werden: Jährlich enden im ganzen Kanton etwa 120 Rehe als Beute von wildernden Hunden. Auch in einigen Waldgebieten Winterthurs sind wildernde Hunde zu einer ernsthaften Gefahr für die Rehpopulationen geworden. Kein Wunder, in der Stadt Winterthur leben mindestens viermal so viele Hunde wie Rehe: 2011 waren hier 2879 Hunde registriert.

Wie das Reh war auch der Rothirsch um die Jahrhundertwende praktisch ausgerottet. Er wanderte ab 1915 aus Voralberg und dem Tirol wieder in die Schweiz ein und erreichte vor rund vier Jahrzehnten auch die Region Winterthur. Hier waren die Hirschbestände zeitweise so hoch, dass das ökologische Gleichgewicht gestört war. Die Forstwirtschaft sah sich immer wieder mit grösseren Wildschäden konfrontiert. Um solchen Schäden vorzubeugen, mussten etwa 1995 rund 300 Einzelbäume im Stadtwald, vor allem Fichten, Eschen und Bergahorne, mit einem speziellen Kunststoffnetz gegen das Schälen durch Hirsche und fast 800 Bäume mit Drahtkörben geschützt werden. 1999 hatten die Rotwildschäden in Jungwüchsen und Dickungen im Revier Eschenberg ein «extremes, waldbaulich nicht mehr tragbares Ausmass angenommen».[287] Und auch 2001 verursachte der grosse Rotwildbestand im Eschenberg «grosse Probleme».[288] Noch 2002 hat der Forstbetrieb im ganzen Stadtwald rund 400 Laufmeter Hirschzaun errichtet und 1420 einzelne Bäume gegen Wildschäden geschützt.[289] Seither ging der Hirschbestand in Winterthur massiv zurück, während sich die Population im ganzen Kanton in den vergangenen zehn Jahren mehr als verdoppelt hat. Heute leben in Winterthur noch etwa drei Tiere im Jagdrevier Eschenberg. Eine Erklärung für diesen Bestandesrückgang fehlt noch.

Im Eschenbergwald erscheint gelegentlich auch die Gämse, jedoch nur als Wechselwild. Das heisst: Sie taucht in diesem Waldgebiet sporadisch auf, wandert aber auch wieder ab. Wahrscheinlich kommt sie aus dem Tösstal, denn am Schauenberg und am Tössstock leben heute einige Dutzend Gämsen. Noch um die Jahrhundertwende waren die Tiere im Kanton Zürich vom Aussterben bedroht. Vor allem seit Anfang der 80er-Jahre hat der Bestand der Gämsen stark zugenommen.

Zu den ältesten Jagdtieren gehört hierzulande das Wildschwein: Knochenfunde in Höhlen belegen die Jagd auf das Schwarzwild seit der Altsteinzeit. Vor einigen Jahrzehnten noch war das Wildschwein im Schweizer Mittelland selten. Bisweilen kamen einzelne Tiere aus dem angrenzenden Ausland in die Schweiz. Seit etwa 35 Jahren jedoch nehmen die Bestände wieder deutlich zu – parallel zu den wachsenden Flächen von kultiviertem Mais, dem bevorzugten Futter des Schwarzwilds. Die Schäden, die Wildschweine vorab in Maiskulturen und Kartoffeläckern anrichten können, sind enorm. Allerdings werden diese Schäden den betroffenen Bauern aus dem kantonalen Wildschadenfonds vergütet. Vielfach bleibt den Betroffenen nichts anderes übrig, als die Felder zum Schutz gegen Wildschweine einzuzäunen. Mit so genannten Ablenkfütterungen im Wald versuchen Jäger, die Wildschweine von den landwirtschaftlichen Kulturen fernzuhalten. Weil Wildschweine nachtaktiv sind, lassen sie sich kaum zählen. Aber die stark wachsenden Bestände zeigen sich in der Jagdstatistik: 1974 etwa schossen Schweizer Jäger landesweit nur rund 200 Wildschweine, 1993

Jagdstatistik vom 1. April 2012 bis zum 31. März 2013[290]

Jagdrevier/Tierart		Reh	Hirsch	Fuchs	Dachs	Wildschwein
Winterthur Eschenberg	Bestand	80	3	25	15	10
Jagdbare Fläche: 740 ha	Abschuss	27	0	13	0	9
Jagdbare Waldfläche: 683 ha	Fallwild	15	0	1	0	0
Winterthur Berenberg	Bestand	100	0	48	26	34
Jagdbare Fläche: 708 ha	Abschuss	35	0	10	12	44
Jagdbare Waldfläche: 559 ha	Fallwild	15	0	15	3	2
Winterthur Lindenberg	Bestand	56	0	27	17	0
Jagdbare Fläche: 508 ha	Abschuss	12	0	23	5	0
Jagdbare Waldfläche: 417 ha	Fallwild	21	0	8	1	1
Winterthur Mörsburg	Bestand	84	0	30	20	18
Jagdbare Fläche: 509 ha	Abschuss	30	0	36	7	14
Jagdbare Waldfläche: 287 ha	Fallwild	16	0	15	0	0
Winterthur Hegiberg	Bestand	78	0	35	34	0
Jagdbare Fläche: 712 ha	Abschuss	33	0	20	0	1
Jagdbare Waldfläche: 513 ha	Fallwild	11	0	5	1	0

erlegten sie bereits über 2300 Tiere. Und 2012 waren es bereits über 9900, wovon knapp 1330 alleine im Kanton Zürich. In Winterthur gehören die Wildschweine heute – vor allem im Norden der Stadt – zum Standwild, das heisst sie leben dauernd hier. Im Weinland sind sie bereits vor 20 Jahren sesshaft geworden. Die Autobahn um Winterthur erschwert das Vordringen der scheuen Borstentiere in die Waldgebiete im Süden der Stadt. So kommt das Wildschwein häufig in den Jagdrevieren Berenberg und Mörsburg vor, deutlich weniger auf dem Eschenberg und fast gar nicht in den Revieren Lindberg und Hegiberg.

Sehr zahlreich lebt in Winterthur der Fuchs; hier kommt er in allen Waldgebieten vor. Er ist ein perfekter Kulturfolger und taucht sporadisch in einzelnen Stadtquartieren auf, wo er sich unter anderem auch am Hauskehricht gütlich tut. Im Ökosystem Wald erfüllt er die Aufgabe des Gesundheitspolizisten: Er erbeutet kranke und schwache Tiere und frisst Aas. Seine Nahrungspalette reicht vom Rehkitz über Hasen und Mäuse bis zu Würmern, Insekten und Obst. Der Fuchsbestand hat in den letzten Jahren stark zugenommen. Das belegen unter anderem die Zahlen in der Jagdstatistik des Bundes: 1984 wurden landesweit rund 11 400 Füchse geschossen, 1993 waren es bereits knapp 41 000 Tiere und in den Jahren 2002 bis 2012 durchschnittlich rund 33 000 erlegte Füchse pro Jahr. In der Schweiz dürften heute über 100 000 Füchse leben. Dank Schutzimpfungen mit Ködern hat man heute in der Schweiz die Tollwut, deren Hauptüberträger bei ihrem Ausbruch der Fuchs war, im Griff. Noch vor 50 Jahren war die Tollwut bei uns derart verbreitet, dass das Winterthurer Gesundheitsamt nach dem Tod von 16 Füchsen und drei Schafen 1968 als Notmassnahme 166 Fuchs- und Dachsbauten auf Stadtgebiet begasen liess.[291]

Ähnlich wie der Fuchs hat auch der Dachs in den letzten Jahren Terrain zulegen können. So gibt es heute bei uns rund dreimal so viele Dachse wie noch vor zehn Jahren. Die Jagd in Winterthur wird nach den geltenden Gesetzen von Bund und Kanton als Revierjagd durchgeführt: Mehrere Jäger schliessen sich zu einer Jagdgesellschaft zusammen und pachten für acht Jahre ein Jagdrevier, in dem ausschliesslich sie und ihre Gäste jagen dürfen. Ausser im Kanton Zürich gibt es die Revierjagd auch in den Kantonen Aargau, Basel-Landschaft, Basel-Stadt, Luzern, St. Gallen, Schaffhausen, Solothurn und Thurgau. Alle anderen Kantone kennen die Patentjagd: Wer bestimmte Bedingungen erfüllt, kann ein Jahres-Jagdpatent erwerben, das für einen ganzen Kanton oder Teile davon gültig ist. Die Stadt Winterthur ist in fünf Jagdreviere eingeteilt: Mörsburg (5 Pächter), Lindberg (5 Pächter), Berenberg (6 Pächter), Eschenberg (7 Pächter) und Hegiberg (8 Pächter). Diese Reviere werden von der Stadt an die Mitglieder der entsprechenden Jagdgesellschaften verpachtet.

Auslese der Baumarten durch Wildtiere
In den Zuständigkeitsbereich der Jäger gehören neben der eigentlichen Jagd auch Wildunfälle, Wildschäden und Wildschaden-Verhütungsmassnahmen, Fütterungen, Salzlecken oder Jagdeinrichtungen. Zu diesen gehören etwa die klassischen Hochsitze, auf denen sich die Jäger auf die Lauer legen. Auf Stadtgebiet gibt es etwa 25 solcher Hochsitze. Immer häufiger aber greifen moderne Jäger zu mobilen Hochsitzen aus Leichtmetall. Diese lassen sich leicht aufstellen und wieder abbauen. Welche Arten wann gejagt werden dürfen, steht im eidgenössischen Jagdgesetz, wobei die kantonalen Gesetze weitere Einschränkungen erlassen können. Für die meisten Tierarten gibt es Schonzeiten, in denen sie nicht gejagt werden dürfen. Diese richten sich meist nach den artspezifischen, jahreszeitlich unterschiedlichen Aktivitäten.

In stark frequentierten Naherholungsgebieten gelten in Winterthur zusätzlich zu den Schonzeiten eingeschränkte Jagdzeiten. Konkret: Im nordwestlichen Teil des Eschenbergwaldes darf am schulfreien Mittwochnachmittag und am Samstag nach acht Uhr morgens nicht gejagt werden; das Risiko für Erholungssuchende wäre zu gross. Die gleichen Einschränkungen gelten im südöstlichen Teil des Lindbergwaldes, um Alt Wülflingen und schliesslich im vorderen Etzberg. Daneben gibt es in Winterthur auch Wildschongebiete – Gebiete, in denen überhaupt nicht gejagt werden darf. Dazu gehören etwa der gesamte Brüelberg, die Waldlichtung Bruderhaus oder der Heiligberg.

Rehe und Hirsche können gelegentlich zu gravierenderen Schäden im Wald führen, vor allem zu Verbiss-, Feg- und Schälschäden. Diese variieren allerdings stark – je nach Waldgebiet. Äsungsangebot, Waldaufbau, Feld-Wald-Ver-

Seltene Baumarten wie die Elsbeere müssen, wie hier im Eschenberg, einzeln gegen Wildschäden geschützt werden.
▼

◀ Rehverbiss an einer Weisstanne auf dem Wolfesberg. Zu viele Rehe können die Naturverjüngung behindern.

teilung, Störungen des Wildes und Bejagung spielen dabei eine wichtige Rolle. Anders als etwa Wildschweine sind Rehe und Hirsche ausschliesslich Pflanzenfresser, wobei das Reh in Sachen Nahrung besonders anspruchsvoll ist: Es wählt sein Futter, zum Beispiel Gras, Kräuter oder Knospen, sehr selektiv aus.

Weil im strukturarmen Freiland das Nahrungsangebot gering ist und Störungen häufig sind, weicht das Reh notgedrungen in den Wald aus. Dadurch belastet es diesen Lebensraum stark: Das gezielte Abfressen proteinreicher Jungtriebe von Tanne, Eibe, Föhre, Esche, Ahorn, Kirsche, Linde und Eiche kann zu einer Selektion führen. Die Weisstanne und die erwähnten Laubbäume werden im Wettbewerb mit den weitgehend verbissfesten Fichten und Buchen stark benachteiligt. Auch das Fegen des Rehbocks, also das Abstossen der Basthaut an bestimmten Baumarten belastet einzelne Bäume stark. Und schliesslich kann auch das Schälen durch Hirsche zu einer Auslese von Baumarten führen.

In vielen Fällen hilft nur die Geduld

Nicht nur die Rehe, sondern wie erwähnt auch das Rotwild richtete in Winterthur Schäden an – vor allem im Eschenbergwald. Solche Schäden beschränkten sich nicht auf die abgelegenen Waldgebiete im hinteren Teil, sondern traten auch in den jüngeren Nadel- und Laubbaumbeständen bis nahe dem Vogelsang auf – also nur wenige hundert Meter von den Wohnquartieren entfernt. Die Einzäunung der Verjüngungsflächen war an vielen Orten unumgänglich. Im Lindbergwald zum Beispiel hatten die vielen tausend Jungeichen in den 1990er-Jahren nur hinter dem Gitterzaun eine Überlebenschance. Zumindest in stadtnahen Gebieten empfiehlt sich eine Einzäunung grösserer Waldflächen zum Schutz der Naturverjüngungen kaum, weil der freie Zugang für Erholungssuchende zu stark eingeschränkt würde. In solchen Fällen hilft oft nur die Geduld, den Erfolg einer Naturverjüngung abzuwarten.

Wildschäden haben abgenommen

In den letzten Jahren hat sich die Wildschadensituation etwas entspannt. Denn die Lebensverhältnisse für das Wild haben sich stark verbessert – dank des Übergangs zu einer möglichst naturnahen Waldbewirtschaftung mit stufig aufgebauten Beständen, vielen kleinflächigen Naturverjüngungen einheimischer, standortgerechter Baumarten und starker Kronendachauflichtungen. Schutzmassnahmen dürften in Zukunft wohl in immer geringerem Ausmass notwendig werden.

Folgende Massnahmen wirken sich positiv auf das Wald-Wild-Gleichgewicht aus:
1. die Umstellung auf ökologischen Landbau und die Schaffung von Kleinstrukturen wie Hecken und Ufergehölze,
2. das Vermindern und Lenken der Störungen aller Art, welche die moderne Gesellschaft im Lebensraum des Wildes verursacht – zum Beispiel: Sperrzeiten für Grossanlässe in der Fortpflanzungszeit oder Fusswege auf wenige Waldgebiete beschränken –,
3. die Verbesserung des Äsungsangebots durch die Förderung von naturnahen, abwechslungsreichen und stufig aufgebauten Wäldern, die zurückhaltende Pflege des Jungwuchses, die Erhaltung der Kraut- und Strauchvegetation und schliesslich die Pflanzung von Weichhölzern zum Fegen und Abfressen.

SOZIALE DIMENSION

Multifunktional soll der Wald sein
Die Bedeutung des Waldes für die Stadt Winterthur hat sich im Lauf der Zeit verändert: Solange Holz der universelle Bau- und Brennstoff war, strebte die Forstwirtschaft nach einem möglichst hohen Ertrag. Was primär interessierte, war die Menge an nutzbarem Holz, kaum aber der Wald als naturnaher Lebensraum. Seit einigen Jahrzehnten ist man sich zunehmend der komplexen Aufgaben bewusst, die der Wald für die Stadt und die Agglomeration erfüllt. Zu diesen Waldfunktionen gehören neben der reinen Nutzfunktion auch die Schutzfunktion und die Erholungs- oder Wohlfahrtsfunktion. Ein Wald, wo auch immer er steht, erbringt in der Regel mehrere Funktionen gleichzeitig. Deshalb lassen sich die Waldfunktionen nicht voneinander trennen, auch wenn örtlich unterschiedliche Schwerpunkte bei dieser oder jener Funktion bestehen mögen. Deshalb wird heute ein Grossteil der Winterthurer Wälder – insbesondere die Stadt- und die Staatswälder – nach dem Prinzip der Multifunktionalität bewirtschaftet. Das heisst: Der Bewirtschafter berücksichtigt möglichst viele Waldfunktionen gleichzeitig.

Der Wert der vielfältigen Leistungen, die der Wald für die Gesellschaft erbringt, lässt sich – im Gegensatz zum Holzertrag – kaum vernünftig in Franken und Rappen ausdrücken. Sicher ist jedenfalls, dass der Erholungs- und der Schutzwert der Wälder für die Gesellschaft den reinen Holzertrag bei Weitem übertreffen. Die wirtschaftliche Bedeutung der Winterthurer Wälder hat in den vergangenen Jahrzehnten stark abgenommen. Dafür rücken immer neue Werte und Funktionen des Waldes in den Vordergrund, von denen nicht mehr der Eigentümer profitiert, sondern mehr und mehr die Allgemeinheit. Diese erwartet vom Waldeigentümer, dass er die Leistungen und die Multifunktionalität seines Waldes sicherstellt.

«Für Parkanlagen auf teurem städtischem Boden verlangt kein Mensch eine finanzielle Rendite. Darum sollten auch die Waldungen mehr vom Standpunkt der Nützlichkeit für den Menschen betrachtet werden.» Paul Lang, Stadtforstmeister 1928 – 1959

Der Wald schützt den Menschen
Zu den wichtigen Leistungen des Waldes gehört der wirksame Schutz des Menschen, seiner Häuser, Strassen und Bahnlinien. Der Wald schützt den Menschen vor Naturgefahren wie Lawinen, Steinschlag, Rutschungen und Hochwasser. Die Bannwälder oberhalb der beiden Urner Reusstal-Gemeinden Altdorf und Andermatt sind seit dem 14. Jahrhundert als Schutzwälder bekannt. Hier weiss man seit vielen Generationen, dass der Wald die Menschen und ihre Siedlungen zuverlässiger, wirksamer und kostengünstiger schützt als Lawinenverbauungen. Zwar muss auch der Schutzwald regelmässig gepflegt und instand gehalten werden, aber das kostet fünf bis zehn Mal weniger als technische Verbauungen.

Für einen Schutzwald braucht es drei Voraussetzungen: ein Gefahrenpotenzial, ein Schadenpotenzial und natürlich einen Wald. Was ein Schutzwald ist, hat der Bund definiert: «Ein Schutzwald ist ein Wald, der ein anerkanntes Schadenpotenzial gegen eine bestehende Naturgefahr schützen oder die damit verbundenen Risiken reduzieren kann.»[292] Im Wald halten die Baumwurzeln den Boden zusammen, die Bäume entziehen dem Boden Wasser und die Baumkronen halten Schnee und Regen zurück. In den Leitlinien für die zukünftige Forstpolitik der Schweiz gehört es zu den fünf grössten Herausforderungen, die Leistungen des Schutzwaldes sicherzustellen.

Der Wald schützt also die Menschen. Nicht nur in den Bergen, auch im Kanton Zürich, auch und gerade in Winterthur. Die Schutzwälder im Kanton Zürich werden aufgrund des

Teil 5 — Nachhaltigkeit | Soziale Dimension

▲
Ende 2012 zerstörte ein Hangrutsch am Auenrain oberhalb der Zürcherstrasse und der Autobahn einen Teil des Kronenrainfussweges. Am Hangfuss stehen mehrere Liegenschaften, die aber unversehrt blieben. Der Weg musste später neu gebaut werden.

Schadenpotenzials, das sie schützen, in drei Kategorien eingeteilt:

1. Schutzwälder 1. Priorität schützen Menschenleben, bewohnte Siedlungen und wichtige Verkehrswege.
2. Schutzwälder 2. Priorität hingegen schützen weniger stark befahrene Strassen und weitere Sachwerte.
3. Schutzwälder 3. Priorität schliesslich schützen Landwirtschaftsland und Wege für die Land- und Forstwirtschaft.

Keine andere Gemeinde im Kanton Zürich weist mehr Schutzwald der 1. Priorität auf als Winterthur. Der Schutzwald dieser Kategorie dehnt sich hier auf über 57 ha aus. Der zweitgrösste Schutzwald dieser Kategorie im Kanton Zürich steht in der Tösstaler Gemeinde Fischenthal und ist nicht einmal halb so gross wie derjenige in Winterthur.

Knapp 2,5 Prozent der Winterthurer Waldfläche oder über 65 ha an über 20 Standorten sind hier als Schutzwald der 1. und 2. Priorität ausgeschieden. Damit liegt Winterthur ziemlich genau im kantonalen Durchschnitt. Einen

Schutzwälder in Winterthur nach Priorität

Priorität	Fläche
1. Priorität	57,21 ha
2. Priorität	8,11 ha
3. Priorität	270,11 ha

höheren Anteil dieser Wälder haben im Kanton Zürich vor allem die Gemeinden im Oberland und entlang der Albiskette. Die gesamte Fläche dieser Schutzwälder in Winterthur entspricht derjenigen von rund 90 Fussballfeldern. Der grösste Schutzwald in Winterthur mit einer Fläche von über 23 ha steht am Gamser im Leisental.

Insgesamt sind über 335 ha oder 12,6 Prozent der Winterthurer Waldfläche als Schutzwald der 1., 2. oder 3. Priorität ausgeschieden. Der kantonale Durchschnitt liegt hier bei etwas über 20 Prozent.

Wie wichtig die Schutzwälder für Winterthur sind, beweisen die häufigen Hangrutschungen. Viele davon finden im Leisental

Teil 5 — Nachhaltigkeit | Soziale Dimension

▲
Hangrutsch beim Hirschensprung am Eschenberg-Südhang. Die Schutzfunktion des Waldes hat im Konfliktfall immer den Vorrang. Das kann in Waldreservaten, wo normalerweise keine Bewirtschaftung erfolgt, zu gezielten Eingriffen führen.

Schutzwälder 1. und 2. Priorität in Winterthur

Gebiet	ha
Gamser bis zum Hirschsprung	23,1
Auenrain (östlich von Dättnau)	5,8
Hinterwald gegen Mühlau hinunter (im oberen Leisental)	5,6
Gleit (Osthang Ebnet/Schlosstal)	4,3
Howart bei Kollbrunn	4,1
Bruggenrain (Osthang Ebnet)	3,3
Mittlerer Tössrain (oberhalb Mittlere Au)	3,0
Nübrechten-Chüestelli gegen Sennhof	2,6
Nordhang Brüelberg (Oberfeld)	2,1
Bestlet/Ifang	1,9
Osterwiesen (östlich von Eidberg)	1,4
Westl. von Neuburg zwischen Furt und Aeschau	1,3
Südwestteil des Brüelbergs	1,0
Halten (südlich von Taggenberg)	1,0
Rainacher	1,0
Lochen (Nordhang Berenberg)	0,9
Mülihalden	0,8
Hardholz südlich der Kläranlage	0,7
Schlosstal	0,6

statt. Zu den bekanntesten und eindrücklichsten Bewegungen gehören der grosse Hangrutsch am Gamser im Jahr 1995 und der Hangrutsch in der Bannhalde zwischen Töss und Rossberg, der die obere Bannhaldenstrasse dauerhaft unterbrochen hat.

Ende 2012 rutschten zwei Hänge in unmittelbarer Siedlungsnähe ab: Am Brüelbergsüdhang gegen das Schlosstal hinunter – einem Mergel-Sandstein-Hang – rutschten etwa 60 bis 80 m³ Sandsteinblöcke und Lockergestein ab und blockierten eine Privatstrasse. Bei den Räumungsarbeiten rutschten dann schlagartig nochmals einige Kubikmeter ab, was die Gefährlichkeit solcher Hangrutschungen einerseits und die Notwendigkeit von intaktem Schutzwald andererseits eindrücklich vor Augen führte. Fast zur gleichen Zeit zerstörte ein Hangrutsch im Auenrain oberhalb der Zürcherstrasse und der Autobahn A1 einen Teil des Kronenrainfussweges und etwas südlich davon rutschte eine weitere Hangstelle ab. Bereits früher gab es im zweitgrössten Winterthurer Schutzwald der Priorität 1 zahlreiche Rutschungen.

Auch Schutzwälder brauchen Schutz. Wenn sie gleichförmig aufgebaut und überaltert sind, werden sie anfällig. Dann können ihnen Sturmwinde oder Insekteninvasionen heftig zusetzen. Auch Klimawandel und Wildverbiss sind ständige Herausforderungen für den Schutzwald. Überalterte Bäume können samt Wurzelballen hangabwärts stürzen. Die dadurch entstehenden Löcher können zu Anrissstellen für Steinschlag und Hangrutsche werden.

Am besten entfaltet der Schutzwald seine Wirkung, wenn er strukturreich ist und aus allen Altersklassen von Bäumen besteht. Um die Schutzfunktion des Waldes zu erhalten, muss er also langfristig verjüngt und die überalterten Bäume müssen gefällt werden. Das schafft Platz für den Jungwald.

Sauberes Trinkwasser – Wald sei Dank
Noch bis ins 19. Jahrhundert bezogen die Winterthurerinnen und Winterthurer ihr Trinkwasser vorwiegend aus den über 100 Bergquellen rund um die Stadt, wobei es auch innerhalb der Stadtmauern und um sie herum einige Fassungen des Eulach-Grundwasserstroms gab. Ursprünglich gehörte das Wasser im Boden dem Grundbesitzer. Deshalb förderte die Stadt das Wasser für ihre Brunnen vorerst aus ihren eigenen Gütern, also hauptsächlich aus den Wäldern auf dem Eschenberg und dem Lindberg. Sie leitete es von den Quellen durch hölzerne Tüchel – auch Teuchel – in die Stadt. Solche Tüchel waren der Länge nach durchbohrte Stämme von Tannen, Föhren oder Lärchen. Das Forstamt war für die etwa 5 m langen Stämme verantwortlich und der Brunnenmeister für die Bohrungen. Weil die Quel-

▲

Das Reservoir Eschenberg (oben) und das Grundwasserpumpwerk Oberes Linsental.

einigen kleineren Parzellen in der Umgebung das knapp 36 ha grosse Stadtwaldrevier Hornsäge. Weitere knapp 50 ha Kulturland in den Schutzzonen werden durch einen städtischen Pachtbetrieb biologisch bewirtschaftet.

Heute fördert die zentrale Wasserversorgung Winterthur knapp 11 Milliarden Liter Wasser pro Jahr und an Spitzentagen bis zu 40 Millionen Liter. Rund 97 Prozent davon stammt aus dem Tösstal-Grundwasserstrom: 75 Prozent allein aus den Grundwassergebieten Hornsäge und Hornwiden[294] und 22 Prozent aus den Grundwasserfassungen im Leisental. Der kleine Rest stammt aus Quellen bei Waltenstein.[295] Im Hardholz existiert noch eine Grundwasserfassung, die in Notfällen die Versorgungssicherheit gewährleisten kann.

Alle Trinkwasserfassungen – mit Ausnahme des Grundwasserpumpwerks Hornwiden – liegen in bewaldeten Gebieten, und das geförderte Trinkwasser ist qualitativ so hervorragend, dass es nicht mehr aufbereitet werden muss.

Der Wald wirkt grundsätzlich positiv auf die Qualität des Grundwassers und damit auch unseres Trinkwassers. Ein gesunder Boden unter einem naturnahen Wald ist fein strukturiert und biologisch aktiv, hat viele Stoffe anziehende Teilchen wie Tonmineralien und Humus, ist bis in grössere Tiefen fein durchwurzelt und reinigt deshalb das Schnee- und Regenwasser besser als ein intensiv bewirtschafteter Wiesen- oder Ackerboden.

Anders als in der Landwirtschaft dürfen in der Waldbewirtschaftung keine grundwassergefährdende Stoffe wie Dünger oder Pestizide zum Einsatz kommen. Zudem können gesunde Waldböden in einem begrenzten Ausmass Schadstoffe aufnehmen. Allerdings hängt die Wirkung des Waldes auf das Grundwasser von verschiedenen Faktoren ab wie etwa Gesteinsuntergrund, Bewirtschaftungsart, Baumartenzusammensetzung, Begleitvegetation oder Bestandesalter. Laubwälder zum Beispiel beeinflussen das Sickerwasser positiver als reine Nadelbaumbestände.[296]

len in trockenen Jahren rasch versiegten, die Wasserqualität häufig schlecht war und die Fördermenge für die wachsende Bevölkerung nicht mehr ausreiche, suchte die Stadt nach grösseren Wasservorkommen und fand diese in der Gemeinde Zell im Tösstal: 1869 erwarb sie eine Parzelle am Fusse des Buechrains und 1890 eine weitere im Gebiet Hornsäge.[293]

Diese beiden Gebiete sind – vergrössert und arrondiert – heute noch im Besitz der Stadt. Hier befinden sich die weitaus wichtigsten Grundwasservorkommen für die Wasserversorgung der Stadt Winterthur – darüber hinaus bilden die beiden Gebiete zusammen mit

Teil 5 — Nachhaltigkeit | Soziale Dimension

Damit ein Waldboden seine Reinigungsfunktion erfüllen kann, muss er vor allem genügend mächtig sein. Deshalb müssen Quellen im Wald in ausreichender Tiefe gefasst werden. Andernfalls kann das Quellwasser noch Bakterien, Pilze oder Schadstoffe enthalten, wie das vor einigen Jahren auch in Winterthur der Fall war, als Forstbetrieb und Stadtwerk eine Reihe von Quellwasserbrunnen sanieren mussten.

Wald tut der Gesundheit gut

Das Stadtleben kann an die Gesundheit gehen: Der Alltag mit Lärm und Hektik, umgeben von Klimaanlagen und Kunstlicht, zerrt an den Nerven. Viele Stadtbewohnerinnen und -bewohner fühlen sich gestresst und leiden zumindest zeitweise unter Gesundheitsstörungen wie erhöhtem Blutdruck, Schlafstörungen oder Herzproblemen. Dadurch lässt ihre physische und psychische Widerstandskraft und ihre Leistungsfähigkeit nach.

Wohltuend wirkt da die Stille des Waldes. In sauerstoffreicher Luft können hier die Städter und Städterinnen wieder richtig durchatmen und neue Energie tanken. Kein Wunder also, dass jedes Wochenende tausende von Winterthurerinnen und Winterthurern in die umliegenden Wälder pilgern, um sich dort zu entspannen und zu erholen.

Für die Erholung und die Gesundheit spielt der Wald eine wichtige Rolle. Er reinigt die Luft, bindet Staub und Kohlendioxid und produziert Sauerstoff, der für Mensch und Tier lebensnotwendig ist. Wenn es in der Wohnumgebung einen grösseren Anteil Grünflächen hat, steigt nachweislich die Lebensqualität und die Aktivitäten in der freien Natur nehmen zu. Eine sportliche Betätigung im Wald lässt die Alltagssorgen besser vergessen und die geistige Ausgeglichenheit eher finden als ein Training im Fitnessstudio.[297]

> *«Vorläufig trifft es zwar noch nicht zu, dass der Wald die grosse Nervenheilanstalt der Menschheit darstellt, aber er könnte es noch werden.»*
> Paul Lang, Stadtforstmeister 1928 – 1960

▲
Die körperliche Betätigung im Wald ist erholsamer als ein Training im Fitnessstudio.

Der Wald ist auch eine Freizeitarena

Zwar ist der Anteil des Waldes an der Gesamtfläche der Stadt Winterthur verglichen mit anderen Städten überdurchschnittlich hoch, doch dieser Waldanteil erscheint in einem anderen Licht, wenn man ihn auf die Wohnbevölkerung bezieht. Der Waldanteil pro Kopf liegt nämlich in Winterthur mit rund 2,56 a oder 256 m² nicht nur weit unter dem schweizerischen Durchschnitt von 1574 m² pro Kopf, sondern sogar noch deutlich unter dem kantonalen Mittel von 364 m². Diese Berechnung mag als unnütze Zahlenspielerei erscheinen. Sie bekommt aber in unserer zunehmend freizeitorientierten Gesellschaft eine grosse Bedeutung.

Die Erholungs- und Erlebnismöglichkeiten in der Natur werden in Zukunft noch wichtiger werden, denn mit zunehmender Bevölkerungs- und Siedlungsdichte steigt der Erholungsdruck auf die umliegenden Naturräume. Und damit nimmt natürlich auch die Bedeutung intakter, vielfältiger und naturnaher

« Die Lothar-Flächen im Lindbergwald beeindrucken mich noch immer. In der ersten Zeit nach dem Sturm war es schmerzhaft, dort vorbeizugehen. Und noch heute empfinde ich eine Mischung aus Schrecken und Ehrfurcht vor diesem gewaltigen Orkan, der die Bäume wie Zündhölzer geknickt hat. Doch jetzt wächst da wieder eine ungeheure Vielfalt. Plötzlich wachsen da wieder Pflanzen, die vorher nicht da waren: Blumen, Sträucher, Gehölze. Eindringliche Bilder, die zeigen, warum die Arbeit für mich in der Natur so wichtig ist. Der Wald kann uns viel über den Werde- und Sterbeprozess zeigen und lehren. Einfach indem wir hinschauen. Wir lernen und erleben, dass Wesen werden, sterben und vergehen. Der Wandlungsprozess ist für mich zutiefst natürlich. Dazu gehört auch der Mensch, weil auch er Teil der Natur ist.

Der Wald ist für mich eine starke persönliche Ressource. Ich arbeite schon seit vielen Jahren mit Krebspatienten. Das braucht sehr viel Energie. Eine Zeit lang war ich oft in Spitälern unterwegs. Anschliessend lief ich bewusst eine Stunde durch den Wald nach Hause. Ich fuhr, als wir noch am Brüelberg wohnten, oft mit dem Bus nach Wülflingen und spazierte durch den Brüelbergwald zurück. Zur Regeneration. Das ist für mich ganz wichtig; im Wald kann ich wieder bei mir landen, zu mir kommen, wieder Kraft tanken. Ohne diese Erfahrung hätte ich eine solche Arbeit kaum machen können. In meinen Seminaren habe ich allerdings auch erlebt, dass es Menschen gibt, für die es nicht selbstverständlich ist, irgendwo im Wald alleine zu sein und keine Angst zu haben.

Im Wald erlebe ich meine Klienten anders. Hier kommen sie eher zu sich. Und weil auch der Körper in Bewegung ist, entsteht etwas Ganzheitliches.

Wer gemeinsam den Wald durchquert, kann freier sprechen. Doch das ist nur ein Aspekt meiner Arbeit. Der andere Aspekt ist, dass die Natur oft als Co-Therapeutin wirkt. Pflanzen im Wald können meditativ und heilend wirken; aber auch bestimmte Situationen oder Plätze. Orte, wo sich ein Mensch wohl fühlen kann und die ihm einen gewissen Schutz bieten. Auch schwierige Orte gibt es im Wald: Tote Bäume zum Beispiel lösen bei Menschen oft starke Emotionen aus. Vielleicht erinnern sie diese an Ereignisse in ihrem eigenen Leben oder an eigene Erfahrungen. Der Wald unterstützt uns, die Dinge so anzunehmen, wie sie sind. So wirkt der Wald oft wie eine Therapeutin.

Wir glauben häufig, wir müssten die Dinge so verändern, dass sie für uns stimmen. Die Frage ist doch, wie können wir uns selber verändern und uns selber wieder eher zu einem Teil der Natur machen? Ich wünschte mir, dass die Menschen wieder mehr empfangend, offen, hörend im Wald unterwegs sind. Dass sie wieder mehr hinhören, lauschen und wahrnehmen. Also die Natur, den Wald nicht nur nutzen, sondern dem Wald auch zuhören, gut hinschauen und wahrnehmen. Den Wald in sich hineinlassen, nicht nur benutzen. Und sich auch fragen: Was braucht denn der Wald von uns, dass es ihm gut geht? »

Sabina Poulsen
Psychologin,
im Lindbergwald

«Der Wald wirkt oft wie eine Therapeutin»

Sabina Poulsen
Psychologin

Teil 5 — Nachhaltigkeit | Soziale Dimension

Wälder für die Erholung und die Gesundheit der städtischen Bevölkerung zu. Heute leben in Winterthur auf jedem Quadratkilometer rund 1583 Menschen, im Jahr 1836 waren es noch 178. Betrachtet man nur das Siedlungsgebiet der Stadt, so leben heute auf jedem Quadratkilometer 4713 Menschen.

Nimmt man nun an, dass in Zukunft die Zersiedelung der Landschaft weitergehen wird, die Verkehrsströme zunehmen, die Landwirtschaft intensiver und die Siedlungsgebiete dichter werden und dabei die naturnahen Grünräume aus der Stadt verdrängen, lässt sich bereits heute das unermessliche Erholungsbedürfnis der kommenden Generationen erahnen. Ganz selbstverständlich wird dann der bedingungslose Schutz intakter Naturräume in Stadtnähe.

Erholsam und entspannend

Je dichter die Menschen beieinander leben, desto wichtiger werden die umliegenden Wälder als Naherholungsräume. Die Winterthurer Wälder sind dafür besonders geeignet: Von allen Quartieren aus erreicht man zu Fuss innert weniger Minuten eines der stadtnahen Waldgebiete. Von der steigenden Beliebtheit des Waldes als Ort der Entspannung und der Erholung zeugen auch die besonders seit Anfang dieses Jahrhunderts stetig gestiegenen Ausgaben für Erholungseinrichtungen.

Schon in den 1930er-Jahren hat die Stadtverwaltung von Winterthur zwei Reitwege im Eschenberg und im Lindberg angelegt. Ausserdem hat sie vor allem in den stark frequentierten Erholungswäldern auf dem Eschenberg, dem Lindberg und dem Brüelberg attraktive Fusswege erstellt.

Heute laden an den zahlreichen Aussichtspunkten und Aussichtslagen unzählige Sitzbänke und Feuerstellen zum Verweilen ein. Weitere wichtige und vielbesuchte Erholungseinrichtungen sind etwa die Kinderspielplätze bei den Walcheweihern und beim Bruderhaus, natürlich der Wildpark Bruderhaus, der Waldlehrpfad, der Findlingslehrpfad, die Vita-Parcours im Eschenberg- und im Hegibergwald und schliesslich der Fitnessparcours auf dem Lindberg. Besondere Attraktion für Ausflüglerinnen und Ausflügler sind die Aussichtstürme auf dem Eschenberg auf 591 m ü. M. und auf dem Brüelberg auf 546 m ü. M.

Die Infrastruktur im Wald ist gefragt

Wissenschaftliche Befragungen zeigen, dass eine gut erhaltene und gepflegte Naherholungsinfrastruktur für Waldbesucherinnen und -besucher sehr wichtig ist. Solche häufig gut frequentierte Anlagen stehen in Winterthur vornehmlich im öffentlichen Wald, kaum im Privatwald.

Der regelmässige Unterhalt der Waldwege, Sitzbänke, Feuerstellen und Brunnen gehört zu den Aufgaben des städtischen Forstbetriebs.

Teil 5 — Nachhaltigkeit | Soziale Dimension

◀ Sitzbänkchen am Eschenberg: Im Winterthurer Wald laden zahlreiche Erholungseinrichtungen zum Verweilen ein.

Gut besuchter Wildpark Bruderhaus

Zu den wichtigsten Naherholungsgebieten und meistbesuchten Ausflugszielen Winterthurs gehört der Wildpark Bruderhaus, eine der ältesten Wildparkanlagen der Schweiz. Sie befindet sich auf einer rund 6 ha grossen Waldlichtung mitten im Eschenbergwald und steht den Besucherinnen und Besuchern das ganze Jahr über offen. Hier leben rund 80 Tiere; vertreten sind neun Tierarten: Luchs, Wolf, Wildschwein, Wisent, Przewalskipferd, Mufflon, Rothirsch, Vietnamsikahirsch und Damhirsch. Der Wildpark existiert seit 1890, als ein privates Initiativkomitee beim Wirtshaus ein Gehege für Hirsch und Reh einrichtete. Ein Jahr später konstituierte sich ein Wildparkverein, der sich um die Führung des Wildparks kümmerte. Nach dem Zweiten Weltkrieg übernahm das städtische Forstamt zunächst den baulichen Unterhalt des Parks und 1952 dann auch den Betrieb, das heisst die Betreuung der Tiere; der Wildparkverein löste sich auf. Ende der 1960er-Jahre wurde der Wildpark umfassend renoviert und ein Waldlehrpfad eingerichtet. Seither wird er laufend erweitert. 2002 wurde der neue Wildparkverein Bruderhaus gegründet. Er hat zum Zweck, den Wildpark bei der artgerechten und für das Publikum attraktiven Wildtierhaltung zu unterstützen und die Entwicklung des Parks als Naturbildungsstätte und Ort der Begegnung zu fördern. Ausserdem betreibt er Öffentlichkeitsarbeit und vertritt die Wünsche, Anliegen und Interessen der Besucherinnen und Besucher gegenüber der Wildparkleitung.

Im Jahr 2005 wurde der Wildpark Bruderhaus neu positioniert. Natur und Tierwelt sollten von nun an als Teil der Kulturlandschaft erlebbar und begreifbar gemacht und dabei Informationen über Tierbedürfnisse in der freien Wildbahn und in menschlicher Obhut vermittelt werden. Damit unterscheidet sich der Wildpark Bruderhaus deutlich von anderen Zoos und Wildparks in der Nordostschweiz.

Als Ergänzung zum Tierpark entstand 1988 an der Wildparkstrasse ein Findlingslehrpfad, den die Naturwissenschaftliche Gesellschaft Winterthur (NGW) anlässlich ihres 100-jährigen Bestehens stiftete. Findlinge sind grosse

Im Damhirschgehege des Wildparks Bruderhaus leben seit 1990 auch Mufflons.
▼

«Beim Orientierungslauf ist jedes Wettkampfgelände einzigartig. Das macht für mich die Faszination dieses Sports aus. In der Leichtathletik zum Beispiel ist die 400-m-Bahn immer rund und rot – egal, wo man auf der Welt läuft. Bei uns OL-Läuferinnen und -Läufern hingegen ist es ein grosser Unterschied, ob wir in den Wäldern Skandinaviens unterwegs sind oder in Portugal oder in der Schweiz. Und auch die Anforderungen an uns sind sehr unterschiedlich: Wir wissen vor dem Start nie genau, wie der Wald und das Gelände aussehen. Die Karte bekommen wir erst am Start. Darum müssen wir immer sehr flexibel sein und spontan entscheiden, wo der schnellste Weg durchführen könnte, wo ich am besten durchkomme.

Im Schweizer Mittelland sehen viele Wälder ähnlich aus. Sie sind stark vom Menschen geprägt und mit vielen Waldstrassen und Wegen durchzogen. Im Ausland ist das oft nicht so. In Neuseeland zum Beispiel gibt es zahlreiche Urwälder. Oder auch in Skandinavien gibt es grosse Waldgebiete ohne Wege. Dann muss man sich eben anders orientieren. Ich schätze diese Abwechslung von Wald zu Wald. Und ich liebe das tägliche Training in der freien Natur. Ich schaue mich immer auch gerne um und beobachte die Natur. An Wettkämpfen habe ich dafür natürlich keine Zeit, aber zum Beispiel in einem lockeren Training in Sumpfgebieten in Skandinavien.

Hier im Eschenbergwald trainiere ich oft auf Wegen. Zusätzlich haben wir Kadermitglieder spezifische Kartentrainings. Vom Leistungszentrum Zürich aus absolvieren wir wöchentlich ein OL-Training quer durch den Wald, mit Karten und Posten. Und dann gehen wir auch ins Trainingslager, im Februar zum Beispiel in den Süden, nach Portugal oder Spanien. Dort trainieren wir eine Woche lang nur OL.

Ich suche derzeit auch im Eschenberg Runden heraus, um quer durch den Wald laufen zu können. Das ist eben schon nützlich, weil dies ja auch die Anforderung im OL ist. Zudem ist ein solches Training gut für die Muskulatur, für die Kraft auf tiefem Boden. Trotzdem: Am häufigsten trainiere ich wie Langstreckenläufer. Vielleicht noch etwas coupierter und auf kleineren Strässchen.

Leider hat es im Eschenbergwald auch sehr viele Brombeeren. Die mögen wir im OL nicht so. Aber sie sind halt bei uns im Mittelland einfach sehr verbreitet. So gesehen gibt es schönere OL-Wälder. Für Lauftrainings auf Wegen und Pfaden ist es im Eschenberg trotzdem sehr schön. Kleine Trampelpfade und Wegspuren sollte man hier etwas mehr zulassen, anstatt sie mit Ästen zu überdecken, damit da niemand durchgeht. Klar, es gibt hier schon zahlreiche Wege im Wald, auch grosse Waldstrassen. Aber es macht halt einfach mehr Spass, Trainingsstrecken mit kleinen Trampelpfaden zu haben. Noch lieber würde ich richtige OL-Trainings oder Quer-Trainings machen, das heisst wirklich ganz neben den Wegen. Dafür wünschte ich mir allerdings weniger Brombeeren. Aber da kann man wohl nicht viel dagegen machen.»

Sara Lüscher
Orientierungsläuferin
mit Weltmeisterschaftsmedaille und Biologin
ETH, im Eschenbergwald

«Gegen Brombeeren kann man wohl nicht viel machen»

Sara Lüscher
OL-Läuferin

Der Findlingslehrpfad beim Bruderhaus wurde von der Naturwissenschaftlichen Gesellschaft Winterthur gestiftet.

Steinblöcke, welche die Gletscher vor rund 10 000 Jahren aus den Alpen hierher brachten. 1998 errichtete die Junge Wirtschaftskammer Winterthur etwas südlich vom Wildpark Bruderhaus einen Windelwanderweg. Dieser Erlebnisweg bietet altersgerechte Spielmöglichkeiten für Kleinkinder wie Steingarten, Kinderdorf und Labyrinth. Und 2004 bauten der Vogelschutzverein Winterthur-Seen und der Forstbetrieb gemeinsam einen Vogellehrpfad. Dieser gibt einen Einblick in die Welt der Vögel und zeigt anhand von 18 Vogelarten auf, welch bedeutende Rolle der Wald in ihrem Leben spielt und welche Konsequenzen dies für die Bewirtschaftung und Pflege hat.

In der Waldschule die Natur erkunden

Für Kinder und Jugendliche, die in der Stadt aufwachsen, ist der Wald als Erholungs- und Erlebnisraum besonders wichtig. Dies haben Anfang der 90er-Jahre auch junge Winterthurer Naturwissenschafterinnen und Naturwissenschafter erkannt. Sie gründeten einen Verein, den sie Waldschule Winterthur nannten und dessen Ziel es ist, Kindern, Jugendlichen und Erwachsenen die Natur, vor allem aber den Wald auf spielerische und erlebnisreiche Weise näherzubringen. Dass diese Art von Naturkunde und -erkundung heute ein echtes Bedürfnis ist, beweisen die Teilnehmerzahlen: Jahr für Jahr besuchen mehrere hundert Kinder und Erwachsene die von der Waldschule Winterthur professionell durchgeführten Veranstaltungen wie Waldexkursionen, Vorträge und kulturelle Anlässe rund ums Thema Wald.

Erster öffentlicher Waldkindergarten

Als erste Stadt im Kanton Zürich hat Winterthur im Februar 2013 einen öffentlichen Naturkindergarten in Betrieb genommen. An vier Vormittagen pro Woche unterrichten zwei Kindergärtnerinnen im Teilpensum und eine Klassenassistentin – alle drei sind ausgebildete Naturpädagoginnen – sowie eine Sprachlehrerin 20 bis 25 Kinder der Schule Brüelberg in der freien Natur – an Bächen und Weihern, auf Wiesen und vor allem im Wald. Die häufige Bewegung an der frischen Luft fördert die Gesundheit der Kinder, stärkt ihre Abwehrkraft und unterstützt die Motorik und ermöglicht eine ganzheitliche kindliche Entwicklung.

Die Kindergärtnerinnen richten das Programm und die thematischen Schwerpunkte nach den Jahreszeiten aus: Im Winter mehr Bewegung und Grobmotorik, im Sommer mehr Feinmotorik. Auf spielerische Weise setzen sich die Kinder hier mit der Natur auseinander und beginnen, sich für Pflanzen und Tiere zu interessieren. Weil die Natur eine Fülle an Sinnesreizen bietet, werden die Kinder hier vielseitig angeregt und gefördert – sie beobachten

Vorgänge in der Natur bewusster und nehmen viele Sinneseindrücke mit nach Hause. So stärken die Kinder ihre persönliche Beziehung zur Natur; ihr Handeln wird umweltbewusster und nachhaltiger.

Berufliche Pespektiven im Wald
Die wirtschaftliche Leistung der Forstwirtschaft und ihr Beitrag zur Wertschöpfung des Landes mögen im Vergleich zu Handel, Finanzdienstleistungen oder Immobilienwesen marginal erscheinen. Nicht in dieser Rechnung tauchen allerdings die unermesslichen indirekten Leistungen auf, welche die Forstwirtschaft mit der Waldpflege für die Allgemeinheit erbringt. Sie sind kaum bezifferbar – im Gegensatz zum Erlös aus dem Holzverkauf und den Kosten für Maschinen und Personal.

In Winterthur ist die Forst- und Landwirtschaft im Verhältnis zur gesamten lokalen Wirtschaft stärker vertreten als in anderen grossen Städten der Schweiz. In dieser Branche arbeiteten hier 2011 über 250 Personen mit 175 Vollzeitstellen.[298] Bei der letzten Betriebszählung 2008 gab es in Winterthur in der Forstwirtschaft drei Arbeitsstätten, wobei hier die unterschiedlichsten Berufe vertreten sind. Die Anforderungen an die Arbeitssicherheit im Wald sind sehr hoch und bedingen eine gründliche Ausbildung.

- Der Forstwart oder die Forstwartin fällt Bäume und pflegt den Jungwald. Voraussetzung ist eine dreijährige Berufslehre mit eidgenössischem Fähigkeitszeugnis.
- Der Forstwart-Vorarbeiter oder die -Vorarbeiterin bildet Forstwart-Lehrlinge aus und ist verantwortlich für die Sicherheit der Waldarbeiter. Voraussetzung ist eine Forstwart-Lehre und eine berufsbegleitende Weiterbildung im Bildungszentrum Wald in Lyss BE.
- Der Forstmaschinenführer oder die -führerin arbeitet mit schweren Maschinen wie Forstschleppern, Forwardern oder Vollerntern. Voraussetzung sind eine Forstwart-Lehre und eine berufsbegleitende Weiterbildung in Solothurn.
- Der Förster oder die Försterin leitet einen Forstbetrieb oder ein Forstrevier. Seine Hauptaufgaben sind die strategische und die organisatorische Planung. Voraussetzung ist eine Forstwartlehre und eine fast zweijährige Weiterbildung im Bildungszentrum Wald in Lyss BE.
- Der Forstingenieur oder die Forstingenieurin leitet einen Forstkreis oder eine technische Forstverwaltung – in Winterthur ist es

Kindergärtnerin und Naturpädagogin Martina Gerber und die Kinder setzen sich mit der Vogelfauna auseinander. ▼

Naturpädagogin und Klassenassistentin Rahel Neuweiler bringt den Kindern die Natur spielerisch näher. ▼

« Wenn die Kinder nach den Ferien zurück in den Naturkindergarten kommen, hält der Wald jedes Mal eine Überraschung für sie bereit. Im Herbst zum Beispiel breitet sich ein riesiger Laubteppich aus. Davon sind auch wir Lehrpersonen so begeistert, dass wir auf unser vorbereitetes Programm verzichten, um der Natur den Raum zu geben. Das ist sicher auch im Interesse der Kinder. Wenn wir an einem Fuchsbau vorbeikommen und davor abgefressene Federn liegen, versuchen wir gemeinsam herauszufinden, wie der Fuchs diese Federn abgerupft hat. Und woran man erkennt, dass der Fuchs dies getan hat. Dann fragen wir uns, wo der Fuchs wohnt und wie die Fuchsfamilie in der Höhle lebt. Wenn wir so im Wald stehen und die Kinder begreifen, dass hier Füchse leben, dass sie vielleicht gerade jetzt da unten schlafen und dass es an kalten Tagen aus der Höhle dampft, werden sie eine ganz andere Beziehung zu diesem Tier aufbauen. Solche Momente und Erfahrungen im Wald sind unersetzlich.

Viele Kinder bleiben heute viel zu häufig im Haus. In meiner Kindheit spielten wir oft im Freien, in der Natur. Darum habe ich wohl auch das Bedürfnis, den Kindern die Natur näherzubringen. Ihnen hier Erfahrungen zu ermöglichen, damit sie eine Beziehung aufbauen können – zu den Tieren und den Pflanzen. Diese Beziehung zur Natur ist ein wichtiger Teil meiner Arbeit. Natürlich steckt dahinter auch der Nachhaltigkeitsgedanke: Ich wünsche mir, dass die heutigen Kinder auch die Möglichkeit bekommen, die Natur zu schätzen und somit zu schützen.

Auf der anderen Seite ist der Wald auch ein idealer Lernort für die kindliche Entwicklung. Die Kinder bewegen sich viel im unebenen Gelände; ihre Grobmotorik wird dadurch gefordert. Auch ihre Feinmotorik: zum Beispiel beim Sägen und Schnitzen und der Tastsinn im Umgang mit verschiedensten Waldgegenständen. Im Wald hat es keine Puppenecken oder Eisenbahnen; hier arbeiten die Kinder mit unstrukturiertem Material, das sie zur Kreativität einlädt und ihre Phantasie weckt, um irgendwelche praktischen Probleme zu lösen. Dafür müssen sie sich auch absprechen. Sie müssen gemeinsam definieren, wo der Eingang ihrer Hütte ist. Und was nun dieser Ast oder jener Tannzapfen zu bedeuten hat. Sie müssen sich austauschen, kommunizieren, verhandeln und diskutieren. Und so finden sie auch sprachlich zueinander. Der Wortschatz wird sozusagen aktiv vor Ort erlebt. Die positive Wirkung zeigt sich ganz deutlich bei den zweisprachigen Kindern.

Es gibt Tage, an denen es entweder wie aus Kübeln regnet oder es extrem kalt ist. Und wenn man dann noch ein eingefrorenes Seil aufknöpfen muss, frieren einem fast die Finger ab. In solchen Momenten habe ich mich schon gefragt, warum ich mir das eigentlich antue. Aber die positiven Erlebnisse überwiegen bei Weitem. Ich finde es unglaublich schön, wie sich Kinder auf die Natur einlassen können. Wie natürlich sie an die Natur herangehen und wie viel Freude sie dabei haben. Und vor allem auch, wie viel Empathie die Kinder für die Tiere und die Pflanzen zeigen. »

Martina Gerber
Naturkindergärtnerin
an der Brüelberg-
schule, im Brüelbergwald

«Der Wald ist ein idealer Lernort für Kinder»

Martina Gerber
Naturkindergärtnerin

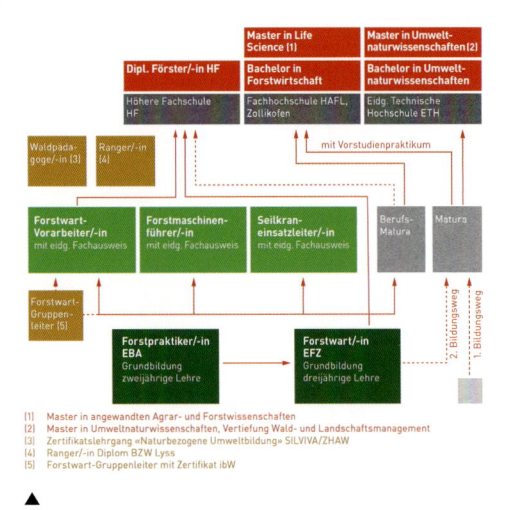

Ausbildungsmöglichkeiten, Berufe und Perspektiven in der Waldwirtschaft. (Quelle: Codoc)

[1] Master in angewandten Agrar- und Forstwissenschaften
[2] Master in Umweltnaturwissenschaften, Vertiefung Wald- und Landschaftsmanagement
[3] Zertifikatslehrgang «Naturbezogene Umweltbildung» SILVIVA/ZHAW
[4] Ranger/-in Diplom BZW Lyss
[5] Forstwart-Gruppenleiter mit Zertifikat ibW

der städtische Forstbetrieb. Voraussetzungen sind ein Bachelor-Abschluss in Forstwirtschaft an der Fachhochschule in Zollikofen BE, ein Bachelor- oder ein Master-Abschluss in Umweltnaturwissenschaften ETH.

Die Waldwirtschaft zählt zu den gefährlichsten Branchen in der Schweiz. Jahr für Jahr verunfallen im Schweizer Wald über 1000 Personen, durchschnittlich vier davon tödlich.[299] Auch in Winterthur kommt es immer wieder zu Unfällen im Wald – die meisten davon verlaufen glimpflich. Die wichtigsten Ursachen für Arbeitsunfälle sind Zeckenbisse mit anschliessender Infektion durch Borreliose-Bakterien, Arbeiten mit Handwerkzeug, falsch eingeschätzte Spannungen, Augenverletzungen durch Splitter und Späne sowie Stolpern, Rutschen oder Stürzen.

Unfälle durch Fehleinschätzungen von Bäumen oder Umgebungen sowie Unfälle mit Motorsägen und beim Holzrücken sind in Winterthur dagegen – dank gut ausgebildetem Forstpersonal – eher selten.[300] Weil der städtische Forstbetrieb die Arbeitssicherheit in den vergangenen 20 Jahren deutlich verbessern konnte, sind seine Prämien in der Unfallversicherung in dieser Zeit um etwa 50 000 Franken pro Jahr gesunken.[301] Zu den wichtigsten Grundregeln gehört, dass Arbeiten mit besonderen Gefahren, zum Beispiel Fällarbeiten, nie allein ausgeführt werden.

Wirksame Medizin aus der Natur

Die Pflanzenheilkunde gehört zu den ältesten medizinischen Therapien und ist auf allen Kontinenten und in allen Kulturen zu finden. Hinweise auf den Gebrauch von Heilpflanzen durch Funde gehen bis in die Altsteinzeit zurück. Schriftliche Zeugnisse aus Mesopotamien und Ägypten überliefern zahlreiche Heilpflanzenrezepturen. Bis zum Aufkommen synthetischer Arzneimittel im 19. Jahrhundert war die Pflanzenwelt die wichtigste Arzneiquelle. Bis zum 18. Jahrhundert wurden nur ganze Pflanzen, Pflanzenteile oder Extrakte von Pflanzenteilen verwendet. Erst im 18. Jahrhundert gelang die Isolation einzelner Bestandteile aus Pflanzen, etwa Chinin aus Chinarinde, Salicylsäure aus Weidenrinde und Anfang des 19. Jahrhunderts Morphin aus Opium. In diese Zeit fällt auch die Gründung der modernen Chemie- und Pharmabranche. Trotz des industriellen Fortschritts und der Einführung zahlreicher synthetischer Wirkstoffe, besitzt die Pflanzenheilkunde auch in der modernen Medizin einen hohen Stellenwert. Beispiele einheimischer Medizinalpflanzen sind der Rote Fingerhut und das Echte Johanniskraut.

Der *Rote Fingerhut* ist in Waldschlägen und lichten Wäldern sowie an Waldwegen auf etwas feuchten, kalkarmen und humusreichen Böden zu Hause. In Winterthur trifft man ihn zum Beispiel in Waldschlägen am Eschenberg an. Er kann hier bis zu 1,5 m hoch werden. Die Blüten hängen in meist einseitswendiger Traube abwärts und bestehen aus fünfzipfeligen grünen Kelchen mit glockenförmigen, meist purpurrot gefärbten Kronen, deren Form an einen Fingerhut erinnert.

Im 18. Jahrhundert gab es in England eine alte Dame, die Wassersucht mit einer Pflanzenmixtur heilen konnte. 1785 identifizierte der Mediziner und Botaniker William Withering die Blätter des Roten Fingerhuts als wirksame Substanz. Wassersucht – heute spricht man von Ödemen – sind Wassereinlagerungen im Gewebe, die unter anderem als Symptom bei Herzinsuffizienz auftreten. Der Wirkungsmechanismus blieb vorderhand unbekannt, aber ermuntert durch den Erfolg bei der Behandlung von Ödemen wendete man Digitalispräparate bis ins 19. Jahrhundert gegen zahlreiche Krankheiten wie Epilepsie oder Tuberkulose an – meist erfolglos.

Erst im 20. Jahrhundert erkannte man, dass bestimmte Inhaltsstoffe, die so genannten Digitalisglykoside, die Kraft des Herzmuskels steigern und die Herzfrequenz bei Vorhofflimmern verringern. Dadurch normalisiert sich die Herzfunktion und die angestaute Flüssigkeit gelangt aus dem Gewebe zurück in den Blutkreislauf – die Ödeme verschwinden. 1970 waren Digitalispräparate in Amerika das am vierthäufigsten verordnete Medikament. Sie haben allerdings einen grossen Nachteil: ihre hohe Toxizität. Schon bei geringer Überdosierung führen Digitalispräparate zu lebensbedrohlicher Verlangsamung des Herzschlags, Herzrhythmusstörungen, Übelkeit, Erbrechen, Durchfall und sogar Verwirrtheit. Daher wurden sie grösstenteils durch sicherere Medikamente ersetzt und werden heute nur noch selten eingesetzt.

Das *Echte Johanniskraut* ist eine Pionierpflanze und wächst auf Trockenwiesen, in Gebüschen, an Waldrändern und auf Waldlichtungen. Es ist bei uns recht häufig und kommt in Winterthur fast in allen Waldgebieten vor. Es wird bis zu 70 cm hoch. Die Blätter sind im Gegenlicht hell punktiert – scheinbar durchlöchert. Bei diesen Punkten handelt es sich aber um Sekretgefässe, die mit ätherischem Öl gefüllt sind. Die gelben, fünfzähligen Blüten enthalten zahlreiche Staubblätter und färben sich beim Zerreiben zwischen den Fingern blutrot. Dies liegt am roten Farbstoff Hypericin, der in Kelch- und Blütenblättern vorhanden ist und auch dem Johanniskrautöl seine charakteristische rote Farbe verleiht.

Die rote Farbe ist auch Ausgangspunkt zahlreicher Legenden über das Johanniskraut. Die Germanen sahen darin das Blut Baldurs, die Christen das des heiligen Johannes. Wegen der Assoziation mit Blut galt Johanniskraut seit der Antike als Wundheilmittel. Im Mittelalter wurde erstmals der Einsatz bei depressiven Verstimmungen beschrieben; Theophrastus

Ein Forstwart braucht neben einer guten körperlichen Verfassung und Wetterfestigkeit auch technisches Verständnis.
▼

▲
Auf dieser Schlagfläche am Eschenberg kommt der Rote Fingerhut in verschiedenen Farbvarianten vor.

Bombastus von Hohenheim, genannt Paracelsus, sah im «Sanct Johannskraut» ein Mittel gegen die «*tollen fantaseien, die den menschen in verzweiflung bringen.*» Gemäss dem mittelalterlichen Weltbild wurde Johanniskraut damals aber eher als dämonenvertreibendes Mittel denn als Antidepressivum im modernen Sinne gesehen.

Fertigarzneimittel auf der Basis von Johanniskrautextrakten gehören zu den bestuntersuchten pflanzlichen Arzneimitteln. Sie weisen bei leichten bis mittelschweren Depressionen eine Wirksamkeit auf, die mit synthetischen Antidepressiva vergleichbar ist. Im Hinblick auf mögliche Nebenwirkungen sind Johanniskrautextrakte sogar besser verträglich.

Vorsicht ist jedoch bei der gleichzeitigen Einnahme weiterer Medikamente geboten; Johanniskrautextrakte führen zur Stimulation gewisser Stoffwechselwege, über die andere Wirkstoffe abgebaut werden. Bei der gleichzeitigen Einnahme mit gewissen Immunsuppressiva, Virustatika oder Antikoagulantien kann es zu stark verminderten Wirkstoffkonzentrationen kommen. Auch von der Kombination mit synthetischen Antidepressiva ist abzuraten.

Im Gegensatz zur antidepressiven Wirkung von Johanniskrautextrakten, deren Mechanismus bis heute unklar ist, kann die desinfizierende Wirkung von Johanniskrautöl gut erklärt werden. Der Bestandteil Hyperforin wirkt antibakteriell, der Bestandteil Hypericin antiviral. Das Öl wird direkt auf wunde, gereizte oder unreine Haut aufgetragen oder in Sport- und Rheumasalben verwendet.

Die Schönheit des Waldes weckt Gefühle
Der Nutzen des Waldes für Mensch und Natur ist unbestritten. In der Diskussion über die vielfältigen Leistungen des Waldes stehen vor allem ökologische und ökonomische Aspekte im Vordergrund. Auch die Schutz- und Erholungsfunktion sowie die Bedeutung für die Trinkwasserqualität werden von vielen Menschen spontan mit Wald assoziiert. Ganz im Sinne einer nutzenorientierten Sicht- und Denkweise. Häufig vergessen geht jedoch ein Aspekt, der bei gezieltem Nachfragen meistens einen fast so hohen Stellenwert erhält wie Ökologie und Ökonomie: die Ästhetik des Waldes, die Schönheit der Natur.[302] Sie weckt

Das Echte Johanniskraut kommt in Winterthur in fast allen Waldgebieten vor. Seine antidepressive Wirkung ist seit dem Mittelalter bekannt. ▶

bei vielen Menschen Gefühle und erfreut ihre Seele. Doch was genau ist ein schöner Wald? Letztlich kann diese Frage jeder nur für sich selber beantworten, denn jeder Mensch hat einen eigenen Zugang zum Wald und erlebt ihn auf eine eigene, persönliche Weise. Dennoch gibt es gemäss empirischer Untersuchungen auch Gemeinsamkeiten: Ein schöner Wald ist ursprünglich, vielfältig und in sich stimmig. In einem schönen Wald findet man sich gut zurecht und er erscheint uns vertraut; am Rand stehen grosse Bäume und Sträucher. Schliesslich besteht ein schöner Wald aus Nadel- und Laubbäumen, vielen Lichtungen mit Quellen, Bächen, Teichen und Tümpeln.[303]

Die ästhetischen Aspekte des Waldes werden heute vor allem in den öffentlichen Wäldern implizit in die forstliche Planung integriert: bei der Verjüngungstechnik, beim Verjüngungsfortschritt und bei der Baumartenwahl. Der städtische Forstbetrieb zum Beispiel hält in Erholungswäldern die Verjüngungsflächen klein, schafft abwechslungsreiche Strukturen, lässt Monumentbäume stehen und bewahrt einen minimalen Nadelbaumanteil in der Verjüngung, damit der Wald im Winter nicht kahl wirkt. Dasselbe macht er bei der konkreten Umsetzung im Rahmen der Anzeichnung und der Holzerei. An geeigneten Stellen auf Hügellagen fördert er besondere Aussichtspunkte und an Waldeingängen lässt er markante Bäume stehen.

«Je mehr der Einzelne seine Sinne schärft, je mehr sich seine Beobachtungsgabe und Beachtungskraft entwickelt, desto sicherer hat er sich die Grundlage zur sichern Erkenntnis des Schönen geschaffen.»[304]
Theodor Felber, Stadtforstmeister 1888 – 1894

Waldgebiet Sädelrain

TEIL 6

GEFAHREN

Jahrhundertstürme fegen durch den Wald

Immer wieder fegten heftige Stürme durch die Winterthurer Wälder. In den Jahren 1919, 1929, 1967, 1975, 1990 und 1999 zum Beispiel verwüsteten schwere Föhnstürme, Orkane oder Blizzards grosse Teile der Winterthurer Stadtwälder. Die kräftigsten Winde in unserer Region treten jeweils im Winterhalbjahr auf. Welche Schäden sie im Wald anrichten, hängt von der Windstärke ab, aber auch von der Topografie, der Bodenqualität, der Bodenfeuchtigkeit und vor allem vom Zustand und der Zusammensetzung der lokalen Baumbestände.

Wie sehr das Schadenausmass eine Folge der Baumartenwahl sein kann, zeigten die Stürme vom 23. Februar und 12./13. März 1967. Sie verursachten Schäden, wie sie bis dahin noch unbekannt waren: Alleine im Winterthurer Stadtwald fielen etwa 32 000 m³ Fallholz an – rund doppel soviel wie die damalige Jahresnutzung. Die Stürme mit Windgeschwindigkeiten von landesweit vermutlich über 180 km/h hinterliessen auf rund 30 ha Kahlflächen, vor allem in den Revieren Eschenberg, Lindberg-Hegi-Mörsburg und Wolfesberg. Und auf dem Chomberg fielen auf rund 3,5 ha rund 2000 m³ Holz an. 74 Prozent aller umgeworfenen oder umgeknickten Bäume im Stadtwald waren Fichten, obwohl diese Baumart damals nur 41 Prozent ausmachte.[305] Statistisch war die Sturmanfälligkeit von Fichten etwa sieben Mal so hoch wie zum Beispiel der Buche. Die Fichte hat ein flaches Wurzelwerk und damit weniger Halt im Boden und wird häufig geschwächt durch holzzerstörende Pilze. Die Buchen andererseits hatten zu jener Jahreszeit kein Laub, boten dem Wind also kaum Angriffsflächen. Die Stadtförster zogen daraus ihre Lehre und reduzierten bei ihren Neupflanzungen den Anteil der Nadelbäume.[306]

Eindrücklich war auch der Orkan vom 27./28. Februar 1990: Damals wütete über weiten Teilen Europas der Jahrhundertsturm Vivian. Auch die Winterthurer Stadtwälder wurden von ihm nicht verschont: Innert zwei Tagen fegte der Orkan über 8000 m³ Holz zu Boden

▲
Windfall vom 12./13. Dezember 1929: Grössere Schäden in den Monokulturen auf dem Etzberg.

– immerhin rund 40 Prozent der damaligen Jahresnutzung. Vivian erreichte Spitzenböen in den Alpen von über 260 km/h, in Kloten über 106 km/h und in Tänikon über 118 km/h.[307]

Die schwersten Schäden im Winterthurer Wald seit Menschengedenken richtete aber der Orkan Lothar an, der am 26. Dezember 1999 in Frankreich, Süddeutschland und der Schweiz tobte. Auf dem Säntis erreichte er Spitzenge-

Am Stefanstag 1999 wütete der Sturm Lothar und richtete im Winterthurer Wald die schwersten Schäden seit Menschengedenken an. Allein im Stadtwald fielen innert kurzer Zeit über 40 000 m³ Sturmholz an. Tausende von Bäumen, meist Rottannen, knickten wie Streichhölzer. Die Bilder auf der gegenüberliegenden Seite dokumentieren die Aufräumarbeiten im Wald der Holzkorporation Oberwinterthur auf dem Lindberg einige Tage nach dem Jahrhundertsturm. ▶

295

Waldschäden durch Schneedruck 1919 auf dem Lindberg.

Fichtenkulturen werfen lange Schatten

Stürme ganz anderer Art waren die Borkenkäferinvasionen, die gelegentlich die Winterthurer Wälder heimsuchten. Die Nachwehen der einseitigen Rottannenwirtschaft vergangener Zeiten wirkten noch bis in dieses Jahrhundert nach: In den Nachkriegsjahren befiel der gefürchtete grosse Fichtenborkenkäfer die Stadtwälder: Während ihm anderswo in Europa regelmässig Tausende von Hektaren Wald zum Opfer fielen, waren hier die Invasionen von 1946 bis 1949 die ersten nach mehr als einem Jahrhundert.

Der 4 bis 5,5 mm lange, dunkle Borkenkäfer ist ein Sekundärschädling. Das heisst: Er befällt liegende oder stehende Rottannen, die bereits krank oder am Absterben sind. Je mehr geschwächte Bäume vorhanden sind, desto rascher breitet sich der Borkenkäfer aus. Bei Masseninvasionen befällt er auch gesunde Bäume. 1947 untersuchte der damalige Stadtforstadjunkt Kurt Madliger eine befallene 120-jährige Rottanne im Lindbergwald. Resultat: Auf diesem Baum lebten bereits so viele Borkenkäfer,

schwindigkeiten von rund 240 km/h, in Zürich und Schaffhausen rund 160 km/h, in Kloten 130 km/h und in Tänikon 114 km/h.[308] Die Waldschäden fielen lokal sehr unterschiedlich aus: Während der Staatswald auf Winterthurer Boden mit einer Sturmholzmenge von einem Drittel der Jahresnutzung glimpflich davon kam, erwischte es den Stadtwald voll. Hier hinterliess Lothar auf einer Totalschadenfläche von 66 ha etwa 43 500 Tfm Sturmholz. Das entspricht etwa 15 000 Bäumen – die doppelte Jahresnutzung. Am schlimmsten erwischte es den Lindberg. Hier belief sich der Schaden auf das Fünffache des Hiebsatzes, im Wolfesberg auf das Vierfache und im Eschenberg sowie im Kümberg etwa auf das Doppelte.[309]

Um einem Borkenkäferbefall vorzubeugen, mussten die Stadtförster das Sturmholz rasch rüsten, das heisst die Schadenflächen vor dem Ausschwärmen des Käfers Ende April räumen. Die Aufräumarbeiten verursachten allerdings Schäden an den Waldstrassen und Entwässerungsgräben, die der Forstbetrieb später reparieren musste.

1947: Mitarbeiter des Forstbetriebs schälen befallene Fichten und verbrennen die Rinden mitsamt der Borkenkäferbrut.

Teil 6 — Gefahren | Fichtenkulturen werfen lange Schatten

▲
Vom Borkenkäfer befallene Fichte im Gebiet Heligenstock am Nordhang des Hulmen gegen Ricketwil hinunter. Deutlich sichtbar sind die Spechthiebe, die schliesslich zur raschen Ablösung der Rinde vom Stamm führten.

▲
Pheromonfallen zur Borkenkäferbekämpfung am Hulmen: Die schwarze Farbe reduziert die Fänge anderer Insekten.

▲
Frassspuren des Buchdruckers: Der Fichtenborkenkäfer ist ein Rindenbrüter und hinterlässt keine Spuren im Holz.

dass schon ihre nächste Generation eine ganze Hektare Fichtenwald hätte vernichten können. Doch dazu kam es nicht, denn das Forstamt reagierte rasch: Es fällte gesunde Fichten und liess sie liegen. Die Borkenkäfer befielen nun die liegenden Stämme und vermehrten sich rasant unter der Rinde. Dann schälten die Forstleute diese Stämme und verbrannten die Rinden. So konnte das Forstamt sämtliche Herde vernichten.[310]

Auch die Holzkorporation Hegi berichtete 1948 von einem Befall des Birchwaldes, der «nur durch ganz energische Gegenmassnahmen wieder bekämpft werden» konnte, wie die Korporation zu Protokoll gab.[311]

Später begünstigten schwere Stürme wie Lothar oder Hitzewellen wie im Sommer 2003 die Ausbreitung des Käfers. Ab 2001 war die Bekämpfung des Borkenkäfers sogar ein Schwerpunkt der forstlichen Tätigkeit des städtischen Forstbetriebs. Der Käfer lässt sich nur bekämpfen, wenn ein Befall rechtzeitig erkannt und die befallenen Fichten mitsamt der Käferbrut gefällt und abtransportiert werden.[312] So musste der Forstbetrieb 2002 rund 1100 m³ und 2003 rund 1800 m³ käferbefallenes Holz zwangsnutzen.[313] [314] 2009 gab es erstmals seit dem Orkan Lothar kein Schadholz durch Borkenkäfer mehr.[315]

Klimaerwärmung: Gewinner und Verlierer
In den vergangenen 25 Jahren war in der Schweiz kein Jahr mehr kühler als das langjährige Mittel der Periode 1961 – 1990. Die durchschnittliche Temperatur der Jahre 1981 – 2010 stieg gegenüber 1961 – 1990 um 0,8 °C bei der Messstation in Tänikon und gar um 0,9 °C in Kloten. Gleichzeitig nahm die Zahl der Hitzetage mit Höchsttemperaturen von über 30 °C in Tänikon von 2,6 auf 5,0 zu und in Kloten von 5,8 auf 9,1. Die Anzahl Sommertage mit Höchsttemperaturen von über 25 °C nahm in Tänikon von 30,7 auf 38,9 und in Kloten von 37,8

auf 48,3 zu.[316] Als Ursache der Klimaerwärmung gilt allgemein die Emission von Treibhausgasen durch Industrie, motorisierten Verkehr und Landwirtschaft.[317]

Heute lässt sich nur schwer abschätzen, welche Auswirkungen die Klimaänderung langfristig auf das Waldökosystem unserer Region haben wird. Aber für viele Tier- und Pflanzenarten wird die Anpassung an steigende Temperaturen zur Schicksalsfrage. Sie migrieren nicht nur in höhere Lagen[318], sondern tendenziell auch gegen Norden. Trockenperioden schwächen die Abwehrkraft von Wirtsbäumen und machen sie anfälliger für Krankheiten, insbesondere für Angriffe durch Rindenpilze. Das heisst: Baumkrankheiten und wärmeliebende Schadinsekten werden sich hier wohl ausbreiten und die physiologische Schwächung der Bäume ausnutzen. Bereits seit den 1980er-Jahren beobachtet man unter dem Einfluss von Sturmereignissen und Hitzeperioden eine deutliche Vermehrung von Schadinsekten wie des Borkenkäfers. Mit der Klimaveränderung dürften Wetterextreme weiter zunehmen und öfter dazu führen, dass sich Borkenkäfer massenweise vermehren.[319] Insekten und Pilze werden allerdings nicht einheitlich, sondern artspezifisch auf den Klimawandel reagieren – ebenso wie die Baumarten.[320] Ihre Blütezeit und ihr Blattaustrieb werden sich vorverschieben und die Vegetationszeit wird tendenziell länger, was sich auf die Konkurrenzsituation im Bestand auswirken wird.[321] Dabei wird es Gewinner und Verlierer geben: Einige Arten werden sich ausdehnen können, andere werden Flächen einbüssen. In tieferen Lagen der Region Winterthur wird es vor allem die Fichte schwer haben. Die Buche wird anfänglich noch etwas zulegen können, dann aber unter mutmasslich rascher steigenden Temperaturen an Terrain verlieren. Im Gegenzug dürften sich die Eiche und die Föhre ausbreiten; beide Arten sind unter wärmeren und trockeneren Bedingungen konkurrenzfähiger und erholen sich auch nach Trockenstress relativ rasch.[322] Andere für unsere Region geeignete Baumarten werden Spitz- und Feldahorn sein, aber auch

Mächtige Stieleiche im Waldgebiet Schoren bei Oberwinterthur: Sie gehört zu den Profiteuren des Klimawandels. ▼

Mehlbeere, Elsbeere, Feldulme, Kirschbaum, Birke, Esche, Winterlinde, Aspe, Edelkastanie und Nussbaum.[323]

Angesichts des Klimawandels wird der Anbau der Fichte in unserer Region zunehmend zum Risiko. Als Alternative bietet sich die wüchsige Douglasie an. Im Jahrhundertsommer 2003 zeigte sie sich in allen Altersklassen hitzeresistenter als die Fichte. Die ursprünglich aus Nordamerika stammende Douglasie scheint also mit den künftig zu erwartenden Trockenjahren besser zurechtzukommen. Sie wirkt auch stärker der Bodenversauerung entgegen und trägt mit ihrer nährstoffreichen, gut abbaubaren Streu zu einer Verbesserung der Humusform bei.

Allerdings ist die Douglasie in Grundwasserschutzgebieten nicht unproblematisch: Ihr Wasserbedarf ist höher als derjenige der Fichte, die Sickerwassermenge entsprechend geringer und die Nitratkonzentration im Bodensickerwasser deutlich höher.[324] In Winterthur mischt der städtische Forstbetrieb heute schon auf geeigneten Flächen kleine Gruppen von Douglasien der Naturverjüngung bei – meistens einige Dutzend oder Hundert pro Jahr.[325]

Das Ziel der Forstwirtschaft muss sein, die Weichen heute so zu stellen, dass der Wald auch in 20, 50 oder 100 Jahren seine Funktionen erfüllen kann. Das gelingt nur, wenn er sich möglichst gut an den Klimawandel anpasst. Die erfolgsversprechende Strategie scheint aus heutiger Sicht die Herstellung einer grossen Vielfalt an standortgerechten Baumarten und geeigneten Waldstrukturen zu sein.

Lebensbedingungen verschlechtern sich
Das «Waldsterben» hat nicht so stattgefunden, wie das Mitte der 80er-Jahre viele Menschen in Europa befürchteten – dank grosser Anstrengungen im Umweltschutz, insbesondere in der Luftreinhaltung mit der Reduktion der Schwefelimmissionen. Trotzdem belasten auch heute noch Schadstoffe aus der Luft die Waldgesundheit und verursachen Schäden, die dem Wald zusetzen – schleichend und von der Öffentlichkeit kaum bemerkt. Seit rund 30 Jahren beteiligt sich der Kanton Zürich mit acht anderen Kantonen und dem Bundesamt für Umwelt an einem Walddauerbeobachtungsprogramm. Auf 179 Versuchsflächen in der ganzen Schweiz messen Forscher regelmässig die Bodenqualität und erheben Daten über rund 13 500 Buchen, Fichten und Eichen. Zwei dieser Versuchsflächen befinden sich auf dem Lindberg: eine Buchenfläche in der Nähe des Bäumli und eine Fichtenfläche im Gebiet Ischluss.

Die Waldböden werden langsam sauer
Die wichtigsten Messgrössen der Waldbeobachtung sind Kronenzustand, Nährstoffstatus, Trieb- und Stammwachstum, Pflanzengemeinschaft, Wurzeln und Boden. Die Messreihen zeigen, dass die hohe Stickstoffbelastung aus Landwirtschaft, Verkehr und Industrie zu einer einseitigen Stickstoffernährung sowie

Bodenuntersuchung im Lindbergwald: Feste Installation des Walddauerbeobachtungsprogramms. ▼

Teil 6 — Gefahren | Die Waldböden werden langsam sauer

▲

Buche Nr. 12 beim Restaurant Goldenberg: Der Durchmesser auf Brusthöhe als Messgrösse für das Stammwachstum.

zu einer Versauerung der Waldböden und einer Abnahme der Bodenfruchtbarkeit führt. Beides beeinträchtigt die Nährstoffversorgung der Pflanzen ganz wesentlich – ihre Wurzeln entwickeln sich schwächer und oberflächlicher. Deshalb werden die Bäume anfälliger für Krankheiten und Parasiten; sie können Sturm und Trockenheit, wie sie als Folge der Klimaerwärmung mutmasslich häufiger auftreten werden, schlechter widerstehen.

Um die Waldgesundheit langfristig zu erhalten, muss die Stickstoffbelastung der Luft weiter abnehmen. Die Landwirtschaft hat bereits wirkungsvolle Massnahmen zur Reduktion der Ammoniak-Emission ergriffen. Auch beim Verkehr und in der Industrie sind weitere Anstrengungen nötig. Die Waldwirtschaft ihrerseits kann im Sinne einer Symptombekämpfung Massnahmen ergreifen, um die Bodenfruchtbarkeit zu erhalten; etwa durch naturnahe Waldbewirtschaftung, durch die Förderung von Baumarten mit rasch zersetzbarem Laub oder durch das Belassen von nährstoffreichem Laub und Ästen im Wald.[326]

Stammzuwach der Buche

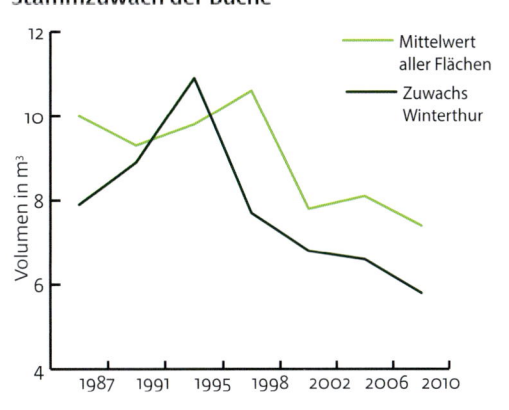

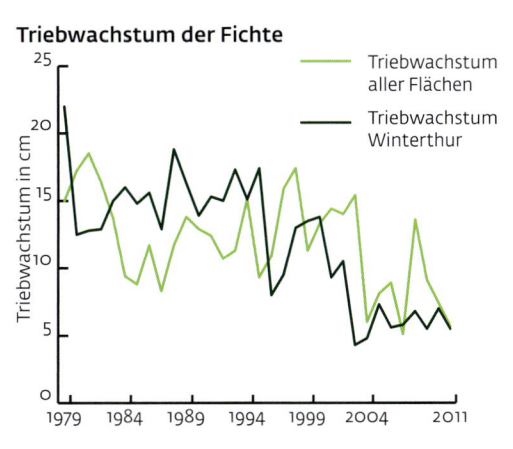

Triebwachstum der Fichte

Parasiten befallen Waldbäume

Immer wieder befallen Schädlinge oder Krankheitserreger einzelne Waldbäume oder ganze Baumbestände. Mit der zunehmenden Globalisierung des Warenverkehrs ist das Risiko, neue und gefährliche Baumkrankheiten einzuschleppen, deutlich gestiegen. Bereits in der jüngeren Vergangenheit tauchten bei uns sporadisch neue, teilweise gefährliche Baumkrankheiten auf. Die Ulmenwelke zum Beispiel trat erstmals 1918 in Frankreich und Holland auf und führte in ganz Europa zu einer ersten Epidemie; eine zweite Welle folgte 1940. Später bildeten die Ulmen Resistenzen aus und gesundeten.[327] Der damalige Erreger wurde vermutlich aus China eingeschleppt. In den vergangenen Jahrzehnten kamen aus Nordamerika und Asien aggressivere Stämme dieses Schlauchpilzes zu uns und verbreiteten sich schlagartig. Alleine in England vernichtete die Ulmenwelke in den 1970er-Jahren etwa 30 Millionen Bäume.[328] Auch bei uns bleibt die Ulmenwelke eine ernsthafte Bedrohung. Die Übertragung erfolgt durch einen Borkenkäfer. Die Blätter befallener Bäume verfärben sich und welken, am Schluss vertrocknet der ganze Baum.

An Buchen gehört die Wollschildlaus zu den wichtigsten Schädlingen. Sie saugt an der Rinde, verletzt sie und öffnet so die Tür für eine Pilzerkrankung, die als Schleimflusskrankheit, Buchenrindennekrose, Buchenkomplexkrankheit oder Buchensterben bekannt ist. Nach dem Pilzbefall stirbt die Rinde fleckenweise ab und holzbrütende Insekten können sich in den kranken Baum einnisten. Charakteristische Symptome dieser Erkrankung sind Schleimflussflecken, strichförmige Rindennarben und in späteren Stadien fleckenweises Absterben und Ablösen der Rinde, Holzfäule, Pilzfruchtkörper und Befall durch holzbrütende Insekten.

Zu den bedeutendsten Erkrankungen der Fichte gehört die Rotfäule. Ihr mit Abstand wichtigster Erreger ist – neben Wundfäule und Hallimasch – der Wurzelschwamm. Er be-

In einem kritischen Zustand: Stark befallene Esche an der Herrgottsbühlstrasse am Eschenberg-Nordhang.

siedelt zuerst frische Baumstümpfe und dringt von dort aus über die Wurzeln in gesunde Bäume ein. Hier verursacht er eine Kernfäule, die den befallenen Stamm praktisch wertlos macht. Der Wurzelschwamm ist der wirtschaftlich wichtigste krankheitserregende Pilz in Nadelwäldern.[329]

Die Arten der Pilzgattung Hallimasch sind wertvolle Helfer beim Abbau von Totholz und damit wichtige Elemente im Ökosystem Wald. Einige Arten allerdings befallen lebende Bäume, verursachen Wurzel- und Stammfäule und können den Wirtsbaum zum Absterben bringen. Befallene Bäume – in jungen Jahren vor allem Nadelhölzer, später gleichermassen Laub- und Nadelhölzer – sind anfällig auf Windbruch, ihr Holz häufig wertlos. So kann der Hallimasch grosse wirtschaftliche Schäden

Teil 6 — Gefahren | Parasiten befallen Waldbäume

anrichten. Auch die Schrottschusskrankheit an Kirschbäumen kann den Holzertrag vermindern. Junge Bäume können gar absterben, wenn sie vom Erregerpilz befallen werden. Im Frühling, wenn die Blätter austreiben, bekommen sie bald karminrote Flecken. Die Pflanze reagiert, indem sie das abgetötete Gewebe abstösst. So entstehen typische «Schrotschusslöcher». Stark befallene Blätter stösst der Baum ganz ab.

Ungefährlich, aber dennoch unschön ist der häufig vorkommende Eichenmehltau. Auf der Ober- und Unterseite des Eichenblattes bildet der Mehltaupilz weisse Flecken. Im fortgeschrittenen Stadium sehen die Blätter aus wie mit Mehl bestäubt, später rollen sie sich ein und sterben allmählich ab. Befallene Triebspitzen können auch Missbildungen und Krümmungen aufweisen.

Ein sehr grosses Risiko hingegen stellt ein 1 mm kleiner Fadenwurm dar, der 1999 zum ersten Mal in Portugal auftauchte: Die ursprünglich aus Nordamerika stammende Kiefernholznematode befällt Föhren und andere Nadelhölzer, wobei letztere einen Befall tolerieren. Eine befallene Föhre hingegen kann innert weniger Monate absterben. Dieser Wurm ist einer der am meisten gefürchteten Forstschädlinge Europas.[330]

Die derzeit bedeutendste Baumkrankheit im Winterthurer Wald befällt die Gemeine Esche, die hier zu den wichtigsten Laubbäumen gehört. Der «stolze Baum erster Grösse»[331] kann über 40 m hoch und bis 300 Jahre alt werden, wurzelt tief und gedeiht daher am besten auf tiefgründigen, gut durchlüfteten und basischen Böden. Auffällig sind die etwa 20 cm langen, unpaarig gefiederten Blätter mit ihren 9

Blattwelke bei Hoh Wülflingen: Die welken Blätter verfärben sich erst dunkelgrün, dann braunschwarz. ▼

Befallener Zweig im Seemer Tobel: Der Pilz infiziert mit seinen Sporen die Blätter und wächst via Zweig zum Stamm. ▼

▲
Rotbraune Verfärbungen und Rindennekrosen an einer jungen Esche im Seemer Tobel.

bis 15 scharf gezähnten Teilblättern. Die Esche treibt im Frühling ihre Blätter wesentlich später aus als andere Baumarten. Und im Herbst wirft sie als einzige einheimische Laubbaumart die Blätter bereits im grünen Zustand ab.

Das Holz der Esche war und ist noch immer begehrt. Sie gehört mit der Eiche, Ulme und Robinie zu den ringporigen Laubholzarten: Die grossen Wasserleitgefässe sind an der Innengrenze der Jahrringe von Auge deutlich erkennbar. Auf das Band der Poren folgt im Jahrringbild das zähe, dichte Spätholz, mit dem sich der Baum stabilisiert und zum Abschluss der Vegetationszeit winterhart macht. Das Eschenholz ist langfaserig, daher besonders biegsam und doch sehr zäh, fest und tragfähig, schwindet wenig und lässt sich gut bearbeiten. Ob als Parkett, Treppengeländer oder Möbel, Eschenholz findet im Hausinnern auch heute noch viele Anwendungen. Aufgrund seiner Elastizität wird Eschenholz ebenso für die Herstellung von Sportgeräten wie Ski, Schlitten oder Ruder eingesetzt. Und früher wurde Eschenholz – neben Eibenholz – auch für Speere und Pfeilbögen verwendet. Den grössten Teil des Eschenholzes aus dem Winterthurer Wald verarbeitet die letzte grosse Stielwarenfabrik der Schweiz zu Schneeschiebern, Gartenrechen, Axt- und Hammerstielen. Die besonders schönen Stämme finden in der Möbelfabrikation Verwendung. Zylindrische, rissfreie Stämme gehen in die Fabrikation von Kernen für Rennski. Eschenparkett hat inzwischen stark an Bedeutung verloren. Kronenteile der Eschen, die früher zu Parkettriemen eingeschnitten wurden, werden heute als Energieholz gehackt.

Ökologisch wertvolle Baumart

Für die Forstwirtschaft ist die Esche also von grosser Bedeutung. Sie wächst rasch und liefert eine hervorragende Holzqualität. Auch ökologisch ist die Esche wertvoll – als Lebensraum für Insekten und Vögel, als Futterpflanze für Wildtiere und als Lieferantin für Streu zur Bodenverbesserung und Humusbildung. Vor allem aber stabilisiert sie mit ihrem grossen und dichten Wurzelwerk rutschgefährdete Hänge, Bachufer und Flussböschungen. Damit kommt der Esche gerade im Schutzwald eine besonders grosse Bedeutung zu.

Auch im Hinblick auf die kommende Klimaerwärmung und den Aufbau widerstandsfähiger Mischwälder ist die wärmeliebende Esche mit ihrer lockeren und lichtdurchlässigen Krone besonders geeignet.[332]

Teil 6 — Gefahren | Ökologisch wertvolle Baumart

Gemäss Landesforstinventar stehen in der Schweiz derzeit etwa 18,2 Millionen Eschen mit einem Stammdurchmesser von mehr als 12 cm. In der Grossregion Winterthur ist etwa jeder 14. Baum eine Esche.[333] In den Wäldern von Winterthur ist die Esche demnach recht häufig und sie gehört zusammen mit der Buche und dem Bergahorn aus waldbaulicher Sicht zu den wichtigsten Laubhölzern in unseren Wäldern. Doch nun bedroht eine neue Krankheit diesen ökologisch und ökonomisch wertvollen Laubbaum.

Seit 2009 beobachten Stadtforstmeister Beat Kunz und seine Mitarbeiter, wie im Frühsommer junge Eschenblätter zunehmend welken und ganze Triebspitzen absterben. Die welken Blätter verfärben sich erst dunkelgrün, dann braunschwarz und bleiben noch wochenlang an den Zweigen hängen. Die Rinde der erkrankten Triebe verfärbt sich erst orange, dann braun. Befallene Triebe werden dürr. Unterhalb abgestorbener Stellen treiben aus schlafenden Knospen zahlreiche Triebe buschartig aus. Das Holz an der infizierten Stelle ist häufig bis tief hinein gräulich verfärbt. Und im Spätsommer verfärben sich auch weitere Blätter fleckig braun.[30]

Diese Krankheitssymptome wurden erstmals Anfang der 90er-Jahre in Ostpolen beobachtet.[334] Ausgelöst wird diese neue Krankheit Eschenwelke oder Eschentriebsterben durch einen Vertreter der Echten Schlauchpilze namens *Chalara fraxinea*, der Nebenfruchtform des 2010 erstmals beschriebenen Falschen Weissen Stängelbecherchens. Es unterscheidet sich äusserlich nicht vom harmlosen Weissen Stängelbecherchen. *Chalara fraxinea* wurde 2006 erstmals in Polen und 2007 erstmals in Deutschland nachgewiesen.[335] Seither diagnostizierten Forstleute die Eschenkrankheit in fast ganz Europa. 2008 entdeckte man die Symptome und den Erreger des Eschentriebsterbens erstmals auch in der Schweiz.[336] Mittlerweile hat sich die Eschenwelke in 22 Ländern Europas rasant ausgebreitet. Im nassen Sommer 2010 hat das Falsche Weisse Stängelbecherchen viele Fruchtkörper gebildet und damit die Voraussetzung für die weitere rasante Ausbreitung geschaffen. In Süddeutschland beispielsweise wurden im Herbst 2010 doppelt so viele Schäden gemeldet wie im Vorjahr.[337]

Kahle Eschentriebe am Eschenberg: In Winterthur sind die Eschen flächendeckend vom Krankheitserreger befallen.
▼

In einem Beobachtungsnetz in der Nordostschweiz war die Eschenwelke 2012 auf 85 Prozent aller Dauerbeobachtungsflächen präsent. 2009 waren es erst 13 Prozent.[339] Der Pilz infiziert mit seinen Sporen die Blätter. Anschliessend wächst er mit seinen Pilzfäden im Pfanzengewebe via Zweig in Richtung Ast und Stamm. Befällt der Pilz den ganzen Stamm, werden die höher liegenden Pflanzenteile von der Wasserversorgung abgeschnitten und sie beginnen zu welken. So entsteht das typische Krankheitsbild mit welkenden Blättern und dürren, braun verfärbten Trieben, die von aussen her absterben.

In Bodennähe kann der Pilz auch direkt in die glatte Rinde eindringen und dort Gewebeschädigungen anrichten.[340] Nicht alle befallenen Bäume sterben direkt wegen der Infektion ab. Sie sind jedoch in ihrer Konkurrenzfähigkeit eingeschränkt und werden oft von Ahornen und Buchen überwachsen, so dass sie schliesslich doch absterben.

In Winterthur sind die Eschen flächendeckend vom Pilz befallen. Ein ähnliches Bild zeigt sich auch anderswo: In einigen Jungbeständen in der Schweiz sind heute mehr als 90 Prozent der Eschen befallen. Und manche stattliche Bäume haben hier schon bis zu zwei Drittel ihrer Blattmasse verloren. Die Eschenwelke betrifft also Jungbäume genauso wie Altbäume. Wirkungsvolle Bekämpfungsmassnahmen gibt es nicht, und mit einem Rückgang der Infektion ist vorderhand nicht zu rechnen.[341] Das Problem des Eschentriebsterbens ist also akut, aber es besteht auch Hoffnung: Einzelne junge Bäume zeigen keinerlei Reaktionen auf den Pilz und sind kerngesund. Die Bäume sind also unterschiedlich anfällig auf die Eschenwelke. Neuste Erkenntnisse aus Baden-Württemberg zeigen, dass in Eschenbeständen auf allen Untersuchungsflächen etwa 10 Prozent der Bäume symptomfrei sind. Ob es sich hier um resistente Individuen handelt, wird sich zeigen müssen.[342] Eine gewisse Resistenzbildung im Laufe der Zeit ist vorderhand also nicht auszuschliessen. Bis sich die Esche an den neuen Parasiten angepasst hat, wird es allerdings Jahrzehnte oder Jahrhunderte dauern. Eine durchdachte Waldpflege kann der Ausbreitung der Eschenwelke beschränkt entgegenwirken.

Eingeschleppte Arten gefährden den Wald
Eingeschleppte Schädlinge und Krankheitserreger sind eine Gefahr für die Waldwirtschaft. Hingegen können absichtlich oder unabsichtlich eingeführte Tier- und Pflanzenarten zu einer Bedrohung für die einheimische Artenvielfalt und letztlich für das gesamte Ökosystem Wald werden. Wenn sich solche Arten massenhaft vermehren, können sie einheimische Pflanzen zurückdrängen, wirtschaftliche Schäden anrichten oder die Gesundheit oder das Wohlbefinden des Menschen beeinträchtigen, wie etwa der Riesen-Bärenklau oder das Aufrechte Traubenkraut, besser bekannt als Ambrosia.

Etwa 12 Prozent der Gefässpflanzen in der Schweiz sind ursprünglich nicht hier heimisch, sondern stammen aus anderen Regionen oder Kontinenten.[343] Die meisten der rund 550 in die Schweiz eingeführten Pflanzenarten sind unproblematisch. Etwa 45 Arten jedoch breiten sich rasch über grössere Gebiete aus.[344] Man nennt sie deshalb invasive Neophyten. Meist handelt es sich bei diesen Pflanzen um wärmeliebende Arten, die in tieferen Lagen des Mittellandes und in Siedlungsnähe besonders häufig vorkommen. Ein Umstand, der aufgrund der prognostizierten Klimaerwärmung bedeutsam ist. Allerdings gibt es auch einheimische Pflanzen, die sich auf bestimmten Standorten invasiv ausbreiten und andere Arten verdrängen; im Wald zum Beispiel die Brombeere.

Die vom Menschen verursachte Ausbreitung invasiver Neophyten ist weltweit wesentlich mitverantwortlich für den Rückgang der biologischen Vielfalt. Deshalb hat sich die Schweiz im internationalen Übereinkommen über die biologische Vielfalt von 1992 verpflichtet, sie werde «die Einbringung nichtheimi-

Teil 6 — Gefahren | Eingeschleppte Arten gefährden den Wald

▲
Katastrophenpotenzial: Asiatischer Laubholzbockkäfer auf einer Weide bei der Sulzerallee in Oberwinterthur.

Kanadische Goldrute an der Stellistrasse auf dem Hulmen: bildet Reinbestände und verdrängt die einheimische Flora.
▼

Teil 6 — Gefahren | Schadinsekten mit Gefahrenpotenzial

▲
Sommerflieder im Hardholz: zieht Bienen und Schmetterlinge an, ist aber für Schmetterlingsraupen nutzlos.

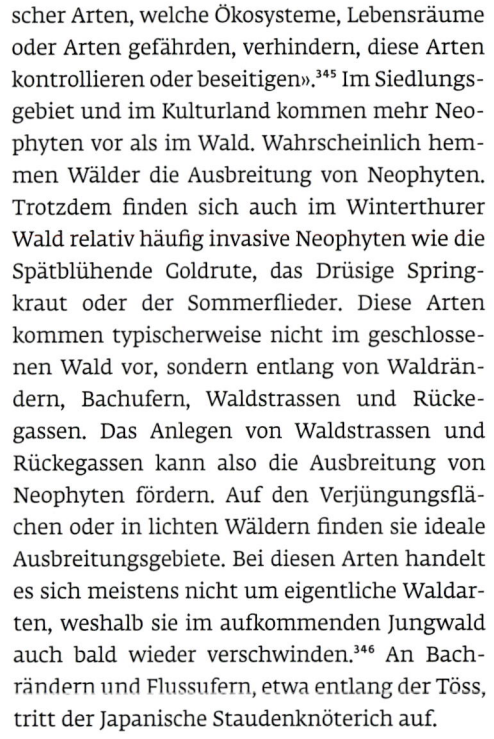

▲
Drüsiges Springkraut am Helligenstockweg: bildet an feuchten Stellen Reinbestände; andere Arten kommen nicht vor.

scher Arten, welche Ökosysteme, Lebensräume oder Arten gefährden, verhindern, diese Arten kontrollieren oder beseitigen».[345] Im Siedlungsgebiet und im Kulturland kommen mehr Neophyten vor als im Wald. Wahrscheinlich hemmen Wälder die Ausbreitung von Neophyten. Trotzdem finden sich auch im Winterthurer Wald relativ häufig invasive Neophyten wie die Spätblühende Goldrute, das Drüsige Springkraut oder der Sommerflieder. Diese Arten kommen typischerweise nicht im geschlossenen Wald vor, sondern entlang von Waldrändern, Bachufern, Waldstrassen und Rückegassen. Das Anlegen von Waldstrassen und Rückegassen kann also die Ausbreitung von Neophyten fördern. Auf den Verjüngungsflächen oder in lichten Wäldern finden sie ideale Ausbreitungsgebiete. Bei diesen Arten handelt es sich meistens nicht um eigentliche Waldarten, weshalb sie im aufkommenden Jungwald auch bald wieder verschwinden.[346] An Bachrändern und Flussufern, etwa entlang der Töss, tritt der Japanische Staudenknöterich auf.

Invasive Neophyten, die in den Wäldern des Schweizer Mittellandes vorkommen können, sind etwa der Götterbaum, das Japanische Geissblatt, der Kirschlorbeer, die Herbstkirsche, der Essigbaum, die Robinie oder Falsche Akazie, die Armenische Brombeere, der Seidige Hornstrauch, das Balfours Springkraut, das Henrys Geissblatt, die Mahonie oder die Jungfernrebe.[347]

Schadinsekten mit Gefahrenpotenzial
Auch eingeschleppte Tiere, sogenannte Neozoen, können zur Gefahr für unsere Wälder werden. Das wohl bekannteste Beispiel ist der Asiatische Laubholzbockkäfer, den die Stadtgärtnerei im Juli 2012 in einer Baumallee in Oberwinterthur entdeckte. Noch im gleichen Jahr tauchte an einem Ahorn am Waldrand des Orbüelwaldes eine Eiablage dieses Baumschädlings auf. Im Waldareal konnten die Forstleute allerdings keinen Käferbefall feststellen.[348] Eine Ausbreitung des Asiatischen Laubholzbockkäfers in die umliegenden Wälder mit einer Massenvermehrung würde verheerende Folgen haben. Weit weniger gefährlich ist beispielsweise die Amerikanische Kiefernwanze, die in Europa erstmals 1999 in Italien, 2002 im Tessin und 2006 auch auf der Alpennordseite in Erscheinung trat. Sie saugt an Samen von Nadelgehölzen, wobei sie Föhren und Douglasien bevorzugt. Aber auch Fichten, Weisstannen und Wacholder stehen auf ihrem Speiseplan. In Nordamerika gilt die Kiefernwanze als Schädling, vor allem in der Produktion von Douglasiensamen. Für die Vermehrung unserer einheimischen Baumarten stellte sie aber keine Gefahr dar.[349]

Böden kommen unter Druck

Ein gesunder Waldboden ist das grösste Reservoir für die biologische Vielfalt.[350] Er ist ein Gefüge aus fester Substanz und Poren, das im Verlaufe von Jahrtausenden entstanden ist. Die Poren sind mit Luft und Wasser gefüllt und können bis zu 60 Prozent des Volumens ausmachen. Darin findet der Stoff- und Energieaustausch zwischen den mineralischen und organischen Bestandteilen, der Luft, dem Wasser, den Bodenlebewesen und den Pflanzen statt.[351] Ein fruchtbarer Boden ist das Fundament, die Lebensgrundlage und der Dreh- und Angelpunkt des Waldes. Darum ist sein Schutz unerlässlich, wenn der Wald auch für kommende Generationen seine Funktionen erfüllen soll. Doch der Waldboden gerät buchstäblich unter Druck. Die mechanisierte Holzernte mit schwereren Forstmaschinen belasten ihn und können Schäden hinterlassen, von denen er sich während Jahrzehnten nicht mehr erholt. Der Vollernter im Winterthurer Stadtwald zum Beispiel ist über 12 t schwer und damit noch ein Leichtgewicht. Deutlich mehr auf die Waage bringen etwa der moderne Knickschlepper mit 16 t oder der Forwarder. Dieser wiegt knapp 17 t und kann nochmals etwa 12 t Baumstämme zuladen. Ein solches Schwergewicht von gegen 30 t verformt und verdichtet den feinporigen Waldboden, hemmt die Versickerung des Regenwassers und beeinträchtigt den Austausch von Bodenluft.

Direkt unter der Fahrspur von schweren Forstmaschinen und über diesen Bereich hinaus ist der Austausch von Sauerstoff stark reduziert und die Konzentration von Kohlendioxid steigt auf ein Mehrfaches an. Dies wiederum hemmt das Wachstum von feinen Baumwurzeln und die biologische Aktivität bestimmter Bodenorganismen. Sauerstoffarme Verhältnisse unter den verdichteten Fahr-

Moderne Kombinationsrückemaschine oder Forwarder im Lindbergwald: Gewicht von 16,8 t und Nutzlast von 12 t.
▼

Teil 6 — Gefahren | Böden kommen unter Druck

Teil 6 — Gefahren | Böden kommen unter Druck

spuren fördern Bakterienarten, die an solche Verhältnisse angepasst sind, und verändern so die mikrobiellen Gemeinschaftsstrukturen.[352] Die Bodenfruchtbarkeit nimmt ab, wie sich auch am Rückgang der Feindurchwurzelung an diesen Stellen deutlich zeigt. In einem gesunden Waldboden befinden sich der grösste Teil der feinen Wurzeln in den obersten 25 cm. In gut durchlüfteten Böden können feine Wurzeln stellenweise bis in eine Tiefe von 100 cm reichen. Unter Fahrspuren hingegen ist die Durchwurzelung deutlich reduziert und ab etwa 50 cm kaum mehr vorhanden.[353] Zwar kann sich die Bodenstruktur unter den verdichteten Fahrspuren durch eine Pflanzung – etwa von Schwarzerlen – innerhalb von sieben Jahren wieder regenerieren. Das gilt aber nur für die obersten 30 cm, darunter braucht die Bodenregeneration mehr Zeit.[354]

Wer schwere Forstmaschinen einsetzt, kann Bodenverdichtung kaum verhindern. Um so wichtiger ist es für den Waldeigentümer, den Schaden für die Bodenfruchtbarkeit möglichst gering zu halten. Neben dem Einsatz von technischen Hilfsmitteln wie Raupen oder natürlichen Mitteln wie Reisighaufen hilft auch eine Beschränkung der Fahrten auf Zeiten, in denen die Böden trocken oder gefroren sind. Die wohl wichtigste Massnahme ist aber die Feinerschliessung des Waldes durch ein Netz von Rückegassen, wie es im ganzen Winterthurer Wald angelegt ist. Im Abstand von etwa 30 bis 40 m führen diese unbefestigten Gassen in die Baumbestände hinein. Die schweren Maschinen dürfen ausschliesslich auf diesen Gassen fahren. So bleiben rund 80 Prozent des Waldbodens in Winterthur von der Bodenverdichtung verschont.

◀ Spuren von schweren Forstmaschinen auf Rückegassen in den Waldgebieten Sal zwischen Eidberg und Gotzenwil (o.l., u.) und auf dem Wolfesberg: Von solchen Schäden erholt sich der Boden während Jahrzehnten nicht mehr.

Rückegasse auf dem Eschenberg: Ist der Boden nass und glitschig, können Forstmaschinen gegen Bäume rutschen.
▼

Waldgebiet Elend

TEIL 7

WALD DER ZUKUNFT

Das Siedlungsgebiet in Winterthur ist in den vergangenen 30 Jahren um rund 16 Prozent gewachsen – und zwar ausschliesslich zulasten des Landwirtschaftsgebiets, das im gleichen Umfang geschrumpft ist. Konstant geblieben ist hingegen die Fläche des Waldes,[355] trotzdem hat sich hier vieles verändert: Im Naturschutz zum Beispiel, aber auch bei den Erholungseinrichtungen oder in der Waldwirtschaft. Der städtische Forstbetrieb arbeitet heute mit modernsten Mitteln und Maschinen. Dennoch sind seine Erträge im ursprünglichen Kerngeschäft, der Holzproduktion, eingebrochen, weil die Produktionskosten stiegen und die Holzpreise sanken. Seit Ende der 1960er-Jahre stiegen die Löhne von Waldarbeitern auf das Sechs- bis Siebenfache, die Holzpreise hingegen sanken zwischenzeitlich auf rund die Hälfte. Teuerungsbereinigt sind die Holzpreise heute noch halb so hoch wie vor 100 Jahren. Ihren Höchststand hatten die realen Holzpreise in der Schweiz zwischen Mitte der 1950er- und Beginn der 60er-Jahre.[356] Nach den Stürmen Vivian 1990 und Lothar 1999 brachen die Holzpreise massiv ein.[357] Wie sie sich weiter entwickeln werden, bleibt offen.

Verändert haben sich auch die Ansprüche der Gesellschaft: Bürgerinnen und Bürger erwarten heute vermehrt öffentliche Dienstleistungen für die Naherholung und den Naturschutz im Wald. Das fordert die Forstwirtschaft stärker denn je heraus, möglichst effizient Holz zu produzieren, dabei ausreichend Erholungsmöglichkeiten anzubieten und gleichzeitig den Naturschutz im Multifunktionswald zu fördern.[358] Die gesellschaftlichen Ansprüche, aber auch die natürliche Umwelt werden sich in den nächsten Jahrzehnten weiterentwickeln. In der Folge wird sich auch der Wald verändern und mit ihm die Waldwirtschaft. Die nachfolgenden Aussichten basieren auf dem kantonalen Waldentwicklungsplan bis 2025.[359]

Das Siedlungsgebiet in der Stadt Winterthur hat sich seit mindestens 200 Jahren fast ausschliesslich zulasten der Landwirtschaftsflächen ausgedehnt. Der Wald blieb verschont, aber der Druck auf ihn ist massiv gewachsen: Neue Siedlung in Oberseen.

▼

Naturnäher und biologisch vielfältiger

Der Wald ist bereits heute ein naturnaher und vielfältiger Lebensraum für viele Tier- und Pflanzenarten. Künftig wird sich die Waldpflege noch stärker an der biologischen Vielfalt orientieren und ökologisch wertvolle Waldstandorte weiter fördern. Seltene Baumarten wie zum Beispiel die Eibe müssen bei der Verjüngung vermehrt vor Wildverbiss geschützt werden. Zudem wird der Anteil der Nadelbäume vielerorts sinken und der Anteil der standortgerechten Laubbäume wird steigen. Schliesslich wird der Wald der Zukunft stufiger, naturnaher und damit stabiler sein.

Ansprüche an den Wald steigen

Die Winterthurer Wälder sind zu wertvollen Naherholungsgebieten geworden. In Zukunft werden noch mehr Erholungssuchende ihre Freizeit im Wald verbringen wollen. Damit steigt der Nutzungsdruck auf den Wald und mit ihm die Notwendigkeit von Lenkungsmassnahmen im Erholungswald. Mit den steigenden Ansprüchen der Stadtbevölkerung an den Wald wird die Bereitschaft der Waldeigentümer sinken, gemeinwirtschaftliche Leistungen ohne Abgeltungen zu erbringen. Ihre Forderungen nach Abgeltung solcher Leistungen werden deshalb lauter werden.

Schutz vor zunehmenden Naturgefahren

Der Wald hält starke Regenmengen zurück und schützt auch in Winterthur vor Steinschlag, Rutschungen, Murgängen und Erosion. Das Schadenpotenzial wird voraussichtlich steigen, weil einerseits das Siedlungsgebiet laufend wächst und andererseits Hochwasser- und Überschwemmungsereignisse klimabedingt zunehmen werden. Damit steigt die Bedeutung intakter Schutzwälder.

Klimawandel verändert Lebensbedingungen

Das Klima hat sich in den vergangenen Jahrzehnten verändert und es wird sich in den kommenden Jahren weiter verändern: Die Temperaturen steigen, die Sommer werden

Teil 7 — **Wald der Zukunft** | Klimawandel verändert Lebensbedingungen

▲
Lichter Wald am Sädelrain: Mit steigenden Temperaturen werden sich der Wald und seine Lebensgemeinschaft verändern.

trockener, starke Niederschläge und Stürme werden zunehmen. Diese Veränderungen werden die Lebensbedingungen für den Wald und damit auch die Zusammensetzung der Arten verändern. Am besten zurecht mit dem Klimawandel kommen arten- und strukturreiche, stufige Wälder, am schlechtesten strukturarme Baumbestände.

Versauerung belastet die Waldgesundheit

Das «Waldsterben» ist aus dem öffentlichen Bewusstsein verschwunden. Trotzdem bleibt die Versauerung der Waldböden auch in Zukunft ein grosses Problem, weil der Stickstoffeintrag aus der Luft noch immer viel zu hoch ist. Die dadurch abnehmende Wüchsigkeit reduziert den Holzzuwachs. Gleichzeitig sind die Bäume schlechter verwurzelt, was sie anfälliger für Windwurf und Trockenheit macht.

Ressource Holz wird wichtiger werden

Der Wald und sein Holz sind wirtschaftlich bedeutend. Langfristig wird die Nachfrage nach Holz wieder steigen, weil die Bevölkerung wächst und die fossilen Brennstoffe verknappen. Holz als erneuerbare Energiequelle und als gesunder Baustoff wird wieder begehrter werden. Dadurch steigt der Anreiz, den Wald vermehrt wirtschaftlich zu nutzen.

Holzproduktion wird effizienter

Die veränderten Umweltbedingungen mit Bodenversauerung und Klimawandel setzen dem Wald zu. Er wird deshalb weniger Holz liefern, als ohne diese Einflüsse möglich wäre. Moderne Holzernteverfahren werden in Zukunft vermehrt kleinflächige und bodenschonende Holznutzungen ermöglichen. Im kleinparzellierten Privatwald werden organisatorische Massnahmen die Zusammenarbeit und Effizienz verbessern. An vielen Orten sind die jüngeren Bäume deutlich untervertreten. Hier fehlen die zuwachskräftigsten, stabilen Bestände. Bis sich diese Lücke durch die laufende Verjüngung wieder auswächst, wird es noch einige Jahrzehnte dauern.

Fremde Schadorganismen breiten sich aus

Der zunehmend globalisierte Personen- und Warenverkehr erhöht das Risiko, neue und gefährliche Schadorganismen wie Bakterien, Pilze oder Insekten einzuschleppen. Der Asiatische Laubholzbockkäfer ist nur ein Beispiel dafür. Die Klimaerwärmung wird die Ausbreitung solcher Organismen zusätzlich fördern, ebenso die Ausbreitung von eingeschleppten oder eingeführten Pflanzenarten. Die heimischen Kräuter, Sträucher und Bäume können durch eine rasche Ausbreitung von neuen Tier- und Pflanzenarten unter Druck geraten.

Rodungsverbot steht auf dem Prüfstand

Die Bevölkerung wächst und braucht mehr Wohnraum, das Siedlungsgebiet breitet sich aus. Der Wald bleibt vorderhand verschont, denn für jede Rodung muss der Eigentümer eine gleich grosse Fläche aufforsten. Diesen Realersatz hat das Bundesparlament im Frühling 2012 aufgeweicht; nun wird es in bestimmten Fällen möglich sein, abzuholzen ohne aufzuforsten. Dies weckt Begehrlichkeiten, wie die Idee der Waldstadt Bremer in Bern zeigt, wo die Initianten 430 000 m² Wald roden wollen, um neue Siedlungen zu bauen.

Kartoffelkäfer auf einer Tollkirsche im Seemer Tobel: Neue Tierarten werden einwandern und dem Wald zusetzen.
▼

«Der Winterthurer Wald ist ein wichtiges Naherholungsgebiet. Er ist auch ein beständiges Element unserer Landschaft, vielleicht sogar das beständigste. Damit kontrastiert er zur Hektik und Kurzlebigkeit des Alltags. Wohltuend! Besonders erholsam finde ich den Eschenbergwald, vor allem den südlichen Teil beim Gamser und das Linsental entlang der Töss. Dort gehe ich häufig joggen. Auch das Totentäli mit der Burgruine Alt-Wülflingen finde ich landschaftlich reizvoll.

Die Winterthurerinnen und Winterthurer nutzen den Stadtwald intensiv, manchmal bis an die Grenze des Zumutbaren. Der Forstbetrieb hat darum begonnen, geeignete Schwerpunkte – vor allem am Waldrand – für die Naherholung aufzuwerten und die Besucherströme dorthin zu lenken. So können wir andere, ökologisch sensiblere Waldgebiete besser schonen. Mir persönlich würde auch gefallen, wenn Waldbesucherinnen und -besucher den Wald-Knigge noch besser beachten würden und das Auto häufiger zu Hause stehen liessen. Unser Wald ist schliesslich kein Rummelplatz, sondern vor allem ein Rückzugsgebiet für viele Tier- und Pflanzenarten – für Arten, die in einer durch Strassen und Eisenbahnlinien zerschnittenen oder sonst sehr intensiv genutzten Landschaft kaum überleben könnten.

Meine Sicht auf den Wald ist naturwissenschaftlich geprägt. Mich faszinieren hier die Vielfalt der Baumarten, die Topografie und die Bodenbeschaffenheit, die über viele Jahrzehnte oder Jahrhunderte ungestört blieben. Ein Wald sagt aber auch etwas über den Zustand seiner Umwelt aus. Vor 30 Jahren war das Waldsterben aktuell. Längst ist es aus den Medien und den Sorgen vieler Menschen verschwunden. Doch die Bäume und die Flechten bleiben Indikatoren für die Luftqualität. Diese ist seit den 80er-Jahren insgesamt zweifellos besser geworden. Trotzdem bleibt die schleichende Bodenversauerung für unseren Wald ein Thema. Neue Gefahren wie der Klimawandel oder die Eschenwelke kommen hinzu. Niemand kann heute voraussagen, wie sich diese Einflüsse auf den Wald von morgen genau auswirken werden. Das kann uns nicht egal sein, denn der Wald beeinflusst unsere Lebensqualität, ist unsere Lebensgrundlage. Der Mensch, so sagt ein indianisches Sprichwort, kann nur dort leben, wo auch Bäume leben.

In der Schweiz ist der Wald heute gut geschützt. Zum Glück! Allerdings steigt dadurch der Druck auf das übrige Kulturland. Trotzdem darf der Wald – aus politischer Sicht – nicht billig geopfert werden, um das Siedlungsgebiet auszudehnen.

In Winterthur haben wir eher schwierig zu bewirtschaftende Waldgebiete, aber auch einfachere, wüchsige und ökologisch wertvolle. Das freut Waldbesucher und Forstleute gleichermassen. Forstwarte und Förster haben ihre Berufe bewusst gewählt, weil sie den Wald in seiner Verschiedenartigkeit mögen, genauso wie die körperliche Arbeit an der frischen Luft. Kein Wunder also, dass die Zufriedenheit und die Motivation der Mitarbeitenden im städtischen Forstbetrieb im Durchschnitt höher sind als in allen anderen Einheiten der Stadtverwaltung.»

Matthias Gfeller
Stadtrat und Kulturingenieur ETH, vor dem Gehege der Przewalskipferde im Wildpark Bruderhaus.

«Der Mensch kann nur dort leben, wo auch Bäume leben»

Matthias Gfeller
Stadtrat

Waldgebiet Sädelrain

TEIL 8

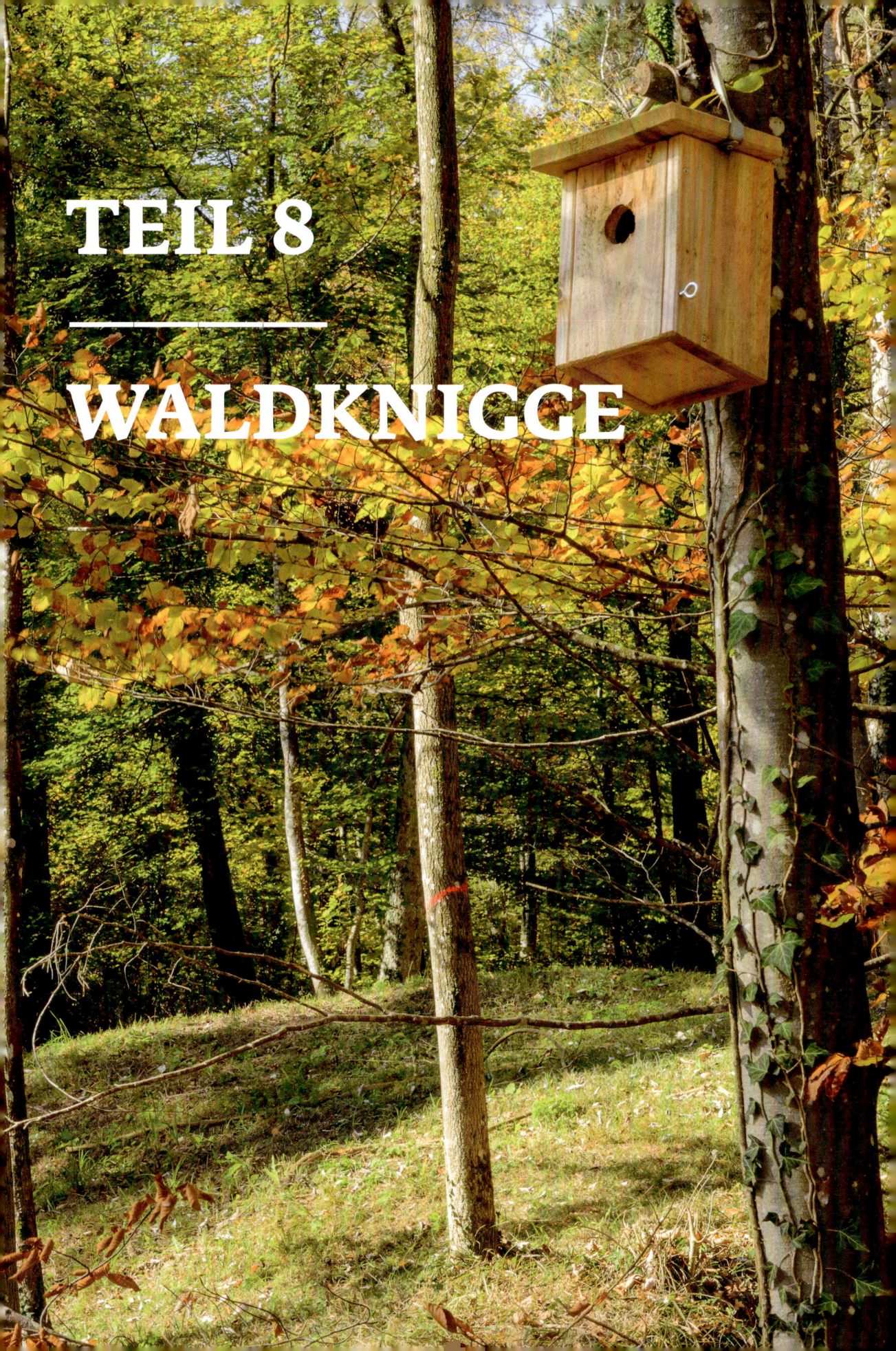

WALDKNIGGE

Der Winterthurer Wald ist ein ideales Erholungsgebiet: Nah gelegen, vielfältig und abwechslungsreich lädt er Gross und Klein zu Ausflügen und Entdeckungstouren aller Art ein. Jeder Wald gehört einem Eigentümer, trotzdem steht er allen Bürgerinnen und Bürgern offen. Einzig Gebiete, die zum Schutz des Jungwuchses respektive aus Sicherheits- oder aus Naturschutzgründen abgesperrt sind, dürfen nicht betreten werden. Für Spaziergänger, Joggerinnen, Biker oder Reiterinnen sind die Eigentumsverhältnisse im Wald demnach unerheblich. Wem auch immer ein Stück Wald gehört: Alle dürfen es besuchen und darin wild wachsende Beeren pflücken und Pilze sammeln.

Jeder geniesst den Wald auf seine Weise. Damit der Genuss nicht zum Verdruss wird, ist Respekt vor der Natur gefragt und Rücksicht auf die anderen Waldbesucherinnen und -besucher. Wer die nachfolgenden Regeln von A bis Z beachtet, hilft mit, den Winterthurer Wald als naturnahen Lebensraum und attraktives Naherholungsgebiet zu erhalten.

HÖFLICHKEITSREGELN VON A BIS Z

Abfall: Stört im Wohnzimmer und auch im Wald. Nehmen Sie Ihren Abfall mit und deponieren Sie ihn im nächsten Abfallkübel. Und anstatt sich über den Abfall anderer zu ärgern, lesen Sie ihn auf und entsorgen Sie ihn korrekt – allenfalls zu Hause, wenn gerade kein Abfallkübel in der Nähe steht. Das hilft der Natur und schont ihre Nerven.

Absperrungen: Schützen Sie und die Holzfäller. Kehren Sie um und wählen Sie eine andere Route, hier geht es nicht weiter.

Auto: Siehe Motor.

Ballone: Werden häufig als Wegweiser am Schnürchen an Bäume genagelt und gebunden – und später vergessen. Vergessen Sie's: Smartphones, GPS und Internet-Karten sind viel praktischer und hinterlassen im Wald keine Spuren.

Biken: Siehe Velo.

Biotope: Sind keine Planschbecken, sondern wichtige Refugien für Amphibien, Schnecken und Insekten.

Blumen: Pflücken Sie mit Mass und lassen Sie geschützte Arten stehen.

Feuer: Zünden Sie Feuer nur an Stellen an, die dafür vorgesehen sind, oder verzichten Sie ganz darauf, wenn es sehr trocken ist.

Grillieren: Siehe Feuer.

Hund: Behalten Sie Ihren Hund stets im Auge, damit Sie, Ihr Hund, die Rehe und die Jogger stressfrei unterwegs sind. Von April bis Juni – in der Brut- und Setzzeit – sollten Sie Ihren Hund unbedingt an die Leine nehmen und die Waldstrassen nicht verlassen.

Jungwuchs: Bewegen Sie sich vorsichtig durchs Unterholz und schonen Sie Jungbäume. An Ihnen werden sich dereinst Ihre Enkel erfreuen.

Jogging: Geniessen Sie Ihren Lauf auf einer der zahlreichen ausgeschilderten Laufstrecken oder auf anderen festen Waldwegen. Meiden Sie Trampelpfade.

Lebensraum: Seien Sie höflich und respektvoll, wenn Sie ins Wohnzimmer der Wildtiere eintreten.

Motor: Für den motorisierten Verkehr gilt auf allen Waldstrassen Winterthurs ein Fahrverbot, auch ohne Beschilderung. Lassen Sie das Auto ausserhalb des Waldes stehen und erkunden Sie das Gebiet zu Fuss.

Naturbeobachtung: Schauen Sie nur mit den Augen und berühren Sie keine Tiere, insbesondere keine Jungtiere im Nest.

Pferd: Siehe Reiten.

Pilze: Sammeln Sie Pilze mit Mass, höchstens ein Kilogramm pro Person. Vom 1. bis und mit 10. Tag jedes Monats ist das Sammeln verboten. Lassen Sie Ihre Pilze von Pilzkontrolleuren überprüfen, damit Sie sie sorglos verspeisen können.

Reh: Siehe Hund.

Respekt: Ist im Wald geboten – gegenüber der Natur und dem Waldeigentümer. Jeder Wald gehört jemandem; Waldbesucher sind nur Gäste.

Reiten: Nie auf dem Vita-Parcours oder auf Trampelpfaden, sondern nur auf festen Wegen. Auf dem Eschenberg, westlich der Sternwarte, gibt es für Reiterinnen und Reiter eine spezielle Galoppstrecke.

Rinde: Schützt den Baum wie eine Haut. Ritzen und schnitzen Sie keine Buchstaben, Zeichen oder Symbole auf lebende Bäume.

Töff: Siehe Motor.

Velo: Fahren Sie stets auf festen Wegen; den Wildtieren und den Pflanzen zuliebe. Klingeln Sie, bevor Sie an Spaziergängern, Hunden und Reitern vorbeisausen.

Zigaretten: Werfen Sie niemals brennende Zigaretten weg. Siehe auch Feuer.

VERANSTALTUNGEN IM WALD

Wer im Wald eine Veranstaltung durchführen will, braucht dafür möglicherweise eine Bewilligung der Forstpolizei. Sicher dann, wenn Musik- oder Lichtanlagen zum Einsatz kommen oder wenn voraussichtlich mehr als 500 Personen an der Veranstaltung teilnehmen. Veranstaltungen mit vermutlich mehr als 100 Personen sind meldepflichtig.

Während der Setzzeit des Wildes zwischen dem 15. April und dem 15. Juni bewilligt die Forstpolizei keine Veranstaltungen im Wald, ebenso lehnt sie Veranstaltungen in Naturschutzgebieten oder sonst ökologisch wertvollen Gebieten ab.

Die Aufgaben der Forstpolizei liegen in Winterthur beim städtischen Forstbetrieb.[360]

Waldgebiet Hulmen

Den Wald kann man beschreiben – in Wort und Bild. In seiner ganzen Pracht aber lässt er sich nicht auf Gedrucktes reduzieren. Das Wechselspiel von Licht und Schatten, die reiche Palette von Farben und Formen, die Fülle von Gerüchen und Tönen, all das wird nur erlebbar in der freien Natur. Die Winterthurer Wälder bieten eine unglaubliche Vielfalt an unterschiedlichen Waldbildern. Die folgenden zehn Streifzüge sollen Sie, liebe Leserin und lieber Leser, ermuntern, diese Waldbilder aufzuspüren und zu erleben. Betrachten Sie die abgebildeten Karten und die angegebenen Stichworte als Vorschläge. Ändern Sie Ihre Strecke nach Lust und Laune – und halten Sie stets Augen, Nase und Ohren offen. Sie werden auf kleinstem Raum einer Vielzahl von Tieren und Pflanzen mit unterschiedlichen Sinnen begegnen. Dabei werden Sie mehr erfahren über den Wald als alles, was Sie in Büchern lesen können.

TEIL 9
STREIFZÜGE

Teil 9 — **Streifzüge** | Durch die Wälder von Winterthur

Streifzug
Walcheweiher

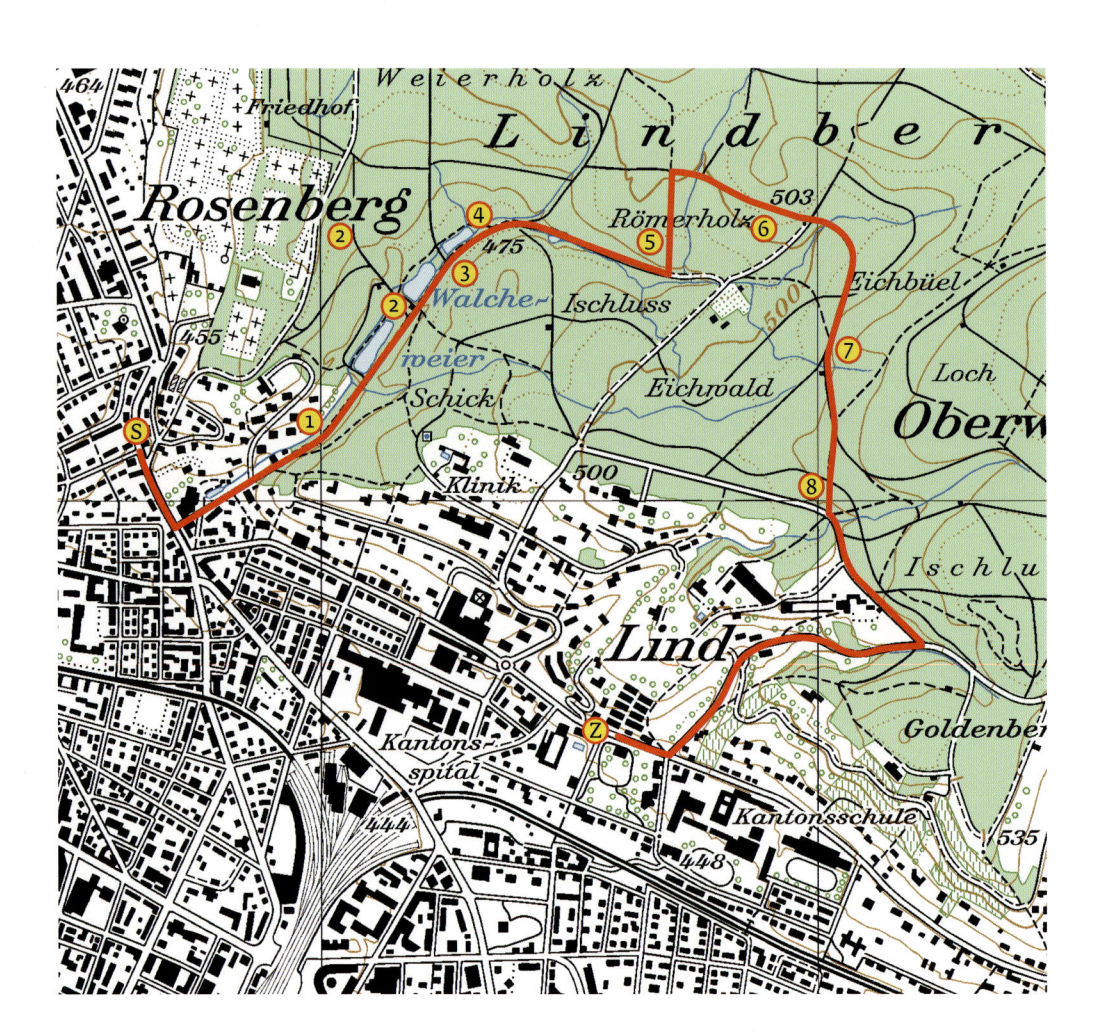

- **S** Haltestelle Loorstrasse, Bus Nr. 3.
- **1** Natürlicher Lauf des Rosentalbachs.
- **2** Mammutbäume an der Unteren Weiherstrasse.
- **3** Typischer Ahorn-Eschenwald.
- **4** Traubenkirschen-Eschenwald.
- **5** Rund 200 m vor dem Forsthaus links, auf dem Fussweg bis zur Kreuzung: Hier befinden sich zwei angelegte Kleingewässer für Amphibien und Wasserinsekten.
- **6** Typischer Waldmeister-Buchenwald.
- **7** Lungenkraut-Buchenwald mit Immenblatt.
- **8** Mockentobel: Hier stand einst das Lörlibad.
- **Z** Haltestelle Musikschule, Bus Nr. 10.

Teil 9 — Streifzüge | Durch die Wälder von Winterthur

Streifzug
Bruderhaus

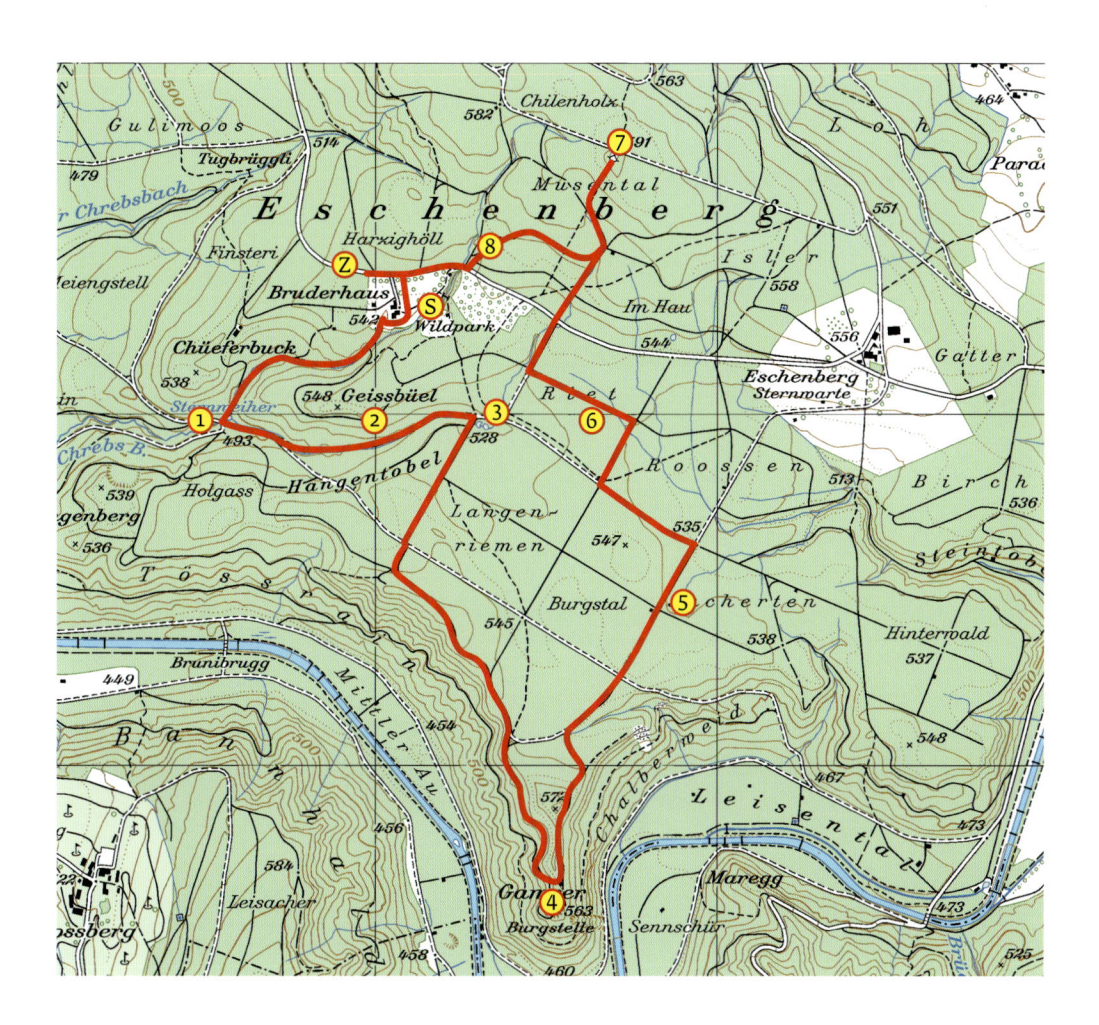

- **S** Haltestelle Bruderhaus, Bus Nr. 12; Start beim Informationspavillon des Wildparks Bruderhaus.
- **1** Weiher an der Unteren Hangentobelstrasse mit Grasfröschen, Gelbbauchunken, Feuersalamanderlarven, Klein- und Grosslibellen. Eine botanische Rarität ist die Seekanne.
- **2** Verschiedene Waldhirsen-Buchenwälder.
- **3** Amphibienteich, der 1974 angelegt wurde.
- **4** Standort der einstigen Burg Gamser.
- **5** Weiher im Juchterten: Rund 300 m nach der Burgstallhütte führt auf der rechten Seite ein etwa 100 m langer Pfad durchs Unterholz.
- **6** Grabhügel aus der älteren Eisenzeit, also aus der Hallstattzeit.
- **7** 30 m hoher Aussichtsturm.
- **8** Findlingslehrpfad der Naturwissenschaftlichen Gesellschaft Winterthur (NGW).
- **Z** Haltestelle Bruderhaus, Bus Nr. 12.

Waldlehrpfad
Seemer Tobel

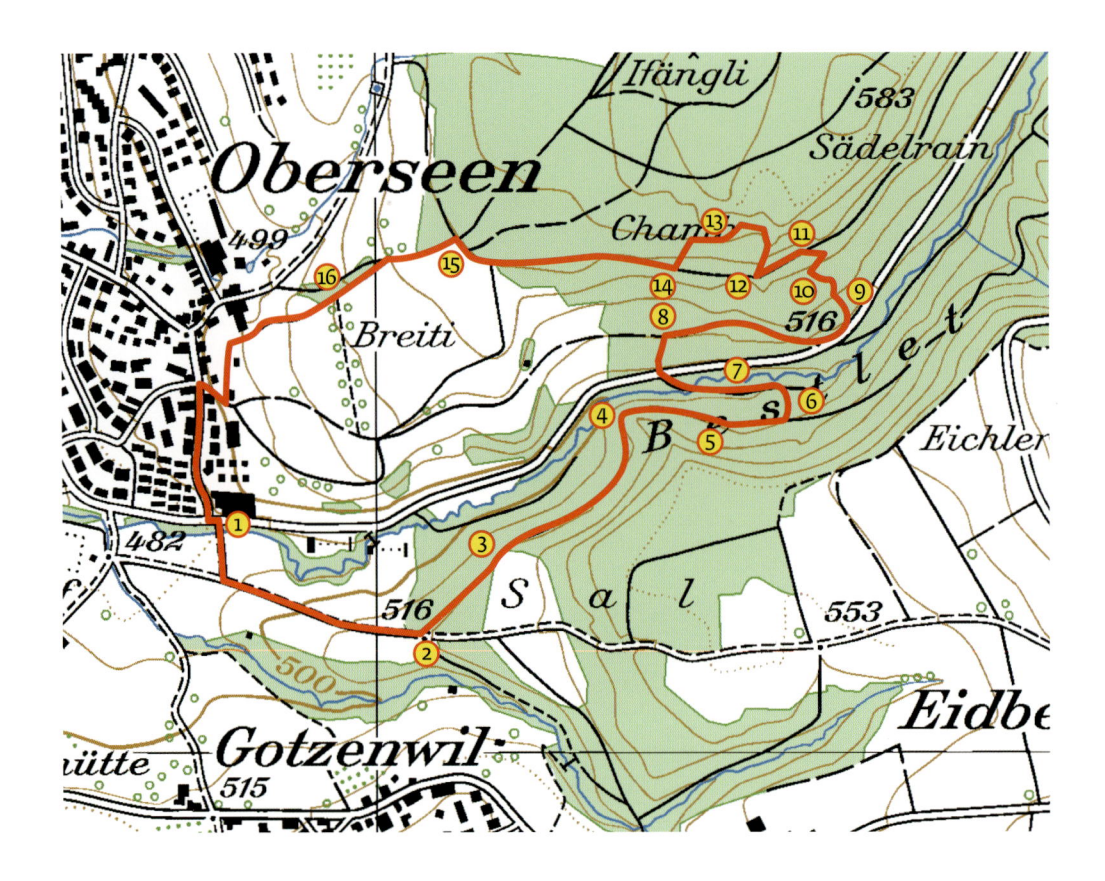

1. Start zum Waldlehrpfad Seemer Tobel.
2. Vom Urwald zum naturnahen Wald – Kleiner Knigge für den Waldbesuch.
3. Willkommen in der Waldstadt Winterthur – Aufgaben und Pflichten für Waldeigentümerinnen und Waldeigentümer.
4. Der heutige Wald ist multifunktional – nachhaltig und sozialverträglich.
5. Aktuelle und vergessene Waldformen.
6. Wertvoller Rohstoff aus dem Schweizer Wald – Naturverjüngung sorgt für passenden Nachwuchs.
7. Der Bach, ein dynamischer Lebensraum.
8. Waldgesellschaften – vielfältige Sammlung natürlicher Potenziale.
9. Amphibienparadiese im Stadtwald.
10. Der Wald im Wandel der Zeit.
11. Altes und totes Holz bringt Leben in den Wald – im Reich der xylobionten Käfer.
12. Eine Paradies für Licht und Wärme liebende Arten.
13. Der Wald und seine Schichten – Schmetterlinge sind da, wo es Licht und Wärme hat.
14. Die Bewohner des Waldes – Jagd im Dienste der Natur.
15. Der Wald als Freizeitarena – Zecken: ungeliebte und gefährliche Spinnentiere.
16. Waldrand – artenreiches Grenzland; Hecken strukturieren die Landschaft.

Teil 9 — Streifzüge | Durch die Wälder von Winterthur

Streifzug
Ritplatz

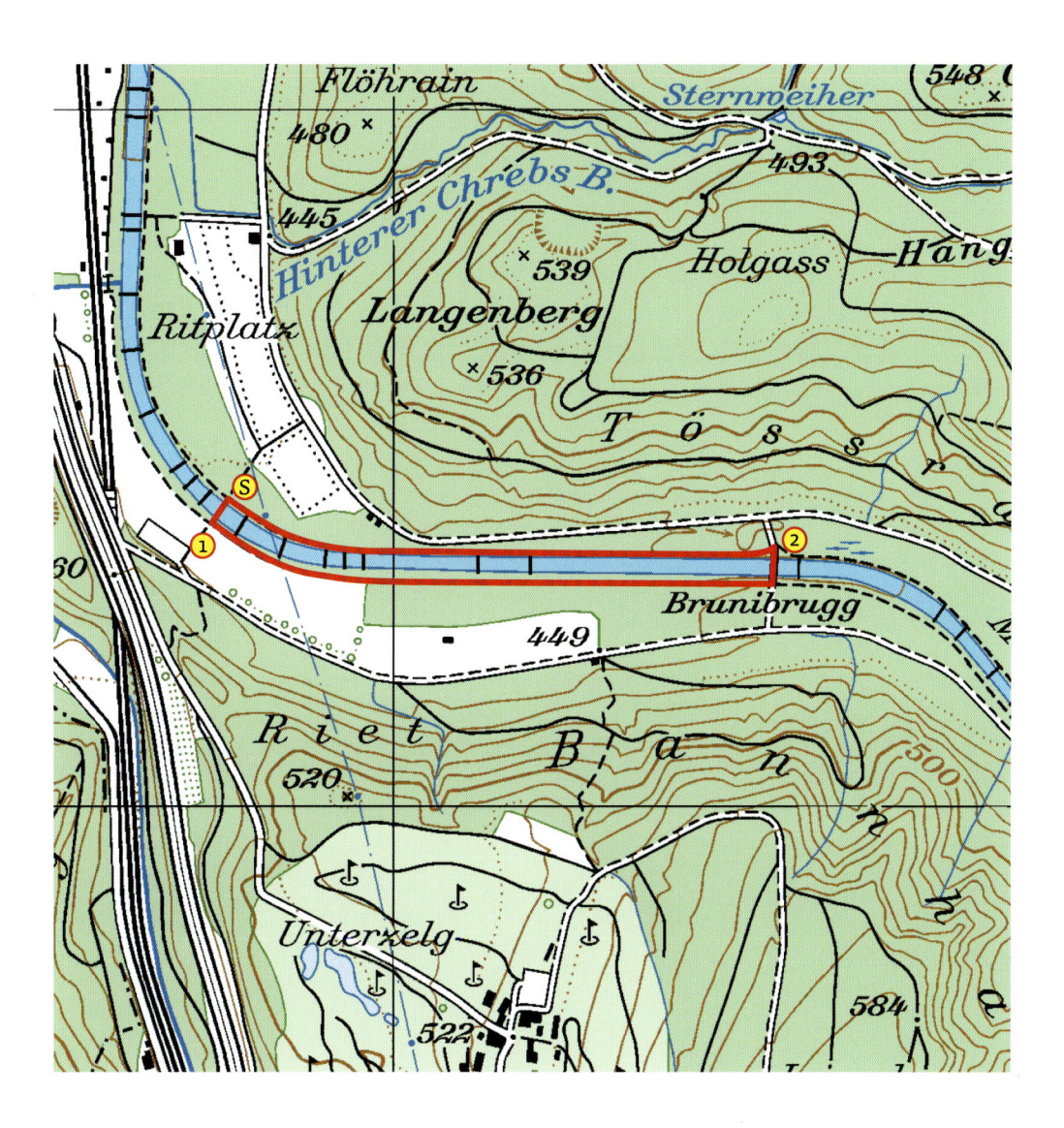

S Reitplatz, Frühblüher-Exkursion bis Ende April oder Anfang Mai mit Seidelbast, Kleines Immergrün, Maiglöckchen, Gewöhnliche Schuppenwurz, Huflattich etc.

❶ Von der Chinesenbrücke auf dem Fussweg dem südlichen Tössufer entlang hinauf bis zur Brunibrücke.

❷ Von der Brunibrücke auf der nördlichen Seite der Töss wieder zurück bis zur Chinesenbrücke.

Teil 9 — Streifzüge | Durch die Wälder von Winterthur

Streifzug
Rundweg Winterthur

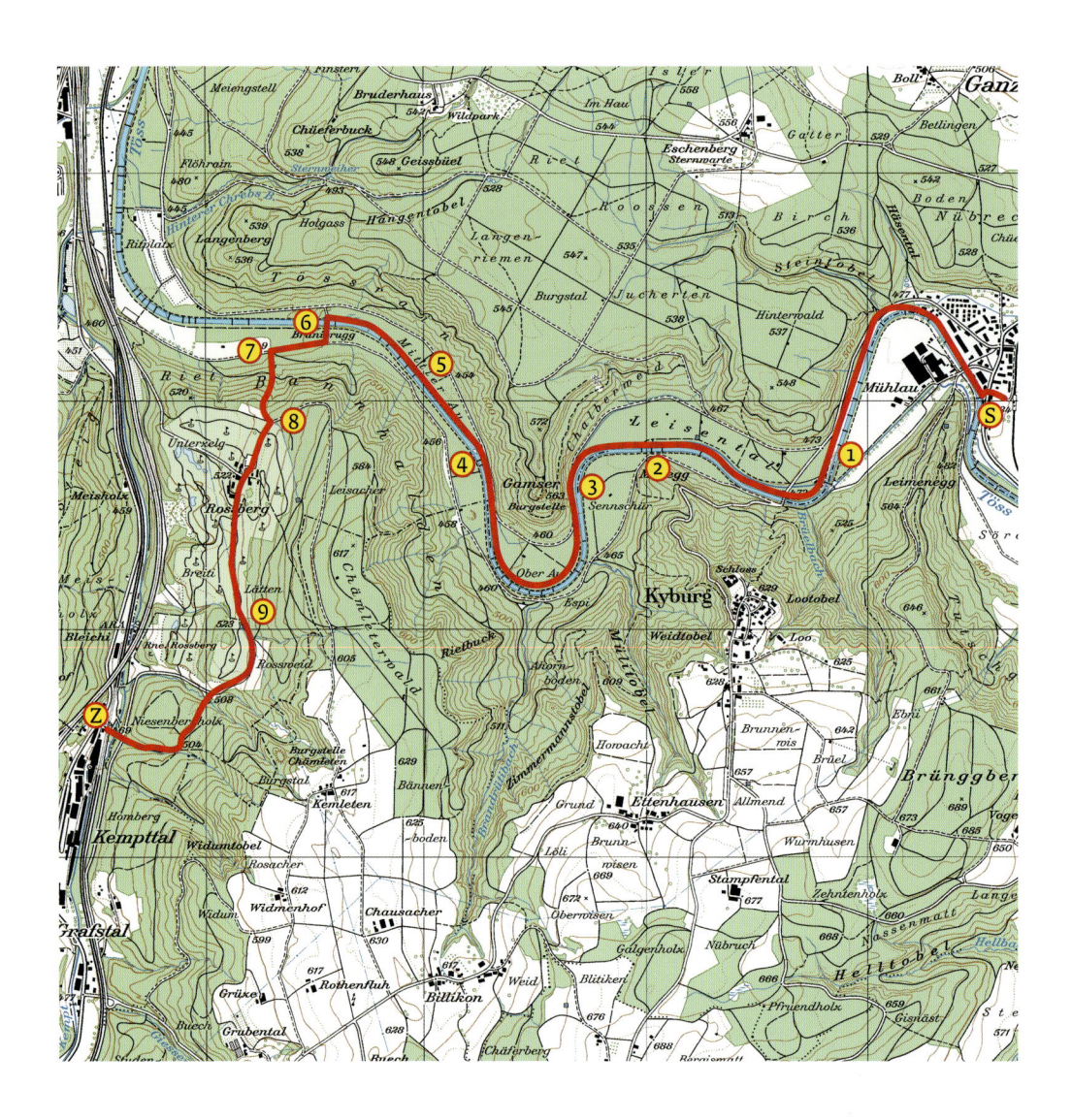

- **S** Bahnhof Sennhof.
- **1** Flechten und Pilze.
- **2** Naturschutz, aber sicher!
- **3** Wenn der Boden sich bewegt.
- **4** Zwischen Fels und Pflanzenwelt.
- **5** Sauberes Wasser: Dem Wald sei Dank.
- **6** Waldnutzung vorgestern, gestern, heute.
- **7** Heimliche Seiltänzer – die Haselmaus.
- **8** Wem gehört der Wald?
- **9** Von trauerndem und jubilierendem Federvieh.
- **Z** Bahnhof Kemptthal.

Teil 9 — Streifzüge | Durch die Wälder von Winterthur

Streifzug
Chomberg

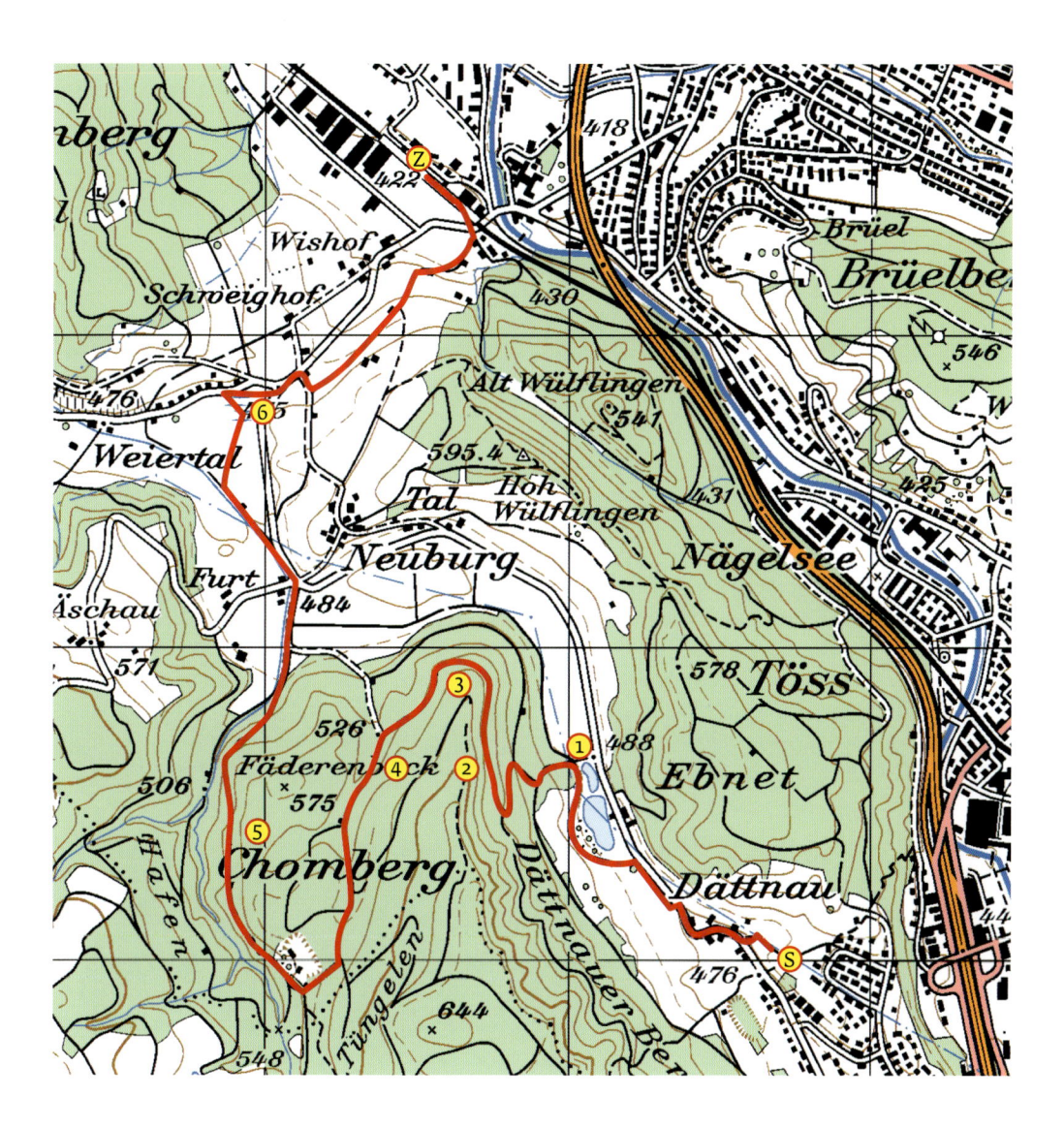

- **S** Haltestelle Hedy Hahnloser, Bus Nr. 5.
- **1** Weiher in der ehemaligen Lehmgrube Dättnau.
- **2** Eiben-Buchenwald.
- **3** St. Pirminsbrunnen: Quellhöhle im Sandsteinfelsen.
- **4** Aronstab-Buchenwald.
- **5** Eichenfördergebiet.
- **6** Rotary-Weiher.
- **Z** Bahnhof Wülflingen, Bus Nr. 7 oder Zug S 41.

Teil 9 — Streifzüge | Durch die Wälder von Winterthur

Streifzug
Hoh Wülflingen

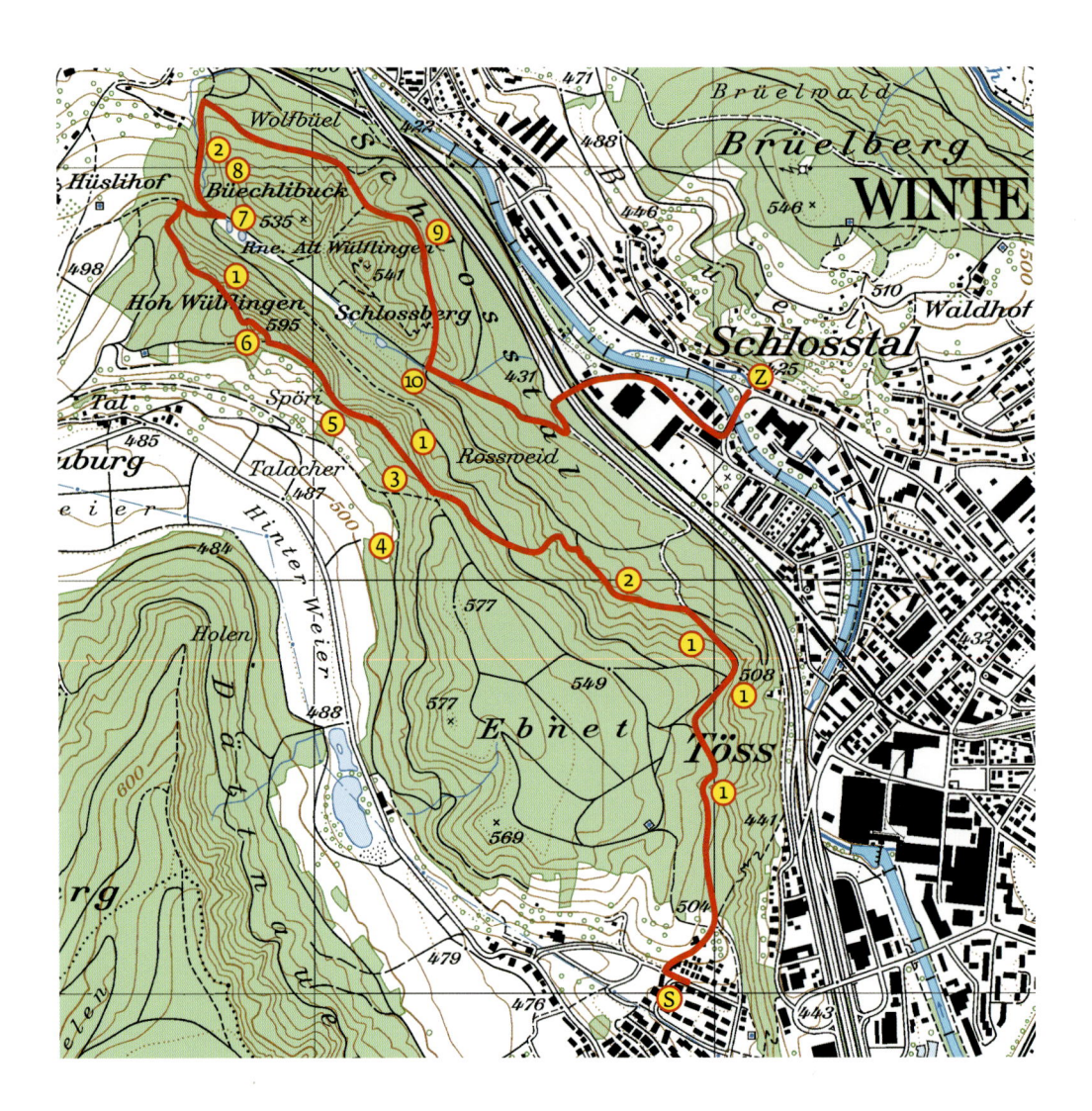

- **S** Haltestelle Dättnau, Bus Nr. 5.
- **1** Typischer Eiben-Buchenwald.
- **2** Aronstab-Buchenwald.
- **3** Pfeifengras-Föhrenwald.
- **4** Wertvolle, wechselfeuchte Magerwiese.
- **5** Lichter Föhrenhangwald mit Trockenwiese.
- **6** Aussichtspunkt Hoh Wülflingen.
- **7** Totentälchen, Amphibien-Biotope.
- **8** Bergseggen-Buchenwald.
- **9** Zahnwurz-Buchenwald mit Bärlauch.
- **10** Seggen-Bacheschenwald.
- **Z** Haltestelle Nägelsee, Bus Nr. 7.

Teil 9 — Streifzüge | Durch die Wälder von Winterthur

Streifzug
Etzberg

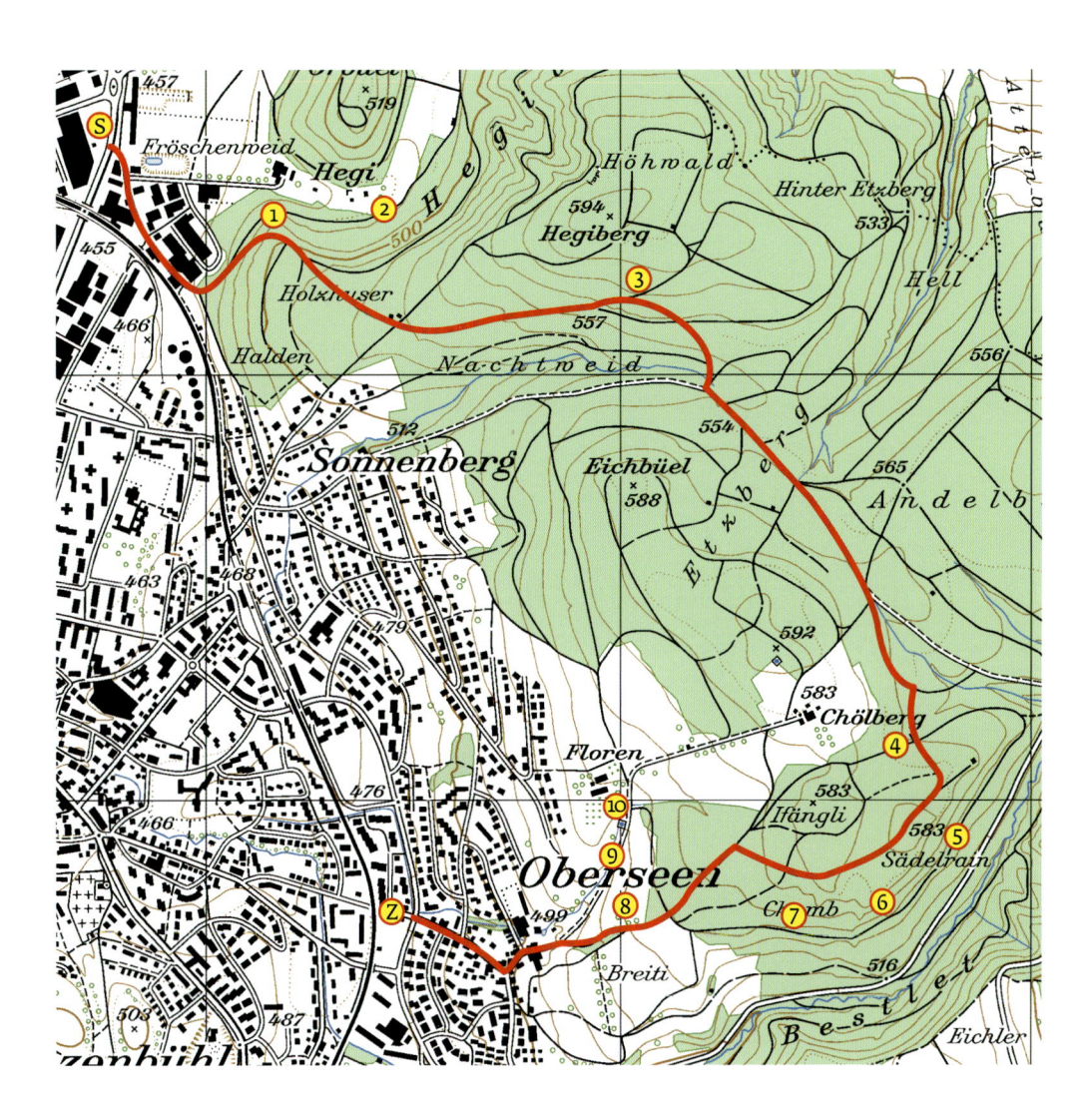

- **S** Haltestelle Ohrbühl, Bus Nr. 5, 14.
- **1** Typischer Zahnwurz-Buchenwald, artenarm.
- **2** Schmelzwasserrinne aus Würmeiszeit.
- **3** Bergseggen-Buchenwald.
- **4** Seggen-Bacheschenwald.
- **5** Typischer Lungenkraut-Buchenwald.
- **6** Orchideen-Föhrenwald.
- **7** Ahorn-Eschenwald mit Lungenkraut.
- **8** Mehrere geschützte Baumhecken.
- **9** Aussicht auf Oberseen, Seen und Stadt.
- **10** Natürlicher Bachlauf mit Sumpfpartien.
- **Z** Haltestelle Grüntal, Bus Nr. 3.

Teil 9 — Streifzüge | Durch die Wälder von Winterthur

Streifzug
Berenberg

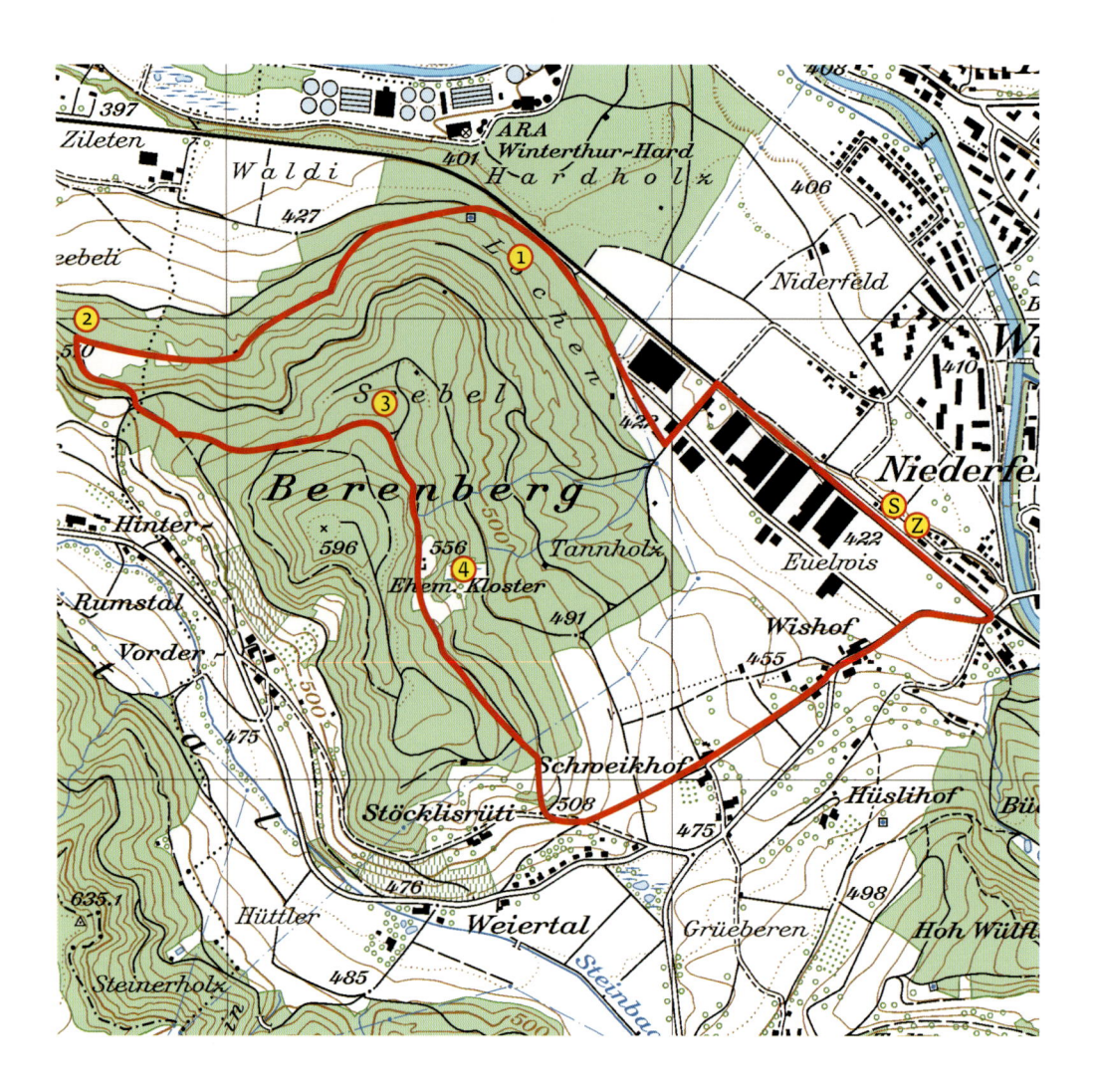

- **S** Start Bahnhof Wülflingen, Bahn entlang Richtung Pfungen, bis Unterführung, unten durch bis zum Wald, dann Wald Lochen entlang bis zu Franzosengräber.
- **1** Franzosengräben. Dann Waldrand entlang.
- **2** Senke zwischen Berenberg und Multberg: Magerwiesenflora mit zum Teil seltenen Arten.
- **3** Bergaufwärts zum Kloster Berenberg, Punkt 556.
- **4** Richtung Südosten bis Stöcklisrüti, zum ehemaligen Kloster Berenberg, Punkt 556. Rückweg zum Bahnhof Wülflingen.

In Anlehnung an die Exkursion 3 im Buch «Hintergrund – Untergrund. Archäologische Entdeckungsreise durch Winterthur». Neujahrsblatt der Stadtbibliothek Winterthur, Band 331.

Streifzug
Wolfesberg

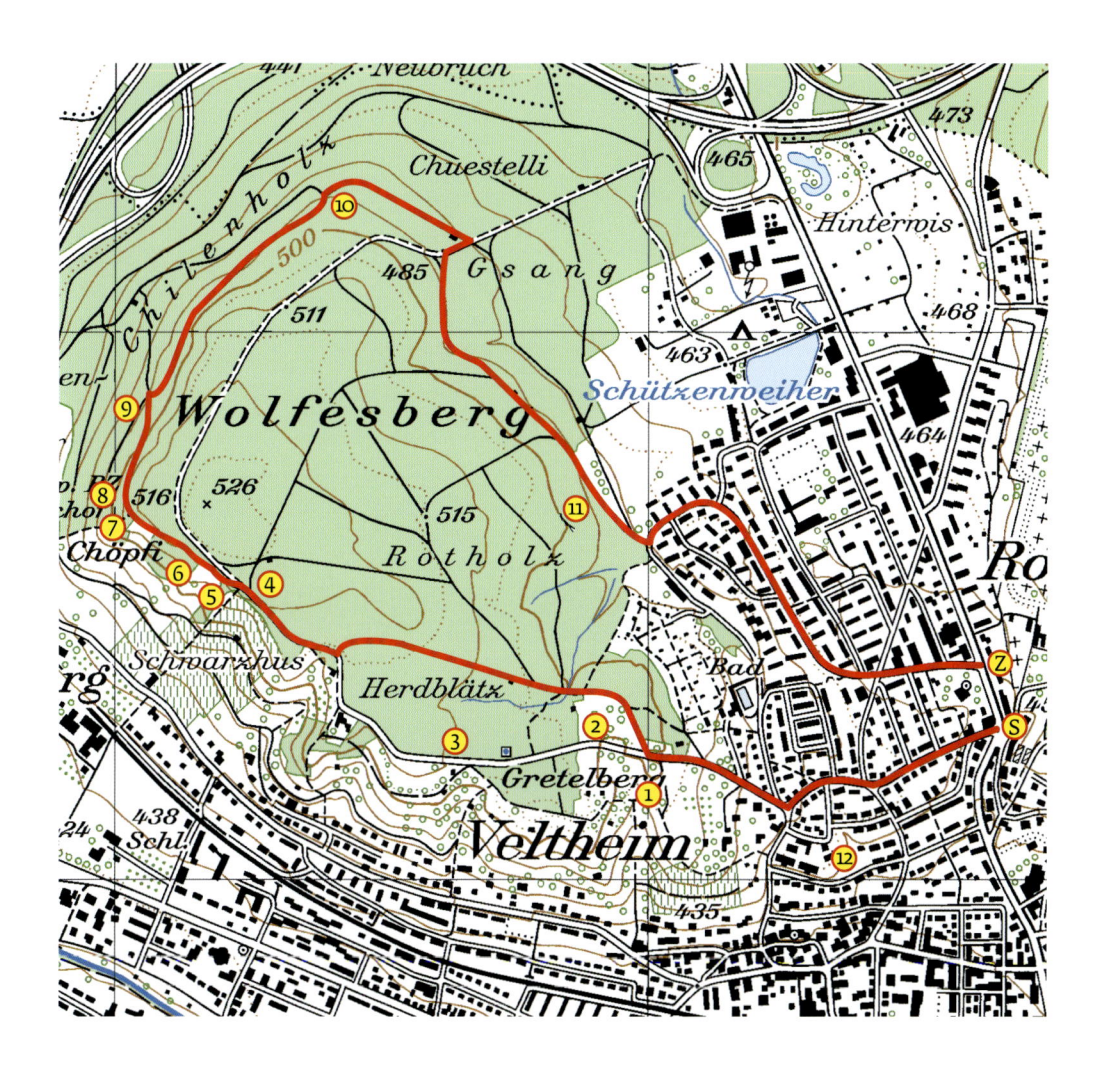

- **S** Haltestelle Friedhof, Bus Nr. 3.
- **1** Aussicht auf das Tösstal und die Alpen.
- **2** Waldmeister-Buchenwald mit Hainsimse.
- **3** Freizeitanlage Güetli.
- **4** Waldmeister-Buchenwald mit Hainsimse.
- **5** Typischer Weisseggen-Buchenwald.
- **6** Botanisch wertvolle Trockenwiese.
- **7** Chöpfi – Knauer aus Sandstein.
- **8** Geissklee-Föhrenwald.
- **9** Lungenkraut-Buchenwald mit Immenblumen.
- **10** Verschiedene Waldmeister-Buchenwälder.
- **11** Hexenfelsen: Ehemaliger Sandsteinbruch.
- **12** Naturlehrgarten Loorstrasse.
- **Z** Haltestelle Friedhof, Bus Nr. 3.

ANHANG

Die Schreibweise der geografischen und topografischen Namen in diesem Buch richtet sich nach der Landeskarte der Schweiz 1:25 000 von Swisstopo.

Anmerkungen

1 Als Stadt wird hier eine politische Gemeinde mit mehr als 10 000 Einwohnern und historischem Stadtrecht bezeichnet. Würde man alle politischen Gemeinden mit mehr als 10 000 Einwohnern berücksichtigen, läge Winterthur hinter Val-de-Travers, Einsiedeln, Glarus und Glarus Süd an fünfter Stelle.
2 Bundesamt für Statistik: Die grössten Seen und höchsten Berge, Stand 2009.
3 Definition gemäss Art. 1 des Waldgesetzes.
4 Bundesamt für Statistik: Arealstatistik Land Use – Gemeindedaten nach 10 Klassen. Erhebungsjahr 2008.
5 Statistisches Jahrbuch des Kt. ZH 2013, S. 196.
6 Jahrbuch Wald und Holz 2012. S. 14.
7 ebd.
8 Winterthur in Zahlen 2012
9 Fellmann 2012.
10 Per 31. Dezember 2013.
11 Gem. Vermessungsamt der Stadt Winterthur.
12 Eigene Messungen.
13 Gem. Forstbetrieb Winterthur
14 Baltisberger 2013, S. 70.
15 Weber 1905.
16 Steffen u. Trüeb 1964, S. 3–22.
17 Bolliger 1999, S. 53–57.
18 Weber 1905.
19 Fischli u. Weber 1916.
20 Weber 1907, S. 43–63 u. Arbenz 1913, S. 100–107.
21 Weber 1917, S. 153–177.
22 Mössmer 2001.
23 Ellenberg u. Leuschner 2010.
24 Frey u. Lösch 2010.
25 Bundesamt für Umwelt (2007): Bodenschutz Schweiz – ein Leitbild.
26 Krebs, 1899.
27 Pott u. Hüppe, 2007.
28 Nach der in der Klimageografie häufig verwendeten Klimaklassifikation von W.P. Köppen (bis 1918) und R. Geiger (ab 1930).
29 Klimaklassifikation nach C. Troll u. K. Paffen.
30 Krebs 1899.
31 Pott u. Hüppe 2007.
32 Steiger 2009, S. 116.
33 Schuler 2007.
34 Bundesverfassung von 1874.
35 Amstutz 2004.
36 Bundesamt für Umwelt 2013, S. 9.
37 Vgl. Art. 699 ZGB.
38 Quelle: Forstbetrieb Winterthur, 2014.
39 Diese Fläche ist grösser als die im Teil 1 und nachfolgend genannten 2681 ha, weil sie auch unbestockte Flächen wie Waldstrassen, Plätze, Werkhöfe etc. umfasst.
40 Ganz 1961, S. 345.
41 Forstbetrieb Winterthur, Stand 27.02.2013.
42 Kläui 1956, S. 60.
43 ebd., S. 62.
44 Ganz 1961, S. 346.
45 Ganz 1960.
46 Kläui 1956.
47 ebd., S. 64.
48 ebd., S. 68–69.
49 Ganz 1961, S. 348–349.
50 Kläui 1956, S. 73–74.
51 Ganz 1961, S. 348–349.
52 ebd., S. 346.
53 ebd.
54 ebd., S. 349.
55 ebd., S. 351.
56 Graf et al., 2000, S. 135.
57 Ganz 1961, S. 350–351.
58 Ganz 1972.
59 Stadt Winterthur 2005, S. 179–182.
60 Ganz 1972.
61 Betriebsplan Kümberg 1999.
62 Ganz 1972.
63 Protokoll Regierungsrat, 15.11.1924.
64 Protokoll Regierungsrat, 24.12.1924.
65 Protokoll Regierungsrat, 9.3.1933.
66 Schaufelberger 1991, S. 70 u. 74.
67 Huber 1986, S. 8.
68 Geschäftsbericht Stadtrat 2005.
69 Forstbetrieb Winterthur 2002, S. 6.
70 Siegerist 1992, S. 4.
71 Bundesamt für Umwelt: Jahrbuch Wald und Holz 2012, S. 23.

72 Schätzung, Betriebsplan in Revision, Hiebsatz noch nicht genehmigt.
73 Betriebsplan in Revision, Hiebsatz noch nicht genehmigt.
74 Mit einem Durchmesser von mehr als 12 cm; auf Brusthöhe gemessen.
75 Betriebsplan Eschenberg 2010/11 – 2019/20.
76 Waldentwicklungsplan: Waldfunktionen.
77 Waldentwicklungsplan: Besondere Ziele.
78 Mit einem Durchmesser von mehr als 12 cm; auf Brusthöhe gemessen.
79 Nach Holzvorrat. Betriebsplan Brühlberg-Schlosshof 2004, S. 2.
80 Lang 1961, S. 115.
81 Nach Holzvorrat.
82 Betriebsplan Töss 2010/11 – 2019/20.
83 Betriebsplan Wülflingen 2005.
84 Mitteil. Max Kern, Seuzach, 2013.
85 Vorratsanteile. Betriebsplan Wolfensberg 2003, S. 2.
86 Vorratsanteile. ebd.
87 Unveröff. Manuskr. H. Siegerist, 9.8.2002.
88 Betriebsplan Hornsäge 2007.
89 Geschäftsbericht Stadtrat 1999, S. 155 – 157; Geschäftsbericht Stadtrat 2000 S. 169 – 171.
90 Geschäftsbericht Stadtrat 2000, S. 169 – 171; Geschäftsbericht Stadtrat 1999, S. 155 – 157.
91 Geschäftsbericht Stadtrat 2012, S. 103 – 105.
92 Wolf 2006.
93 Wüthrich 2008.
94 Vgl. Ammann 2012.
95 Wüthrich 2008, S. 2.
96 Betriebsplan Staatswald Hegi-Töss 2004/05.
97 Betriebsplan Staatswald Hegi-Töss 2004/05.
98 Weisz et al. 1983, S. 72.
99 Geschäftsbericht Stadtrat 2006, S. 106 – 107.
100 Verkauf von Teilrechten der HKOW, Dokumentation vom 9.10.2013.
101 Niederhäuser u. Zehnder 2007.
102 Weisz et al. 1983, S. 326.
103 Weisz et al. 1983, Band I, S. 326 – 328.
104 Niederhäuser u. Zehnder 2007.
105 Holzkorporation Oberwinterthur: Verkauf von Teilrechten der Holzkorporation Oberwinterthur, Dokumentation 9.10.2013.
106 Schärer 2011, S. 2.
107 Huber 1936, S. 3.
108 Weisz et al. 1983, Band I, S. 331.
109 Weisz Leo et al. 1983, Band I, S. 153 – 157.
110 Ein Tauner war ein Kleinbauer mit wenig oder gar keinem Grundbesitz, der als Taglöhner oder Handwerker arbeitete und nur geringes oder gar kein Anteilrecht an der Allmendnutzung hatte. (Weisz et al. 1983, Band I, S. 427)
111 Huber 1936, S. 10.
112 Huber 1986.
113 Verfügung der Direktion der Volkswirtschaft des Kantons Zürich, 15.11.1984.
114 Mitgliederverzeichnis der Waldkorporation Reutlingen-Stadel, 25.11.2012.
115 Betriebsplan Privatwaldkorporation Reutlingen-Stadel 2006/07 – 2015/16.
116 Huber 1986, S. 30.
117 Betriebsplan Privatwaldkorporation Seen-Winterthur 2004 – 2014.
118 Mitteil. Baudir. des Kt. ZH, ALN, Abt. Wald, Forstkreis 4, 27.11.2013.
119 Ziegler 1975, S. 157 – 162 u. 199 – 202.
120 Protokoll Regierungsrat, 26.4.1919.
121 Wirtschaftspläne 1848, 1894, 1916, 1935, 1952, 1976, 1986.
122 Mitteil. Privatwaldverband Wülflingen.
123 Bolliger 1999, S. 47.
124 ebd., S. 45 u. 48.
125 Küster 2000, S. 17.
126 Küster 2008, S. 23.
127 ebd., S. 24.
128 Bolliger 1999, S. 63.
129 Küster 2008, S. 25 – 28.
130 Schuler 2000, S. 45.
131 ebd.
132 ebd., S. 43.
133 Vgl. Kaiser 1979; Kaiser 1989; Kaiser 1993.
134 Schuler 2000, S. 43.
135 ebd., S. 46 u. 50.
136 ebd., S. 40 – 50.
137 Hauser 1972, S. 12.
138 Wiedemer 1965, S. 5.
139 Vgl. Graf et al. 2000, S. 34; Wildberger et al. 2011, S. 54.
140 Wiedemer 1965, S. 11 – 15.

141 Wiedemer 1965, S. 17–22.
142 Graf et al. 2000, S. 41.
143 Wiedemer 1965, S. 54.
144 ebd., S. 23.
145 ebd., S. 33.
146 Hauser 1972, S. 15–16.
147 ebd., S. 7–8.
148 ebd., S. 8.
149 ebd., S. 19.
150 ebd., S. 10.
151 Jahresbericht der Stadt Winterthur 1896.
152 Hauser 1972, S. 11.
153 Nach Schuler 2000, S. 53.
154 Hauser 1972, S. 7–21; Jauch u. Zollinger 2010, S. 5.
155 Vgl. Jauch u. Zollinger 2010 u. Jauch 2010.
156 Hauser 1972, S. 13–19.
157 Wiedemer 1965, S. 7–10.
158 Mitteil. des Bundesamtes für Strassen: «Archäologie: Bedeutender Römerfund in Wiesendangen und Rickenbach.» http://www.astra.admin.ch. Abgerufen am 9.1.2014.
159 Hauser 1972, S. 20.
160 Schuler 2000, S. 55.
161 Schiesser 1991, S. 46 u. 49.
162 ebd., S. 44.
163 ebd., S. 48.
164 ebd.
165 Ziegler 1909.
166 Hauser 1921, S. 84.
167 STAW B 2/2, Folio 8 f, Übers. P. Niederhäuser.
168 STAW, B 2/5, Folio 41, Übers. P. Niederhäuser.
169 Ziegler 1909, S. 26.
170 Ganz 1961, S. 351–352.
171 Ganz 1961, S. 345ff.
172 STAW, B 2/5, Folio 537.
173 ebd.
174 Suter 2013.
175 STAW, S. 125b.
176 STAW B 3 h 1.
177 STAW, S. 43.
178 STAW II B 4 a 7 a.
179 STAW, S. 66.
180 Ganz 1972, S. 108–109.
181 Schoch 1990, S. 68.
182 Steffen u. Trüeb 1964, S. 10.
183 Betriebsplan Lindberg-Mörsburg 2004, S. 8.
184 Vgl. Wiesner 1994.
185 Protokoll Regierungsrat, 24.9.1942.
186 Mitteil. Peter Niederhäuser, 20.3.2014.
187 H. Siegerist, undat. Manuskr., unveröff.
188 Geschäftsbericht Stadtrat 2004, S. 179–182.
189 Betriebsplan Lindberg-Mörsburg 2004, S. 8.
190 H. Siegerist, Manuskr. 16.8.2010, unveröff.
191 Geschäftsbericht Stadtrat 2000, S. 169–171.
192 Geschäftsbericht Stadtrat 2002, S. 171–173.
193 Geschäftsbericht Stadtrat 2002, S. 171–173.
194 Geschäftsbericht Stadtrat 2003, S. 181–184.
195 Geschäftsbericht Stadtrat 2007, S. 115–116.
196 Weitere Öfen der Familie Pfau stehen im Schloss Wülflingen, in der Mörsburg und im Museum Lindengut.
197 Protokoll HKOW 1851; Mitteil. Peter Niederhäuser, Winterthur, 20.9.2013.
198 Knoepfli Adrian: UBS – Es begann in Winterthur. In: Der Landbote, 25.06.2012.
199 Mitteil. Peter Niederhäuser, 20.9.13.
200 Geschäftsbericht Stadtrat 2002, S. 171–173.
201 Schärer Gody: Zum Jubiläum 175 Jahre Holzkorporation Hegi, 2011.
202 Huber 1986, S. 30.
203 ebd., S. 31.
204 ebd, S. 39.
205 ebd., S. 40.
206 Umweltbericht Winterthur 2009, S. 67.
207 Bloch 1989, S. 17.
208 Swild 2010, S. 49.
209 Jahresbericht der Stadt Winterthur von 1896.
210 Kläui 1956, S. 31.
211 Stauber 1953, S. 80.
212 Mit künstlicher Insel Töss verbreitert. In: NZZ, 17.10.2002.
213 Weber 1924, S. 2.
214 ebd., S. 57.
215 Wild u. Szostek, 2007.
216 Siegerist, Forster, Krebs 1976, S. 22.
217 Einst und jetzt. Zeitschrift zu Archäologie und Denkmalpflege im Kt. ZH, 4/2012. S. 26.
218 Ziegler 1981, S. 70.
219 Kägi 1960, S. 94.
220 Mitteil. Max Kern, Seuzach, 2013.
221 Betriebsplan Wolfensberg 2003, S. 2.

222 Vorratsanteile. ebd.
223 H. Siegerist, Manuskr. 9.8.2002, unveröff.
224 Geschäftsbericht Stadtrat 2011, S. 111–112.
225 Mitteil. Hermann Siegerist, 2013.
226 Betriebsplan Wolfensberg 2003.
227 Mitteil. Max Kern, Seuzach; H. Siegerist, Manuskr. 9.7.2012, unveröff.
228 Mitteil. Max Kern, 2013.
229 Möckli 2008.
230 Geschäftsbericht Stadtrat 2001, S. 169–171.
231 Hauser 1921, S. 153.
232 Ziegler 1975, S. 41.
233 Eine ausführliche wissenschaftl. Dokumentation der Neuauswertungen der Ausgrabungen 1970–1972 u. der Nachuntersuchungen 2009 findet sich in Schmaedecke 2011.
234 Ziegler 1975, S. 41–50.
235 Stingelwagner, Haseder u. Erlbeck 2009.
236 Waldentwicklungsplan 2010.
237 ebd.
238 ebd.
239 Ammann 2005, S. 42–46.
240 Steiger 2009, S. 71.
241 Geschäftsbericht Stadtrat 2000.
242 Forest Stewardship Council, Arbeitsgruppe Schweiz: Nationaler FSC-Standard 2008.
243 Geschäftsbericht Stadtrat 2005.
244 Informationsschreiben Herbst 2009/10 des Forstbetriebs Winterthur, 7.12.2009.
245 Puhlmann u. von Wilpert 2013, S. 9.
246 Moser et al. 2002, S. 109–112.
247 Koordinationsstelle Biodiversitäts-Monitoring Schweiz 2009, S. 47–55.
248 Koordinationsstelle Biodiversitäts-Monitoring Schweiz 2009, S. 47–55.
249 Kanton Zürich 2010.
250 Koordinationsstelle Biodiversitäts-Monitoring Schweiz 2009, S. 47–55; Mössmer 2010.
251 Harde u. Severa 2009, Käferführer, S. 270.
252 Harde u. Severa 2009, Käferführer, S. 268.
253 Biodiversitäts-Monitoring 2009, S. 47–55.
254 Mössmer 2010.
255 Mössmer 2010.
256 Biodiversitäts-Monitoring 2009, S. 47–55.
257 Morier u. Kuhn 2005, S. 4–8.
258 Bundesamt für Statistik: Die grössten Seen und höchsten Berge. Stand 2009.
259 Umweltbericht Winterthur 2009, S. 63–68.
260 Forstbetrieb Winterthur: Projekte zur Aufwertung von Natur- und Erholungsräumen.
261 Stadt Winterthur 2013, S. 60.
262 Forstbetrieb Winterthur: Projekte zur Aufwertung von Natur- und Erholungsräumen.
263 Forstbetrieb Winterthur: Projekte zur Aufwertung von Natur- und Erholungsräumen.
264 Stadt Winterthur 2013, S. 61.
265 Senn-Irlet 2012, S. 3.
266 ebd.
267 Scheidegger 2002, S. 20.
268 ebd., S. 9.
269 Wermelinger u. Duelli 2003, S. 104–112.
270 Frei Adrienne: Xylobionte Käfer, Winterthur Hardholz. Bericht Feldaufnahmen 2011.
271 Schweizer Vogelschutz SVS/BirdLife Schweiz, Merkblatt «Waldtagfalter, Ansprüche und Lebensräume.
272 Karch, Merkblatt «Der Grasfrosch – Lebensweise und Schutzmöglichkeiten».
273 Karch, Merkblatt «Die Erdkröte – Lebensweise und Schutzmöglichkeiten».
274 Karch, Merkblatt «Die Geburtshelferkröte – Lebensweise und Schutzmöglichkeiten».
275 Karch, Merkblatt «Die Gelbbauchunke – Lebensweise und Schutzmöglichkeiten».
276 Karch, Merkblatt «Der Bergmolch – Lebensweise und Schutzmöglichkeiten».
277 Stiftung zum Schutze unserer Fledermäuse in der Schweiz (SSF).
278 Mitteil. Gaby Staehlin, Winterthur.
279 Alle Angaben zu einzelnen Arten von SSF.
280 Mitteil. Gaby Staehlin, Winterthur.
281 Weggler et al. 2009, S. 5.
282 ebd., S. 44.
283 Zürcher Vogelfinder, ZVS/BirdLife Zürich.
284 Zürcher Vogelfinder, ZVS/BirdLifeZürich.
285 Eidg. Jagdstatistik, 2012.
286 ebd.
287 Geschäftsbericht Stadtrat 1999, S. 155–157.
288 Geschäftsbericht Stadtrat 2001, S. 169–171.
289 Geschäftsbericht Stadtrat 2002, S. 171–173.
290 Schaufelberger 1991, S. 135.
291 Fischerei- und Jagdverwaltung Kt. ZH.

292 Losey u. Wehrli 2013, S. 5.
293 Vgl. Hess u. Trüeb, 1959.
294 Die Fassung Buechrain wurde nach dem Bau der neuen Tösstalstrasse ausser Betrieb genommen und 2011 abgebrochen.
295 Stadtwerk Winterthur.
296 Hegg, Jeisy u. Waldner 2004, S. 19.
297 BAFU und WSL 2013, S. 58.
298 Wirtschaftsstatistik Stadt Winterthur 2011.
299 Suva.
300 Geschäftsberichte Stadtrat, 2005–2011.
301 Geschäftsbericht Stadtrat 2011, S. 111.
302 BAFU u. WSL 2013, S. 37–38.
303 BAFU u. WSL 2013, S. 67.
304 Felber 1910, S. 4.
305 Douglasien wurden zu den Rottannen gezählt. Sie waren damals am anfälligsten auf Sturmschäden: Jede 5. Douglasie wurde 1967 Opfer der Winterstürme. Sturm Lothar bestätigte diese Beobachtung allerdings nicht.
306 Madliger 1970, S. 16–19.
307 Messstationen von MeteoSchweiz.
308 Messstationen von MetoSchweiz.
309 Geschäftsbericht Stadtrat 1999, S. 155–157; Geschäftsbericht Stadtrat 2000, S. 169–171.
310 Madliger 1956, S. 97.
311 Unser schöner Birchwald – 150 Jahre Holzkorporation Hegi 1836–1986. 48 S.
312 Geschäftsbericht Stadtrat 2001, S. 169–171.
313 Geschäftsbericht Stadtrat 2002, S. 171–173.
314 Geschäftsbericht Stadtrat 2003, S. 181–184.
315 Geschäftsbericht Stadtrat 2009, S. 133–134.
316 Angaben des Bundesamtes für Meteorologie und Klimatologie MeteoSchweiz.
317 Perroud u. Bader, 2013, S. 13.
318 S. Roth, Plattner u. Amrhein 2014.
319 Engesser et al. 2008, S. 346.
320 Petercord et al. 2009, S. 4.
321 Perroud u. Bader 2013, S. 51–53.
322 Jandl, Gschwantner u. Zimmermann 2012, S. 9–12.
323 Brang et al., 2009, S. 27.
324 Prietzel u. Bachmann 2011, S. 52.
325 Geschäftsberichte Stadtrat 1999–2012.
326 Braun u. Flückiger, Zustandbericht 2013.
327 Nierhaus-Wunderwald u. Engesser 2003. S. 1

328 Heiniger 2003, S. 410.
329 Stingelwagner, Haseder u. Erlbeck 2009.
330 Mitteil. UVEK, 5.5.2011.
331 Felber, 1910, S. 15.
332 Lenz et al. 2012.
333 Landesforstinventar 2013.
334 Engesser 2010.
335 Engesser 2009, S. 24.
336 Schuhmacher et al. 2007.
337 Engesser 2009; Engesser 2012.
338 Metzler 2011.
339 Braun u. Walter, Bericht 4, 2013, S. 112.
340 Engesser u. Meier 2012.
341 Lenz et al. 2012.
342 FVA Baden-Württemberg: Waldschutzbericht 2012/2013.
343 Biodiversitäts-Monitoring 2009, S. 60.
344 Angaben Info Flora.
345 Art. 8 h des Übereinkommens.
346 Nobis 2008, S. 46–47.
347 Info Flora, Schwarze Liste und Watch Liste, Stand März 2013.
348 Geschäftsbericht Stadtrat 2012, S. 103–105.
349 Wermelinger 2011, S. 45.
350 Frey u. Lüscher 2008, S. 5.
351 Lüscher et al. 2010, S. 1.
352 Frey u. Lüscher 2008, S. 7.
353 Bodenschäden durch Befahrung, Merkblatt, Forstliche Versuchs- und Forschungsanstalt Baden-Württemberg.
354 Meyer, Lüscher u. Schulin 2011, S. 42.
355 BfS: Arealstatistik 1979/85, 1992/97, 2004/09: Entwicklung der Bodennutzung in den Gemeinden nach 4 Hauptbereichen (Land Use), 2013.
356 Nellen 2012.
357 Waldentwicklungsplan 2010, S. 19.
358 Vgl. auch Nationales Forschungsprogramm NFP 66. Ressource Holz. Modul 1: Rohholz – Verfügbarkeit, Beschaffungspolitik und -prozesse. Den Holzmarkt verstehen: zwischen Versorgung und Multifunktionalität.
359 Waldentwicklungsplan 2010, S. 19–20.
360 Auskünfte über die Bewilligungen von Veranstaltungen im Wald erteilt der Forstbetrieb Winterthur, forstbetrieb.winterthur.ch.

Wildpflanzen in Winterthur

Verzeichnis der in Winterthur nachgewiesenen Wildpflanzen (in Klammern die wissenschaftlichen Namen)

Ackerröte (Sherardia arvensis)
Adlerfarn (Pteridium aquilinum)
Ahorn, Berg- (Acer pseudoplatanus)
Ahorn, Feld- (Acer campestre)
Ahorn, Spitz- (Acer platanoides)
Akelei, Dunkle (Aquilegia atrata)
Akelei, Gemeine (Aquilegia vulgaris)
Alpenmassliebchen (Aster bellidiastrum)
Ampfer, Krauser (Rumex crispus)
Ampfer, Stumpfblättriger (Rumex obtusifolius)
Aster, Berg- (Aster amellus)
Augentrost, Gemeiner (Euphrasia rostkoviana)
Baldrian, Holunderblättriger (Valeriana sambucifolia)
Bärenklau, Riesen- (Heracleum mantegazzianum)
Bärenklau, Wiesen- (Heracleum sphondylium)
Bärentraube, Echte (Arctostaphylos uva-ursi)
Bärlauch (Allium ursinum)
Berberitze, Gewöhnliche (Berberis vulgaris)
Berufkraut, Drüsiges (Erigeron atticus)
Berufkraut, Kanadisches (Conyza canadensis)
Berufkraut, Scharfes (Erigeron acer)
Betonie, Echte (Stachys officinalis)
Bibernelle, Grosse (Pimpinella major)
Bibernelle, Kleine (Pimpinella saxifraga)
Bingelkraut, Wald- (Mercurialis perennis)
Binse, Flatter- (Juncus effusus)
Binse, Stumpfblütige (Juncus subnodulosus)
Binsenschneide (Cladium mariscus)
Birke, Hänge- (Betula pendula)
Birngrün (Orthilia secunda)
Bitterkraut, Gewöhnliches (Picris hieracioides)
Bitterling, Durchwachsenblä. (Blackstonia perfoliata)
Blaugras, Kalk- (Sesleria caerulea)
Blutweiderich, Gewöhnlicher (Lythrum salicaria)
Blutwurz (Potentilla erecta)
Bocksbart, Wiesen- (Tragopogon pratensis)
Braunelle, Grossblütige (Prunella grandiflora)
Braunelle, Kleine (Prunella vulgaris)
Braunwurz, Knotige (Scrophularia nodosa)
Breitwegerich (Plantago major)
Brennnessel, Grosse (Urtica dioica)
Brombeere, Gefurchte (Rubus sulcatus)
Buche, Rot- (Fagus sylvatica)
Buschwindröschen (Anemone nemorosa)
Christophskraut, Ähriges (Actaea spicata)
Distel, Alpen- (Carduus defloratus)
Dornfarn, Breitblättriger (Dryopteris dilatata)
Dornfarn, Gewöhnlicher (Dryopteris carthusiana)
Douglasie (Pseudotsuga menziesii)
Dürrwurz (Inula conyzae)
Eberwurz, Steife (Carlina biebersteinii)
Efeu, Gemeiner (Hedera helix)
Ehrenpreis, Ähriger (Pseudolysimachion spicatum)
Ehrenpreis, Bach- (Veronica beccabunga)
Ehrenpreis, Berg- (Veronica montana)
Ehrenpreis, Echter (Veronica officinalis)
Ehrenpreis, Efeu- (Veronica hederifolia)
Ehrenpreis, Faden- (Veronica filiformis)
Ehrenpreis, Feld- (Veronica arvensis)
Ehrenpreis, Gamander- (Veronica chamaedrys)
Ehrenpreis, Glänzender (Veronica polita)
Ehrenpreis, Grosser (Veronica teucrium)
Ehrenpreis, Nesselblättriger (Veronica urticifolia)
Ehrenpreis, Persischer (Veronica persica)
Ehrenpreis, Quendel- (Veronica serpyllifolia)
Eibe, Europäische (Taxus baccata)
Eiche, Flaum- (Quercus pubescens)
Eiche, Stiel- (Quercus robur)
Eiche, Trauben- (Quercus petraea)
Einbeere, Vierblättrige (Paris quadrifolia)
Eisenhut, Wolfs- (Aconitum vulparia)
Eisenkraut, Echtes (Verbena officinalis)
Elsbeere (Sorbus torminalis)
Enzian, Gefranster (Gentiana ciliata)
Enzian, Schlauch- (Gentiana utriculosa)
Enzian, Schwalbenwurz- (Gentiana asclepiadea)
Erdbeere, Moschus- (Fragaria moschata)
Erdbeere, Wald- (Fragaria vesca)
Erdrauch, Blasser (Fumaria vaillantii)
Erle, Grau- (Alnus incana)
Esche, Gemeine (Fraxinus excelsior)
Esparsette, Saat- (Onobrychis viciifolia)
Essigbaum (Rhus typhina)
Faulbaum (Frangula alnus)

Federschwingel, Mäuseschwanz- (*Vulpia myuros*)
Feinstrahl (*Erigeron annuus*)
Felsenbirne, Gewöhnliche (*Amelanchier ovalis*)
Felsennelke, Steinbrech- (*Petrorhagia saxifraga*)
Ferkelkraut, Gewöhnliches (*Hypochaeris radicata*)
Fettkraut, Gemeines (*Pinguicula vulgaris*)
Fichte, Gemeine (*Picea abies*)
Fingerhut, Roter (*Digitalis purpurea*)
Fingerkraut, Erdbeer- (*Potentilla sterilis*)
Fingerkraut, Frühlings- (*Potentilla neumanniana*)
Fingerkraut, Gänse- (*Potentilla anserina*)
Fingerkraut, Kriechendes (*Potentilla reptans*)
Fingerkraut, Norwegisches (*Potentilla norvegica*)
Fingerkraut, Rötliches (*Potentilla heptaphylla*)
Flattergras, Wald- (*Milium effusum*)
Flockenblume, Skabiosen- (*Centaurea scabiosa*)
Flockenblume, Sonnenwend- (*Centaurea solstitialis*)
Flockenblume, Wiesen- (*Centaurea jacea*)
Flügelginster, Gewöhnlicher (*Genista sagittalis*)
Föhre, Wald- (*Pinus sylvestris*)
Frauenfarn, Wald- (*Athyrium filix-femina*)
Frauenschuh, Gelber (*Cypripedium calceolus*)
Froschbiss (*Hydrocharis morsus-ranae*)
Fuchsschwanz, Wiesen- (*Alopecurus pratensis*)
Fuchsschwanzgras, Knick- (*Alopecurus geniculatus*)
Gamander, Edel- (*Teucrium chamaedrys*)
Gamander, Salbei- (*Teucrium scorodonia*)
Gänseblümchen (*Bellis perennis*)
Gänsedistel, Raue (*Sonchus asper*)
Gänsekresse, Rauhaarige (*Arabis hirsuta*)
Geissblatt, Henrys (*Lonicera henryi*)
Geissblatt, Japanisches (*Lonicera japonica*)
Geissklee, Schwarzwerdender (*Cytisus nigricans*)
Giersch (*Aegopodium podagraria*)
Gilbweiderich, Gewöhnlicher (*Lysimachia vulgaris*)
Gilbweiderich, Hain- (*Lysimachia nemorum*)
Ginster, Deutscher (*Genista germanica*)
Ginster, Färber- (*Genista tinctoria*)
Glatthafer, Gewöhnlicher (*Arrhenatherum elatius*)
Glockenblume, Acker- (*Campanula rapunculoides*)
Glockenblume, Knäuel- (*Campanula glomerata*)
Glockenblume, Nesselblättrige (*Campanula trachelium*)
Glockenblume, Pfirsichblättrige (*Campanula persicifolia*)
Glockenblume, Rapunzel- (*Campanula rapunculus*)
Glockenblume, Rundblättrige (*Campanula rotundifolia*)
Glockenblume, Wiesen- (*Campanula patula*)

Golddistel (*Carlina vulgaris*)
Goldhafer, Wiesen- (*Trisetum flavescens*)
Goldnessel, Gewöhnliche (*Lamium galeobdolon*)
Goldrute, Gewöhnliche (*Solidago virgaurea*)
Goldrute, Grasblättrige (*Solidago graminifolia*)
Goldrute, Kanadische (*Solidago canadensis*)
Goldrute, Riesen- (*Solidago gigantea*)
Götterbaum (*Ailanthus altissima*)
Graslilie, Ästige (*Anthericum ramosum*)
Greiskraut, Gewöhnliches (*Senecio vulgaris*)
Greiskraut, Jakobs- (*Senecio jacobaea*)
Greiskraut, Raukenblättriges (*Senecio erucifolius*)
Greiskraut, Schmalblättriges (*Senecio inaequidens*)
Gundermann (*Glechoma hederacea*)
Günsel, Kriechender (*Ajuga reptans*)
Haarstrang, Hirschwurz- (*Peucedanum cervaria*)
Habichtskraut, Florentiner (*Hieracium piloselloides*)
Habichtskraut, Kleines (*Hieracium pilosella*)
Habichtskraut, Wald- (*Hieracium murorum*)
Hagebuche (*Carpinus betulus*)
Hahnenfuss, Gift- (*Ranunculus sceleratus*)
Hahnenfuss, Knolliger (*Ranunculus bulbosus*)
Hahnenfuss, Kriechender (*Ranunculus repens*)
Hahnenfuss, Scharfer (*Ranunculus acris*)
Hahnenfuss, Wald- (*Ranunculus tuberosus*)
Hainsimse, Behaarte (*Luzula pilosa*)
Hainsimse, Vielblütige (*Luzula multiflora*)
Händelwurz, Mücken- (*Gymnadenia conopsea*)
Hartriegel, Roter (*Cornus sanguinea*)
Hartriegel, Seidiger (*Cornus sericea*)
Haselstrauch (*Corylus avellana*)
Haselwurz, Gewöhnliche (*Asarum europaeum*)
Hasenlattich (*Prenanthes purpurea*)
Hauhechel, Dornige (*Ononis spinosa*)
Hauhechel, Kriechende (*Ononis repens*)
Heckenkirsche, Alpen- (*Lonicera alpigena*)
Heckenkirsche, Rote (*Lonicera xylosteum*)
Heidelbeere (*Vaccinium myrtillus*)
Helmkraut, Sumpf- (*Scutellaria galericulata*)
Hexenkraut, Grosses (*Circaea lutetiana*)
Himbeere (*Rubus idaeus*)
Hirtentäschel, Gewöhnliches (*Capsella bursa-pastoris*)
Hohlzahn, Schmalblättriger (*Galeopsis angustifolia*)
Holunder, Roter (*Sambucus racemosa*)
Holunder, Schwarzer (*Sambucus nigra*)
Holunder, Zwerg- (*Sambucus ebulus*)

Teil 10 — Anhang | Wildpflanzen in Winterthur

Honiggras, Wolliges (*Holcus lanatus*)
Hopfenklee (*Medicago lupulina*)
Hornblatt, Zartes (*Ceratophyllum submersum*)
Hornklee, Gewöhnlicher (*Lotus corniculatus*)
Hornklee, Sumpf- (*Lotus pedunculatus*)
Hornkraut, Gewöhnliches (*Cerastium fontanum*)
Hufeisenklee, Gewöhnlicher (*Hippocrepis comosa*)
Huflattich (*Tussilago farfara*)
Hundskamille, Stinkende (*Anthemis cotula*)
Hundswurz, Pyramiden- (*Anacamptis pyramidalis*)
Igelkolben, Zwerg- (*Sparganium natans*)
Immenblatt (*Melittis melissophyllum*)
Immergrün, Kleines (*Vinca minor*)
Johanniskraut, Behaartes (*Hypericum hirsutum*)
Johanniskraut, Berg- (*Hypericum montanum*)
Johanniskraut, Echtes (*Hypericum perforatum*)
Johanniskraut, Geflecktes (*Hypericum maculatum*)
Kamille, Strahlenlose (*Matricaria discoidea*)
Karde, Behaarte (*Dipsacus pilosus*)
Karde, Schlitzblatt- (*Dipsacus laciniatus*)
Kerbel, Wiesen- (*Anthriscus sylvestris*)
Kirsche, Sauer- (*Prunus cerasus*)
Kirsche, Vogel- (*Prunus avium*)
Klappertopf, Grosser (*Rhinanthus angustifolius*)
Klappertopf, Zottiger (*Rhinanthus alectorolophus*)
Klee, Berg- (*Trifolium montanum*)
Klee, Feld- (*Trifolium campestre*)
Klee, Mittlerer (*Trifolium medium*)
Klee, Purpur- (*Trifolium rubens*)
Klee, Schweden- (*Trifolium hybridum*)
Klee, Weiss- (*Trifolium repens*)
Klee, Wiesen- (*Trifolium pratense*)
Knabenkraut, Brand- (*Orchis ustulata*)
Knabenkraut, Fleischfarbenes (*Dactylorhiza incarnata*)
Knabenkraut, Fuchs' (*Dactylorhiza fuchsii*)
Knabenkraut, Geflecktes (*Dactylorhiza maculata*)
Knabenkraut, Helm- (*Orchis militaris*)
Knabenkraut, Männliches (*Orchis mascula*)
Knabenkraut, Purpur- (*Orchis purpurea*)
Knabenkraut, Traunsteiners (*Dactylorhiza traunsteineri*)
Knäuelgras, Gewöhnliches (*Dactylis glomerata*)
Knopfkraut, Behaartes (*Galinsoga ciliata*)
Knöterich, Ampfer- (*Polygonum lapathifolium*)
Knöterich, Floh- (*Polygonum persicaria*)
Knöterich, Milder (*Polygonum mite*)
Knöterich, Vogel (*Polygonum aviculare*)

Kohldistel (*Cirsium oleraceum*)
Königskerze, Schaben- (*Verbascum blattaria*)
Krähenfuss, Zweiknotiger (*Coronopus didymus*)
Kratzdistel, Acker- (*Cirsium arvense*)
Kratzdistel, Gewöhnliche (*Cirsium vulgare*)
Kratzdistel, Sumpf- (*Cirsium palustre*)
Krebsschere (*Stratiotes aloides*)
Kreuzblume, Buchs- (*Polygala chamaebuxus*)
Kreuzblume, Gewöhnliche (*Polygala vulgaris*)
Kreuzblume, Schopfige (*Polygala comosa*)
Kreuzblume, Sumpf- (*Polygala amarella*)
Küchenschelle, Gewöhnliche (*Pulsatilla vulgaris*)
Kugelblume, Gemeine (*Globularia bisnagarica*)
Labkraut, Echtes (*Galium verum*)
Labkraut, Rundblatt- (*Galium rotundifolium*)
Labkraut, Wald- (*Galium sylvaticum*)
Labkraut, Weisses (*Galium album*)
Labkraut, Wiesen- (*Galium mollugo*)
Laichkraut, Haarförmiges (*Potamogeton trichoides*)
Laichkraut, Schwimmendes (*Potamogeton natans*)
Laichkraut, Zwerg- (*Potamogeton pusillus*)
Lärche, Europäische (*Larix decidua*)
Laserkraut, Breitblättriges (*Laserpitium latifolium*)
Lauch, Ross- (*Allium oleraceum*)
Leimkraut, Nickendes (*Silene nutans*)
Leimkraut, Taubenkropf- (*Silene vulgaris*)
Lein, Purgier- (*Linum catharticum*)
Lein, Schmalblättriger (*Linum tenuifolium*)
Leinblatt, Alpen- (*Thesium alpinum*)
Leinblatt, Geschnäbeltes (*Thesium rostratum*)
Leinblatt, Wiesen- (*Thesium pyrenaicum*)
Leinkraut, Streifen- (*Linaria repens*)
Lerchensporn, Gelber (*Corydalis lutea*)
Liebesgras, Kleines (*Eragrostis minor*)
Lieschgras, Wiesen- (*Phleum pratense*)
Liguster, Gewöhnlicher (*Ligustrum vulgare*)
Linde, Sommer- (*Tilia platyphyllos*)
Linde, Winter- (*Tilia cordata*)
Löwenmaul, Acker- (*Misopates orontium*)
Löwenzahn, Gewöhnlicher (*Taraxacum officinale*)
Löwenzahn, Herbst- (*Leontodon autumnalis*)
Löwenzahn, Steifhaariger (*Leontodon hispidus*)
Lungenkraut, Dunkles (*Pulmonaria obscura*)
Lungenkraut, Geflecktes (*Pulmonaria officinalis*)
Luzerne (*Medicago sativa*)
Mädesüss, Echtes (*Filipendula ulmaria*)

Malve, Moschus- (*Malva moschata*)
Malve, Weg- (*Malva neglecta*)
Margerite, Magerwiesen- (*Leucanthemum vulgare*)
Margerite, Straussblütige (*Tanacetum corymbosum*)
Mastkraut, Kronblattloses (*Sagina apetala*)
Mauerlattich (*Mycelis muralis*)
Mehlbeere, Echte (*Sorbus aria*)
Meier, Hügel- (*Asperula cynanchica*)
Milchstern, Dolden- (*Ornithogalum umbellatum*)
Milzkraut, Wechselblä. (*Chrysosplenium alternifolium*)
Minze, Ross- (*Mentha longifolia*)
Minze, Wasser- (*Mentha aquatica*)
Möhre, Wilde (*Daucus carota*)
Moschuskraut (*Adoxa moschatellina*)
Mutterkraut (*Tanacetum parthenium*)
Nachtkerze, Gemeine (*Oenothera biennis*)
Nelke, Raue (*Dianthus armeria*)
Nelkenwurz, Echte (*Geum urbanum*)
Nestwurz, Vogel- (*Neottia nidus-avis*)
Netzblatt, Kriechendes (*Goodyera repens*)
Ochsenauge (*Buphthalmum salicifolium*)
Odermennig, Gemeiner (*Agrimonia eupatoria*)
Ohnhorn (*Aceras anthropophorum*)
Oregano (*Origanum vulgare*)
Pappel, Zitter- (*Populus tremula*)
Perlgras, Nickendes (*Melica nutans*)
Pestwurz, Gewöhnliche (*Petasites hybridus*)
Pfeifengras, Rohr- (*Molinia arundinacea*)
Pimpernuss, Gemeine (*Staphylea pinnata*)
Pippau, Abgebissener (*Crepis praemorsa*)
Pippau, Blasen- (*Crepis vesicaria*)
Pippau, Wiesen- (*Crepis biennis*)
Platterbse, Berg- (*Lathyrus linifolius*)
Platterbse, Frühlings- (*Lathyrus vernus*)
Platterbse, Schwarze (*Lathyrus niger*)
Platterbse, Wiesen- (*Lathyrus pratensis*)
Platterbse, Wilde (*Lathyrus sylvestris*)
Portulak (*Portulaca oleracea*)
Preiselbeere (*Vaccinium vitis-idaea*)
Pyramiden-Kammschmiele, Gew. (*Koeleria pyramidata*)
Pyramiden-Kammschmiele, Grossbl. (*Koeleria macrantha*)
Quecke, Hunds- (*Elymus caninus*)
Quecke, Kriechende (*Elymus repens*)
Ragwurz, Bienen- (*Ophrys apifera*)
Ragwurz, Fliegen- (*Ophrys insectifera*)
Ragwurz, Hummel- (*Ophrys holosericea*)

Ragwurz, Kleine Spinnen- (*Ophrys araneola*)
Rainkohl, Gewöhnlicher (*Lapsana communis*)
Raygras, Italienisches (*Lolium multiflorum*)
Reitgras, Berg- (*Calamagrostis varia*)
Reitgras, Land- (*Calamagrostis epigejos*)
Riemenzunge, Bocks- (*Himantoglossum hircinum*)
Rispengras, Einjähriges (*Poa annua*)
Rispengras, Gewöhnliches (*Poa trivialis*)
Rispengras, Schmalblättriges Wiesen- (*Poa angustifolia*)
Rispengras, Wiesen- (*Poa pratensis*)
Robinie, Gewöhnliche (*Robinia pseudoacacia*)
Rohrglanzgras (*Phalaris arundinacea*)
Rohrkolben, Breitblättriger (*Typha latifolia*)
Rose, Feld- (*Rosa arvensis*)
Rose, Filz- (*Rosa tomentosa*)
Rose, Hunds- (*Rosa canina*)
Rose, Raublättrige (*Rosa jundzillii*)
Rose, Wein- (*Rosa rubiginosa*)
Ruchgras, Gewöhnliches (*Anthoxanthum odoratum*)
Ruhrkraut, Wald- (*Gnaphalium sylvaticum*)
Salbei, Klebriger (*Salvia glutinosa*)
Salbei, Wiesen- (*Salvia pratensis*)
Salomonssiegel, Echtes (*Polygonatum odoratum*)
Salomonssiegel, Vielblütiges (*Polygonatum multiflorum*)
Sandkraut, Quendel- (*Arenaria serpyllifolia*)
Sanikel, Wald- (*Sanicula europaea*)
Sauerampfer, Wiesen- (*Rumex acetosa*)
Sauerklee, Aufrechter (*Oxalis stricta*)
Sauerklee, Wald- (*Oxalis acetosella*)
Schachtelhalm, Acker- (*Equisetum arvense*)
Schachtelhalm, Riesen- (*Equisetum telmateia*)
Schachtelhalm, Teich- (*Equisetum fluviatile*)
Schafgarbe, Gemeine (*Achillea millefolium*)
Scharbockskraut (*Ranunculus ficaria*)
Schattenblume, Zweiblättrige (*Maianthemum bifolium*)
Schaumkraut, Behaartes (*Cardamine hirsuta*)
Schaumkraut, Wald- (*Cardamine flexuosa*)
Schaumkraut, Wiesen- (*Cardamine pratensis*)
Scheinerdbeere (*Duchesnea indica*)
Schilfrohr (*Phragmites australis*)
Schlehdorn (*Prunus spinosa*)
Schlüsselblume, Frühlings- (*Primula veris*)
Schlüsselblume, Hohe (*Primula elatior*)
Schlüsselblume, Mehlige (*Primula farinosa*)
Schlüsselblume, Stängellose (*Primula acaulis*)
Schmerwurz, Gemeine (*Tamus communis*)

Teil 10 — Anhang | Wildpflanzen in Winterthur

Schmetterlingsflieder (*Buddleja davidii*)
Schmiele, Draht- (*Avenella flexuosa*)
Schmiele, Rasen- (*Deschampsia cespitosa*)
Schneeball, Gewöhnlicher (*Viburnum opulus*)
Schneeball, Wolliger (*Viburnum lantana*)
Schöterich, Acker- (*Erysimum cheiranthoides*)
Schuppenwurz, Gewöhnliche (*Lathraea squamaria*)
Schwertlilie, Sumpf- (*Iris pseudacorus*)
Schwingel, Riesen- (*Festuca gigantea*)
Schwingel, Rohr- (*Festuca arundinacea*)
Schwingel, Rot- (*Festuca rubra*)
Schwingel, Schaf- (*Festuca ovina*)
Schwingel, Wiesen- (*Festuca pratensis*)
Segge, Berg- (*Carex montana*)
Segge, Blaugrüne (*Carex flacca*)
Segge, Bleiche (*Carex pallescens*)
Segge, Davalls (*Carex davalliana*)
Segge, Erd- (*Carex humilis*)
Segge, Finger- (*Carex digitata*)
Segge, Frühlings- (*Carex caryophyllea*)
Segge, Hänge- (*Carex pendula*)
Segge, Hasenpfoten- (*Carex leporina*)
Segge, Heide- (*Carex ericetorum*)
Segge, Pillen- (*Carex pilulifera*)
Segge, Saum- (*Carex hostiana*)
Segge, Sparrige (*Carex muricata*)
Segge, Sumpf- (*Carex acutiformis*)
Segge, Vogelfuss- (*Carex ornithopoda*)
Segge, Wald- (*Carex sylvatica*)
Segge, Weisse (*Carex alba*)
Segge, Wimper- (*Carex pilosa*)
Segge, Winkel- (*Carex remota*)
Seggen, Gelb- (*Carex flava*)
Seidelbast, Echter (*Daphne mezereum*)
Sichelklee (*Medicago falcata*)
Simsenlilie, Gewöhnliche (*Tofieldia calyculata*)
Skabiose, Tauben- (*Scabiosa columbaria*)
Sommerwurz, Elsässer (*Orobanche alsatica*)
Sommerwurz, Grosse (*Orobanche elatior*)
Sonnenröschen, Gelbes (*Helianthemum nummularium*)
Spark, Acker- (*Spergula arvensis*)
Spindelstrauch, Gewöhnlicher (*Euonymus europaeus*)
Spitzwegerich (*Plantago lanceolata*)
Spornblume, Rote (*Centranthus ruber*)
Springkraut, Drüsiges (*Impatiens glandulifera*)
Springkraut, Grosses (*Impatiens noli-tangere*)

Staudenknöterich, Japanischer (*Reynoutria japonica*)
Stechapfel, Gemeiner (*Datura stramonium*)
Stechpalme, Europäische (*Ilex aquifolium*)
Steinbeere (*Rubus saxatilis*)
Steinmispel, Filzige (*Cotoneaster tomentosus*)
Stendelwurz, Braunrote (*Epipactis atrorubens*)
Stendelwurz, Breitblättrige (*Epipactis helleborine*)
Stendelwurz, Müllers (*Epipactis muelleri*)
Stendelwurz, Sumpf- (*Epipactis palustris*)
Stendelwurz, Violette (*Epipactis viridiflora*)
Sternmiere, Gras- (*Stellaria graminea*)
Sternmiere, Grosse (*Stellaria holostea*)
Storchschnabel, Blutroter (*Geranium sanguineum*)
Storchschnabel, Brauner (*Geranium phaeum*)
Storchschnabel, Schlitzblättriger (*Geranium dissectum*)
Storchschnabel, Stinkender (*Geranium robertianum*)
Strandkamille, Geruchlose (*Tripleurospermum inodorum*)
Straussgras, Riesen- (*Agrostis gigantea*)
Straussgras, Weisses (*Agrostis stolonifera*)
Sumpfbinse, Einspelzige (*Eleocharis uniglumis*)
Sumpfbinse, Österreicher (*Eleocharis austriaca*)
Sumpfbinse, Zitzen- (*Eleocharis mamillata*)
Sumpfenzian (*Swertia perennis*)
Sumpfkresse, Wilde (*Rorippa sylvestris*)
Süssgras, Faltiges (*Glyceria notata*)
Tännelkraut, Eiblättriges (*Kickxia spuria*)
Tännelkraut, Spiessblättriges (*Kickxia elatine*)
Taubnessel, Gefleckte (*Lamium maculatum*)
Taubnessel, Purpurrote (*Lamium purpureum*)
Tausendblatt, Quirliges (*Myriophyllum verticillatum*)
Tausendgüldenkraut, Echtes (*Centaurium erythraea*)
Tausendgüldenkraut, Kleines (*Centaurium pulchellum*)
Teichbinse, Gewöhnliche (*Schoenoplectus lacustris*)
Teufelsabbiss, Gewöhnlicher (*Succisa pratensis*)
Teufelskralle, Ährige (*Phyteuma spicatum*)
Teufelskralle, Kugelige (*Phyteuma orbiculare*)
Thymian, Breitblättriger (*Thymus pulegioides*)
Thymian, Sand- (*Thymus serpyllum*)
Traubenkraut, Beifussblättriges (*Ambrosia artemisiifolia*)
Trespe, Aufrechte (*Bromus erectus*)
Trespe, Dach- (*Bromus tectorum*)
Trespe, Dicke (*Bromus grossus*)
Trespe, Wald- (*Bromus ramosus*)
Trespe, Weiche (*Bromus hordeaceus*)
Trollblume (*Trollius europaeus*)
Tulpe, Wilde (*Tulipa sylvestris*)

Teil 10 — Anhang | Wildpflanzen in Winterthur

Türkenbund *(Lilium martagon)*
Ulme, Berg- *(Ulmus glabra)*
Veilchen, Hain- *(Viola riviniana)*
Veilchen, Parma- *(Viola alba)*
Veilchen, Raues *(Viola hirta)*
Veilchen, Wald- *(Viola reichenbachiana)*
Veilchen, Wunder- *(Viola mirabilis)*
Venuskamm *(Scandix pecten-veneris)*
Vergissmeinnicht, Acker- *(Myosotis arvensis)*
Vergissmeinnicht, Hain- *(Myosotis nemorosa)*
Vogelbeere *(Sorbus aucuparia)*
Wacholder, Gemeiner *(Juniperus communis)*
Waldhyazinthe, Grünliche *(Platanthera chlorantha)*
Waldhyazinthe, Weisse *(Platanthera bifolia)*
Waldmeister *(Galium odoratum)*
Waldrebe, Gewöhnliche *(Clematis vitalba)*
Waldvögelein, Langblättriges *(Cephalanthera longifolia)*
Waldvögelein, Rotes *(Cephalanthera rubra)*
Waldvögelein, Weisses *(Cephalanthera damasonium)*
Walnuss, Echte *(Juglans regia)*
Wasserdost, Gewöhnlicher *(Eupatorium cannabinum)*
Wasserschlauch, Gewöhnlicher *(Utricularia vulgaris)*
Wegerich, Mittlerer *(Plantago media)*
Weide, Sal- *(Salix caprea)*
Weidelgras, Deutsches *(Lolium perenne)*
Weidenröschen, Berg- *(Epilobium montanum)*
Weidenröschen, Kleinblütiges *(Epilobium parviflorum)*
Weidenröschen, Rosenrotes *(Epilobium roseum)*
Weidenröschen, Zottiges *(Epilobium hirsutum)*
Weissdorn, Eingriffeliger *(Crataegus monogyna)*
Weissdorn, Zweigriffeliger *(Crataegus laevigata)*
Weisstanne *(Abies alba)*
Wicke, Futter- *(Vicia sativa)*
Wicke, Gelbe *(Vicia lutea)*
Wicke, Vogel- *(Vicia cracca)*
Wicke, Zaun- *(Vicia sepium)*
Wiesenhafer, Flaumiger *(Helictotrichon pubescens)*
Wiesenknopf, Grosser *(Sanguisorba officinalis)*
Wiesenknopf, Kleiner *(Sanguisorba minor)*
Wiesenraute, Akeleiblättrige *(Thalictrum aquilegiifolium)*
Wiesensilge, Gewöhnliche *(Silaum silaus)*
Winde, Acker- *(Convolvulus arvensis)*
Windhalm, Gemeiner *(Apera spica-venti)*
Wintergrün, Grünblütiges *(Pyrola chlorantha)*
Wintergrün, Kleines *(Pyrola minor)*
Wintergrün, Rundblättriges *(Pyrola rotundifolia)*

Wirbeldost, Gemeiner *(Clinopodium vulgare)*
Witwenblume, Acker- *(Knautia arvensis)*
Witwenblume, Wald- *(Knautia dipsacifolia)*
Wolfsmilch, Gefleckte *(Euphorbia maculata)*
Wolfsmilch, Mandelblättrige *(Euphorbia amygdaloides)*
Wolfsmilch, Süsse *(Euphorbia dulcis)*
Wolfsmilch, Warzen- *(Euphorbia verrucosa)*
Wolfsmilch, Zypressen- *(Euphorbia cyparissias)*
Wundklee, Echter *(Anthyllis vulneraria)*
Wurmfarn, Echter *(Dryopteris filix-mas)*
Zaunwinde, Echte *(Calystegia sepium)*
Zeitlose, Herbst- *(Colchicum autumnale)*
Ziest, Aufrechter *(Stachys recta)*
Ziest, Wald- *(Stachys sylvatica)*
Zimbelkraut *(Cymbalaria muralis)*
Zittergras, Mittleres *(Briza media)*
Zweiblatt, Grosses *(Listera ovata)*
Zwenke, Fieder- *(Brachypodium pinnatum)*
Zwenke, Wald- *(Brachypodium sylvaticum)*
Zypergras, Braunes *(Cyperus fuscus)*

Quellen: Info Flora – nationales Daten- und Informationszentrum der Schweizer Flora; eigene Beobachtungen des Autors. Ohne Anspruch auf Vollständigkeit.

Literaturverzeichnis

Ammann Peter (2005): Biologische Rationalisierung. In: Wald und Holz. Nr. 1/05, S. 42–46.

Ammann Peter (2012): Jungwaldpflegekonzepte mit biologischer Rationalisierung. In: Zürcher Wald, Nr. 2/12, S. 12–15.

Amstutz Urs (2004): Die Waldpolitik des Bundes und ihre Auswirkungen auf die schweizerische Waldwirtschaft. In: Forum für Wissen 2004. S. 99–103.

Arbenz Paul (1913): Die Rutschung am Ankenfelsen bei Kollbrunn im Tösstal. In: Mitt. natw. Ges. Winterthur. Nr. 10. S. 100–107.

BAFU und WSL (2013): Die Schweizer Bevölkerung und ihr Wald. Bericht zur zweiten Bevölkerungsumfrage Waldmonitoring soziokulturell (WaMos 2). Umwelt-Wissen Nr. 1307, 92 S.

BAFU (2013): Waldpolitik 2020. Visionen, Ziele und Massnahmen für eine nachhaltige Bewirtschaftung des Schweizer Waldes. Bundesamt für Umwelt (Hrsg.), Bern, 66 S.

Baltisberger Matthias (2013): Systematische Botanik. Einheimische Farn- und Samenpflanzen. 4. Aufl. vdf Hoschschulverlag AG.

Bloch Willy (1989): Der Etzberg: eine Wüstung auf Winterthurer Stadtgebiet. In: Winterthurer Jahrbuch 1989. Druckerei Winterthur AG, Winterthur. S. 13–38.

Bloesch Hansjörg u. Isler Herbert (1951): Bericht über die Ausgrabungen in Oberwinterthur (Vitudurum) 1949–1951. 83. Neujahrsblatt der Stadtbibliothek. 43 S.

Bolliger Thomas (1999): Geologie des Kantons Zürich. Stiftung Geologische Karte des Kantons Zürich. 163 S.

Bonnemann Alfred (1967): Waldbauliche Terminologie. Schriftenreihe der Forstl. Fakultät der Universität Göttingen und Mitteil. d. Niedersächsischen Forstlichen Versuchsanstalt, Band 40. J.D. Sauerländers Verlag, Frankfurt am Main. 44 S.

Braun Sabine u. Flückiger Walter (2013): Wir brauchen den Wald – der Wald braucht uns. 29 Jahre Waldbeobachtung, Institut für Angewandte Pflanzenbiologie, Zustandbericht 2013.

Braun Sabine und Flückiger Walter (2013): Wie geht es unserem Wald? Institut für Angewandte Pflanzenbiologie, Bericht 4, 126 S.

BUWAL (1995): Wald und Holz in der Schweiz. In: Schweizer Wald im Gleichgewicht. Buwal und Eidgenössische Forstdirektion (Hrsg.), Bern.

Brang Peter (2009): Klimawandel und Waldbau. In: Wald und Holz, Nr. 9/09, S. 26–28.

Burnand Jacques et al. (1986): Kommentar zur vegetationskundlichen Kartierung der Wälder im Kanton Zürich. Forstkreis 4. Oberforstamt und Amt für Raumplanung des Kt. Zürich.

Departement Schule und Sport (1994): Aus der Geschichte von Winterthur. Lehrmittelverlag des Kantons Zürich. S. 17–25, 38, 56–67.

Ellenberg Heinz u. Leuschner Christoph (2010): Vegetation Mitteleuropas mit den Alpen. Stuttgart: Ulmer. 6. Auflage.

Engesser Roland, Forster Beat, Meier Franz u. Wermelinger Beat (2008): Forstliche Schadorganismen im Zeichen des Klimawandels. In: Schweiz Z Forstwes 159 (2008) 10, S. 344–351.

Engesser Roland, Queloz Valentin, Meier Franz, Kowalski Tadeusz u. Holdenrieder Ottmar (2009): Das Triebsterben der Esche in der Schweiz. Wald und Holz, Nr. 6, S. 24–27.

Engesser Roland (2010): Neu auftretende Schadorganismen an Gehölzen – Die Eschenwelke. G'Plus – Die Gärtner-Fachzeitschrift, Nr. 16/2010, S. 41.

Engesser Roland (2012): Das Eschentriebsterben – eine neue Pilzkrankheit erobert die Schweiz. Bündner Wald, Nr. 3/2012, S. 74–78.

Engesser Roland u. Meier Franz (2012): Eschenwelke wird noch bedrohlicher – Aktuelle Verbreitung und neuer Infektionsweg. Wald und Holz, Nr. 12/2012, S. 35–39.

Felber Theodor (1910): Natur und Kunst im Walde – Vorschläge zur Berücksichtigung ästhetischer Gesichtspunkte bei der Forstwirtschaft. Huber u. Co., Frauenfeld. 134 S.

Fellmann Stephanie (2012): Winterthurer Genossenschaftssiedlungen und ihr Beitrag zur Gartenstadt. In: Winterthur-Seen – Vom Bauerndorf zur urbanen Vorstadt. Programmzeitschr. zum internationalen Tag des Denkmals.

Fischli H. u. Weber Julius (1916): Molassepetrefakten aus Winterthurs Umgebung.

Forstbetrieb der Stadt Winterthur: Der Winterthurer Stadtwald. Departement Technische Betriebe Winterthur. 20 S.

Frey Beat u. Lüscher Peter (2008): Mikrobiologische Untersuchungen in Rückegassen. Bodenmikroorganismen wirken als Zeiger für stark verdichtete Fahrspuren. In: LWF aktuell Nr. 67/2008. S. 5–7.

Frey Wolfgang u. Lösch Rainer (2010): Geobotanik: Pflanze und Vegetation in Raum und Zeit. Spektrum Akademischer Verlag. 3. Aufl.

Ganz Werner (1960): Winterthur. Einführung in seine Geschichte von den Anfängen bis 1798. 292. Neujahrsblatt der Stadtbibliothek Winterthur. Buchdruckerei Winterthur. 411 S.

Ganz Werner (1961): Winterthurs geschichtliche Entwicklung. In: Schweizerische Bauzeitung, Heft 24, 79. Jahrgang. S. 396–398.

Ganz Werner (1979): Geschichte der Stadt Winterthur – Vom Durchbruch der Helvetik 1798 bis zur Stadtvereinigung 1922.

Gmür Martin u. Wolfensberger Andreas (1996): Winterthur. Stadtporträt. AS Verlag u. Buchkonzept, Zürich. 126 S.

Graf Markus, Hedinger Bettina, Jauch Vreni, Renold Christoph, Tiziani Andrea u. Windler Renata (2000): Hintergrund – Untergrund. Archäologische Entdeckungsreise durch Winterthur. Neujahrsblatt der Stadtbibliothek Winterthur. Band 331. 192 S.

Harde Karl Wilhelm u. Severa František (2009): Der Kosmos Käferführer. Die Käfer Mitteleuropas. Kosmos. 352 S.

Hauser Albert (1972): Wald und Feld in der alten Schweiz. Beiträge zur schweizerischen Agrar- und Forstgeschichte. 424 S.

Hauser, Kaspar (1921): Alt-Winterthur. Geschichts- und Kulturbilder. Historisch-Antiquarischer Verein Winterthur (Hrsg.). 159 S.

Hegg Christoph, Jeisy Michel u. Waldner Peter (2004): Wald und Trinkwasser. Eine Literaturstudie. WSL, 60 S.

Heiniger Ursula (2003): Das Risiko eingeschleppter Krankheiten für die Waldbäume. Schweiz. Z. Forstwes. 154 (2003) 10: 410–414.

Hess Eugen u. Trüeb Ernst (1959): Zur Entwicklung der Winterthurer Wasserversorgung. In: Mitt. Natw. Ges. Winterthur, Heft 29, S. 83–130.

Huber Albert (1936): 100 Jahre Holzkorporation Hegi. Festschrift.

Huber Emil (1986): Unser schöner Birchwald – 150 Jahre Holzkorporation Hegi 1836–1986. 48 S.

Hotz I.H. (1868): Historisch-Juristische Beiträge zur Geschichte der Stadt Winterthur des Gemeindegutes und der Nutzungen nach urkundlichen Quellen. Bleuler-Hausheer, Winterthur. 152 S.

Jandl Robert, Gschwantner Thomas u. Zimmermann Niklaus (2012): Die künftige Verbreitung der Baumarten im Simulationsmodell. In: BFW-Praxisinformation Nr. 30/2012. S. 9–12.

Jauch Verena u. Zollinger Beat (2010): Holz aus Vitudurum – Neue Entdeckungen in Oberwinterthur. In: Archäologie Schweiz. 33. Jahrgang. Nr. 3/2010. S. 2–13.

Jauch Verena (2010): «An den Fronto bei der Latrine»: Neues aus der Kanalisation in Oberwinterthur. In: Einst und Jetzt – Eine Zeitschrift zu Archäologie und Denkmalpflege im Kanton Zürich. Ausgabe 2/2010. S. 21–29.

Kägi Hans (1956): Winterthurer Bilderbogen. 287. Neujahrsblatt der Stadtbibliothek Winterthur. Buchdruckerei Winterthur. 134 S.

Kägi Hans (1973): Johanniskraut – Vom Bruderhaus zum Lenzengräbli. Gemsberg-Verlag, Winterthur. 110 S.

Kaiser Klaus Felix (1979): Ein späteiszeitlicher Wald im Dättnau bei Winterthur/Schweiz. Diss. Univ. Zürich. 90 S.

Kaiser Klaus Felix (1989): Der fossile Wald im Dättnau. In: Winterthurer Jahrbuch 1989. Druckerei Winterthur dw AG u. Stadt Winterthur. S. 77–99.

Kaiser Klaus Felix (1993): Beiträge zur Klimageschichte vom späten Hochglazial bis ins frühe Holozän, rekonstruiert mit Jahrringen und Molluskenschalen aus verschiedenen Vereisungsgebieten. WSL, 203 S.

Kanton Zürich Baudirektion (2010): Waldentwicklungsplan Kanton Zürich 2010 (WEP).

Kläui Hans (1956): Der Hof Eschenberg. In: Winterthurer Jahrbuch, 3. Jahrgang. S. 57–85.

Koordinationsstelle Biodiversitäts-Monitoring Schweiz 2009: Zustand der Biodiversität in der Schweiz. Ergebnisse des Biodiversitäts-Monitorings Schweiz (BDM) im Überblick. Stand: Mai 2009. Umwelt-Zustand Nr. 0911. Bundesamt für Umwelt, Bern. 112 S.

Krebs Ernst (1961): Die Wohlfahrtswirkung des Waldes. In: Schw. Bauzeitung, Heft 24, 79. Jahrgang. S. 399–400.

Krebs Ernst (1973): Die Erhaltung des Waldes ist nötiger denn je! Separatdruck aus dem «Landboten», Nummer 58, 61, 64, 66, 68, 71. 32 S.

Krebs Friedrich (1899): Die klimatischen Verhältnisse von Winterthur und Umgebung. In: Mitt. natw. Ges. Winterthur. Nr. II. S. 160–198.

Küster Hansjörg (2000): Werden und Vergehen von Pflanzenarten vom Tertiär bis heute. In: Laufener Seminarbeiträge. Bayerische Akademie für Naturschutz und Landschaftspflege. Nr. 3/2000. S. 17–24.

Küster Hansjörg (2008): Geschichte des Waldes. Von der Urzeit bis zur Gegenwart. 267 S.

Landesforstinventar (2013): Gesamtstammzahlanteil der Esche in den Wirtschaftsregionen. http://www.lfi.ch/resultate/daten/trees/esche2.php. Zuletzt besucht am: 30.05.2013.

Lang Paul (1935): Die Waldungen. In: Winterthur. Ein Heimatbuch. Schönenberger u. Gall, Winterthur. S. 229–236.

Lang Paul (1961): Der Kümbergwald. In: Winterthurer Jahrbuch 1961. Buchdruckerei Winterthur AG, Winterthur. S. 113–124.

Lenz Heike, Pöllner Berta, Strasser Ludwig, Nanning Alexandra, Petercord Ralf (2012): Entwicklung des Eschentriebsterbens. LWF aktuell, 88. S. 14–16.

Losey Stéphane u. Wehrli André (2013): Schutzwald in der Schweiz. Vom Projekt SilvaProtect-CH zum harmonisierten Schutzwald. Bundesamt für Umwelt (Bafu), Bern, 29 S. u. Anhänge

Lüscher Peter et al. (2010): Physikalischer Bodenschutz im Wald. Bodenschutz beim Einsatz von Forstmaschinen. Merkblatt für die Praxis, WSL, 12 S.

Madliger Kurt (1956): Der grosse Fichtenborkenkäfer in den Winterthurer Stadtwaldungen. Mitt. Natw. Ges. Winterthur, Heft 28. S. 91–100.

Madliger Kurt (1959): Fremde Holzarten in den Winterthurer Stadtwaldungen. Mitt. Natw. Ges. Winterthur, Heft 29. S. 191–202.

Madliger Kurt (1961): 125 Jahre Forsteinrichtung in den Stadtwaldungen Winterthur. Schweiz. Zeitschrift für Forstwesen, Nr. 7. S. 436–440.

Madliger Kurt (1961): Die Winterthurer Stadtwaldungen. In: Schw. Bauzeitung, Heft 24, 79. Jahrgang. S. 401–402.

Madliger Kurt (1970): Die Sturmschäden von 1967 in den Winterthurer Stadtwaldungen. In: Die Winterstürme des Jahres 1967 und ihre Auswirkungen auf die Winterthurer Stadtwaldungen. Mitt. Natw. Gesellschaft, Heft 33. S. 3–23.

Madliger Kurt (1973): Waldnutzung und Umweltschutz. Mitt. Natw. Gesellschaft Winterthur, Heft 34. S. 43–46.

Madliger Kurt (1975): Dreissig Jahre erlebte Forstwirtschaft. In: Winterthurer Jahrbuch, 23. Jahrgang. S. 121–134.

Meyer Christine, Lüscher Peter u. Schulin Rainer (2011): Verdichteten Boden mit Schwarzerlen regenerieren? Vorwaldbaumarten im Bodenschutz. In: Wald und Holz, Nr. 10/11, S. 40–43.

Metzler Berthold (2011): Das Eschentriebsterben nimmt weiter zu. http://www.waldwissen.net/waldwirtschaft/schaden/pilze_nematoden/fva_eschentriebsterben_aktuell/index_DE. Zuletzt besucht am: 28.05.2013.

Möckli Thomas (2008): Waldbesitzer wollen einen Turm. In: Der Landbote, 29.10.2008, S. 15.

Nellen Bernadette (2012): Nadel-Sägerundholz – Preisentwicklung von 1919 bis 2010. In: Wald und Holz, Nr. 1/12, S. 14–15.

Niederhäuser Peter u. Zehnder Emil (2007): 175 Jahre Holzkorporation Oberwinterthur (1832–2007).

Morier Alain u. Kuhn Urs (2005): Strategie Naturschutz im Wald des Kantons Zürich. In: Zürcher Wald. Nr. 6/2005. S. 4–8.

Moser, Daniel, Gygax Andreas, Bäumler Beat, Wyler Nicolas u. Palese Raoul (2002): Rote Liste der gefährdeten Farn- und Blütenpflanzen der Schweiz. Hrsg. Bafu, Wald und Landschaft, Bern; Zentrum des Datenverbundnetzes der Schweizer Flora, Chambésy; Conservatoire et Jardin botaniques de la Ville de Genève, Chambésy. BUWAL-Reihe «Vollzug Umwelt». 118 S.

Mössmer Eva-Maria (2001): Gesunde Böden braucht der Wald. Stiftung Wald in Not, Bonn.

Mössmer Eva-Maria (2010): Wälder brauchen Vielfalt. Projekt Wald in Not. Deutsche Bundesstiftung Umwelt.

Nierhaus-Wunderwald Dagmar und Engesser Roland (2003): Ulmenwelke. Biologie, Vorbeugung und Gegenmassnahmen. Merkblatt für die Praxis. WSL Birmensdorf. 6 S.

Oberforstamt des Kantons Zürich (1993): Aus dem Leben einer Buche.

Petercord Ralf et al. (2009): Klimaänderung und Forstschädlinge. Waldschutz-Klimaprojekt rüstet die Waldwirtschaft für die anstehenden Aufgaben. In: LWF aktuell 72/2009, S. 4–7.

Perroud Marjorie u. Bader Stephan (2013): Klimaänderung in der Schweiz. Indikatoren zu Ursachen, Auswirkungen, Massnahmen. Umwelt-Zustand Nr. 1308. Bafu, Bern, und MeteoSchweiz, Zürich, 86 S.

Pott Richard u. Hüppe Joachim (2007): Spezielle Geobotanik: Pflanze – Klima – Boden. Berlin Heidelberg: Springer-Verlag.

Prietzel Jörg u. Bachmann Sven (2011): Verändern Douglasien Wasser und Boden? Bayernweite Studie zu ökologischen Aspekten bestätigt Erwartetes und enthüllt Unerwartetes. In: LWF aktuell 84/2011. S. 50–52.

Puhlmann Heike, von Wilpert Klaus u. Sucker Carina (2013): Können Wälder sichern Hochwasserschutz bieten? In: AFZ-Der Wald Nr. 12/2013. S. 9–11.

Rahm Urs, Müller Jürg P. (1995): Unsere Säugetiere. Naturhistorisches Museum Basel. 2. umgearbeitete und erweiterte Auflage. 83 S.

Rentsch Hans U. (1977): Winterthur. Bild einer Stadt. Gemsberg-Verlag Winterthur. 176 S.

Roth Tobias, Plattner Matthias und Amrhein Valentin (2014): Plants, Birds and Butterflies: Short-Term Responses of Species Communities to Climate Warming Vary by Taxon and with Altitude. PLoS ONE 9(1): e82490. doi:10.1371/journal.pone.0082490.

Schäppi Hansjakob (1973): Botanische Wanderungen auf dem Beerenberg. In: Winterthurer Jahrbuch 1973. Bibliothekamt der Stadt Winterthur und Fabag+ Druckerei Winterthur AG, Winterthur. S. 115–124.

Schäppi Hansjakob (1976): Ergänzungen zur Lokalflora von Winterthur. In: Mitt. Natw. Ges. Winterthur, Heft 35.

Schäppi Hansjakob (1984): Über die Veränderung der Flora von Winterthur und Umgebung in den letzten 120 Jahren. In: Mitt. Natw. Ges. Winterthur, Heft 37.

Schäppi Hansjakob (1987): Über die Florenverfälschung im Lindbergwald. In: Mitt. Natw. Ges. Winterthur, Heft 38. S. 17–27.

Schärer Gody (2011): Zum Jubiläum 175 Jahre Holzkorporation Hegi, S. 2.

Schaufelberger Hans (1991): Die Stadt Winterthur im 20. Jahrhundert. Eine Chronik mit begleitenden Texten. Neue Helvetische Gesellschaft Winterthur. 359 S.

Scheidegger Christoph u. Clerc Philippe (2002): Rote Liste der gefährdeten Arten der Schweiz: Baum- und erdbewohnende Flechten. Hrsg. Bafu, Wald und Landschaft BUWAL und Eidgenössische Forschungsanstalt WSL, Birmensdorf, und Conservatoire et Jardin botaniques de la Ville de Genève CJBG. BUWAL-Reihe Vollzug Umwelt. 124 S.

Schiesser Fritz (1996): Der Eschenberg – Was Natur und Landkarten zeigen. In: Der Landbote Nr. 57/96.

Schmaedecke Felicia (2011): Das Kloster Mariazell auf dem Beerenberg bei Winterthur. Neuauswertungen der Ausgrabungen 1970–1972 im ehemaligen Augustiner-Chorherrenstift. Schweizer Beiträge zur Kulturgeschichte und Archäologie des Mittelalters. Band 38. S. 342.

Schmider Peter et al. (1994): Die Waldstandorte im Kanton Zürich (2. Auflage). Vdf Verlag der Fachvereine und Techniken, Zürich. 287 S.

Schoch Jürg (1990): Die landwirtschaftliche Armenschule im Loo bei Oberwinterthur (1853–1955). In: Winterthurer Jahrbuch 1990. S. 59–79.

Schumacher Jörg, Wulf Alfred, Leonhard Sindy (2007): Erster Nachweis von Chalara fraxinea T in Deutschland. Nachrichtenbl. Deut. Pflanzenschutzd., 59.

Schulamt der Stadt Winterthur (1972): Unser Winterthur. Handbuch zur Heimatkunde. W. Vogel, Winterthur. 305 S.

Schuler Anton (2000): Wald- und Forstgeschichte. Skript zur Vorl. 60-316. ETH Zürich. 148 S.

Schuler Anton (2004): Felber Theodor. In: Historisches Lexikon der Schweiz (HLS), Version vom 23.11.2004, http://www.hls-dhs-dss.ch/textes/d/D31267.php

Schuler Anton (2007): Forstgesetze. In: Historisches Lexikon der Schweiz (HLS), Version vom 10.8.2013, http://www.hls-dhs-dss.ch/textes/d/D13802.php

Senn-Irlet Beatrice et al. (2012): Pilze schützen und fördern. Merkblatt für die Praxis, WSL (Hrsg.), 12 S.

Siegerist Hermann (1992): Unser Stadtwald. In: Wir von der Stadt – Personalzeitung der Stadtverwaltung Winterthur. Nr. 4/92. S. 4–6.

Siegerist Hermann, Forster Jakob, Krebs Albert (1976): Neugeschaffene Nassstandorte (Teiche) zur Erhaltung der Amphibien- und Wasserinsektenfauna in der Stadtgemeinde Winterthur. In: Winterthurer Jahrbuch 1976. Amt für Kulturelles der Stadt Winterthur und Druckerei Winterthur AG, Winterthur. S. 13–49.

Stadt Winterthur: Geschäftsberichte 1986–2012 des Stadtrates von Winterthur.

Stadt Winterthur (2009): Umweltbericht Winterthur 09. S. 63–69.

Stadt Winterthur (2013): Umweltbericht Winterthur 13.

Stadtgärtnerei Winterthur (1994): Naturschutzkonzept der Stadt Winterthur. Departement Technische Betriebe, Winterthur. 99 S.

Stadtplanung Winterthur (1996): Winterthur in Zahlen 1996. Departement Bau, Winterthur. 51 S.

Stauber Emil (1953): Die Burgen des Bezirkes Winterthur. 285 Neujahrsblatt der Stadtbibliothek Winterthur 1953/54.

Steffen Max u. Trüeb Ernst (1964): Quartärgeologie und Hydrologie des Winterthurer Tales. In: Mitt. natw. Ges. Winterthur, Nr. 31, S. 3–22.

Steiger Peter (2009): Wälder der Schweiz. Von Lindengrün zu Lärchengold. Vielfalt der Waldbilder und Waldgesellschaften in der Schweiz. 4., überarbeitete und erweiterte Auflage, 462 S.

Steiner Diethelm (1994): Heimweh. Forstumgang vom 3. Sept. 1994, Denkmal an der Sandgrubenstrasse. Manuskript. Unveröffentlicht.

Stinglwagner Gerhard K. F., Haseder Ilse E. und Erlbeck Reinhold (2009): Das Kosmos Wald- und Forst-Lexikon. 4. Auflage. 1022 S.

Styger Gerold (1994): Geologie des Eschenbergs b. Winterthur. In: Festschrift zum 100jährigen Bestehen des QV Breite-Vogelsang und Umgebung, 1894–1994. Quartierverein Breite-Vogelsang u. Umgeb. S. 46–59.

Suter Meinrad (2013): Winterthur. In: Historisches Lexikon der Schweiz (HLS), Version vom 22.11.2013, URL: http://www.hls-dhs-dss.ch/textes/d/D157.php

Swild (2010): Strategie Wald Wild Winterthur. Schutz und Förderung von Säugetieren in den Wäldern der Stadt Winterthur. Interner Bericht der Fischerei- und Jagdverwaltung des Kantons Zürich und des Forstbetriebs der Stadt Winterthur. 57 S.

Thrier Eugen (1966): Heimische Giftpflanzen. In: Winterthurer Jahrbuch 1966. Buchdruckerei Winterthur AG, Winterthur. S. 59–72.

Thrier Eugen (1983): Blumen im Winterthurer Wald. In: Winterthurer Jahrbuch, 30. Jahrgang. S. 91–100.

Vögeli Hans (1971): Naturschutz in der Umgebung von Winterthur. In: Winterthurer Jahrbuch, 19. Jahrgang. S. 211–220.

Vögeli Hans (1974): Winterthur und seine Landschaft als Erholungsraum. In: Winterthurer Jahrbuch, 22. Jahrgang. S. 73–92.

Von Moos Paul (1950): Mein Winterthur – Heimatkundliches Lesebüchlein. A. Vogel, Winterthur. 88 S.

Von Moos Paul (1953): Winterthurer Stadtbilder. A. Vogel Verlag Winterthur. 224 S.

Walther Pierre (1977): Das Linsental und seine Landschaftsgeschichte. In: Winterthurer Jahrbuch, 24. Jahrgang. S. 7–26.

Weber Julius (1905): Geologische Untersuchungen der Umgebung von Winterthur. In: Mitt. Natw. Ges. Nr. VI, S. 228–245.

Weber Julius (1907): Geologische Untersuchungen der Umgebung von Winterthur. In: Mitt. Natw. Ges. Winterthur. Nr. VII. S. 43–63.

Weber Julius (1917): Zur Geologie und Bergbaukunde des Tösstales. In: Mitt. Natw. Ges. Winterthur. Nr. 12. S. 153–177.

Weber Julius (1924): Erläuterungen zur geologischen Karte der Umgebung von Winterthur, 1:25 000. Mitt. Natw. Ges. Nr. 15. S. 1–59.

Weggler Martin, Baumberger Claudia, Widmer Michael, Schwarzenbach Yvonne u. Bänziger Robert (2009): Zürcher Brutvogelatlas 2008 – Aktuelle Brutvogelbestände im Kanton Zürich 2008 und Veränderungen seit 1988. Ber. mit 2 Separates. Hrsg: ZVS/BirdLife Zürich. 99 S.

Weisz Leo (1968): Die Bewirtschaftung der Winterthurer Stadtwälder vor 100 Jahren. In: Winterthurer Jahrbuch 1968. Druckerei Winterthur AG, Winterthur. S. 105–118.

Weisz Leo, Grossmann Herinrich, Krebs Ernst et al. (1983): 650 Jahre zürcherische Forstgeschichte. Band I: Forstpolitik, Waldbenutzung und Holzversorgung im alten Zürich. Regierungsrat des Kantons Zürich und Stadtrat von Zürich (Hrsg), 430 S.

Weisz Leo, Grossmann Heinrich, Krebs Ernst, Ritzler Karl u. Oldani Carlo (1983): 650 Jahre Zürcherische Forstgeschichte. Forstpolitik, Forstverwaltung und Holzversorgung im Kanton Zürich von 1798 bis 1960 (Band II). Regierungsrat des Kantons Zürich und Stadtrat von Zürich (Hrsg), 470 S.

Wermelinger Beat u. Duelli Peter (2003): Die Insekten im Ökosystem Wald. Bedeutung, Ansprüche und Schutz. In: Werdenberger Jahrbuch 2003, 16. Jg., Historisch-Heimatkundliche Vereinigung des Bezirks Werdenberg.

Wermelinger Beat (2011): Die Amerikanische Kiefernwanze. In: G'Plus, die Gärtner-Fachzeitschrift, Nr. 1/2011, S. 45.

Widmer Hans-Peter (1978): Die Wälder um Winterthur. Diplomarbeit. Geographisches. Inst. der Uni Zürich. 125 S.

Wiedemer, Hans Rudolf (1965): Urgeschichte der Winterthurer Gegend. 296. Neujahrsblatt der Stadtbibliothek Winterthur. Verlagsanstalt Buchdruckerei Konkordia Winterthur. 79 S.

Wiesner Michael (1991): In der Waldwirtschaft soll künftig aufs richtige Pferd gesetzt werden. In: Der Landbote, Nr. 270/1991.

Wiesner Michael (1994): Neuorientierung im Lindbergwald. In: Der Landbote, Nr. 67/1994.

Wild Werner und Szostek Roman (2007): Burgstelle Rossberg. Grabungsbericht. Baudirektion Kanton Zürich, ARV Amt für Raumordnung und Vermessung.

Wildberger Andres, Rey Roger, Frank Stephan u. Freimoser Matthias (2011): Blatt 1072 Winterthur. – Geol. Atlas Schweiz 1:25 000. 68 S.

Wüthrich Gabriela (2008): Der Wald, ein Ort für Anspruchsvolle. In: Stadtinfo – Personalzeitung Stadtverwaltung Winterthur, Nr. 3., S. 1.

Wolf Brigitte (2006): Wenn der Holzofen das Waldbild bestimmt. http://afw-ctf.ch/Energieholznutzung.pdf.

Wolf Edwin (1982): 150 Jahre Holzkorporation Oberwinterthur 1832–1982. Festschrift. Unveröffentlicht.

Ziegler Alfred (1909): Die geographischen und topographischen Namen von Winterthur. Neujahrsblatt Stadtbibliothek Winterthur. 67 S.

Ziegler Peter (1975): Wülflingen – Von den Anfängen bis zur Gegenwart. 305. Neujahrsblatt der Stadtbibliothek. 340 S.

Ziegler Peter (1981): Veltheim. Von den Anfängen bis zur Gegenwart. 311. Neujahrsblatt der Stadtbibliothek Winterthur.

Stichwortverzeichnis

Abfall 60, 322
Ahorn-Eschenwald 39, 42, 167, 178, 186, 204, 205, 206, 220, 326, 233
Alleen 82, 146, 150, 174, 258, 307, 308
Allmend 56, 132, 135, 217
Alt Wülflingen 17, 65, 75, 82, 208, **209**, 212f, 270
Altersaufbau 77, 232
Altsteinzeit 268, 288
Ameisen 193, **242**, 251, 253
Amphibien 82, 117, 159, 209, 210, **255ff**, 258, 262, 322, 326, 327, 328, 323
Amt Hinwil 59
Amt Winterthur 97
Anbauschlacht 14, 70, 223
Andelbach 17, 48, 94ff, **188**, 191
Arbeitssicherheit 285
Aronstab-Buchenwald 14, 39, 42, 178, 187, 190, 206, 209, 220, 224, 331f
Artenvielfalt 80, 91, 184, 189, 210, 225, 231, 234, 240f, 262
Artillerie-Collegium 139, 171
Asiatischer Laubholzbockkäfer **307**, 308, 317
Auenlandschaft 199f
Auenrain 83, **273**, 275
Auslesebäume 92
Aussichtstürme 75, 280, 327

Badeanlagen, römische 127f
Baden 174
Badestuben 66, 134
Bakterien 29, 253, 311, 317
Bannhalden 17, 68, 83, 93, 192, 205, 275
Bannwald 272
Bär 266
Bärlauch **14**, 42, 190, 206, 209, 332
Baumartenvielfalt 91, 231, 234
Baummarder 47, 266
Baumwurzeln s. Wurzeln
Berenberg 14, 17, 40f, 47, 64, 68, 83, 93, 105, 107, 130, 139, 214, **220ff**, 236, 244, 269f, 334
Berentalbach 198
Bergseggen-Buchenwald 42, 170, 181, 206, 219, 220, 332f
Bestandeskarte 78, 145

Bestlet 68, 84, 186f, 190, 275
Betlingen 101
Betriebsplan 47, 75, 100, 105, 152, 224, 232
Bevölkerungsentwicklung 14
Biedermann, Adolf 27
Biker 48, 87, 130, 196, 197, 322
Biodiversität 46, 159, 225, 237, 240f, 246, 253, 262
Biologische Rationalisierung 89ff, 234
Biologische Vielfalt 159, 168, 180, 191, 195, 198, 209, 216, 222, 224f, 239, 241, 306, 315
Biotopbaum 80, 242
Biotopverbund 243
Birch 53, 58f, 70, 99, 178, 298
Birchwald 70, 98, 178, 298
Birke 27, 69, 78, 114, 115ff, 124, 127, 157, 237, 241, 246, 300
Bodenbildung 27ff
Bodenfruchtbarkeit 30, 301, 311
Bodennutzung 12
Bodenverdichtung 311
Bodenversauerung 300, 318
Bodmer, Albert 13
Borkenkäfer 83, 101, **296ff**, 302
Brauerei Haldengut 171, 218
Braunerde 19, 29, 36, 188, 193
Braunkohle 26, 112
Brennholz 52, 59, 80, 84, 98, 101, 124, 126f, 132, 134ff, 139, 152, 154, 235, 236, 258
Bronzezeit 123f
Bruderhaus 17, 31, 63, 65, 71, 75, 81, 87, 135, 149, 154ff, 159, 200, 202f, 270, 280f, 284, 318, 327
Brüelberg 17, 19f, **64f**, 67f, 77, **82**, 107, 139, 144, 215, 219, 267, 275, 278, 280, 284, 286
Brüelbergturm 17, 64, 75, 219
Brunnen 75, 97, 99, 134, 275, 277, 280
Brunnenwinkel (Hof) 58
Brutvögel 225, 240, 260
Buche 38f, 77, 89ff
Buchensterben 302
Buchsbaum 128f
Bucklegi 26, 204
Büechlibuck 209
Bundesverfassung 43
Bundeswald 94

Burg Gamser 199, 327
Burg Langenberg 199
Burg Rossberg 206
Bürgernutzen 134, 135, 138
Burghalden 101, 204
Burgstal 56, 74, 78, 327
Burgstelle Hoh Wülflingen 17, 208f, 212

Carlowitz von, Hans Carl 230
Chalberweid 124, 135, 192, 194f, 198, 258
Chamb 84, 187
Chilenholz 104, 105ff, 215f
Chölberg 101, 191
Chomberg 17, 68, 83, 93, 115, 139, 180, 206, 213f, 224, 244, 257, 294, 331
Chöpfi 17, **23ff**, 38, 215ff, 244, 335
Chorherrenstift Heiligberg 53
Chorherrenstift St. Peter Embrach 98
Chrebsbach, Hinterer 58
Chrebsbach, Mittlerer 58, 192, 202
Chüeferbuck 195
Chuestelli 126, 135, 198, 275
Chüeweid 204

Dachs 47, 119, 130, 266f, 269
Dättnau 14, 17, 19f, 22, 27f, 69, 115ff, **206ff**, 331
Dättnauer Berg 17, 83, 116, 206f, 213f, 244, 256
Deponie Riet 81, 177
Dinosaurier 112
Distelfalter 252
Douglasie 78, 80, 84, 115, 148, 151, 216, 300, 308
Douglasien 78, 84, 115, 216, 308
Durchforstung 148, 175, 200, 233, 244

Ebnet 17, 93, 115, 206, 208, 212, 275
Edelmarder 266
Eibe 80, 184, 188, 206, 209, 242, 271, 315
Eiben-Buchenwald 42, 181, 184, 204ff, 220, 331f
Eibenförderung 84, 245
Eibenholz 123, 304
Eichbühl 125, 151, 162
Eiche 38f, 70f, 80, 108, 128, 139, 182, 217f, 225, 233, 236, 271, 299, 304
Eichenförderung 222, 245
Eichenmehltau 303
Eichenmischwald 42, 117, 220

Eichholtern 67f
Eichholz 81, 177, 204
Eichhörnchen 130, 266
Eidberg 68, 84, 115, 179ff, 186ff, 246, 311
Eingemeindung 65, **66**, 83, 107, 223
Einrichtung 75, 77
Einrichtungsrevier 75, 82
Einsiedelei 222
Einzäunung 271
Eisenzeit 122, **124f**, 327
Eisvogel, Kleiner 253
Eiszeit 19f, 112, 115, 178f, 180, 185f, 189, 192
Elsbeere 78, 91, 184, 188, 188, 204, 216, 220, 237, 242, 270, 300
Energiecontracting 88
Energieholz 84, 88, 224, 304
Engeli, Bettina 48
Erdkröte 242, 256
Erholung 8, 72f, 229, 248, 277, 280
Erholungsgebiet 87
Erholungswald 72, **80**, 200, 219
Erika-Föhrenwald 208
Erlen-Eschenwald 39, 213
Ernisgüetli 58ff
Eschberg 14, 17, 101f, 177
Esche 19, 38f, 77, 83f, 92f, 101, 127, 129, 170, 177, 189, 194, 203, 233, 271, 300, 302ff
Eschenberg 17, 44, 52ff, 76, 78, 142ff, 192ff, 210, 262, 268ff., 290, 302, 311
Eschenberghof 39, 58, 80f, 182, 199
Eschenbergturm 17, **200**
Eschenwelke 305f
Etzberg 14, 17, 38f, 68, 84, 93, 98, 180, **187ff**, 203, 250
Exoten 80, **148f**, 157, 171, 174

Fahrner, Urs 108f
Falkenjagd 57
Farne 33, 38f, 189, **193**
Farner, Christine 130
Fels 24, 26f, 169, 209, 214, 331, 335
Femelschlag 75, 78, 88f, 149, 151, 153, 157f, 235
Feuer 52, 60, 136, 322, 323
Feuersalamander 242, **257f**, 327
Feuerstelle 75, 217, 280
Fichte 19, **139**

Fichten-Reizker 247
Fiechter, Gregor 71, 210
Findlingslehrpfad 280, **284**, 327
Fitnessstudio 277
Flächenfachwerk 144
Flechten 242, **246**, 251, 318, 330
Fledermaus 242f, 251, **258ff**
Fliegenpilz 245f
Flurgenossenschaft Wülflingen 69
Flurstrassen 106
Föhre 27, 83, 115ff, 216, 303
Forbüelrain 204
Forstamtmann 138
Forstästhetik s. Waldästhetik
Forstbetrieb Winterthur 71
Forsteinrichtung 157
Förster 285
Forster, Jakob 210
Forstingenieur 285
Forstkommission **138**, 143f
Forstliche Planung 46f, 75, 77, 91, **231ff**, 291
Forstpolizei 43, 47, 71, 107, **323**
Forstpolizeigesetz 43
Forstrevier **75**, 175, 285
Forstschlepper 92f
Forstwart 44f, 285, 289
Forstwirtschaft 43, 46, 88, 93, 126, 129, 141, 144, 182, **230**
Forwarder 81, 92, 234, 285, 309
Fremde Baumarten 148f
Friedhof Rosenberg 64ff, 130, 171, 258
Frühblüher 39, 220, 329
Frühmittelalter 119, 191
FSC 237
Fuchs 47f, 255, 266ff, **269**, 286
Furt 69, 214, 275

Gämse 47, 114, 268
Gamser 17, 58, 78, 195, **198f**
Gatter 58
Gayer, Karl 149
Geburtshelferkröte 210, 257
Gedenkstein 87, 156, 176
Gefleckter Schmalbock 241
Geissklee-Föhrenwald 42, 216, 335
Gelbbauchunke 257

Gemeindeföhrli 106
genetische Vielfalt 242
Geologie 19ff
Gerber, Martina 285
Gesetz **43ff**, 139
Gfeller, Matthias 318
Gletscher 19ff, 112ff, 132, 284
Gotzenwil 186, 311
Grabhügel **124ff**, 327
Grasfrosch 242, 255f, 327
Gretelberg 17, 216f
Grillieren 75, 217, 280, 322
Grossanlässe s. Veranstaltungen
Grosses Ochsenauge 252
Güetli 72, 217, 335
Gulimoos 63, 202
Gyger-Karte 53, 132, 198, 214

Habsburg von, Rudolf 53, 56, 62
Habsburger 57
Hallimasch 246, 302
Hallimasch 246, 302
Hallstattzeit 124, 327
Hangentobel 59, 91, 133, 159, 210, 327
Hangrutschungen 275
Hardholz 139, 223ff
Hase 47f, 266f
Haselmaus 266, 330
Häsental 58, 63
Häusler, Peter 71
Hecken 169, 184, 259, 271, 328
Heer, Jakob Christoph 208
Hegi 93f, 98ff, 178f, 187
Hegiberg 17, 98ff, 187ff
Heidertal 179
Heilpflanzen 136, 288
Hell 83, 190, 205, 289
Hellholz 83
Helmling, Rosablättriger 247
Herrschaft Kyburg 53ff, 199, 222
Hertenstein, Wilhelm Friedrich 105f, 146f
Herzog Leopold 222
Hexenfelsen 27, 335
Hexenkraut 167
Hexenrührling 246
Hiebsatz 75ff, 233, 296

Hinderrain 101
Hinterwald 80, 198, 275
Hirsch 47, 203, 266ff, 281
Hirschensprung 21, 198, 274
Hirzel, Hans Caspar 141, 143
Hirzel, Salomon 65
Hitze 31, 298ff
Hochwald 146, 235
Hochwasser 172ff, 199, 238, 315
Hofgemeinschaft Eschenberg 58
Hoh Wülflingen 17, 82, **208ff**
Höhenstufe **18f**, 38f
Höhlenlöwe 114
Hölltobelbach 189
Holzernte 30, 76, 93, 145, 152f, 158, 309, 317
Holzgerechtigkeiten 62, 97
Holzhandel 128
Holzkäfer 225, 253
Holzkeule, Geweihförmige 250
Holzkohle 124, 136
Holzkorporation Hegi **98ff**, 178f, 298
Holzkorporation Oberwinterthur **94ff**, 162, 167, 170, 176, 187, 203, 296
Holzkorporationen 94ff
Holzordnung 94ff, 136ff
Holzpreis **84ff**, 234, 314
Holzproduktion 72, 80, 237, 317
Holzschlag 88ff, 152, 233
Holzschnitzel 84, 88, 153
Holzvermarktung 75
Holzverwertungsgenossenschaft 236
Holzvorrat 75ff
Holzwespen 241
Höngg (Hof) 53, 58, 62
Hornsäge 52, 64, 77, **84**, 276
Horntobel 83
Howart 203, 204, 275
Hulmen 17, 84, **179ff**, 244
Humeli-Stein 218
Hummel 225, 251
Humus 28f
Hund 268, 322f

Iberg 20, 53, 115, 185
Infrastruktur 75, 80, 175, 198, 216f, 280
Insekten 225, **251ff**

Inventur 75ff

Jagd 47f, 57, 266ff
Jagdgesetz 47f, 267, 270
Jagdreviere 47, 75, 269f
Jagdstatistik 269
Jagdverordnung 47
Jogging 322
Juchart 144
Jungsteinzeit 119ff

Kahlschlag 43, 91, 139ff
Kaisermantel 180, 225, 252, 255
Kalktuff 167, **202**, 213
Kastanie 112, 119, 127, 300
Kasthofer, Albrecht Karl Ludwig 144, 148
Kelten 119ff
Kern, Max 218
Kiefernholznematode 303
Kirchenholz s. Chilenholz
Kirchgemeinde Wülflingen 52, 55, 104f, 215
Kläranlage Hard 69
Klima 30ff., 114ff
Klimawandel 46, 115, 241, 275, **298f**, **315ff**
Klimazonen 30f, 262
Kloster Mariazell Berenberg 17, 130, 214, **222f**, 334
Kloster Petershausen 94
Kloster Töss 68. 93, 215
Klumpfuss, Buchen- 247
Kluppierung 76, 233
Knauer 21, 26, 335
Knickschlepper 44
Kohleflöz 24, 26
Kohlweissling, Grosser 252
Kohlweissling, Kleiner 225
Kollbrunn 14, 26, 204, 275
Kolline Stufe 19, 38
Komberg s. Chomberg
Koralle, Goldgelbe 250
Koralle, Steife 250
Korporationen 55, **94ff**
Krankheitserreger 246, 305
Krautpflanzen 27, 33, 39, 171, 177, 180, 186, 219, 246
Krautschicht 38f
Kreisforstmeister 94, 232
Kronwicken-Eichenmischwald 42

Kröten 199, 210, 242, 251, 256, 257
Kultstätte 218
Kulturflüchter 171, 266
Kümberg 52, 63ff, 71, 77, **82ff**, 156, 296
Kunz, Beat 71ff, 108, 155, 159, 210, 236, 305
Kuster, Anissa 60
Kyburg 57

Landkärtchen 253
Landnutzung **12**, 239
Landolt, Elias 43, 146, 156
Landschaft 13, 119
Landschaftsförderungsgebiet 84
Landschaftsklima 32
Landwirtschaft **12f**, 69
Lang, Paul 63, 151, 158, 272, 277
Langriemen 78
Lärche 78, 80, 83f, 89, 91, 93, 128, 148, 162, 216, 275
Latènezeit 124
Laubfrosch 210, 256
Lawinen 272
Lehm 19, 22, 116
Lehmgrube Dättnau 117, 209, 331
Leisental 34f
Leisental, Hof 58ff, **62f**, 156
Libellen 253ff
Lichtbaumarten 139, 233, 236
Lichter Wald 84, 168, 184, 186, 190, 239, 244, 245, 316
Lichtung 233, 253
Lindberg 17, 66, 94ff, 162ff
Linden-Zahnwurz-Buchenwald 42, 194
Linsital s. Leisental
Linz von, Heinrich 222
Lochen 222, 275, 334
Loo 26, 58, 134
Lörlibad 66, 326
Lothar 294ff
Luchs 119, 203, 266, 281
Luftreinhaltung 300
Lungenkraut-Buchenwald 39f, 42, 220
Lüscher, Sara 282f

Madliger, Kurt 158, 218, 296
Mahonie 171, 308
Mammutbaum 78, 80, 82, 112, 115, 148ff, 173f, 326

Marder 47, 119, 130, 242, 266f
Mechanisierung 93, 152, 158
Medizinalpflanzen 288
Mehlbeerbaum 38, 91, 184, 204, 207, 220, 236, 242, 300
Meiengstell 149, 157
Meisholz 93, 205
Melioration 69, 100f, 106
Mergel 19, 21, 26f, 116
Mikroorganismen 251, 253
Mittelalter 43, 52, 105, 119, **129ff**
Mittelspecht 239, 260ff
Mittelwald 139, 223ff, 235
Mockentobel 22, 162, 326
Moderhumus 29
Molasse 19
Molassezeit 112
Molch, Berg- 257f
Mönchskopf 247
Moose 27, 33, 38, 39, 167, 191, 239, 240
Moosschicht 29, 188
Moränen 19f
Mörsburg 47, 66, 77, **81f**, 138, 175, **177**, 269f, 294
Motorsäge 44, 88, 93, 108, 158, 288
Mufflon 203, 281
Mühlau 14, 26, 80, 275
Mulchlingen 203
Mülihalden 185, 275
Mullhumus 28
Mullis, Andreas 44f
Multberg 123, 334
Multifunktionaler Wald 80, 229, 231, 272, 328
Mykorrhizapilze 246f

Nachhaltigkeit 43, 46, 88, 147, **227ff**
Nachtfalter 225
Nagelfluh 19, 24
Naherholung 72, 79, 171, 280f, 314f, 322
Nährstoffkreislauf 246
Nassstandort 23, 159, 175, 209, 245, 255f
Nationalbahn 64, 153
Naturgefahren 272, 315
Naturkindergarten 98, **284ff**
Naturmuseum Winterthur 27
Naturpädagogik 284f
Naturschutz 210, 217, 243ff, 314, 322

Naturschutzgebiet   118, 206, 208, 210, 262
Naturverjüngung   74, 78, 83, 91f, 98, 108, 147, 149, 153, 157f, 232, 235, 242, 268, 271, 300, 328
Naturvorrang   80, 245
Naturwissenschaftliche Gesellschaft Winterthur   281
Naturwissenschaftliche Sammlungen   27, 158
Nebelkappe   247
Neophyten   186, 204, 217, 306, 308
Neuburg   38, 208, 213f, 223, 275
Niederfeld   220, 223
Niederhäuser, Peter   86
Niederschläge   32f, 112, 317
Niederwald   126, 137, 139f, 236
Normalwaldmodell   77f
Nübrechten   58, 65, 68, 275
Nübruch   203
Nussbaum   113, 119, 127, 236, 300
Nutzungszonenplan   13

Obere Süsswassermolasse   **19ff**, 113, 174, 178, 180, 186, 215
Oberseen   68, 84, 178, **186**, 190, 205, 257f, 314, 333
Oberwinterthur   94ff, 107, 119, 122ff, 153, 162, 167, 170, 176f, 187, 203, 294, 307f
Ökologie   14, 31f, 36, 182, 230, 290
Orbüel   17, 93, **98ff**, 182, **187ff**, 203f, 308
Orchideen-Buchenwald   181, 208, 213
Orchideen-Föhrenwald   42, 195, 204, 333
Orkane   80ff, 159, 162, 175, 208, 216, 278, 294

Paracelsus   289
Parasiten   246, 301, 302ff
Pfahlbauer   123
Pfau-Geilinger, Matthäus   176
Pfau, Jacob   176
Pfau, Jacob   87, **176**
Pfeifengras-Föhrenwald   42, 169, 204, 207, 332
Pferde   92f, 95, 98, 130, 138f, 152
Pflanzgarten   156, 170, 175
Pflanzschule   142
Pfungen   18, 20, 75, 116, 123, 132, 214f, 223, 269, 334
Pilze   245ff, 302, 330, 322
Pirminsbrunnen   10, 213ff, 331
Planungsgrundlagen   46, 231
Plenterwald   235

Poulsen, Sabina   278f
Prähistorische Zeit   119
Privatwald   47, 71, 75, 101ff, **107ff**, 179, 235, 317
Privatwaldkorporation Seen   **101ff**, 162
Privatwaldverband Oberwinterthur   71, **107**
Privatwaldverband Seen   106, 108
Privatwaldverband Töss   107
Privatwaldverband Wülflingen   107
Privatwaldverbände   71, 107
Przewalskipferde   71, 203, 281, 318

Rainacher   185, 275
Rämismühle   52, 64, 75, 84
Rationalisierung   90ff, 159, 234
Räumung   43, 91, 93, 233f, 275
Realersatz   43, 317
Reformation   64, 98, 105, 202, 215, 223
Reh   47f, 78, 119, 266ff, 281, 322
Rehwild   78, 268
Reitweg   175, 280
Rendzina   29
Reptilien   220, 244, 251
Rheinau   66
Rheinauer, Stephan   222
Ricketwil   21, 84, 94, 98, 106, 179, 186, 190f, 205, 246, 252, 258, 297
Riesenhirsch   114f
Riet   81, 83, 177, 193f
Rietmann, Forstverwalter   144
Robinie   236, 304, 308
Rodung   43, 52, 63, 66, **68ff**, 119, 129, 132, 155f, 158, 317
Rohumus   29, 253
Römer   52, 119, 122ff, **126ff**, 182
Rossberg   17, 20, 93, 115, 192, **205f**, 275
Rotary Club   187
Rote Liste   117, 238f, 260
Rotfäule   83, 302
Rothalsbockkäfer   225, **240f**
Rothirsch s. Hirsch
Rotholz   217f
Rottanne s. Fichte
Rotwild s. Hirsch
Rotwildschäden s. Wildschäden
Rückegasse   30, 46, 308, 311
Rumstal   20, 28, 116, 213, 220, 222

Rutschungen   198, 213, 216, 222, 272ff, 315
Rykenmann, Ruedi   105

Sädelrain   39, 84, 101, 178, **187ff**, 205, 238, 257f, 316
Sal   84, 186f, 311
Salamander   251
Salamander, Feuer-   242, 257f, 327
Sandlaufkäfer, Berg-   238
Sandstein   **19ff**, 116, 185, 209, 214f, 275, 331, 335
Saprophyten   246
Säugetier   112, 258, 266
SBB   68
Schachbrett   208, 252
Schadinsekten   299, 308
Schädlinge   149, 234, 296, 302f, 306, 308
Schartegg   17, 108, 185
Schattenbaumarten   77, 151, 233
Schatzgräber   206
Schatzgräberei   206
Schatzmann, Erwin   182f
Schirmhieb   235
Schlegel, Jürg   196
Schloss Hegi   27, 70, 98
Schloss Kyburg   57
Schlosshof   77, 82, 140, 144
Schlosstal   20, 22, 28, 82, 116, 157, 209, 212f, 219, 275
Schmetterlinge   208, 240, 242, 251, 253, 255f, 258, 260, 328
Schmetterlings-Tramete   250
Schnecken   29, 239f, 246, 248, 253, 257, 264
Schoellhorn, Kurt   218f
Schoellhorneiche   218
Schönbüel   17, 81
Schönholz   17, 98ff, 178f, 252
Schonzeiten   47, 270
Schoren   17, 39, 81, **177**, 178, 243, 299
Schotter   19, 22f, 112, 119, 192, 216, 224
Schrottschusskrankheit   303
Schuhleisten   129
Schuppentännli   208, 210
Schützenweiher   209, 215
Schutzfunktion   46, 78, 198, 237, **272ff**
Schutzwald   46, 78, 80, 82ff, 154, 185, 198, 204, 219, 232, **272ff**, 304, 315
Schwarzwild s. Wildschwein
Schweizer Alpenclub   208

Schweizerische Bundesbahnen s. SBB
Sedimentgestein   19
Seemer Tobel   90, **186ff**, 206, 244, 252, 255ff, 303f, 317, 328
Seen   65, 68, 107
Seggen-Bacheschenwald   40, 42, 168, 206, 332, 333
Sennhof   14, 24, 26, 58, 88, 115, 192, 198, 204f, 244, 258, 275
Sennhofrain   192, 205
Sequoia s. Mammutbaum
Siber, Max   148, 150, 157
Siebenschläfer   266
Siegerist, Hermann   **159**, 210
Sigismund   57
Silberhaus   62
Silvanus, Waldgott   126
Silve   76
Singletrails   196
Sitkafichte   148
Skorpionsfliege, Gemeine   251
Spätmittelalter   132, 135, 215, 219
Specht   217, 239, 241, 258, **260ff**, 297
Spechtbäume   217
Spital am Neumarkt   66, 134
Spitz-Morchel   246, 250
Sport   196, 277, 280, 282, 290
Staatswald   **93**, 105, 213, 272, 296
Stadtforstmeister   155
Stadtgrenze   14
Stadtrechtsbrief   53, 56, 66, 87
Stadtwald   52ff, 162, 232
Stadtwaldreviere   75
Stadtwerk   88, 277
Stahlholz   70f
Stammfäule   83, 302
Stäubling, Birnen   250
Stäubling, Flaschen-   247
Stehendkontrolle   77
Stehendmass   233
Steigholz   83, 205
Steinbruch   26f, 185f, 217, 223, 335
Steiner, Arnold   164
Steinmarder   266
Steinschlag   272, 275
Steinzeit   119ff, 203, 268, 288

Stickstoffbelastung 300f
Stockausschläge 139, 236
Stocken 138
Strauchschicht 39
Strukturvielfalt 207, 246
Sturm 294
Submontane Stufe 19, 39, 180
Süsenberg 66, 79, 166
Symbiose 246

Taa 185
Tagfalter s. Schmetterlinge
Tänikon 31f, 294ff, 298
Tanne 19, 38, 74, 137, 145ff, 152, 157, 167, 235, 271
Tarif 76
Tariffestmeter 76, 233
Temperatur 31f, 112, 298
Teuchel s. Tüchel
Theodor Felber 156f, 291
Tollwut 269f
Torf 138
Töss (Fluss) 199ff
Töss (Stadtteil) 68, 83
Tössertobel 22, 27, 162
Tösskorrektion 194, 199
Tössrain 31, 198f, 214, 275
Totentäli 31, 82, 122f, 156, 208, **209ff**, 245, 256ff, 318
Totholz 80, 182, 198, 225, 240ff, 251, 253, 257f, 265, 302, 328
Traubenkirschen-Eschenwald 42, 168, 177, 326
Trieblaus 158
Trinkwasser 29, 46, 64, 66, 84, 200, 275f, 291
Trockenheit 301, 317
Tropenwald 112
Tüchel 97, 99, 100, 127, 276
Tuff 167, **202**, 213
Tuffstein 167, 202, 213
Tugbrüggli 202
Tugbrunnen 239
Turben 138
Turbenthal 52, 63, 66, 71, 75, 82, 84

Überschwemmung 43, 119, 199, 238, 315
Ulmen-Eschen-Auenwald 42, 194
Ulmenwelke 302

Umtriebszeit 80, 92, 147
Unfälle 44, 108, 130, 270, 288
Unkenbiotope 217
Unterhaltsgenossenschaft 106
Urwald 87, 112, 120, 239, 328

Vegetationszeit 31, 299
Veltheim 56, 68, 83, 112, 123, 164, 215
Veranstaltungen 75, 323
Verjüngung 43, 47, 89, 100, 129, 132, 138, 145, 152, 184
Verjüngungsziel 91, 235
Verkehr 75
Verkehrsverein Winterthur 223
Versauerung s. Bodenversauerung
Versteinerung 19
Vita-Parcours 80, 280, 323
Vivian 84, 208, 294, 314
Vögel 260ff
Vogel, Michael 105
Vogellehrpfad 284
Vogelsang 63ff, 156, 271
Vollernter 285, 309
Vollkluppierung s. Kluppierung
Vorderrain 101
Vorlichtung 89
Vororte 65, **66f**, 68, 83, 180, 223
Vorrangfunktion 231f

Walcheweiher 17, 68, 72, 82, 149, 154, 157, 159, 162, 167, 171ff, 182, 280, 326
Waldarbeitstag 217
Waldästhetik 80, 156, 182, 290f
Waldbewirtschaftung 46, 233f, 237
Waldbrand 205
Waldbrettspiel 253
Walddauerbeobachtung 300
Waldeigentümer 46f, **50**, 71, 75, 94, 101
Waldentwicklungsplan 47, 208, 231f, 314
Wälder-Satzung 137
Waldfläche 12ff
Waldfunktionen 43ff, 80, 198, **272**
Waldgesellschaften 32ff, 38ff
Waldgesetz 43, 46, 47, 107, 159, 231, 237
Waldgott s. Silvanus
Waldhainsimsen-Buchenwald 42, 195

Waldhirsen-Buchenwald 30, **38f**, 42, 167, 177, 203, 205, 327
Waldkindergarten 98, 284
Waldklima 233
Waldkorporation Reutlingen-Stadel **100ff**, 162
Waldlehrpfad 98, 186, 187, 281, 328
Waldmeister-Buchenwald 19, 33, 36, 38f, 42
Waldpolitik 46, 240
Waldränder 18, 181, 259
Waldreservat 46, 198, 213, 243, 245
Waldschule 284
Waldschulzimmer 98, 176
Waldschwebfliege, Gemeine 251
Waldstadt Bremer 317
Waldsterben 158, 300, 317, 300
Waldsterben 158, 300, 317f
Waldsteuer 107
Waldstrassen 18, 46, 142, 159
Waldstrukturen 77, 179, 253, 300
Waldtag 217
Waldverordnung 43, 46, 231
Waldvogel, Brauner 252
Waldweggenossenschaft 106, 130
Waldweide 119, 135, 151
Waldwirtschaft s. Forstwirtschaft
Waldzusammenlegungsgenossenschaft 106
Wasserfrosch 256
Wasserhaushalt 33, 238
Wasserspeicher 29, 238
Wasserversorgung 36, 84, 306
Wassmer, Stefan 262
Wehrli, Anita 248
Weidgraben **135**, 162, 167
Weiertal 83, 123
Weilenmann, Rudolf 93
Weinmann, Andreas 65, **141ff**, 155, 202
Weinmann, Kaspar 66, 83, 146f
Weissmündige Bänderschnecke 239
Weissseggen-Buchenwald 42, 170, 181, 203ff
Weisstanne s. Tanne
Weltkrieg, Erster 26
Weltkrieg, Zweiter 14, 69ff, 101, 153, 223, 281
Wertholzsubmission 236
Weymouthföhre 148f
Wiesendangen 94, 98, 178
Wild 46, **266ff**, 275, 322

Wildbiene 217, 242, **251**
Wildpark 17, 71, 75, 154, 159, 200, 203, 280f, 284, 318, 327
Wildparkverein 281
Wildschäden 78, 268ff, **271**
Wildschonrevier 47
Wildschwein 47f, 119, 130, 184f, 202f, 268f, 271
Wildtierbestände 267, **269**
Windelwanderweg 284
Windwurf 140, 176, 213, 317
Wohlfahrtsfunktion 43, 98, 272
Wolf 203, 266, 281
Wolfesberg 17, 27, 83, 110, **215ff**, 335
Wollnashorn 115
Wollschildlaus 302
Wurzeln 28, 135, 164, 196, 238, 241, 246, 252, 272, 300ff, 309, 311
Wurzelschwamm 302

Zahnwurz-Buchenwald 42, 186, 190, 194, 332f
Zecken 288, 328
Zeigerarten 34, 36, 41
Zell 75, 84, 276
Ziegler, Jakob Melchior 145, **146**
Zigeunerhölzli **69**, 71
Zweiblatt-Eschenmischwald 34, 42, 194
Zweigestreifte Quelljungfer 254
Zwerg-Holunder 231
Zwischennutzung 144f
Zypresse 112, 148, 174

Bildnachweis

Forstbetrieb Winterthur: S. 16/17, 54/55, 228/229
Jakob Forster: 256 o re, 256 u, 257 o li, 257 u li
Kantonsarchäologie Zürich: S. 58, 122 o., 136, 173 u, 200 li, 222 li. Manuela Gygax: S. 122 u li, 122 u re., 123 alle. Martin Bachmann: S. 125 u., 128, 129. Atelier Oculus, Zürich: S. 127
Kirchgemeinde Wülflingen: S. 106
Dietmar Nill: S. 259
Stadtarchiv Winterthur: S. 13, 53, 95 u, 96, 145, 146, 147
Stadtbibliothek Winterthur: S. 62, 63, 142 beide, 143, 152 beide, 154, 155, 156 beide, 157 beide, 158 o, 158 m, 170 o li, 199, 294, 296 beide
Stadtgärtnerei Winterthur: Christian Wieland: S. 307 o
Michael Vogel: S. 295 alle
Stefan Wassmer: S. 260, 264 alle, 265 alle

o = oben, u = unten, li = links, re = rechts

Alle anderen Fotografien stammen vom Autor.

Die Geo-Karte 1:500 000 «Die Schweiz während des letzteiszeitlichen Maximums (LGM) im *Teil 1 – Grundlagen* sowie die 10 Ausschnitte der Landeskarte 1:25 000 im *Teil 9 – Streifzüge* wurden reproduziert mit Bewilligung von swisstopo (BA140140).

DANK

Sponsoren und Unterstützer

Beiträge der öffentlichen Hand:

Departement Technische Betriebe/Forstbetrieb Winterthur
Departement Schule und Sport der Stadt Winterthur
Kanton Zürich, ALN Abteilung Wald, Zürich
Akademie der Naturwissenschaften Schweiz SCNAT

Stiftungen und Einzelpersonen:

Vontobel-Stiftung
Dr. Werner Greminger Stiftung
Urs Widmer Stiftung
Nanni Reinhart
Andreas Schoellhorn

Firmensponsoren:

Zürcher Kantonalbank, Winterthur
Maag Recycling, Winterthur
Waldwirtschaftsverband Kanton Zürich
gdz AG, Zürich

Gönnerinnen und Gönner

Markus Anderegg, Heinz Bänninger, Kurt und Christina Bantle, Peter und Paola Baumberger-Pirovino, Ursula Baumberger, Irène Alice Baumgartner, Ulrich J. Baur, Jörg und Beth Benz-Ammann, Robert Bertschinger, Michael T. Bestmann, Urs Bestmann, Hans und Helga Beutler, Beni Blanc, Urs und Renate Blumer, Simone Bosshardt, Brigitte Bosshart, Barbara Ursula Brunner, Walter und Margret Brüsch, Hans-Jörg und Helen Büchler, Max und Regula Büchler, Markus Bürgi, Hermann Dähler, Jürg Diener, Hans und Hedy Doggweiler, Heiner Dübi, Bruno und Susette Egloff, Elisabeth Ernst, Urs und Margrit Fehlmann, Annemarie und Friedrich Fischer, Rudolf und Lotti Forster, Peter W. Frigge, Matthias Gfeller, Roger Gloor, Hermann Graber, Silvia Graf-Morf, Markus Griesser, Armin Grögli, Christoph und Claudia Gross, Rudolf Guhl, Margrit Habegger, Verena Hablützel, Daisy und Peter Hartmann, Hans Konrad Hauser, Peter und Uta Heimgartner, Henry Charles, Werner Hinder, Hans-Jürg Hofmann, Jürg Hofmann, Walter Hohl, Lutz M. Ibscher, Walter Ingold, Adrian und Liliane Jaeger, Peter und Elisabeth Jaeger, Benno und Margrit Joho, Peter Jucker, Ulrich und Susanne Kägi, Jürg Keller, Angela Kraft, Josef Kramer, Thomas und Marianne Kromer, Daniel und Barbara Kummer-Thüler, Walter Kümmerli, Robert Kummert, Ursula Künsch, Matthias Lauffer, Heinz Lieberherr, Gisela Liechti, Peter und Helen Lippuner, Christian und Brigitte Lippuner, Martina Lippuner, Jonas Lippuner, Madlaina Lippuner, Hansjakob Litscher, Hansruedi Lörtscher, Thomas Luder, Urs und Béatrice Lütolf, Othmar Mannhart, Verena Masson-Amati, Carl U. Marsch, Sandra Marschall, Christian Marti, Hans Meier, Hans-Rudolf und Hildegard Meier-Meier, Konrad Meier, Martin Meier, Roland Meier, Gustav und Liselotte Meili, René und Rosemarie Menotti, Niklaus und Silvia Meyer, Heinz Merz-Strub, Beat Mischler, Tobias Monstein, Silvio und Regula Moretto-Eichenberger, Hans Moser, Franz und Anita Muggli, Adolf Müller, Erich Müller-Bucher, Hans Müller, Heinz Mutter, Dieter Nobs, Barbara Oehninger-Hess, Peter Oertli, Peter Peisl, Balthasar Peyer, Dominik Raymann, Regula Reinhart, Ursula Renz, Hans-Heinz Riedel, René Ritz, Alfred Rösli, Roland Rüdt, Peter Schaer, Yvonne Scheidegger, Rudolf und Elisabeth Schindler, Max Schmid, Anita Schneeberger, Erich A. Schneider, Sabrina Schnurrenberger, Gabriele Schober, Nina Schoch, Johanna und Peter Schönenberger-Deuel, Christa Schudel, Ursula Schürch, Harendra N. Sharan, Hans und Leonie Sigg, Karl Sigrist, Regula und Peter Stalder, Marlies und Walter Stierlin, Ulrich Studler, Hanspeter Stump-Wiesendanger, Lucie Tanner, Rolf Tanner, Annemarie Tiegel Keller, Ernst Urs Trüeb, Rudolf F. Truniger, Rosmarie Truniger, Hans Jörg und Regula Turtschi, Richard von Meiss, Maja Walti, Karl und Christina Weber, Max Weber, Helmut Weissert, Elisabeth Werder, Urs Widmer, Hanspeter Wille, Marianne Zollinger Lieberherr, Werner Zuppinger, Ruth und Ferdinand Zuppinger.

Mitarbeiterinnen und Mitarbeiter

Folgende Personen haben die Realisierung dieses Projektes in ihrer Freizeit mit Rat und Tat unterstützt und wertvolle Beiträge zum Inhalt des Buches beigesteuert:

Beni Blanc, Sabine Braun, Hans Bryner, Hermann Dähler, Christian Dunkel, Bettina Engeli, Marcel Engeli, Urs Fahrner, Christine Farner Breu, Gregor Fiechter, Jakob Forster, Martina Gerber, Matthias Gfeller, Peter Hirsiger, Vroni Jakob, Peter Jaeger, Eveline Kaufmann, Max Kern, Beat Kunz, Anissa Kuster, Peter Lippuner, Sara Lüscher, Hans-Ulrich Menzi, Markus Moser, Andreas Mullis, Peter Niederhäuser, Sabina Poulsen, Ruedi Rykenmann, Erwin Schatzmann, Jürg Schlegel, Gody Schärer, Gaby Staehlin, Oliver Stähli, Max Steffen, Arnold Steiner, Hansjörg Turnherr, Michael Vogel, Stefan Wassmer, Anita Wehrli, Jakob Weidmann, Ruedi Weilenmann, Claude Wiesner, Renata Windler.

Ihnen allen sind Autor und Herausgeberin zu grossem Dank verpflichtet. Ohne ihre engagierte und fachkundige Unterstützung wäre dieses Buch nur eine Idee geblieben.